Objectif CRPE 2023

Sciences et technologie

Soria Hamdani-Bennour
Professeure certifiée en Sciences de la Vie et de la Terre
Formatrice universitaire à l'INSPE de Versailles, Master MEEF 1er degré

Yvonne Orsini
Professeure agrégée en Sciences de la Vie et de la Terre

Philippe Savina
Professeur certifié de classe exceptionnelle, échelon spécial, en Sciences Physiques
Formateur universitaire à l'INSPE de Saint-Germain-en-Laye

hachette
ÉDUCATION

Crédits photographiques :
Couverture et p. 1 : Shutterstock/Luckyrizki ; Intérieur : © **Shutterstock :** p. 32 Gerrit_de_Vries ; p. 41 baldezh ; p. 46 decade3d - anatomy online ; p. 47 Martin Janecek, Kazakova Maryia, BlueRingMedia, StockBURIN, JazzaInDigi, Serafima Antipova, murat irfan yalcin ; p. 50 Purple Clouds, IGORdeyka ; p. 51 mijatmijatovic, Gorodenkoff ; p. 54 Shanvood, BlueRingMedia, PeN2light, Designua ; p. 97 zorina_larisa ; p. 98 Jose Luis Calvo, Rattiya Thongdumhyu, nelik ; p. 100 Rattiya Thongdumhyu ; p. 02 vitals, slowmotiongli, Picture Partners ; p. 105 Shanvood, BlueRingMedia, freepainter7, PeN2light ; p. 106 Yellow duck ; p. 107 Kazakova Maryia, rolandtopor, Svesla Tasla ; p. 108 Fancy Tapis, JP74, paula french, UmFOTO, Ruslan Ivantsov, Daniel Lamborn, SciePro, p. 112 VectorMine ; p. 113 EreborMountain ; p. 114 VectorMine ; p. 115 Nyvlt-art ; p. 116 VectorMine ; p. 117 Sudowoodo ; p. 119 Praneat ; p. 121 stockakia ; p. 122 VectorMine, p. 126 Ksenia Zvezdina, stihii, p. 127 Sudowoodo ; p. 130 BNP Design Studio ; p. 133 HappyPictures ; p. 134 decade3d - anatomy online ; p. 135 Morgan Ph, Andrew Krasovitckii ; p. 136 Fedorov Oleksiy, Lizard, Beautiful landscape ; p. 138 Drp8 ; p. 139 NotionPic, Zubada ; stockakia ; p. 144 graphix-mania, skys.co.jp, Unastely ; p. 145 Albert Yarullin, Muanpare Wanpen, taa22, TrifonenkoIvan, MicroOne, Live and Learn ; p. 146 Kim Howell, Designua ; p. 147 Oksana_Schmidt, Kazakova Maryia ; p. 149 Golden Shrimp ; p. 150 Vinokurov Alexandr, COULANGES, Kazakova Maryia ; p. 160 Bastian AS, Greg Brave ; p. 161 Vasilinka, serazet-dinov, Tsyntseus Anastasiia, GoodStudio, CastecoDesign, aunaauna, NaughtyNut, d1sk, Golden Sikorka ; p. 162 mei yanotai, Siberian Art, HappyPictures, Tasha Vector ; p. 169 Natata, Loekiepix, Prachaya Roekdeethaweesab, Nostagrams ; p. 171 chromatos, DKN0049 ; p. 172 OLEG525, O39I ; p. 173 gritsalak karalak, Panda Vector, Maike Hildebrandt ; p. 174 OSweetNature ; p. 176 BNP Design Studio ; p. 177 Designua ; p. 180 rktz ; p. 183 Maksim M ; p. 185 grayjay ; p. 189 hvostik, p. 190 yusufdemirci ; p. 193 bubblea ; p. 194 Fouad A. Saad ; p. 202 Golden Sikorka ; p. 221 German Vizulis, Morphart Creation ; p. 224 Pagina ; p. 226 Paitoon Pornsuksomboon, Just Super ; p. 231 Alex Mit ; p. Nazarii_Neshcherenskyi, Jim Cumming ; p. 241 zombiu26 ; p. 242 Vertes Edmond Mihai, masdinnu ; p. 245 DH Saragih ; p. 246 Hennadii H ; p. LisaCarter, swa182 ; p. 283 Merlin74 ; © **Auteurs :** p. 36, 37, 56, 137, 223, 225, 254, 255, 257 ; © **Alamy Banque D'Images :** p. 98 et 153 Science History Images ; p. 99 Universal Images Group North America LLC ; p. 100 Science Photo Library, Zoonar GmbH , Scott Camazine, p. 101 Tetiana Zhabska ; p. 111 buccaneer ; p. 121 Science History Images ; p. 129 BSIP SA ; p. 147 Seriousreindeer ; p. 155 Suwin Puengsamrong, YAY Media AS, Daniel Cole ; p. 156 Nucleus Medical Media Inc, Stock Illustrations Ltd ; p. 189 Odoroaga Monica, Jemastock, Aliaksandr Baiduk, pupahava, Makhnach_S , Jemastock ; p. 231 milena moiola ; © **biosphoto :** p. 100, 149, 273, 276, 280 ; **Vincent Landrin :** p. 191 (Doc 2) ; © **Hachette Livre :** p. 201 ; © **Jeulin :** p. 202 ref.213011 – 2021 ; ref.280215 - 2021 ; ref.283050 – 2020 ; ref.283044 – 2020 ; ref.283042 – 2020 ; ref.283072 – 2020 ; © Dir. J. Guichard et collectif, *Sciences et technologie*, CM cycle 3, coll. Citadelle, Hachette éducation : p. 148-178-179-212-213-222-224-232-235 ; © C. Vilaro et D. Fritz, *Sciences et technologie*, CM2 cycle 3, coll. Les cahiers ISTRA, ISTRA : p. 232, Scratch : https://scratch.mit.edu/: p. 293 à 300.

L'éditeur remercie Messieurs Julien Cuminetto et Laurent Bonnet, auteurs de la présentation du concours, pp. 6 à 18 et Erik Kermorvant, auteur de la partie Scratch pp. 293 à 300.

Couverture : Stéphanie Benoit
Maquette intérieure : Manon Guérin
Mise en pages et schémas : Desk
Édition : Adeline Pécout

ISBN : 978-2-01-718623-6

58 rue Jean Bleuzen, CS70007, 92178 Vanves Cedex
www.parascolaire.hachette-education.com

Achevé d'imprimer en juin 2022 en Espagne par Grafo
Dépôt légal : Juillet 2022 - Édition 01 - 27/7931/3

SOMMAIRE

Tout savoir sur le concours

1 Les modalités du Concours de recrutement de professeurs des écoles (CRPE)

Conditions d'inscription pour le concours externe, second concours interne, 3e voie

À compter de la session 2022, **seuls les étudiants inscrits en 2nde année de master ou** les candidats déjà **titulaires d'un master** pourront se présenter au concours externe de recrutement des professeurs. Les étudiants en M1 à la rentrée de septembre 2021 ne pourront donc pas présenter le concours en 2022. Ils devront attendre la session suivante, lorsqu'ils seront inscrits en M2.

Faut-il détenir un master spécifique pour s'inscrire au concours externe rénové ?

Non. Le métier de professeur n'est pas une profession réglementée. L'inscription au concours est conditionnée à la détention d'un niveau de diplôme (master 2), pas à celle d'un titre spécifique.

Faudra-t-il présenter certaines attestations comme un brevet de secourisme ?

Ces informations sont disponibles sur les sites académiques détaillant l'organisation des épreuves.

Qu'en est-il des candidats en situation de handicap ?

Les candidats en situation de handicap peuvent solliciter un aménagement des conditions de concours en adressant leur demande à l'un des médecins désignés par la Commission des droits et de l'autonomie des personnes handicapées (CDAPH) territorialement compétente. La demande doit être formulée, au plus tard, à la date limite d'inscription au concours concerné, sauf dans le cas où le handicap est découvert après cette échéance ou si les besoins liés au handicap ont évolué. Le médecin rend un avis qui est adressé à l'autorité administrative compétente pour ouvrir et organiser le concours, dans lequel il propose des aménagements. L'autorité administrative décide, ensuite, des aménagements accordés et notifie sa décision au (à la) candidat(e). **Voir la circulaire n° 2015-127 du 3 août 2015.**

Se préparer au concours

Le master MEEF des INSPÉ

▶ Pour devenir professeurs des écoles, les étudiants ayant validé une licence peuvent candidater auprès d'un INSPÉ pour suivre la formation du **master MEEF** (Métiers de l'enseignement, de l'éducation et de la formation). Ce master, organisé par les INSPÉ (Institut national supérieur de professorat et d'éducation), oriente ses enseignements sur la préparation au concours et dispense une **formation universitaire professionnalisante**, fondée sur une articulation entre le théorique et la pratique, à partir d'expériences et de **stages en milieu professionnel**. L'ensemble du parcours de formation comprend des activités diversifiées correspondant à 800 h d'enseignement et d'encadrement pédagogique, hors stage, par étudiant (annexes de l'arrêté du 27 août 2013 fixant le cadre national des formations dispensées au sein des masters MEEF, modifié par l'arrêté du 24 juillet 2020).

▶ Dans le cadre des MEEF, les étudiants peuvent être recrutés par le rectorat en qualité d'**alternants en école** (le plus souvent, en M2) et donc placés en responsabilité devant des élèves, avec un temps de service correspondant à un tiers de l'obligation réglementaire de service annuelle (cela équivaut à une journée en classe par semaine). Ce temps de service pouvant être réparti sur les différents semestres du master, sa bonne articulation avec les temps de formation à l'INSPÉ doit favoriser la réussite des étudiants au concours.

▶ Cette formation en alternance, particulièrement ambitieuse, varie en fonction des INSPÉ. Si elle vous intéresse, vous pouvez participer à des journées « portes ouvertes » ou prendre contact avec le responsable du master.

L'alternance à l'INSPÉ est-elle rémunérée ?

L'alternance des étudiants en M2 repose sur un contrat de travail, avec une rémunération mensuelle autour de 720 € nets (en 2021). Celle-ci est cumulable avec la bourse, si l'étudiant en bénéficie. Les étudiants ne sont pas obligés d'être alternants en 2e année de master. Ils doivent alors réaliser 2 jours de stage par semaine, pendant 18 semaines, soit 216 h.

Plus d'informations sur le site www.devenirenseignant.gouv.fr.

Les formations privées

De nombreux organismes privés proposent des formations payantes et un accompagnement annuel à la carte (concours blancs corrigés, remises à niveau, accompagnement individualisé, etc.). Ces formations permettent à certains candidats de bénéficier d'un accompagnement important, tout en poursuivant une activité professionnelle.

En candidat libre

C'est la solution qui vous permet de réviser à votre rythme et en fonction de vos disponibilités professionnelles et/ou familiales. Vous ne pourrez, cependant, compter que sur vous-même et sur vos propres lectures pour réussir le concours.

Un concours académique

▶ Le **choix de l'académie** au moment de l'inscription au CRPE est très important : les admis seront affectés dans une école de l'académie où ils ont réussi le concours. **L'admission dans une académie ne vaut donc pas admission dans les autres.** Pour changer d'académie, vous devrez faire une demande de mutation. Or, pour que celle-ci soit acceptée, il faut, souvent, attendre plusieurs années.

▶ Les académies précisent, toujours, les dates des épreuves et leurs modalités pratiques sur leur site Internet.

Nombre de postes par académie

Les **taux d'admission** sont très différents d'une académie à l'autre. Cela dépend de plusieurs facteurs, dont le nombre de candidats, les besoins en postes dans l'académie ou encore le nombre d'habitants.

Le contenu des épreuves du concours externe

Les épreuves des concours de recrutement de professeurs des écoles sont précisées en annexes de l'arrêté du 25 janvier 2021 fixant les modalités d'organisation du concours externe, du concours externe spécial, du second concours interne, du second concours interne spécial et du troisième concours de recrutement de professeurs des écoles.

Les épreuves écrites d'admissibilité

▶ **Trois épreuves d'admissibilité** sont organisées **à l'écrit** :
- une épreuve écrite de **français** ;
- une épreuve écrite de **mathématiques** ;
- une épreuve écrite d'**application**.

▶ L'épreuve d'application est à choisir parmi 3 domaines :
- Histoire, Géographie, Enseignement moral et civique ;
- Arts ;
- Sciences et technologie.

Épreuves d'admissibilité	Durée	Note
Français	3 h	sur 20 (coeff. 1)
Mathématiques	3 h	sur 20 (coeff. 1)
Application	3 h	sur 20 (coeff. 1)

▶ Les copies des épreuves écrites d'admissibilité des candidats sont anonymisées avant d'être soumises à une double correction. À l'issue de celle-ci, le jury fixe, après délibération, la **liste des candidats admis à passer les épreuves d'admission**. En cas d'échec, vous pouvez vous rapprocher du rectorat pour demander vos copies, afin d'en analyser les erreurs.

Les épreuves orales d'admission

Deux épreuves d'admission sont organisées **à l'oral** :

- **une épreuve de leçon :** elle porte, successivement, sur le français et les mathématiques. Elle a pour objet la conception et l'animation d'une séance d'enseignement à l'école primaire, dans chacune de ces matières, à partir d'un dossier, fourni par le jury, comportant au plus 4 documents de nature variée (supports pédagogiques, extraits de manuels scolaires, traces écrites d'élèves, extraits des programmes…). Elle vise à apprécier votre maîtrise disciplinaire et vos compétences pédagogiques ;
- **une épreuve d'entretien :** une 1re partie est consacrée à l'éducation physique et sportive, intégrant la connaissance scientifique du développement et de la psychologie de l'enfant (à partir d'un sujet fourni par le jury, proposant un contexte d'enseignement et un objectif d'acquisition pour la séance, vous devez proposer une situation d'apprentissage) ; et une 2nde partie porte sur votre motivation et votre aptitude à vous projeter dans le métier de professeur au sein du service public de l'Éducation.

Épreuves d'admission	Temps de préparation	Temps d'examen
Épreuve de leçon (coeff. 4)	2 h	• Français (noté sur 10) : 30 min
		• Mathématiques (noté sur 10) : 30 min (exposé : 10-15 min / entretien : 15-20 min)
Épreuve d'entretien (coeff. 2)	30 min	• 1re partie (noté sur 10) : 30 min (exposé : 15 min au maximum / entretien : 15 min au minimum)
		• 2nde partie (noté sur 10) : 35 min

Remarques générales

▶ Toutes les épreuves sont notées sur 20. Toute note inférieure ou égale à 5 sur 20 est éliminatoire. La note 0 obtenue à l'une des 2 parties de l'épreuve d'admission est éliminatoire.

▶ Les candidats admissibles qui en ont fait la demande au moment de leur inscription peuvent passer une **épreuve facultative de langue vivante étrangère** : allemand, anglais, espagnol ou italien. L'épreuve est notée sur 20. Seuls les points obtenus au-dessus de 10 sont pris en compte pour l'admission des candidats à l'issue des épreuves.

▶ Dans le concours externe spécial de recrutement de professeurs des écoles chargés d'un enseignement de et en langue régionale, les épreuves écrites et orales sont les mêmes. Le (La) candidat(e) aura, en plus, une épreuve écrite en langue régionale, ainsi qu'une épreuve orale de langue régionale.

▶ À l'issue des épreuves d'admission et après délibération, le jury, en fonction du nombre total de points que les candidats ont obtenus à l'ensemble des 2 séries d'épreuves (écrit + oral) et dans la limite des places mises au concours, fixe, par ordre de mérite, la **liste des candidats sur la liste principale**. Il peut établir, dans le même ordre, **une liste complémentaire**.

À SAVOIR

Pour les candidats admissibles, les points capitalisés à l'écrit ne peuvent suffire à obtenir le CRPE. La différence se fait à l'oral, et notamment sur les compétences pédagogiques du (de la) candidat(e).

Conseils pour réussir le concours

Organisez-vous pour travailler efficacement

▶ Se préparer à un concours de recrutement de l'Éducation nationale est **un marathon**. Pour tenir le rythme et assimiler au mieux les expériences et les savoirs, il faut commencer à travailler le plus tôt possible !

- Si vous êtes en M1 et inscrit(e) en MEEF, préparez-vous un plan de travail dès cette 1re année de master. N'hésitez pas à aller observer des oraux au moment des épreuves d'admission selon votre académie : cela vous permettra de vous projeter et de visualiser concrètement le déroulement des épreuves, les questions possibles, etc.
- Si vous êtes en M2, commencez vos révisions dès le début de l'été ! D'autant que, si vous suivez la formation à l'INSPÉ, **vous aurez des échéances importantes à tenir en plus de votre concours** (stages en alternance, mémoire professionnel, etc.).

▶ Avec un rythme régulier et précoce, vous appréhenderez les apprentissages plus sereinement ! Planifiez donc vos révisions en vous fixant des objectifs raisonnables sur **un emploi du temps mensuel, voire annuel**, qui mélange le personnel et le scolaire, et que vous pourrez faire évoluer au fil des semaines. C'est le meilleur outil pour savoir où vous en êtes.

▶ Constituez-vous des **fiches de révision** par type d'épreuve (écrit de français, écrit de mathématiques, écrit de Sciences et technologie, etc.).

▶ **L'oral ne peut se réussir qu'en le préparant dès le début de l'année.** Des révisions régulières vous permettront de consolider vos connaissances et d'appréhender plus efficacement les enjeux didactiques et pédagogiques des mathématiques et du français. Dans le même esprit, un travail très anticipé sur l'épreuve d'entretien permettra de laisser mûrir votre réflexion et votre projet professionnel.

Coopérez et mutualisez vos travaux avec un petit groupe de candidats

▶ Réussir un concours aussi exigeant tout(e) seul(e) est très difficile. Essayez de constituer **un trinôme ou un binôme de travail** sur lequel vous pourrez vous appuyer dans les moments difficiles. Constituez votre groupe en fonction de vos compétences. Il est, par exemple, plus stratégique de travailler avec des étudiants qui se débrouillent bien en mathématiques si vous avez des lacunes dans cette discipline. De la même façon, optez pour un groupe avec des étudiants qui travailleront la même discipline que vous pour l'épreuve écrite d'application, si vous êtes sûr(e) de votre choix. Enfin, entraînez-vous à plusieurs sur des sujets zéro ou des concours blancs tout au long de l'année et mutualisez vos travaux.

▶ Dans le cadre de votre formation à l'INSPÉ ou dans d'autres types de formations privées, vous pouvez, très rapidement, commencer à repérer d'autres étudiants qui ont le même profil que vous mais avec des **compétences complémentaires**.

▶ N'hésitez pas à vous rapprocher de vos formateurs ou bien de professeurs du 1er degré, qui partageront avec vous leurs expériences. Ce lien peut vous permettre de **construire une culture du métier** indispensable pour discuter efficacement des problématiques posées durant les épreuves.

Découvrez ce qu'est un élève

▶ Cela peut paraître évident, mais avez-vous déjà vu des élèves de maternelle ? Avez-vous déjà observé des élèves en train de faire des sciences en CM1 ?

▶ **L'élève est le sujet central du concours.** Le système éducatif est construit pour tâcher de le faire réussir, et il ne doit pas être un angle mort de vos révisions. La nouvelle mouture du CRPE est portée sur les enjeux didactiques et pédagogiques. La plupart des questions qui vous seront posées – à l'écrit comme à l'oral – vous amèneront à imaginer des situations pour faire travailler efficacement les élèves, leur faire acquérir des apprentissages, les faire progresser, etc.

▶ Si vous êtes inscrit(e) dans la formation à l'INSPÉ, **tirez parti le plus possible de vos stages, que vous soyez en observation ou en alternance**. Faites-vous des fiches thématiques avec des exemples concrets observés ou éprouvés, qui vous permettront d'illustrer vos propos lors des oraux et de mettre en perspective vos connaissances théoriques (l'école inclusive, l'évaluation, les valeurs de la République…).

Adoptez une posture réflexive

▶ **Le professeur est un « *praticien réflexif* »** (Philippe Perrenoud), c'est-à-dire qu'il réfléchit pour concevoir et mettre en œuvre son enseignement, et élabore des stratégies pour remédier aux problématiques rencontrées face aux élèves. Cette posture, vous ne pouvez, bien sûr, pas encore l'incarner, mais vous pouvez parfaitement commencer à l'appréhender en vous posant des questions de manière systématique, face aux différents enjeux scientifiques, didactiques et pédagogiques rencontrés. Les épreuves d'oral vous demandent, en effet, d'adopter une posture réflexive, d'être ouvert(e) au questionnement, d'imaginer des solutions face aux études de cas proposées, de réfléchir à voix haute à propos des enjeux du métier de professeur.

▶ Tâchez aussi de **suivre l'actualité du système éducatif** dès que possible et tout au long de votre année de concours. Faites-vous des fiches à propos des grands débats scolaires ou disciplinaires. Il ne s'agit pas d'être un(e) expert(e) de toutes les réformes qui doivent intervenir dans le système éducatif, mais de connaître celles qui, dès la rentrée suivante, auront un impact sur votre enseignement.

Luttez sans relâche contre le stress !

▶ **Adoptez une bonne hygiène de vie** pendant votre année de concours. Cela passe par une alimentation équilibrée : évitez les aliments trop gras et trop lourds qui vous empêcheront de dormir correctement ; évitez aussi les nuits blanches, qui vous donneront l'impression d'avancer dans vos révisions mais qui diminueront la faculté de votre cerveau à retenir toutes les informations.

▶ Des études scientifiques ont prouvé, depuis longtemps, que **le cerveau a besoin de se reposer régulièrement pour être au maximum de ses capacités**. Le seul moyen de le ménager est de dormir ou se relaxer, en lisant un livre, en jouant modérément aux jeux vidéo, en allant se promener, en faisant du sport, etc. Le sommeil permet de régénérer les cellules du cerveau et de réorganiser ses pensées : en cas de fatigue prononcée, adoptez la micro-sieste de 15-20 min !

▶ **Ne vous coupez pas du monde !** Si vous organisez correctement vos révisions, vous pourrez profiter de vos proches, de vos amis, et sortir de chez vous. Accordez-vous des récompenses quand vous êtes satisfait(e) de votre travail !

2 Enjeux et méthodologie de l'épreuve écrite d'application

Définition de l'épreuve écrite d'application

Textes officiels

« L'épreuve a pour objectif d'apprécier la capacité du candidat à proposer une démarche d'apprentissage progressive et cohérente. Le candidat a le choix au début de l'épreuve entre trois sujets portant respectivement sur l'un des domaines suivants :
– sciences et technologie ;
– histoire, géographie, enseignement moral et civique ;
– arts.
Le candidat dispose d'un dossier comportant notamment des travaux issus de la recherche et des documents pédagogiques. Le candidat est amené à montrer dans le domaine choisi une maîtrise disciplinaire en lien avec les contenus à enseigner et à appliquer cette maîtrise à la construction ou à l'analyse de démarches d'apprentissage. »

BO du 25/01/2021.

SOYEZ STRATÉGIQUE !

Jusqu'au moment de l'épreuve écrite d'application, vous pouvez choisir le domaine que vous souhaitez. Par souci d'efficacité et compte tenu de l'extrême densité du travail qui vous attend, **nous vous conseillons, cependant, de ne privilégier qu'un seul domaine** dès le début de votre année de concours. Cela vous évitera de perdre du temps en hésitations le jour de l'épreuve et vous permettra d'organiser au mieux vos révisions.

▶ Pour les candidats ayant choisi Sciences et technologie, l'épreuve consiste en la conception et/ou l'analyse d'une séquence ou séance d'enseignement à l'école primaire (cycles 1 à 3), y compris dans sa dimension expérimentale. Elle peut comporter des questions visant à la vérification des connaissances disciplinaires du candidat.

Les programmes concernés

Textes officiels

« Le programme de l'épreuve écrite d'application du domaine Sciences et technologie est constitué du programme en vigueur de Sciences et Technologie du cycle 3 et des programmes en vigueur de Physique-Chimie, Sciences de la Vie et de la Terre et Technologie du cycle 4. »

BO du 25/01/2021.

▶ Vous devez maîtriser les notions, compétences, savoirs et attendus prescrits par le programme de l'école primaire à un niveau tel que vous puissiez enseigner, de manière réfléchie et efficace, au cycle 1 (Explorer le monde : explorer le monde du vivant, des objets et de la matière), au cycle 2 (Questionner le monde : questionner le monde du vivant, de la matière et des objets et explorer les organisations du monde) et au cycle 3 (Sciences et technologie).

Qu'est-ce que la didactique ?

Selon le pédagogue Philippe Meirieu, « *la didactique est constituée par l'ensemble des procédés, méthodes et techniques qui ont pour but l'enseignement de connaissances déterminées* ». Elle concerne les outils spécifiques de la discipline que met en place le professeur pour rendre le savoir scientifique accessible aux élèves.

▶ En résumé, vous pouvez être interrogé(e) sur les programmes des cycles 1, 2 et 3, mais vous devez avoir acquis un degré de connaissances disciplinaire et didactique d'un niveau de fin de cycle 4 (classe de 3e).

▶ Par ailleurs, le jury tient compte, dans sa notation, de la **maîtrise écrite et orale** de la langue française (vocabulaire, grammaire, conjugaison, ponctuation, orthographe).

La composition du dossier documentaire

Textes officiels

« Le candidat dispose d'un dossier comportant notamment des travaux issus de la recherche et des documents pédagogiques. »

BO du 25/01/2021.

Le candidat dispose d'un dossier comportant notamment des travaux issus de la recherche et des documents pédagogiques.

Les aptitudes évaluées chez les candidats

Textes officiels

« Le candidat est amené à montrer dans le domaine choisi une maîtrise disciplinaire en lien avec les contenus à enseigner et à appliquer cette maîtrise à la construction ou à l'analyse de démarches d'apprentissage. »

BO du 25/01/2021.

Deux aptitudes sont principalement évaluées dans cette épreuve écrite d'application :

- **La maîtrise disciplinaire en lien avec les contenus :** c'est la 1re compétence professionnelle du métier de professeur des écoles. Vous devez connaître la discipline, en situer les repères fondamentaux et les enjeux épistémologiques et didactiques. Il vous faut être capable de réaliser une mise au point des savoirs disciplinaires proposés sommairement dans le programme, afin de comprendre ce que doivent connaître les élèves à l'issue d'un cycle ou d'un niveau de classe considéré. Les enjeux scientifiques et les savoirs disciplinaires en Sciences et technologie, pour chaque cycle, sont présentés dans la suite de l'ouvrage.
- **Savoir appliquer cette maîtrise disciplinaire à la construction et à l'analyse de démarches d'apprentissage :** cela revient à réfléchir aux enjeux didactiques de la discipline, c'est-à-dire proposer des situations d'apprentissage à même de transformer le savoir scientifique en un savoir scolaire accessible pour les élèves.

Les types de questions possibles dans l'épreuve

Plusieurs types de questionnements peuvent être proposés dans l'épreuve écrite d'application, que les sujets zéro viennent confirmer. Nous vous invitons à lire leurs corrigés (pp. 85 à 93). Ceux-ci vous donneront une idée précise des réponses qui sont attendues.

- **Présenter et analyser un corpus documentaire selon une synthèse problématisée et argumentée :** il s'agit d'ordonner un propos en faisant état des enjeux scientifiques et didactiques soulevés par les documents (les savoirs disciplinaires sur lesquels ils reposent, les questionnements possibles pour les élèves, leur intérêt pour les amener à identifier la démarche d'investigation en sciences, etc.).

- **Élaborer une séquence d'apprentissage progressive et cohérente sur un thème donné :** nous vous conseillons, ici, de la rédiger sous la forme d'un déroulement chronologique, dans lequel vous ferez état des notions abordées, des objectifs d'apprentissage, des compétences mobilisées, des documents du corpus utilisés et des diverses situations d'apprentissage. Il faudra être cohérent(e) par rapport aux attendus du programme et aux capacités de l'enfant en lien avec son développement et le niveau concerné. Les apprentissages des élèves doivent être appréhendés de manière progressive et spiralaire (phase de réinvestissement, phase d'appropriation, phase d'institutionnalisation, etc.). Des exploitations pédagogiques sont proposées en ce sens à partir de la page 19.

- **Préciser les objectifs notionnels d'une thématique au programme :** il s'agit de détailler les notions et le vocabulaire qui seraient abordés en classe dans le niveau et la thématique concernés.

- **Exploiter un document :** il s'agit de raconter le déroulement chronologique de son utilisation en classe, dans un niveau déterminé. Vous devez aussi expliquer et détailler les choix que vous opérez dans une situation d'apprentissage, pour faire en sorte que le document développe des apprentissages chez les élèves (des savoirs et des savoir-faire). Votre capacité à proposer une exploitation respectueuse du programme concerné, des notions abordées et du public scolaire visé, est, ainsi, évaluée.

- **Énoncer les principes et valeurs de la République :** vous devez pouvoir identifier les principes du système éducatif et les éprouver dans les situations pratiques qui vous sont proposées (*ex.* : que faire si un élève conteste une séance axée sur l'évolution des êtres vivants ?).

- **Connaître les grandes notions des programmes de Sciences et technologie.**

- **Expliquer les enjeux scientifiques et didactiques soulevés par les documents :** il s'agit de relever et présenter les notions du programme qui peuvent être exploitées dans le document, et de déterminer l'usage que vous pouvez en faire pour que les élèves mobilisent des compétences et maîtrisent les notions du programme étudiées.

Entraînez-vous toute l'année !

▶ Nous vous conseillons de vous entraîner à la fois sur des sujets complets, dans le temps imparti de 3 h, et sur des « morceaux » de l'épreuve, en simulant des questions à partir du programme :

- **un document de manuel scolaire :** « Qu'apporte-t-il comme informations sur la thématique du programme ? Quelle(s) exploitation(s) pédagogique(s) pouvez-vous en faire avec les élèves ? Etc. » ;
- **une notion du programme :** « Quels en sont les enjeux scientifiques ? Comment la définir ? Comment l'aborder avec les élèves ? Etc. » ;
- **une séquence, une séance :** entraînez-vous à « critiquer » une séquence ou une séance observée en stage dans une des composantes de l'épreuve ; imaginez comment une thématique pourrait se décliner dans tel ou tel niveau de classe ; etc.

▶ Ces entraînements réguliers vous prépareront à adopter des réflexes et une méthode utiles pour gérer l'épreuve écrite.

▶ **Des qualités d'expression seront indispensables** pour obtenir la meilleure note envisageable aux épreuves écrites. Tâchez donc, le plus possible, de **poser par écrit vos simulations** et de rédiger vos réponses. Cela vous permettra d'améliorer votre capacité à écrire correctement dans un délai très court.

▶ En fonction du temps que vous y consacrez, vous pouvez également réfléchir oralement à vos propositions.

▶ Faites-vous un **rétro-planning de révisions** jusqu'aux épreuves écrites, avec un certain nombre de notions par cycle à aborder et étudier selon un calendrier précis. Ne traitez pas tout en même temps et laissez-vous du temps pour digérer les connaissances acquises. N'oubliez pas également de **croiser**, si possible, **les savoirs théoriques avec une pratique et une observation de terrain**. Cela vous permettra d'étayer de manière concrète vos idées, quand vous devrez construire des exploitations pédagogiques à partir des documents ou des notions proposées dans les questions.

Le jour de l'épreuve

▶ **Inutile de travailler la veille des épreuves.** Reposez-vous complètement et pensez à autre chose.

▶ La veille de chaque épreuve, composez une **« liste des choses à ne pas oublier »** pour vous décharger cognitivement de ces contingences pratiques : le chronomètre ou la montre, une trousse complète, votre carte d'identité en cours de validité (à vérifier le jour de votre inscription au concours, pour vous laisser le temps de la renouveler, le cas échéant), votre convocation.

▶ Choisissez une tenue vestimentaire dans laquelle vous vous sentez à l'aise. Dans le respect, bien sûr, des règles de dignité et des principes de laïcité.

▶ Prévoyez davantage que le temps nécessaire pour vous rendre sur le lieu de l'épreuve : il vaut mieux arriver très en avance que d'être éliminé(e) pour cause de retard !

▶ Une fois devant le sujet :

- **lisez d'abord l'intégralité des questions,** puis regardez dans le détail le corpus documentaire.
- **commencez, ensuite, par ce qui présente le plus grand nombre de points.** Posez quelques éléments de réponses sur un brouillon et organisez-les, afin de montrer au jury que vous savez structurer vos idées. Ne perdez surtout pas de temps à rédiger des réponses sur le brouillon ;
- **équilibrez votre temps d'écriture** ;
- **gardez au moins 5 minutes à la fin de l'épreuve pour vous relire.** Ce temps pourrait se révéler précieux s'il vous évite quelques fautes d'orthographe.

3 Se préparer à devenir professeur des écoles

Après le concours : être stagiaire dans son académie

▶ Avec la réforme du concours, les fonctionnaires stagiaires ne cumulent plus ce statut avec celui d'étudiant et peuvent donc se consacrer pleinement à leur formation initiale statutaire. Celle-ci pourra être adaptée en fonction du profil du stagiaire : le type de master obtenu, la formation reçue en alternance, etc.

▶ Les dispositions statutaires applicables aux professeurs stagiaires prévoient que la formation initiale soit organisée, dans le cadre des orientations définies par l'État, par un établissement d'enseignement supérieur. Les INSPÉ en sont les opérateurs. **La formation initiale des stagiaires dépendra de leur parcours avant le concours.**

▶ Les lauréats du concours externe n'ayant pas suivi le master MEEF exerceront à mi-temps à l'école et seront en formation à l'INSPÉ l'autre moitié du temps. Ceux issus d'un master MEEF exerceront, quant à eux, à temps plein dès leur nomination et bénéficieront de décharges adaptées à leur parcours. Ces dernières leur permettront de suivre, autant que nécessaire, des modules de formation à l'INSPÉ ou en circonscription.

▶ Les stagiaires, quel que soit leur parcours préalable, feront l'objet d'un suivi et d'une attention particulière des **Inspecteurs de l'Éducation nationale** (IEN) chargés de la circonscription de leur stage.

L'école et ses responsabilités

▶ Une fois leur concours acquis, les professeurs stagiaires peuvent être intégrés dans n'importe quel niveau de classe, de la Petite Section au CM2. Cependant, le CP, classe sensible à cause de l'apprentissage de l'écriture et de la lecture, est rarement attribué. Les professeurs sont, parfois, placés en stage dans des doubles niveaux (MS/GS, CP/CE1, CE2/CM1, etc.).

▶ Dès leur stage, les professeurs des écoles exercent 3 types de responsabilités :
- **une responsabilité morale :** vous êtes responsable d'un groupe d'élèves que des parents vous ont confiés ;
- **une responsabilité civile :** elle vise à réparer les dommages que vous provoqueriez par votre fait ou par non-respect de règles que vous auriez dû suivre (un élève qui se blesse sous votre surveillance) ;
- **une responsabilité pénale :** elle vous oblige à répondre des infractions que vous commettriez et de subir la peine prévue par les textes de loi (problèmes de mœurs ou actes physiques commis à l'encontre d'un élève, par exemple).

Le métier de professeur des écoles

▶ Le professeur des écoles doit maîtriser un certain nombre de compétences professionnelles pour exercer son métier. Le référentiel des compétences professionnelles des métiers du professorat et de l'éducation a été publié dans le *BO* du 25 juillet 2013.

▶ Ce référentiel de compétences a plusieurs objectifs :
- affirmer que tous les personnels concourent à des **objectifs communs** et peuvent se référer à la **culture commune de leur profession** ;

– reconnaître la **spécificité des métiers** du professorat et de l'éducation, dans leur contexte d'exercice ;
– identifier les **compétences professionnelles attendues**. Celles-ci s'acquièrent et s'approfondissent dès la formation initiale, puis se poursuivent tout au long de la carrière par l'expérience professionnelle et l'apport de la formation continue.

▶ Une des particularités du professeur des écoles est sa **polyvalence**. Il enseigne, en effet, plusieurs disciplines et peut les croiser pour tâcher de donner plus de sens aux enjeux du programme (le développement durable s'enseigne, par exemple, en sciences, en géographie ou en EMC).

Spécialisations et perspectives de carrière

▶ Il est possible d'évoluer dans sa mission et son poste, à travers une nouvelle affectation :
– en changeant de niveau de scolarité ;
– en obtenant une mutation dans une autre école ;
– en enseignant à l'étranger.

▶ En obtenant une qualification supplémentaire, le professeur des écoles peut devenir :
– directeur(trice) d'école ;
– professeur(e) des écoles maître-formateur (PEMF) ;
– conseiller(ère) pédagogique ;
– enseignant(e) spécialisé(e).

▶ Grâce aux concours ouverts aux enseignants, le professeur des écoles peut également changer d'activité et devenir :
– psychologue de l'Éducation nationale (PsyEN) ;
– inspecteur(trice) de l'Éducation nationale chargé(e) d'une circonscription du 1er degré (IEN CCPD) ;
– enseignant(e) au collège ;
– enseignant(e) au lycée ;
– chef d'établissement.

1 Comment est organisée l'école ?

1. Comment fonctionne l'école ?

▶ L'instruction est **obligatoire** pour tous les enfants, français et étrangers, à partir de 3 ans (depuis la rentrée 2019) et jusqu'à l'âge de 16 ans révolus.

▶ Elle est dispensée dans des établissements distincts : école maternelle, école élémentaire et collège.

▶ Les élèves sont répartis dans des classes de niveau :

- **trois niveaux pour l'école maternelle :** petite section (PS), moyenne section (MS), grande section (GS) ;
- **cinq niveaux pour l'école élémentaire :** cours préparatoire (CP), cours élémentaires 1 et 2 (CE1 et CE2), cours moyens 1 et 2 (CM1 et CM2) ;
- **quatre niveaux pour le collège :** sixième, cinquième, quatrième, troisième.

▶ L'école maternelle et élémentaire sont parfois regroupées en établissements primaires, le collège faisant partie des établissements secondaires.

2. Quels sont les différents cycles de la scolarité ?

Les contenus d'enseignement sont dispensés et regroupés en quatre **cycles** :

Cycle 1
cycle des apprentissages premiers
PS, MS, GS

Cycle 2
cycle des apprentissages fondamentaux
CP, CE1 et CE2

Cycle 3
cycle de consolidation
CM1, CM2, Classe de 6[e]

Cycle 4
cycle des approfondissements
Classes de 5e, 4e et 3[e]

3. Quel est le programme d'enseignement des Sciences et technologie ?

▶ Les programmes sont nationaux et sont publiés au *Bulletin officiel* (*BO*). Le *BO* est une publication de textes de loi émis par les différents ministères.

▶ Dans le Bulletin officiel n° 31 du 30 juillet 2020, on trouve toutes les connaissances et compétences déclinées par cycle. Ci-dessous des extraits (*ce qui est en italique ne relève pas des sciences*) :

Programme d'enseignement pour le cycle 1

Il décrit cinq domaines d'apprentissage ; ci-dessous celui dans lequel se trouvent les **sciences** :

Explorer le monde

1. *Se repérer dans le temps et l'espace*
2. **Explorer le monde du vivant, des objets et de la matière**
   - **Découvrir le monde vivant**
   - **Explorer la matière**
   - **Utiliser, fabriquer, manipuler des objets**
   - **Utiliser des outils numériques**

Programme d'enseignement pour le cycle 2

Il décrit plusieurs domaines, les **sciences** sont présentées ainsi :

Questionner le monde

Questionner le monde du vivant, de la matière et des objets

Qu'est-ce que la matière ?

Comment reconnaître le monde vivant ?

Les objets techniques. Qu'est-ce que c'est ?

À quels besoins répondent-ils ? Comment fonctionnent-ils ?

Utiliser des outils numériques

Se situer dans l'espace

Se situer dans le temps

Explorer les organisations du monde

Programme d'enseignement pour le cycle 3

Il comprend une partie spécifique :

Sciences et technologie

Matière, mouvement, énergie, information

Le vivant, sa diversité et les fonctions qui le caractérisent

Matériaux et objets techniques

La planète Terre. Les êtres vivants dans leur environnement

Programme d'enseignement pour le cycle 4

Les disciplines apparaissent :

Physique-chimie

Organisation et transformations de la matière

Mouvements et interactions

L'énergie, ses transferts et ses conversions

Des signaux pour observer et communiquer

Sciences de la vie et de la Terre

La planète Terre, l'environnement et l'action humaine

Le vivant et son évolution

Le corps humain et la santé

Technologie

Design, innovation et créativité

Les objets techniques, les services et les changements induits dans la société

La modélisation et la simulation des objets et systèmes techniques

L'informatique et la programmation

REMARQUE

Du cycle 1 au cycle 4, on passe de l'approche globale (explorer le monde, questionner le monde) à une approche de plus en plus disciplinaire (sciences et technologie puis physique-chimie, sciences de la vie et de la Terre, technologie).

4. Qu'est-ce que le socle commun ?

▶ Le socle commun de connaissances, de compétences et de culture est une **description officielle de ce que les élèves français doivent avoir acquis à l'âge de 16 ans**, qui correspond à la fin de la période d'instruction obligatoire. Depuis 2005, on parle de **socle commun des compétences et des connaissances** (loi d'orientation et de programme pour l'avenir de l'école). Si les programmes des différents niveaux d'enseignement préconisent ce que les enseignants doivent enseigner, le socle commun veut définir ce qu'aucun élève n'est censé ignorer.

▸ **Cinq domaines** définissent les composantes du socle commun, le domaine 4 concerne plus particulièrement les **sciences**.

1. *Les langages pour penser et communiquer ;*
2. *Les méthodes et outils pour apprendre ;*
3. *La formation de la personne et du citoyen ;*
4. **Les systèmes naturels et les systèmes techniques ;**
5. *Les représentations du monde et l'activité humaine.*

REMARQUE

Au niveau du socle commun, l'utilisation du mot « système » (systèmes naturels et systèmes techniques) permet d'insister sur l'aspect systémique, c'est-à-dire les liens, les relations entre les différents champs disciplinaires.

5. Quel est le volume horaire de l'enseignement des Sciences et technologie ?

La durée hebdomadaire des enseignements à l'école maternelle et à l'école élémentaire est de 24 h. Avec la répartition suivante :

	Au cycle 2	Au cycle 3
Partie	Questionner le monde	Sciences et technologie
Durée hebdomadaire	1 h 30 (la moitié seulement pour les activités scientifiques)	2 h

6. Comment préparer son enseignement ?

6-1. La programmation et la progression

▸ **Le programme** est donné par le *Bulletin officiel* et liste les connaissances et les compétences à faire acquérir aux élèves. Les programmes sont en lien avec l'organisation du socle commun. La programmation des thèmes se construit en les positionnant dans le temps : c'est l'organisation logique de contenus s'inscrivant dans une durée fixe et déterminée.

Ex. : C'est choisir une période dans l'année : « je programme cette séquence sur la reproduction pour le mois de mai ».

▸ **Une progression** se construit autour des savoirs. C'est la manière d'organiser les apprentissages par étapes successives selon les acquis précédents, de manière de plus en plus complexe et de difficultés croissantes. La progression tient compte des rythmes et acquis des élèves. Dans le mot « progression », il y a la racine « progrès », on commence par des notions faciles, puis on les renforce ou les complexifie.

▸ Quand la progression s'effectue sur un cycle, on parle de **progression spiralaire**, qui sous-entend une reprise à chaque niveau des concepts en les complexifiant mais aussi des allers-retours permanents entre les notions de difficultés différentes.

6-2. Différencier séance et séquence

▸ **La séance** est une unité de temps, variable en fonction de l'âge des élèves et de leur capacité d'attention.

– En maternelle, les activités (plutôt que les séances) durent de 15 à 20 minutes.
– Au cycle 2, les séances sont de 20 à 30 minutes.
– Au cycle 3, elles peuvent aller jusqu'à 40 minutes.
– Au cycle 4, elles sont de 55 minutes.

▶ **La séquence** se construit autour d'une unité de sens (un objectif de connaissance qu'on peut isoler) qui va cerner généralement un objectif d'apprentissage : celui-ci sera atteint en un ou plusieurs moments, séances, dans la semaine. S'il y a plusieurs moments, ceux-ci sont organisés de manière hiérarchisée.

Ex. : En cycle 2, programme : Questionner le monde / Questionner le monde du vivant, de la matière et des objets / Qu'est-ce que la matière ?

Construction d'une séquence sur les états de l'eau

On peut décider que l'objectif notionnel sera de connaître tous les changements d'état de l'eau. On mettra alors en place une séquence avec plusieurs séances autour de la fusion / solidification puis de l'évaporation / condensation. Mais on peut aussi fragmenter cet objectif en deux : la solidification et la fusion faisant ainsi l'objet d'une première séquence, puis la condensation et l'évaporation faisant l'objet d'une seconde séquence : les changements d'état peuvent être traités séparément. Ils s'inscriront dans une progression de deux séquences.

En cycle 3, programme : Sciences et technologie / Le vivant, sa diversité et les fonctions qui le caractérisent

Construction d'une progression de trois séquences sur les fonctions de nutrition

On peut prévoir les deux premières séquences sur les fonctions de digestion et de respiration, la dernière sur la fonction de circulation. La circulation permettant de comprendre comment les nutriments passés dans le sang à l'issue de la digestion et comment le dioxygène passé dans le sang lors de la respiration sont apportés aux organes qui en ont besoin. Il y a là une progression dans la complexification.

6-3. Différencier objectifs et compétences

▶ **La pédagogie par objectifs** découpe les savoirs à transmettre en autant d'objectifs à atteindre dans chaque champ disciplinaire et à chaque niveau de la scolarité.

▶ L'enseignant, en plus des objectifs du savoir, essaie d'atteindre également des **objectifs de savoir-faire** (méthodologie) et des **objectifs de savoir-être** (qui visent les comportements, les attitudes). Ces deux derniers objectifs sont des objectifs à moyen ou long terme, c'est-à-dire qu'ils sont rarement atteints dans une séquence.

▶ **La pédagogie par compétences** développe l'idée que l'élève apprend mieux quand :
- il est dans l'action ;
- il est dans une situation de production qui a du sens pour lui ;
- les erreurs qu'il commet sont exploitées par l'enseignant (obstacles des conceptions initiales) ;
- l'élève construit son savoir en échangeant avec d'autres.

Dans les tâches qu'il accomplit, l'élève mobilise des connaissances mais aussi des savoir-faire (capacités) et des attitudes qui seront intimement liés.

REMARQUE

Les objectifs sont définis par l'enseignant, pour l'enseignant. Les compétences sont centrées sur les élèves placés devant un problème à résoudre. On peut dire que l'objectif de l'enseignant est de développer des compétences chez les élèves.
Les programmes sont présentés avec les compétences à faire acquérir en matière de connaissances, de capacités et d'attitudes.

Ex. : Au cycle 2 **Séquence sur le mouvement corporel**

Les objectifs de savoirs sont : connaissances du vocabulaire autour des muscles, des os et des tendons.

L'objectif de savoir-faire est : savoir lire un tableau de valeurs sur les muscles.

Les compétences à développer sont : réinvestir les connaissances sur les muscles pour comprendre le mouvement du bras et utiliser un tableau de valeurs sur les muscles pour comprendre et expliquer le fonctionnement des muscles antagonistes.

➜ L'élève peut connaître le vocabulaire, savoir lire un tableau mais avoir du mal à mettre en relation ces savoirs et à les réinvestir dans la compréhension, dans l'explication du mouvement. Le professeur aura atteint ses objectifs, mais les compétences n'auront pas été mises en place.

2 Didactique et pédagogie : de quoi s'agit-il ?

▶ **La didactique** est attachée aux **contenus disciplinaires** et à leur **processus d'apprentissage**.
▶ **La pédagogie** s'intéresse aux **relations entre l'enseignant et ses élèves**, dans sa classe.

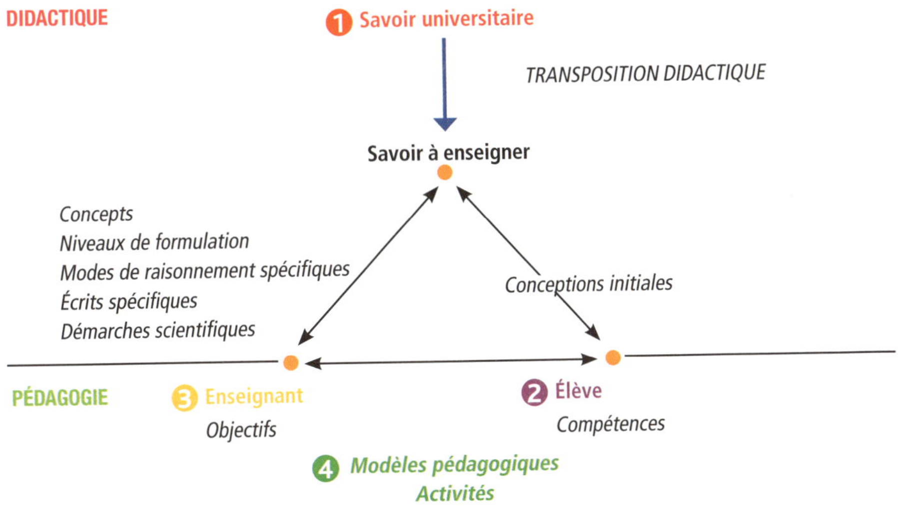

Doc. Schématisation des relations entre didactique et pédagogie

1 Les savoirs

▶ **La didactique** est fortement ancrée dans les savoirs de la discipline. Elle s'intéresse à la façon dont le savoir universitaire est transformé en savoir à enseigner, en savoir enseigné ainsi qu'aux conditions de cette transformation : c'est **la transposition didactique**.
Ex. : Les différents types de volcans classés par le volcanologue (une dizaine) se réduiront à deux types : les volcans explosifs et les volcans effusifs pour le cycle 3.

▶ **La didactique** regroupe les savoirs en concepts, c'est-à-dire en réseaux organisés.
Ex. : Le concept de respiration regroupe les phénomènes chimiques, énergétiques, les modalités de la respiration chez les êtres vivants et les gaz respiratoires.
Les concepts sont déclinés en niveaux de formulation adaptés aux élèves.
Ex. : **Formulation de la respiration en cycle 2 :** la respiration est un échange de gaz.
Formulation de la respiration en cycle 3 : lors de la respiration, il y a absorption de dioxygène et rejet de dioxyde de carbone.
Formulation de la respiration en Terminale : la respiration n'est que la manifestation extérieure et globale de la respiration cellulaire.

▶ **La didactique** est une réflexion sur l'évolution de la transmission des savoirs. L'histoire des sciences permet de voir une organisation variable des savoirs et de la façon de les transmettre.
Ex. : En 1940, on enseignait l'anatomie des organes pris séparément (poumons, tube digestif, cœur). En 2021, on enseigne avant tout la physiologie de ces organes regroupés dans une même fonction : la fonction de nutrition (respiration, digestion et circulation).

▶ Une étude critique des principes, des concepts fondamentaux, des méthodes, des pratiques, des théories et des résultats des différentes sciences est abordée en **épistémologie**. Parmi les conceptions identifiées lors de l'analyse de travaux d'élèves, on retrouve des représentations proches de celles qui ont accompagné la construction du savoir scientifique au cours du temps.

Ce sont des obstacles épistémologiques.
Ex. : Le papa met la graine dans le ventre de la maman et ça donne un bébé : explication qui ressemble à la théorie préformiste au XVIIIe siècle.

❷ L'élève

▶ **La didactique** s'intéresse à la façon dont l'**élève** construit ses connaissances avec le recueil de ses conceptions initiales (*Cf.* Fiche 5 Qu'appelle-t-on conceptions initiales ? p. 35).

❸ L'enseignant

▶ **La didactique** montre à l'**enseignant** ce qui est susceptible d'évoluer dans la situation d'apprentissage et dans l'acquisition des savoirs : ce sont les **variables didactiques**.
Ces variables sont des éléments dont l'évolution est susceptible de modifier le processus de résolution de problème que les élèves vont adopter (et donc l'apprentissage).

Exemples de variables didactiques :
Choix du support de l'activité : dans l'étude du mouvement et de l'articulation, soit l'enseignant choisit de faire une dissection, soit il utilise une vidéo, chaque support ayant ses qualités et ses défauts.
Choix des consignes : l'enseignant peut guider l'observation à l'aide d'un tableau de critères ou non.
Choix dans la formulation de la consigne : dans l'étude des volcans, l'enseignant choisit en fonction de ses élèves, soit :
– la consigne ouverte : Compare les « deux types » de volcans ;
– la consigne qui oriente les élèves : Compare les « produits émis » par les deux types de volcans.

❹ Les modèles pédagogiques

▶ **La pédagogie** s'intéresse aux méthodes et modèles d'enseignement, aux attitudes et comportements d'enseignant et d'élèves dans la classe. L'enseignant est un acteur, il doit captiver son public. Il a des objectifs à atteindre et il met en œuvre des situations d'apprentissages (*Cf.* Fiche 3 Quels sont les principaux modèles pédagogiques utilisés en classe ? p. 25).

▶ **La pédagogie** est orientée vers les pratiques d'élèves en classe. Elle s'attache au fonctionnement de la classe dans son ensemble, pas seulement aux savoirs. Elle s'intéresse aussi aux relations entre les individus, à l'environnement et aux conditions de travail dans le processus d'apprentissage. Elle s'adapte aux multiples événements pouvant survenir dans une classe.
Ex. : Le rôle de l'enseignant dans une situation d'apprentissage peut être un rôle d'animateur, de guide, de détenteur de savoir.

▶ **La pédagogie** décrit les interactions dans la classe : l'enseignant vers les élèves, les élèves entre eux, les élèves vers l'enseignant. La description des interactions dominantes caractérise le modèle pédagogique.
Dans un enseignement directif, transmissif, ce sont les relations enseignant vers élèves qui dominent, il y a peu d'interactions entre les élèves.
Dans le modèle constructiviste, ce sont au contraire les interactions entre élèves qui sont les plus importantes.

▶ Dans la réalisation d'une séquence, la pédagogie s'intéressera à l'organisation à mettre en place, au modèle pédagogique que l'enseignant choisira. Il identifie les besoins des élèves, il choisit la progression adaptée, il propose des **activités de remédiation**.
L'activité de remédiation suppose qu'on a détecté que l'élève n'a pas compris la notion. L'enseignant doit alors proposer une autre stratégie d'apprentissage : c'est la remédiation.
Ex. : Dans l'étude des besoins des végétaux, l'enseignant peut choisir :
– de réaliser une démarche d'investigation qui conduira les élèves à expérimenter ;
– ou de montrer directement aux élèves une vidéo et leur expliquer ce qu'il faut comprendre : activité de remédiation.

3 Quels sont les principaux modèles pédagogiques utilisés en classe ?

▶ Le modèle pédagogique est la façon dont un enseignant se propose de construire le savoir de ses apprenants, ainsi que les modalités de ses interventions dans la classe.

▶ Actuellement dans les classes, c'est **le modèle constructiviste** (ou socio-constructiviste) qui est plébiscité. Il est aussi recommandé par les programmes. Il propose une déclinaison en démarche d'investigation pour les sciences.

▶ La comparaison ci-dessous avec **le modèle transmissif** permet de mettre en évidence les caractéristiques particulières du modèle constructiviste sur le rôle de l'enseignant, les tâches demandées aux élèves, etc.

Aspects de l'éducation	Modèle transmissif	Modèle constructiviste
Attitude professorale	• Position frontale • L'enseignant expose le savoir : il présente l'information de façon structurée, hiérarchisée et déductive	• Position d'accompagnateur • L'enseignant anime : il présente l'information de façon structurée, hiérarchique et déductive
Relation maître/élève	• Discipline • Sanction impartiale • Obéissance	• Autorité • Adaptation • Négociation • Coopération
Attitude de l'élève	Élève passif qui écoute, mémorise, obéit	Élève actif, impliqué dans la construction du savoir qui ne lui est pas déversé. Il construit ses connaissances en se confrontant aux autres et en cherchant lui-même les solutions aux problèmes posés par l'enseignant, qu'il s'approprie
Activités dans la classe	• Le professeur est le centre des activités de la classe • Les élèves doivent s'adapter au professeur	• L'élève ou les élèves sont le centre des activités de la classe • Le professeur doit s'adapter aux élèves
Docimo-terminologie	**Contrôle** Il se caractérise par sa précision, son sérieux et l'importance d'une figure magistrale investie d'une autorité	**Évaluation** Elle donne une valeur relativisée à cette activité. Si l'élève a beaucoup progressé, il aura une évaluation positive

Aspects de l'éducation	Modèle transmissif	Modèle constructiviste
Vocabulaire préférentiel utilisé	• Professeur, maître • Élève	• Enseignant formateur • Gamin, enfant, apprenant
	Leçon La leçon implique un professeur qui détient le savoir qu'il va transmettre en l'exposant	**Séquence/Séance** La séance laisse entendre un moment où le savoir se construit
	Résumé Le résumé est fait par le professeur, il contient toutes les notions vues, formulées de manière claire	**Bilan/Trace écrite** Le bilan est la synthèse des notions vues au cours de l'activité La trace écrite finale est élaborée au fur et à mesure avec les élèves
	Exercice L'exercice implique discipline, régularité, répétition, effort et contrainte, et sera corrigé	**Activité/Exercice d'entraînement** L'activité implique un effort, une participation plus ou moins importante des participants
	• Enseigner ; Professer ; Instruire • Capacités	• Former ; Accompagner ; Éduquer • Compétences

4 Comment l'enfant raisonne-t-il ?

A Quelles sont les formes de raisonnement ?

1. Comment passer de la prise d'information au raisonnement ?

▶ Les raisonnements s'appuient sur des « objets conceptuels », c'est-à-dire des notions élémentaires, des combinaisons et des relations entre les notions, et ces raisonnements deviennent de plus en plus complexes.
▶ Chez l'adulte, les premières étapes, qui précèdent le raisonnement, sont parcourues de manière tellement rapide qu'elles en deviennent inconscientes.
▶ Chez l'enfant, ces étapes doivent être décomposées car elles peuvent constituer des difficultés qu'il convient d'identifier pour pouvoir l'aider.

1-1. Première étape : « saisir l'information »

▶ Prélever l'information dans un tableau avec des décimaux ou dans un tableau avec des images relève de la même action intellectuelle : **prélever des informations**. Elle peut se faire sur le réel ou sur des écrits plus ou moins scientifiques et plus ou moins difficiles : tableaux, graphiques, histogrammes, schémas statiques, schémas dynamiques, cycles ou même des supports très pointus comme les sismogrammes, les radiographies.
▶ Prendre en compte cette étape permet d'identifier les élèves qui ne la maîtrisent pas et qui ne pourront pas passer à l'étape supérieure. Dans le langage courant, cette étape est appelée « l'observation » ou « observer », à tort car c'est une prise d'information.
Chaque document donné peut présenter une difficulté potentielle au regard de l'âge et du parcours des élèves.
▶ Dans les consignes données, les verbes d'action qui peuvent être utilisés pour cette première étape sont : Identifier, Nommer, Repérer, Reconnaître.

1-2. Deuxième étape : « traiter l'information »

▶ Une fois l'information prélevée, elle va être comparée à d'autres informations stockées dans la mémoire. On peut aussi les classer, les trier, les hiérarchiser, cette activité de traitement des informations renforce leur mémoration.
▶ En maternelle, dans les activités scientifiques, cette étape peut être atteinte.

1-3. Troisième étape : « donner du sens »

▶ Cette information traitée va être intégrée et produire du sens. La démarche d'investigation prend alors tout son sens car la quête d'information vise à chercher une réponse à une question/un problème.
▶ L'information traitée, mise en relation avec d'autres, permettra d'amorcer le raisonnement causal, d'induire, de déduire, d'expliquer.
▶ Cette étape commence à se mettre en place au cycle 2, elle s'appuie plus ou moins inconsciemment sur les étapes précédentes, et perdure dans tous les autres cycles jusque chez l'adulte.

1-4. Dernière étape : « pratiquer un raisonnement scientifique »

▶ C'est l'étape la plus complexe puisqu'elle s'ajoute et s'appuie sur toutes les autres. Si une étape précédente n'est pas franchie, le raisonnement sera bloqué. Pour pouvoir raisonner, il faut que l'information ait été prise, traitée et ait du sens.

REMARQUE

Lors de l'évaluation, jusqu'au cycle 3, on donnera toujours des exercices correspondant aux deux premières étapes pour s'assurer que tous les élèves sont capables de prendre l'information et de la traiter.

▶ On peut subdiviser cette étape en deux sous-étapes conceptuelles :
- la première peut être définie par un verbe d'action : Formuler une hypothèse, Formuler une conséquence vérifiable, Formuler des résultats, Interpréter les résultats ;
- la seconde, plus compliquée aura recours aux verbes suivants : Justifier, Argumenter, Critiquer.

▶ Ce niveau commence à se mettre en place en fin de cycle 3, il va de pair avec le développement cognitif et le raisonnement hypothético-déductif (*Cf.* paragraphes ci-après).

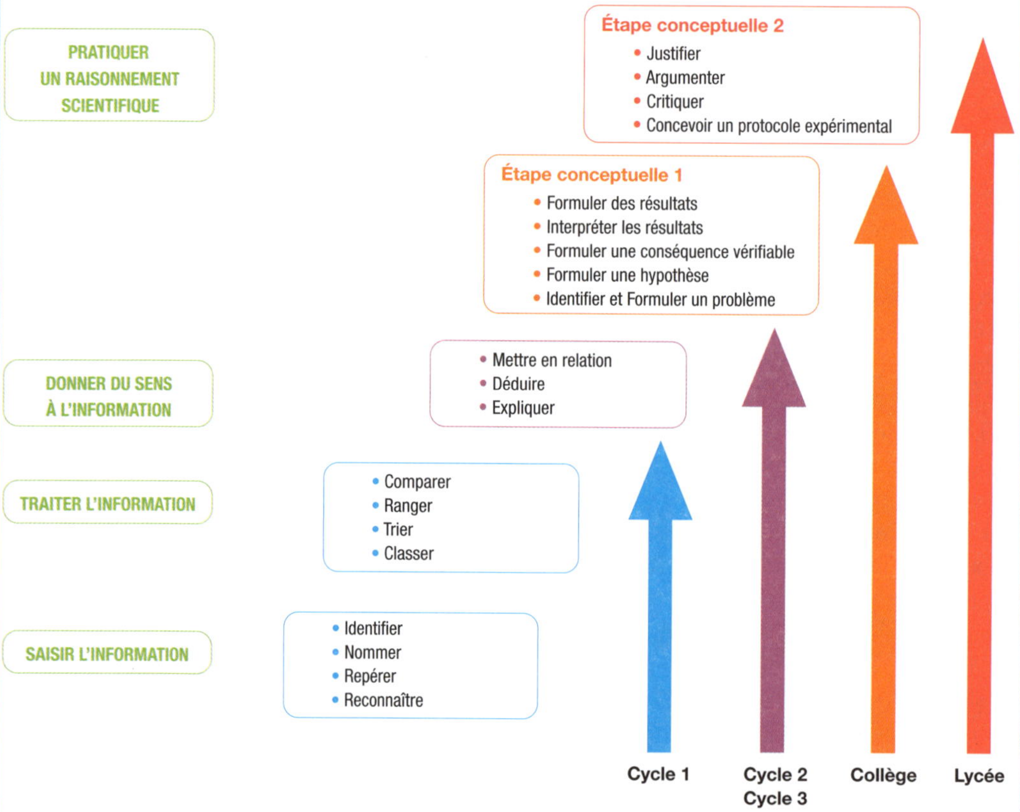

D'après Patrick Demougeot, SVT collège : *S'informer-raisonner*, CRDP Nice, 2003 et J.-P. Astolfi, B. Peterfalvi, A. Verin, *Compétences méthodologiques en sciences expérimentales*, INRP, 1991.

Doc. De la prise d'information au raisonnement

REMARQUE

De nouvelles recherches en sciences cognitives montrent que ces étapes ne sont pas aussi figées.

En classe...

Exercice pour une classe de CM2

On mesure la quantité de gaz d'un espace clos dans lequel un animal respire, au départ et après deux heures de séjour de l'animal.

Espace clos de 100 L d'air	Quantité de dioxygène (en litres)	Quantité de dioxyde de carbone (en litres)	Quantité de diazote (en litres)
Quantité de gaz au départ	21	Traces	79
Quantité de gaz mesurée après 2 h	18	3	79

Question du professeur : Quels sont les échanges gazeux de la respiration ?

Réponse attendue : l'animal a consommé du dioxygène et produit du dioxyde de carbone. La respiration se traduit par une consommation de dioxygène et une production de dioxyde de carbone.

Comment l'élève peut-il arriver à cette formulation ?

On essaie de retracer les étapes que l'élève a suivies (inconsciemment) :

Étape 1 **« Saisir l'information » dans un tableau à double entrée** lui permet d'identifier les chiffres se rapportant au dioxygène et les chiffres se rapportant aux autres gaz.

Transposition et intérêt pédagogique de l'identification de cette étape : certains élèves ne savent pas lire un tableau, donc il peut y avoir blocage. Dans cette première étape, ils ne pourront pas identifier les bonnes colonnes/lignes.

Étape 2 **« Traiter l'information »** en comparant les chiffres et en faisant une soustraction. Ainsi, 3 litres de dioxygène ont disparu et 3 litres de dioxyde de carbone sont apparus dans l'espace clos, la quantité de diazote n'a pas changé.

Transposition et intérêt pédagogique de l'identification de cette étape : certains élèves auront su lire le tableau mais ne savent pas quoi faire des chiffres ! Doivent-ils les additionner ? Les soustraire ? Ils rencontreront une difficulté pour le traitement de ces valeurs qu'ils auront su néanmoins identifier (première étape franchie).

Étape 3 **« Donner du sens » à cette information.** Les soustractions effectuées dans l'étape précédente (qui ont permis de trouver que 3 litres de dioxygène avaient disparu et que 3 litres de dioxyde de carbone étaient apparus) n'ont que peu d'intérêt si on en reste à l'opération mathématique. Elles prennent du sens parce qu'on se posait des questions sur les gaz que respirait l'animal. Et on pourra mettre ces volumes de gaz en relation avec les échanges gazeux respiratoires.

Transposition et intérêt pédagogique de l'identification de cette étape : certains élèves feront les opérations mathématiques correctement, ils n'arriveront pas à leur donner du sens, peut-être parce que la question qui a motivé cette activité a été oubliée ou mal comprise.

2. Qu'est-ce que le raisonnement analogique ?

▶ **Le raisonnement analogique** consiste à s'appuyer sur une analogie, une ressemblance ou une association d'idées entre deux situations possédant un point commun pour procéder à une comparaison et aboutir à une conclusion en appliquant à la seconde situation une caractéristique de la première.

▶ De tous les modes de raisonnement, le raisonnement analogique est le plus facile, le plus spontané, le plus naturel à l'enfance mais il n'est pas très rigoureux.

▶ Ce raisonnement est très utilisé en activités scientifiques, il participe à la construction des premiers savoirs.

Ex. : Analogie par comparaison : cheveux blonds comme les champs de blé en été ; le cœur fonctionne comme une pompe ; la plante a besoin d'eau comme un enfant boit de l'eau ; la moule respire dans l'eau comme le poisson…
Analogie avec métaphore : le cœur est une pompe, le tube digestif est un tuyau plus ou moins dilaté.
Analogie par l'image : le nid des oiseaux, c'est comme la niche du chien.

3. Qu'est-ce que le raisonnement transductif ?

▶ **La transduction** est le fait d'établir un lien de causalité, logique ou non, entre deux événements sur la seule base de leur proximité dans le temps (une cause et une conséquence). Si deux événements surviennent en même temps ou sont perçus dans le même contexte, l'enfant croit alors que l'un est la cause de l'autre.

Ex. : • Paul dit qu'il fait beau parce qu'il va à la plage. Il associe deux constatations :
1 : il va à la plage aujourd'hui et 2 : il constate qu'il fait beau.
Il relie ces deux faits de manière causale. **Cause :** il va à la plage. **Conséquence :** il fait beau.

• Nora dit : « *Il pleut parce que maman a cassé un vase.* » Sa sœur verbalise différemment : « *Maman a cassé le vase parce qu'il pleut.* »
Dans les deux cas, les enfants associent deux constatations indépendantes (il pleut et maman a cassé le vase) par une relation causale et de deux manières opposées.

• Juan dit que les plantes sont mortes parce qu'il a désobéi. Il associe deux constatations : il a désobéi à ses parents et les plantes sont mortes. Il les relie de manière causale.

▶ Ce type de raisonnement perdure chez l'adulte, par exemple : « *j'ai eu un accident parce que j'ai croisé un chat noir sur la route* », « *j'ai gagné au loto parce que j'ai vu une plaque minéralogique avec 4 chiffres identiques* ».

4. Qu'est-ce que le raisonnement inductif ?

▶ **Le raisonnement inductif** a pour point de départ des situations concrètes et accessibles aux élèves et a pour but de les amener à dégager des concepts, des principes ou des règles applicables. C'est le fait de tirer une conclusion générale à partir de données particulières.

▶ Le raisonnement inductif est une compétence que les élèves du cycle 2 doivent acquérir en fin de cycle : ce type de raisonnement est très utilisé dans la démarche d'investigation.

Ex. : • Les élèves listent des caractéristiques de certains animaux :
– le pigeon a un bec, des ailes pour voler, pond des œufs ;
– le canari a un bec, des ailes pour voler, pond des œufs ;
– l'hirondelle a un bec, des ailes pour voler, pond des œufs.
Ce qui permet d'induire une première définition : les animaux qui ont un bec, des ailes pour voler, qui pondent des œufs sont des oiseaux.
À partir de trois cas particuliers étudiés, on établit une première description du groupe des « oiseaux ».

REMARQUE

Certains enfants et même certains adultes peuvent rester longtemps à ce stade et avoir beaucoup de difficultés à admettre que l'autruche et le pingouin soient des oiseaux avec des ailes qui ne servent pas à voler.

• Les élèves ont remarqué que les plantes de la classe qui avaient été arrosées sont vertes, tandis que celles qui n'ont pas été arrosées sont mortes.

Ces observations permettent d'induire : les plantes (en général) ont besoin d'eau pour vivre.
Cette généralisation se fait à partir de l'étude d'un cas particulier des plantes de la classe.

5. Qu'est-ce que le raisonnement déductif ?

▶ **Le raisonnement déductif** a pour point de départ un concept, une définition, un principe, une règle à appliquer à un cas particulier, dont on tire une conclusion. Ce mode de raisonnement est considéré comme rigoureux. C'est partir de données générales et en tirer une conclusion particulière.

▶ Dans les activités scientifiques, ce raisonnement déductif est peu utilisé car il part d'une définition ou d'une règle qui doit être énoncée par le professeur. Elle était plus utilisée dans les démarches pédagogiques transmissives et explicatives.

Ex. : Définition donnée par le professeur : les oiseaux sont des animaux qui ont un bec, des ailes et qui pondent des œufs.

Application : le professeur indique aux élèves qu'ils vont observer des sitelles, des pigeons, des Granatinas, des Diamants de Goult et précise que ce sont des oiseaux.
La définition peut s'appliquer aux oiseaux étudiés, les élèves **peuvent déduire** que ces animaux possèdent un bec, des ailes et pondent des œufs.

6. Qu'est-ce que le raisonnement hypothético-déductif ?

▶ Dans ce mode de raisonnement, on voit apparaître la formulation d'hypothèse.

▶ **Une hypothèse** est une conjecture, une supposition faite sur un mode affirmatif, une proposition de solution à un problème. La notion d'hypothèse, notion centrale dans le raisonnement hypothético-déductif, suppose que l'enfant fasse comme si ce qu'il cherche à démontrer était vrai au départ. Le « comme si » est une démarche de pensée très abstraite, qui commence à se mettre en place au cycle 4 (d'après les didacticiens).

▶ Le mot « hypothèse » aux cycles 1 et 2 est utilisé de manière abusive : face à une question, l'enfant donne son avis.

Ex. : En maternelle, le professeur demande si la pièce de monnaie mise dans l'eau va flotter ou couler. L'élève donne son avis qui ne peut pas être considéré comme une hypothèse.

▶ Avant 12 ans, le raisonnement hypothético-déductif est rarement le fait d'élèves en activité autonome dans une classe, l'intervention et le pilotage du professeur des écoles sont indispensables.

▶ Le raisonnement hypothético-déductif peut s'appliquer plus facilement aux relations causales et, en cycle 3, quelques thèmes se prêtent bien à l'initiation de ce mode de raisonnement (recherche des facteurs de germination, facteurs intervenant sur les changements d'état...).

▶ **Le raisonnement déductif** est appliqué aux résultats des tests de l'hypothèse.

Ex. : • On cherche à identifier un animal, le Granatina, dont on a une photo et un descriptif.

Hypothèse : on suppose que le Granatina est un oiseau ; si c'est un oiseau alors il doit avoir un bec, des ailes et doit pondre des œufs.
Test : la documentation permet de dire que cet animal a un bec, des ailes et pond des œufs.
Déduction : le Granatina est un oiseau.

• Dans une démarche d'investigation, les élèves se demandent quelles sont les conditions de germination des graines de haricot.
Hypothèse : ils supposent que les graines ont besoin d'eau pour germer et que sans eau elles ne germeront pas. Dans cette supposition, le facteur à tester apparaît bien.
Expériences : des graines sont mises dans des petits pots et sont arrosées ou non.
Résultat au bout de quelques jours : les graines arrosées ont germé, les autres non.
Déduction : un retour sur l'hypothèse est obligatoire. Pourquoi a-t-on fait cette expérience avec et sans eau ? Un aller-retour ente les résultats et l'hypothèse permettra de déduire que les graines ont besoin d'eau pour germer.
Dans cet exemple, le raisonnement hypothético-déductif porte sur la recherche de facteurs, sur la relation causale entre un facteur et son effet. Dans le maniement de ces éléments, on aide l'élève à s'approcher du raisonnement hypothético-déductif.

B Quelles sont les différentes façons de penser ?

Le chercheur, pour faire progresser la connaissance, a deux façons d'appréhender son objet d'étude (étude du corps humain, de la ville, de la gestion des déchets…).
Il peut fractionner en unités constitutives l'existant, afin de mieux le comprendre : c'est ce que l'on appelle **l'approche cartésienne** (en référence à Descartes : mathématicien, physicien et philosophe français du XVIe siècle).
Il peut aussi identifier des interactions entre les différentes unités constitutives de son objet d'étude : c'est **l'approche systémique**.

1. Qu'est-ce que l'approche cartésienne ?

▸ **L'approche cartésienne** consiste à fragmenter en plusieurs unités indépendantes l'objet de l'étude. Cette fragmentation peut se faire plusieurs fois jusqu'à obtenir des unités de petites tailles qui seront abordées par des chercheurs spécialistes de cette unité.

▸ L'avantage de cette approche, qui a commencé au siècle des Lumières (mouvement philosophique et culturel du XVIIIe siècle) et se poursuit de nos jours, est une rapide progression des connaissances.

Mais l'inconvénient est qu'il y a des pertes de la cohésion de toutes ces unités regroupées au départ.

Ex. : dans l'étude du corps humain, on a un premier découpage :
1 – l'anatomie : étude des différents organes ;
2 – la physiologie : étude des fonctions des organes.
Puis un nouveau découpage avec l'étude de chaque organe.
Certains chercheurs s'occuperont alors de l'anatomie du cœur, d'autres du fonctionnement du cœur.
On pourrait continuer avec les subdivisions cellulaires, biochimiques et dans le milieu médical : les cardiologues (chirurgiens du cœur, des valvules, de la transplantation cardiaque…).
L'inconvénient de cette approche cartésienne est que le chirurgien spécialiste des valvules du cœur peut avoir perdu la vision globale du cœur dans l'organisme et que ce découpage ne permet plus d'expliquer pourquoi le cœur s'accélère lors d'une émotion.

2. Qu'est-ce que l'approche systémique ?

▶ **L'approche systémique** est une façon de penser qui permet de gérer les environnements complexes, c'est-à-dire des environnements où il y a de nombreuses interactions entre les différentes unités qui le composent. On utilise souvent le mot de « système » pour nommer cet environnement complexe et ses unités constitutives.

▶ L'approche systémique consiste à garder à l'esprit la globalité de l'objet d'étude et à s'intéresser aux relations entre ses unités.

Ex. : L'école peut être l'objet de l'étude, non dans la description de toutes ses composantes mais dans sa globalité ainsi on se préoccupera de chercher les relations qui existent entre les personnes et de les agencer au mieux pour que l'école fonctionne (pas seulement dans son rôle de transmission des savoirs). Chaque élément apportant sa contribution au fonctionnement de l'ensemble, les personnes ne seront plus cloisonnées dans leur fonction, rôle, hiérarchie : l'enfant sera au centre du système.

▶ Ce mode de pensée a été historiquement utilisé dans l'écologie pour appréhender l'interdépendance des êtres vivants, il s'est ensuite généralisé à pratiquement tous les secteurs (médicaux, financiers, industriels, urbanisme, psychologiques…). L'approche cartésienne consistant à étudier pour un milieu donné chaque espèce présente (son alimentation, son type de reproduction, sa locomotion, sa classification) ne permettait plus d'expliquer l'évolution de ce milieu après l'introduction d'une espèce étrangère. L'approche systémique s'est intéressée aux relations interspécifiques et aux paramètres les influençant. C'est ainsi que sont apparues les premières représentations des chaînes et réseaux trophiques pour un milieu donné.

▶ Cette approche systémique débouche sur des applications concrètes de modélisation des systèmes complexes qui permettent d'expliquer leur fonctionnement et de prévoir les dysfonctionnements.

Ex. : L'approche systémique du cycle de l'eau permet de prévoir les conséquences d'un assèchement d'une zone humide, ou les conséquences des incendies…
L'approche systémique des réseaux alimentaires (cycles 2 et 3) dans un milieu donné permet de prévoir les perturbations causées par une introduction d'espèce.

▶ L'approche systémique s'est généralisée dans de très nombreux domaines, elle vient en complément des approches cartésiennes.

▶ Si tous les thèmes peuvent se prêter à l'étude systémique, de manière concrète ceux qui débouchent sur la construction de cycles sont fondamentaux pour une initiation à cette approche au primaire.

REMARQUE

Dans le socle commun de connaissances, de compétences et de culture, c'est dans le domaine 4 que se trouvent les sciences sous l'intitulé : « les systèmes naturels et les systèmes techniques ».

L'accent est mis sur le mot « système », ce qui implique qu'il faudra insister sur les relations entre les différents savoirs.

Ex. : **Construction du cycle de l'eau** : cette modélisation en cycle permet de montrer comment toute modification d'une relation entraîne en cascade des changements dans tout le cycle.
Construction de chaînes et de réseaux alimentaires : ce modèle peut permettre de prédire ce qui va se passer si on survalorise un maillon ou si on en enlève un.

Les thèmes relevant de l'environnement et du développement durable se traitent tous de manière systémique : la gestion d'une ville et ses déchets, le circuit de l'eau potable, la surexploitation de ressources, la pollution, les interactions sociales dans une société ou dans la famille.

5 Qu'appelle-t-on conceptions initiales ?

1. Qu'est-ce qu'une conception initiale ?

▶ Les connaissances ne se transmettent pas en terrain vierge chez un élève. Chacun s'est construit, par son vécu personnel, des explications concernant les phénomènes de la vie courante et les concepts sous-jacents. Ces conceptions ne seront remises en cause que si quelqu'un essaie de les faire émerger. En l'absence de cette prise de conscience, le nouveau savoir évolue à partir des conceptions existantes sans que celles-ci se réorganisent. C'est ainsi que de nombreuses conceptions peuvent se retrouver quasiment inchangées chez l'enfant et chez l'adulte.
Ex. : La conception du tube digestif présentant une entrée et deux sorties est présente chez les enfants mais peut souvent perdurer à l'âge adulte.

▶ André Giordan et Gérard de Vecchi, spécialistes de la didactique des sciences, précisent qu'une conception est une « *explication sous-jacente, simple et logique qui est à l'origine de ce que pensent, disent, écrivent ou dessinent les apprenants* ». C'est pourquoi on peut essayer de comprendre comment elles se sont mises en place. Cette compréhension permet à l'enseignant d'être vigilant quant à la façon dont le savoir scolaire est reçu par les élèves.

2. Quel est l'intérêt des conceptions initiales ?

Recueillir les conceptions présente un intérêt aussi bien pour les élèves que pour l'enseignant.

2-1. Pour les élèves

▶ L'élève n'a pas conscience de ses conceptions. Les faire émerger lui permet surtout de constater que ses camarades n'ont pas les mêmes que les siennes.
▶ Ces différences constatées vont être le moteur des activités de recherche. L'élève va alors s'appuyer sur ses conceptions pour les faire évoluer au cours de l'activité, il est acteur dans la construction de son savoir.

2-2. Pour l'enseignant

▶ Les conceptions lui permettent de connaître le niveau de formulation de ses élèves et de se rendre compte de l'écart avec le savoir à atteindre ; ainsi, il pourra préciser ses objectifs et les situations pédagogiques les plus adaptées.
▶ Elles peuvent lui permettre de déceler des obstacles à l'apprentissage et il pourra mettre en œuvre des activités permettant à l'élève de les franchir. Les obstacles sont des explications fausses ou partiellement fausses qui bloquent l'apprentissage correct. Si l'enseignant les identifie, il pourra proposer de nouvelles situations, de nouvelles explications qui s'appuient dessus pour les modifier.
Ex. :
• Dans la construction du mouvement des membres, si l'élève dessine une multitude d'os dans le bras, il ne pourra pas comprendre qu'en réalité un muscle en se contractant tire sur deux os différents.
• Dans la présentation de la fécondation, l'élève dessine et verbalise que c'est le spermatozoïde qui rentre dans l'ovule et se transforme en bébé. L'obstacle à franchir est qu'il accorde au seul spermatozoïde la formation du bébé. C'est là un obstacle qu'il faudra franchir pour parvenir à l'égalité de participation : un spermatozoïde et un ovule donneront la cellule-œuf.

3. Que faire des conceptions initiales recueillies en classe ?

3-1. Les conceptions non utilisées

L'enseignant recueille les représentations mais ne sait pas quoi en faire, les ignore. Il n'en tient pas compte dans sa démarche pédagogique.

3-2. Les conceptions corrigées par des explications

▶ Les conceptions sont recueillies par l'enseignant, qui repère les points négatifs. Il détient le savoir, montre les erreurs et les corrige. Mais, dans ce cas, l'élève reste dans une attitude passive, ne remet pas en cause sa conception qui résistera aux explications de l'enseignant.
▶ Cette utilisation des conceptions, consistant à apporter la « bonne réponse », n'apporte rien à l'élève qui ne peut que se dévaloriser : « il ne sait rien ».
▶ Les didacticiens ont montré également que, dans ce cas, sa représentation première n'est pas remise en cause et restera inchangée.

3-3. Les conceptions utilisées comme motivation

▶ Parfois, les conceptions recueillies sont difficilement exploitables et elles ne permettent pas d'identifier clairement des obstacles.
▶ L'enseignant peut partager toutes les conceptions recueillies et faire constater aux élèves les différences. L'enseignant pourra susciter l'envie d'investigation : les élèves vont chercher à voir qui a « raison ».
Ex : En début de séquence, on demande aux élèves de dessiner ce qu'il y a à l'intérieur de la graine. L'enseignant se sert de ces représentations toutes différentes pour dire : « nous allons ouvrir des graines pour voir l'intérieur ».

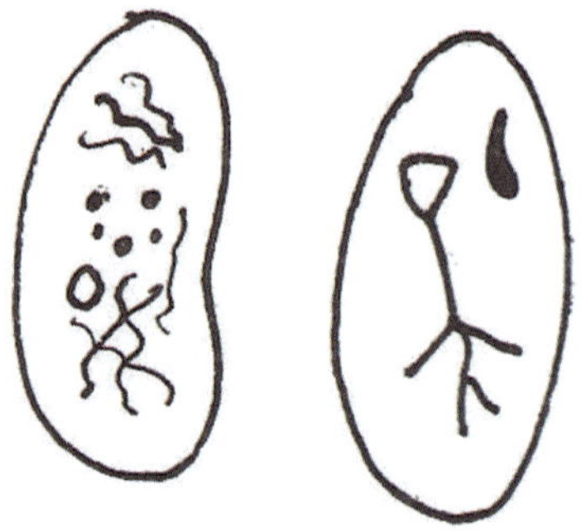

Doc. 1 Conceptions initiales des élèves sur l'intérieur de la graine

3-4. Les conceptions utilisées pour déceler les obstacles

L'enseignant fait l'analyse des conceptions recueillies : il liste les points positifs et les points négatifs des représentations. Il évite de porter des jugements : « ceci est exact, ceci est bien représenté ». Il repère, parmi les points négatifs, ceux qui peuvent être un frein, un obstacle à l'apprentissage du concept. Il organisera alors sa séquence pour aider les élèves à franchir cet obstacle, pour leur donner la possibilité de réorganiser leur savoir.
Ex. :
• **Obstacle franchi en utilisant la modélisation**
On demande aux élèves de dessiner à l'intérieur du bras ce qui lui permet de bouger. L'enseignant repère que les deux tendons du muscle sont fixés sur un seul os : c'est un obstacle.

Sa séquence s'organisera autour de la construction d'une maquette de bras (modélisation) que l'élève devra faire bouger en y plaçant correctement les tendons des muscles. Par tâtonnement, l'élève les fixera de part et d'autre de l'articulation. La verbalisation de sa réussite lui permettra de franchir l'obstacle ; ce nouveau savoir construit lui permet de réorganiser son ancienne conception.

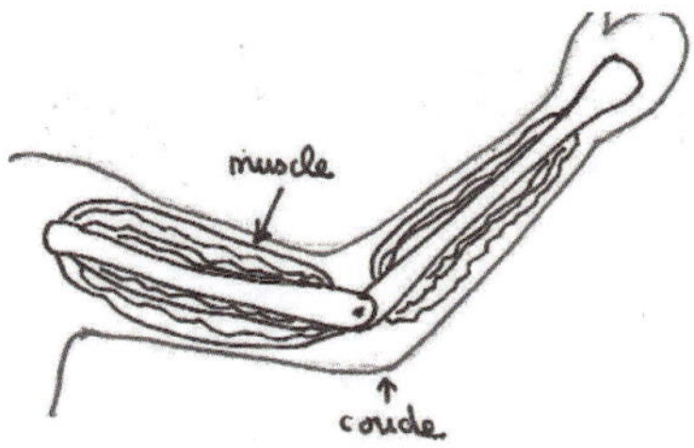

Doc. 2 Représentation de l'élève

• Obstacle franchi en utilisant l'observation

Les élèves n'ont pas une idée précise de ce qu'est un escargot. On leur demande de le dessiner. Les représentations obtenues présentent une tête très anthropomorphique, ce qui correspond à un obstacle : la nécessité d'aller observer la tête de l'escargot, de savoir s'il a des yeux, un nez, une bouche sera envisagée. Les élèves observeront et compareront avec leurs dessins. Ils reconstruiront une nouvelle représentation de la tête de l'escargot. Ici aussi, le nouveau savoir construit leur permet de réorganiser leurs anciennes conceptions.

Doc. 3 Conceptions initiales sur l'escargot en cycle 1

4. Comment repérer les obstacles ?

Les obstacles sont des explications cohérentes dans la pensée de l'élève. Placé devant une question, l'élève peut ignorer la réponse ou se tromper sans que cela soit un obstacle.

Exemples de phrases d'élèves recueillies à l'oral dans différentes séances :

CM - séance sur les volcans :

« *Les volcans rouges sont gentils, les gris sont méchants.* »

L'élève explique les éruptions volcaniques en utilisant le raisonnement analogique, la dangerosité des volcans gris qui font beaucoup de dégâts et de morts est associée à la méchanceté. Les adjectifs « gentils » et « méchants » sont des **obstacles affectifs anthropomorphiques**. Dans les activités scientifiques, on évitera les qualificatifs qui relèvent de l'affect.

CP - élevage d'escargot :

« *Les escargots ont des antennes sur la tête.* »

Il s'agit d'une erreur de vocabulaire. Le mot « antennes » doit être remplacé par « tentacules ».

CE1 - séance sur la croissance des végétaux :

« *Les feuilles sont au bout des petites tiges.* »

Il s'agit d'un manque de vocabulaire, les petites tiges sont en fait les pétioles.

CM - séance sur les animaux et les saisons :

« Les animaux des pays froids ont une fourrure qui leur tient chaud. »

L'élève explique la présence d'une fourrure épaisse chez les animaux dans les pays froids par une **référence au langage commun** utilisé pour lui (« ce pull va te tenir chaud »). L'expression « fourrure qui tient chaud » révèle un obstacle important dans le concept d'isolant. La fourrure est un bon isolant, elle empêche la chaleur du corps de s'évacuer mais elle ne génère pas de chaleur.

CM - séance sur la respiration :

« On aspire de l'air propre, on recrache de l'air sale. »

L'élève explique la différence entre l'air entrant et l'air sortant par rapport à **son vécu et au langage commun** (« ouvrir pour renouveler l'air », « ça sent mauvais quand on rentre en classe »). « Propre » et « sale » sont deux adjectifs obstacles : les proportions de gaz sont différentes, la notion de propreté est construite par l'homme en fonction de la société dans laquelle il vit, elle ne peut s'appliquer aux gaz respiratoires.

CM - rotation de la Terre :

« Dans l'hémisphère sud les gens marchent la tête en bas et les pieds en haut. »

L'élève applique à la représentation modélisée qu'il a devant lui sa position. Il se représente en France avec un petit bonhomme, donc logiquement dans l'hémisphère sud le petit bonhomme est à l'envers. Et si on considère un observateur dans l'espace au-dessus de l'hémisphère nord, il aurait la même vision. Il s'agit d'un **obstacle didactique**, c'est-à-dire généré par la façon dont est transmis le savoir. Le globe terrestre est une modélisation codifiée dont l'enfant n'a pas conscience qui rend compte de différents paramètres mais pas celui de la gravité (seule permettant de dire où est le haut et le bas).

6 Comment mettre en œuvre une démarche d'investigation scientifique ?

L'enseignement des sciences est la **synergie entre les savoirs et la démarche** mise en œuvre. La démarche doit s'inscrire dans des modèles pédagogiques où l'élève est actif dans la construction de ces savoirs. Il faut placer l'élève devant un problème concret qu'il pourra résoudre par l'investigation.

La démarche d'investigation peut se décomposer en trois phases :

- phase 1 formulation du problème et des stratégies de résolution ;
- phase 2 investigation aux multiples modalités ;
- phase 3 formulation de la réponse au problème.

Qu'est-ce qu'une démarche scientifique ? → p. 43

A Les phases de la démarche d'investigation

<table>
<tr><td rowspan="2">Phase 1</td><td colspan="4">LA FORMULATION DU PROBLÈME
↓</td></tr>
<tr><td colspan="4">• En proposant des stratégies de recherche : pour trouver les réponses/solutions
• En proposant des hypothèses à vérifier
↓</td></tr>
<tr><td rowspan="2">Phase 2</td><td colspan="4">L'INVESTIGATION</td></tr>
<tr><td>En observant
↓</td><td>En expérimentant
↓</td><td>En modélisant
↓</td><td>En se documentant
↓</td></tr>
<tr><td>Phase 3</td><td colspan="4">LE BILAN
des activités et la structuration du savoir</td></tr>
</table>

phase 1 La formulation du problème

1-1. Amener les élèves à formuler le problème/les questions

Pour mettre en œuvre la démarche d'investigation, il faut amener les élèves à formuler un problème. Si cette phase est ratée, l'élève restera passif. C'est la phase la plus importante, elle conditionne les étapes suivantes. Il importe de trouver dans les situations de la vie courante celles qui entraîneront l'enfant dans le désir d'en savoir plus, le désir de rechercher.

Les programmes

- **Progressivité de la formulation de questions au cycle 2**
Un questionnement est proposé aux élèves par l'enseignant en début de cycle et les attendus de fin de cycle sont une formulation de ce questionnement par les élèves.
- **Progressivité de la formulation de problèmes en cycle 3**
Le problème est posé par l'enseignant en début de cycle 3 et les élèves en autonomie essaieront de formuler les problèmes en fin de cycle.

Quelle est la différence entre question, problème et situation-problème ? → p. 44

1-2. Amener les élèves à proposer des stratégies de recherche

Une fois le problème posé, on attend que les élèves proposent des solutions qui induisent une recherche. De cet ensemble de propositions, la stratégie de recherche devra être impérativement précisée, elle pourra prendre plusieurs formes (qui peuvent coexister dans la recherche d'une solution au problème) comme :
– **un projet** d'observation et/ou un projet d'expérimentation et/ou un projet de modélisation et/ou un projet de recherche documentaire ;
– **une hypothèse** à vérifier dans un projet d'observation et/ou dans un projet d'expérimentation et/ou dans un projet de modélisation.

REMARQUE

Il convient de prendre le temps nécessaire à cette stratégie de recherche, parce que l'élève y entrera plus facilement s'il l'a proposée.

Les programmes

Progressivité de la formulation d'hypothèse pour répondre à une question / un problème au cycle 3. En début de cycle l'élève peut identifier dans une liste, les hypothèses en lien avec un problème puis progressivement avec l'aide de l'enseignant il va pouvoir en formuler lui-même et essayer de se projeter dans leur validation.

Qu'est-ce qu'une hypothèse ? → p. 45

Phase 2 L'investigation (3 modalités de recherche)

Dans cette phase, **les élèves vont chercher les réponses aux problèmes/questions** ou, s'ils ont formulé des hypothèses, vont **tenter de les vérifier**. Plusieurs stratégies de recherche peuvent être envisagées ou mises en œuvre, de façon plus ou moins imbriquées.

REMARQUE

Dans une séquence, il peut y avoir une seule modalité d'investigation (*quels sont les besoins des graines pour germer ? une investigation par expériences sera mise en place*), ou bien plusieurs (*comment se réalise le mouvement du bras ? des investigations par observation et par modélisation seront mises en œuvre pour trouver la réponse*).

2-1. Investigation par l'observation

▶ **La consigne « observez » donnée seule, sans contexte focalisateur, n'a aucune signification.** Dans une démarche d'investigation, l'élève va observer parce qu'il cherche une réponse que seule l'observation (du réel) pourra lui donner. Cette observation le conduira à réorganiser les modèles préalablement construits. Elle utilisera les connaissances préexistantes pour construire un nouveau savoir. Si la résolution du problème ou de la question passe par l'observation, il faudra définir au préalable, avec les élèves, ce qui devra être observé, autrement dit, les critères d'observation.
Ex. : Quels sont les produits émis par les volcans ?
Les élèves doivent définir les critères d'observation d'un volcan, c'est-à-dire les catégories de produits émis par le volcan : produits liquides, solides et gazeux. Avec ces critères, ils pourront comparer les volcans explosifs et les volcans effusifs.

▶ **Le recueil des conceptions initiales** peut aussi inciter les élèves à rentrer dans la démarche d'investigation par observation. Ils constatent de grosses différences dans leur production qu'ils tenteront de vérifier en observant.
Ex. : Soit la consigne : « Dessine ce qu'il y a dans la graine. »
À partir de leurs dessins, les élèves auront envie de vérifier et d'ouvrir des graines pour observer.
« Dessine le trajet de l'air dans ton corps » : le dessin induira, de la même façon, une observation de l'appareil respiratoire.

REMARQUE

Ne pas confondre observation et prise d'information. Dans les activités scientifiques, le premier niveau de raisonnement commence par la prise d'informations. À différents moments de l'activité, les élèves doivent s'informer à partir de diverses sources. Ils vont, par exemple, relever des températures, constater les résultats d'une expérience, comparer des schémas, consulter des tableaux. Ces relevés ponctuels ne sont pas l'objet de la recherche, mais au service de la recherche. Cela ne doit pas être confondu avec la démarche d'investigation, dans laquelle l'observation est une étape d'un cheminement cognitif.

Que nous apprennent les neurosciences sur l'observation ? → p. 45

2-2. Investigation par l'expérience

La deuxième modalité d'investigation ou de recherche de la solution passe par une expérience ou une manipulation concrète. Plusieurs cheminements peuvent être envisagés.

Des expériences pour tester une hypothèse

▶ **Des hypothèses sont émises comme solutions provisoires au problème, elles devront être testées par l'expérience.** Tous les thèmes scientifiques ne se prêtent pas à l'investigation expérimentale. En effet, l'expérience doit obéir à certaines contraintes :

– être reproductible par d'autres, ce qui implique un protocole clair ;
– définir pour chaque hypothèse un seul paramètre à faire varier (température, humidité, éclairage, taille, nourriture…) ;
– utiliser des éléments mesurables (quantité, température…) chaque fois que cela est possible pour éviter une appréciation subjective.

! Les difficultés des élèves

Lorsque plusieurs paramètres agissent sur un phénomène, il est difficile pour des élèves de primaire de n'en faire varier qu'un à la fois. Par exemple : pour tester expérimentalement les paramètres de l'évaporation de l'eau, les élèves vont mettre une quantité d'eau, dans une boîte large et peu profonde, sur le radiateur et une autre quantité dans un récipient étroit, dans la classe.

On ne pourra pas interpréter les résultats : l'eau se sera-t-elle évaporée à cause de la quantité plus ou moins grande dans les récipients ? à cause de la surface de contact air /eau ? ou à cause de la température ? L'enseignant pourra profiter de ces erreurs pour montrer l'impossibilité de valider ou d'invalider l'hypothèse.

▶ **Il faut noter les résultats, c'est là que la mesure prend tout son sens.** Les résultats seuls n'ont aucune signification particulière, ils ne prennent du sens que dans le contexte de l'expérience. Leur interprétation permettra de répondre au problème de départ. Pour cela, un aller-retour entre l'hypothèse ou/et le problème est nécessaire. Cet entraînement à distinguer le résultat de l'interprétation permet de développer l'esprit critique.

Ex. : Hypothèse à tester : « je suppose que les graines de haricot ont besoin de soleil pour germer ».
Résultats : les graines ont germé dans les pots placés au soleil et dans les pots placés dans l'obscurité.
Interprétation des résultats : l'hypothèse supposait que le soleil influençait la germination, pourtant la germination s'est faite dans les deux cas. La présence ou l'absence de soleil n'ont aucune action sur la germination des graines de haricot.

Les programmes

• **Progressivité dans la formulation des résultats et l'interprétation au cycle 3.**
En début de cycle, on attend de l'élève qu'il formule le résultat obtenu et l'exploite avec l'aide de l'enseignant. Puis en fin de cycle qu'il l'interprète et formule une conclusion en autonomie.

• **Progressivité dans la proposition d'expériences pour tester une hypothèse au cycle 3.**
En début de cycle, l'élève devra identifier, parmi les protocoles proposés par l'enseignant, celui qui teste son hypothèse ; en fin de cycle 3, il pourra identifier le paramètre à faire varier et les paramètres à fixer pour tester expérimentalement une hypothèse, puis concevoir tout ou partie d'un protocole.

Des expériences pour prouver/pour déduire

La réponse au problème est plus ou moins connue et l'importance est de la prouver.

Ex. : Question : « Quels sont les besoins des plantes ? »

Réponse : la plante a besoin d'eau.

Expériences imaginées par les élèves : prendre deux verres identiques, les remplir d'eau au même niveau et marquer sur les verres ce niveau. Mettre une plante dans l'un des deux verres d'eau. Le verre sans la plante est le verre « témoin ».

Résultat : l'eau a baissé dans les deux verres mais plus dans celui qui contient la plante.

Interprétation : de l'eau s'est évaporée dans le verre « témoin », la quantité d'eau disparue dans le verre qui contient la plante devra être soustraite de cette valeur pour connaître la quantité absorbée par la plante.

Réponse prouvée : la plante absorbe de l'eau.

Des expériences par tâtonnements, manipulations

▶ Les élèves n'ont aucune idée de la solution, l'enseignant choisit de les laisser trouver la réponse en tâtonnant.

Ex. : **émergence de la question dans une situation concrète :** « Comment allumer la lampe loin de la pile ? »

« Manipulation » non dirigée par l'enseignant : une lampe, une pile et des fils sont donnés aux élèves.

Réponse trouvée par hasard : la lampe s'allume.

Reconstruction *a posteriori* des étapes de la découverte de la réponse : en refaisant plusieurs fois la bonne manipulation, l'élève sera capable de verbaliser.

Résultat donné par l'élève : un fil relie une borne de la pile au culot de la lampe et l'autre fil relie l'autre borne de la pile au plot de la lampe pour qu'elle s'allume.

▶ **L'élève, en verbalisant, reconstruit les étapes** plus ou moins intuitives qui l'ont conduit vers la solution, il ne conserve que celles qui ont réussi. C'est cette phase qui est visée lorsque l'enseignant met les élèves dans ce tâtonnement. Sans cette phase de reconstruction intellectuelle, la manipulation ne permettra pas d'avancer, elle reste un simple jeu (c'est ce qui différencie le tâtonnement ludique et le tâtonnement dans un cadre pédagogique).

REMARQUE

Ne pas confondre expérience et expérimentation. L'expérimentation est une démarche avec de nombreuses étapes, elle est synonyme de démarche d'investigation scientifique expérimentale. Une expérience est un moment précis de cette démarche.

2-3. Investigation par la modélisation

▶ Le modèle est une représentation simplifiée et abstraite d'un objet, d'un processus ou d'un système afin de pouvoir le décrire, l'expliquer ou le prévoir. Le modèle réduit la complexité du réel pour le comprendre et le faire comprendre.

Ex. : Le schéma représentant une coupe de cœur est un modèle qui va permettre de voir les différentes parties, de comprendre son fonctionnement, ce n'est en aucun cas la réalité.

▶ Le modèle a souvent une fonction descriptive et/ou explicative mais peut aussi avoir une fonction prédictive (modèles de prévision du temps, modèles de réseaux trophiques).

La plupart des maquettes explicatives sont construites ou suggérées par l'enseignant. L'enfant ne peut pas de lui-même penser à simplifier et à faire des analogies avant d'avoir compris. Elles sont une aide didactique pour l'enseignement.

Quelles modélisations sont utilisées à l'école ? → p. 47

REMARQUE

Dans le choix de l'investigation par modélisation, il faut faire la part entre les bénéfices dus à une meilleure visualisation du phénomène et les inconvénients dus aux erreurs inévitables de la simplification. Quand on choisit la réalisation de maquettes pour l'investigation, on suppose que les bénéfices sont supérieurs aux inconvénients.

Phase 3 Le bilan

L'interprétation des résultats sera écrite et constituera un bilan de l'investigation. L'enseignant devra à partir de cette recherche ponctuelle et concrète généraliser la notion : on parle d'institutionnalisation.

Ex. : Dans l'exemple sur la germination du haricot, l'enseignant passera du bilan portant sur la germination du haricot à une généralisation pour toutes les graines : les graines n'ont pas besoin de lumière pour germer.

Les programmes

- **Progressivité de la formulation d'une trace écrite au cycle 2**

En début de cycle : avec l'aide de l'enseignant, les élèves trouvent une conclusion qui répond au questionnement de départ. Elle est préalablement formulée à l'oral par les élèves et transcrite dans un cahier de sciences. La trace écrite finale peut prendre la forme d'un court texte ou d'un dessin, elle constitue la conclusion de la séance.

Pour la fin de cycle : il est attendu qu'avec l'aide de l'enseignant les élèves formulent la synthèse commune pour institutionnaliser le savoir. Elle est ensuite transcrite individuellement à l'écrit dans le cahier de sciences. Les restitutions et l'élaboration des traces écrites en groupes seront privilégiées pour favoriser la collaboration et les interactions entre les élèves.

- **Progressivité de la formulation d'une trace écrite au cycle 3**

La synthèse est toujours attendue mais les élèves doivent aussi garder une trace écrite ou numérique des recherches, des observations, des expériences réalisées.

En début de cycle : la trace écrite inclura différents modes de représentation (texte, tableau, graphique…) en suivant les consignes données par l'enseignant.

En fin de cycle : les modes de représentation seront choisis avec l'aide de l'enseignant.

Que sont les traces écrites ? → p. 48

B Les savoirs

1. Qu'est-ce qu'une démarche scientifique ?

▶ **La démarche scientifique** se caractérise par l'émission d'hypothèse précédant une phase de recherche. La solution n'est pas connue et n'est pas évidente. Les élèves doivent alors anticiper les réponses possibles. La démarche scientifique peut être mobilisée dans divers champs disciplinaires. Ainsi, **la démarche scientifique est une démarche d'investigation** pour laquelle des hypothèses ont été formulées avant l'investigation.

▶ Si le test de l'hypothèse utilise une expérience, on parlera de démarche scientifique expérimentale ou une démarche d'investigation scientifique expérimentale.

REMARQUE

On fait souvent la confusion entre les démarches d'investigation et les démarches scientifiques que l'on utilise comme synomymes mais on devrait dire : démarche d'investigation scientifique. De la même façon, la démarche expérimentale devrait s'appeler : démarche d'investigation par expériences ou expérimentation.

2. Quelle est la différence entre question, problème et situation-problème ?

La question

▶ La question doit être placée en début de séquence, elle vise à interpeller les élèves. La réponse doit être assez rapide, simple et ne nécessiter qu'une seule étape.

▶ Si elle est trop fermée, elle n'est d'aucune utilité pour lancer les activités.

▶ Si elle est trop évidente, elle ne stimule ni la curiosité ni le désir d'en savoir plus.

▶ Si la réponse nécessite plusieurs actions, des combinaisons de raisonnements alors on parlera de questions productives. La recherche de la réponse lancera les élèves dans l'investigation.

Ex. : **Questions peu productives** : est-ce qu'il y a un grand nombre d'os dans le bras ? Est-ce que les autruches ont des ailes ? Est-ce que l'escargot a une bouche ?

Questions productives : Pourquoi les joueurs de foot, lors d'un match nocturne, présentent quatre ombres lorsqu'ils se déplacent ? Comment sécher le plus vite possible un tissu mouillé ?

Le problème

▶ Le problème place les élèves devant des difficultés et des obstacles à franchir pour parvenir à la solution. La réponse n'est ni évidente, ni immédiate et elle lancera les élèves dans **une investigation**.

▶ Si le problème est trop complexe, il sera décomposé en un ensemble logique de questions simples.

▶ Pour le professeur qui construit sa séquence, le problème se découpera en plusieurs questions auxquelles il faudra répondre pour parvenir à la solution. Ce sont autant d'étapes, qui seront placées de manière progressive.

Ex. : **Problème** : comment la contorsionniste arrive-t-elle à plier ses jambes ?
Le problème est fractionné en questions qui s'enchaînent de manière progressive pour construire la réponse :
– Qu'est-ce qu'il y a dans la jambe qui permet le mouvement ?
– Comment les os sont-ils maintenus en place ?
– Qu'est-ce qui fait bouger les os ?
– Comment les muscles s'insèrent-ils sur les os ?
– Comment fonctionnent les muscles de la jambe lors de l'extension ?

La situation-problème

▶ Une situation-problème est **organisée autour d'une situation concrète**, liée au franchissement d'un obstacle préalablement bien identifié à partir des conceptions initiales. Elle va faire naître un **questionnement chez les élèves** et entraîner **la déconstruction des modèles explicatifs antérieurs**.

▶ L'élément important qui différencie les situations-problèmes des problèmes est l'utilisation des obstacles des conceptions initiales.

Ex. : • **Situation de départ 1** : le tableau noir de la classe, mouillé avant la récréation, est sec en rentrant. Les élèves expliquent aisément cela par la chaleur dans la classe.

Obstacle repéré dans les conceptions initiales : l'évaporation est liée à la chaleur.

Situation-problème : l'évaporation n'est-elle liée qu'à la chaleur ? L'enseignant propose une vérification en plaçant une surface mouillée dans le froid. Dans tous les cas, les supports sont secs au bout de quelques heures. L'explication des élèves ne fonctionne pas !
Cette situation-problème permet une investigation vers d'autres facteurs de l'évaporation.

Rupture et évolution des conceptions : l'eau s'évapore également en l'absence de chaleur.

• **Situation de départ 2 :** un enfant mange tous les jours environ 700 g de nourriture solide. Il rejette dans les selles environ 150 g. Où sont passés les 550 g manquants ? Les élèves pensent que cela les a fait grandir.

Obstacle repéré dans les conceptions initiales : les aliments servent à grandir et à grossir.

Situations-problème : les aliments servent-ils à grossir et grandir ? Le poids des enfants n'augmente pas de 550 g tous les jours. Les adultes ne grandissent plus. Que devient toute cette matière ? L'explication des élèves ne fonctionne pas, cette situation-problème permet une investigation sur le devenir des aliments.

Rupture et évolution des conceptions : les aliments fournissent au corps et aux organes de l'énergie.

3. Qu'est-ce qu'une hypothèse ?

▶ L'hypothèse est une **solution provisoire** donnée pour un problème, qu'il convient de vérifier par l'expérience, l'observation ou la modélisation. Elle est le plus souvent formulée de manière affirmative et doit être vérifiable, on doit pouvoir la matérialiser et visualiser le résultat.

▶ C'est une projection, une anticipation des résultats. Elle implique qu'on ait isolé le paramètre observable (que l'on peut faire varier au cours de l'expérience). L'enseignant doit guider les élèves dans cette projection qu'ils ont du mal à faire.

▶ Pour inciter les élèves à appréhender le caractère vérifiable, on peut commencer la phrase par : « je suppose que » ou « peut-être que ».

Ex. : **Hypothèse 1 :** Je suppose que l'escargot mange de la salade.

Hypothèse 2 : Je suppose que l'escargot mange du jambon.

Conséquence vérifiable (test) : on donne à manger à l'escargot de la salade ou du jambon et on regarde ce qu'il mange.

Paramètres observables : 1 de la salade **2** du jambon.

Résultats : 1 il mange la salade. L'hypothèse 1 est vérifiée.
2 il ne mange pas de jambon. L'hypothèse 2 n'est pas validée.

4. Que nous apprennent les neurosciences sur l'observation ?

▶ Les neurosciences apportent **un éclairage scientifique sur l'observation**, ou plus précisément sur la capacité à prélever dans l'environnement des informations par l'intermédiaire des organes des sens.

▶ Des zones particulières du cerveau sont chargées de la **réception des signaux** qui proviennent des sens (vision, audition, odorat, goût, et les aires somesthésiques pour le toucher) : ce sont les aires cérébrales. Mais avant de parvenir dans ces aires, les informations sensorielles passent par des relais qui jouent des rôles d'aiguillages, de filtres, d'amplificateurs. Certaines informations seront conscientes, d'autres non ; certaines seront mémorisées, d'autres non.

Face à la quantité importante de signaux envoyés par les organes des sens, des circuits particuliers existent, et ne laissent aller vers la perception consciente que certaines informations. Le cerveau a tendance à :

– **ignorer** tout ce qui n'a pas grande importance dans le moment immédiat pour l'individu : il filtre toutes les informations inutiles ;
– **s'habituer** aux perturbations sans conséquences, pour mieux les ignorer ;
– **remanier, voir avec un modèle** les informations brutes (sensations) en permanence, pour les transformer en perceptions. Progressivement, des réseaux autour de la sensation se construisent, des modèles de traitement des signaux se créent.

Ces trois particularités jouent un rôle déterminant dans les capacités d'observation :

Ignorer

On peut considérer que plus de 90 % des informations sensorielles sont bloquées par une zone particulière du cerveau, appelée « thalamus » (en orange sur le Doc. 2) ; c'est la porte d'entrée vers les zones de destination finale des signaux. Le « tri » s'effectue en fonction des informations qui ont un intérêt pour l'individu. C'est ainsi que, si nous avons faim, tout ce qui ne concerne pas la nourriture n'aura aucune importance, et ne franchira pas le thalamus.

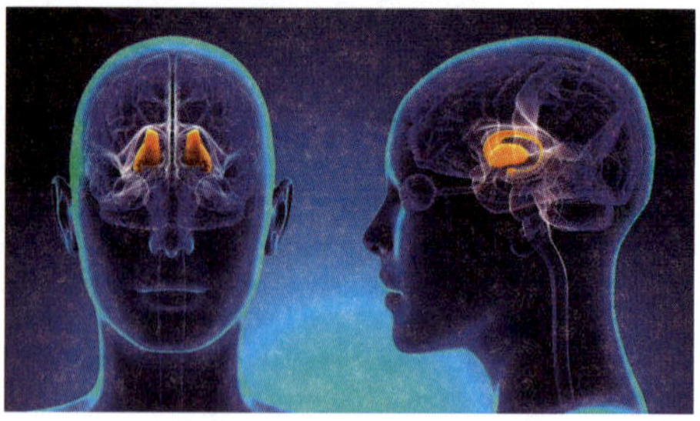

Doc. 2 Le thalamus

REMARQUE

On peut essayer d'éviter cette filtration des informations par l'élève en classe :
– en posant des questions, dont la réponse se fera par l'investigation ; ainsi, certaines informations en relation avec la question ne seront pas filtrées ;
– en explicitant l'objectif de l'activité demandée : la connaissance de ce qu'il faut retenir (intérêt pour l'évaluation…) permet au cerveau de ne pas effacer l'information et de la traiter (mémorisation), puisqu'elle présente un « intérêt ».

S'habituer

▶ Parmi les informations qui franchissent le filtre du thalamus, certaines peuvent être répétitives et s'avérer sans intérêt (le bruit des voitures à l'extérieur de la salle…). Un autre système cérébral, le système réticulé, traite ces informations et les bloque elles aussi, on appelle cela « l'habituation ». Ainsi, nous nous habituons aux bruits familiers, tels que ceux du réfrigérateur, du ventilateur de l'ordinateur ou même des trains, ou encore les cris des élèves dans une cour de récréation... pourvu que ces bruits soient modérés et se répètent régulièrement dans le temps.

▶ Si toutefois une légère variation de ces bruits intervient, aussitôt, le système réticulé lève son inhibition et déclenche une réaction d'alerte. Ainsi, si le bruit du réfrigérateur change, si le ventilateur grince soudainement, si dans la cour un élève crie parce qu'il s'est fait mal, alors l'inhibition est levée. Le changement devient un signal conscient. Nous sommes programmés pour être alertés par les changements brusques de l'environnement.

REMARQUE

Une tâche qui n'apporte rien de nouveau, répétitive, peut inciter le cerveau à passer en « mode habituation » ; la voix du professeur peut devenir fond sonore, l'élève s'est « habitué ».
Pour minimiser cette réaction, il faut varier les types d'activités ou d'exercices. Ce désintérêt se manifeste au bout d'une dizaine de minutes chez les enfants en maternelle, une vingtaine de minutes à l'école primaire. Ce temps est directement à mettre en relation avec la durée de l'attention. On peut aussi essayer de provoquer une réaction d'alerte, en attirant l'attention sur la nouveauté.

Remanier, voir avec un modèle

▶ Notre cerveau commence à engranger des informations quelques semaines après la naissance et, petit à petit, toutes les informations sensorielles « brutes » – c'est-à-dire qui proviennent directement des organes des sens – vont être enrichies, reliées à d'autres. Chez l'adulte, toutes les sensations sont « interprétées » et donnent ce que l'on appelle la « **perception** ».

▶ Dans la perception, ce sont des schémas plus ou moins complexes, des modèles sensoriels qui s'établissent peu à peu. Ils permettent d'avoir accès rapidement aux informations. Quand le mot « chambre » est prononcé devant un adulte, les aires auditives entrent en relation avec d'autres zones du cerveau et le modèle « chambre » est réactivé en fonction du vécu, du milieu familial, sociétal. Il sera plus complet que celui de l'enfant et probablement très différent du modèle de chambre d'un enfant d'un autre pays. Ces modèles perceptifs vont en retour, insidieusement, influencer nos observations. Ces décalages sont exploités dans de nombreuses illusions visuelles (Doc. 3).

▶ Observer, c'est se servir de son cerveau et non de ses yeux… Il faut aider l'élève à construire son modèle d'observation, en le faisant anticiper sur ce qu'il devrait voir.

Doc. 3 Illusion d'optique

REMARQUE

Dans la démarche d'investigation, après que le problème a été posé, le fait de faire émettre des hypothèses permet de raviver le modèle, puisqu'on anticipe sur ce qui doit être vu. Si l'élève n'a aucun modèle, même imparfait, il n'observera rien.

5. Quelles modélisations sont utilisées à l'école ?

Les modèles sont des représentations schématiques très souvent utilisés à l'école. Selon leur place et leur rôle dans la séquence, on peut faire des regroupements.

▶ **Les modèles analogiques à fonctions descriptives.** Le plus souvent, ce sont des schémas explicatifs, descriptifs donnés pour faire le bilan.

Schéma de la fleur	Schéma des poumons	Planche anatomique du squelette
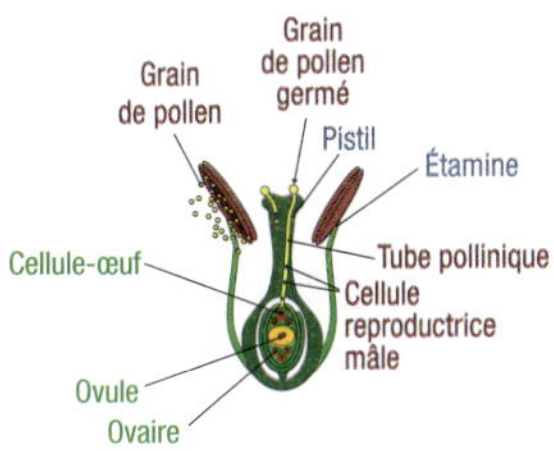	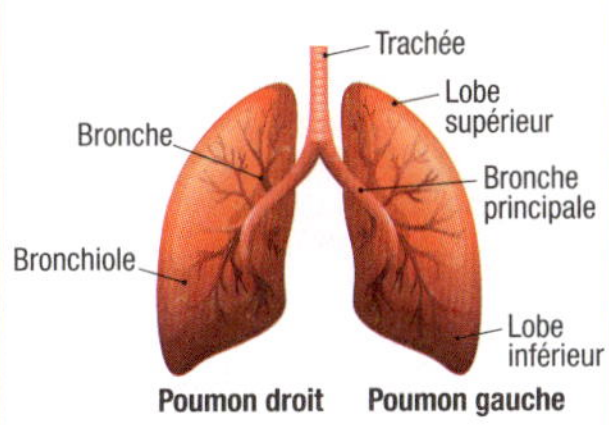	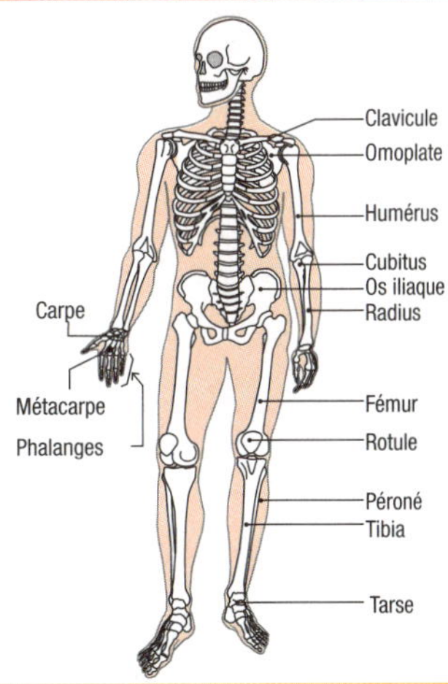

▶ **Les schémas dynamiques à fonction explicative.** Plus dynamiques ou fonctionnels, ils sont construits avec les élèves tout au long de la séquence. Le côté fonctionnel nécessite la mise en place d'un codage supplémentaire qui doit être travaillé avec les élèves pour sa compréhension et son appropriation.

Schéma dynamique du cycle de l'eau	Schéma dynamique représentant une chaîne alimentaire
	 Avec un degré plus important d'abstraction feuille → chenille → merle

▶ **Les modèles analogiques dynamiques à fonction explicative.** Ce sont des maquettes (souvent ce qui est sous-entendu lorsque l'on parle de modélisation à l'école). Très appréciées par les élèves, il faut être très prudent quant au phénomène modélisé. Une réflexion est à mener pour faire comprendre que la maquette n'est pas la réalité et qu'elle n'éclaire qu'un des aspects du phénomène. Il est formateur de travailler sur plusieurs maquettes qui peuvent être différentes, tout en représentant le même phénomène pour inciter les élèves à relativiser.

6. Que sont les traces écrites ?

▶ Plusieurs types d'écrits, mettant en œuvre des langages scientifiques, peuvent être mobilisés en sciences aux différentes étapes de la démarche.

Ex. : Schéma, tableau, graphique, dessin d'observation, photographie et carte mentale.

▶ **Les traces écrites intermédiaires** sont réalisées pendant le déroulé de la séquence. On les qualifie de « réflexives », elles permettent de mettre en évidence une partie de la pensée de l'élève.

Ex. : L'élève explique avec des phrases ou des schémas, l'expérience qu' il va faire pour tester son hypothèse.

▶ **Les traces écrites finales** permettent de solliciter tous les élèves pour élaborer un bilan de l'activité de recherche avec une réponse au problème de départ. Puis, une généralisation du savoir.

7 Comment mettre en œuvre une démarche technologique ?

Une démarche technologique ne vise pas à interpréter un phénomène naturel, elle permet l'étude et la construction d'un objet qui répond à un besoin.
Une série d'opérations est mise en place et se déroule suivant les phases suivantes :

- Phase 1 l'identification et l'analyse d'un besoin ;
- Phase 2 l'étude des caractéristiques de l'objet ;
- Phase 3 l'élaboration du cahier des charges ;
- Phase 4 la recherche de solutions techniques ;
- Phase 5 la réalisation de prototypes ;
- Phase 6 les essais des prototypes ;
- Phase 7 la mise en œuvre et l'analyse d'un processus de fabrication ;
- Phase 8 la fabrication de l'objet ;
- Phase 9 l'utilisation et l'évaluation.

Les phases de la démarche technologique

Phase 1 L'identification et l'analyse d'un besoin

La phase d'analyse permet de catégoriser les résultats espérés en termes de fonctionnalités, de robustesse, de performances... d'un objet.
Ex. : L'ordinateur portable, de taille réduite, permet de répondre à des besoins professionnels, éducatifs...

DÉFINITIONS

- **Un besoin** est une exigence engendrée par la nature, la vie sociale ou économique.
- **Les objets techniques** sont créés pour répondre à des nécessités pour améliorer les conditions de vie.

Phase 2 L'étude des caractéristiques de l'objet

Dans cette phase, il s'agit de préciser les fonctions de l'objet, les possibilités de son utilisation et les matériaux qui entrent dans sa composition :
– les fonctions de l'objet : à quoi sert-il ?
– l'utilisation de l'objet : comment s'en sert-on ? Les conditions de son utilisation (règles de sécurité...).
– la structure de l'objet : avec quels matériaux est-il fait ?

Phase 3 L'élaboration du cahier des charges

▶ Dans cette phase, on étudie la pertinence et la faisabilité du projet.
▶ **Le cahier des charges** est un document qui définit le cadrage global du projet : les besoins, les objectifs, les contraintes (techniques, esthétiques, sécuritaires, économiques, temporelles…), les fonctionnalités attendues.

Fonctions	Critères	Niveaux d'exigences
Permettre aux utilisateurs d'écrire de couleurs différentes avec le même stylo sur une feuille de papier	Couleur des encres	Les 4 coloris standards : bleu, noir, rouge, vert
La forme du stylo doit être adaptée à la main de l'utilisateur	Taille Masse	Hauteur : 15 cm maximum Diamètre : 1 cm maximum 15 g maximum
Le prix doit être raisonnable	Prix de vente	Inférieur à 2 €

Doc. 1 Cahier des charges d'un stylo 4 couleurs

Phase 4 La recherche de solutions techniques

▶ **Une solution technique**, c'est trouver tous les composants et déterminer les matériaux à utiliser. Lors de cette phase, il s'agit de répertorier toutes les solutions possibles qui sont en accord avec le cahier des charges.

▶ Des solutions techniques sont proposées en utilisant des ressources externes (comme Internet…) pour trouver des idées de matériaux, de composants, et des ressources internes (ses connaissances…).

▶ Il est conseillé de vérifier la structure de l'objet (matériaux de chaque élément, dimensions…) et les principes de fonctionnement à l'aide de réalisations de croquis, de schémas, de maquettes…

Doc. 2 Solutions techniques pour mettre en mouvement un vélo

▶ Avant de choisir une solution, il faut vérifier le respect des contraintes et la faisabilité.
Les contraintes correspondent aux exigences liées au fonctionnement de l'objet (durée de fonctionnement...), aux dimensions de l'objet (tenue dans la main…), aux normes...
La faisabilité consiste en l'étude des possibilités pour construire l'objet. L'objet doit être techniquement réalisable.

! Les difficultés des élèves

L'étape des solutions techniques doit être évoquée en comparant les différentes possibilités afin de lister les avantages et les inconvénients. Souvent, les élèves négligent cette étape d'analyse en détaillant les points positifs d'une solution technique.

Les élèves rencontrent des difficultés à représenter des idées sous formes de croquis, de schémas… ceux-ci doivent être explicites. L'utilisation d'une carte mentale permet d'ordonner les idées et d'aider à organiser sa démarche.

Phase 5 La réalisation de prototypes

▶ **Le prototype** est le premier exemplaire physique d'un produit, de l'objet technique. Le prototype sert à la conception, il permet de vérifier le fonctionnement de l'objet, sa mise en action...
▶ Il a pour fonction de confirmer les choix techniques. Il sert à réaliser une série d'essais pour vérifier son fonctionnement. La phase de conception permet une description de l'objet technique à venir, afin d'en faciliter la production.

Doc. 3 Prototype de châssis d'une voiture

Phase 6 Les essais du prototype

Le prototype est testé et cela permet de vérifier le respect du cahier des charges. Ces essais visent à améliorer le fonctionnement, en améliorant l'objet et en éliminant les défauts.

Phase 7 La mise en œuvre et l'analyse du processus de fabrication

▶ **La mise en œuvre** est la création du produit fini à partir du document de conception.

▶ **L'analyse du processus de fabrication** impose d'examiner toutes les étapes de la fabrication, c'est-à-dire de vérifier les mécanismes, d'inspecter tous les composants…
La fabrication est organisée en série (Qui fait quoi ? À quel moment ? À quel endroit ?…).

Phase 8 La fabrication de l'objet

▶ **La fabrication** correspond à l'étape de production en respectant le cahier des charges. La finalité n'est pas d'aboutir à une explication scientifique de phénomènes mais d'obtenir un objet conforme dont les fonctionnalités ont été étudiées.
▶ La phase de fabrication de l'objet technique permet d'appliquer un procédé de construction, c'est-à-dire une suite d'opérations permettant de construire l'objet.

Phase 9 L'utilisation et l'évaluation

▸ **L'utilisation** de l'objet construit permet de réaliser les derniers tests de fonctionnement et de conformité par rapport au projet. Elle permet d'évaluer l'objet, sous la forme de tests de fonctionnement, de résistance...

▸ **L'évaluation** permet de valider ou non l'objet suivant les différents critères (mesures dimensionnelles, contrôles esthétiques, contrôles électriques…) :
– Le produit construit, final, correspond-il aux exigences initiales ?
– Comment l'améliorer ?
– Les choix de solutions techniques sont-ils validés en référence aux cahiers des charges ?

8 Comment communiquer en sciences ?

Dans le domaine 1 du socle commun, il est dit : « L'élève utilise les principes du système de numération décimal et les langages formels (lettres, symboles...) propres aux mathématiques et aux disciplines scientifiques, notamment pour effectuer des calculs et modéliser des situations. Il lit des plans, se repère sur des cartes. Il produit et utilise des représentations d'objets, d'expériences, de phénomènes naturels tels que schémas, croquis, maquettes, patrons ou figures géométriques. Il lit, interprète, commente, produit des tableaux, des graphiques et des diagrammes organisant des données de natures diverses. » Progressivement, tout au long des cycles, l'élève devra construire ce mode de communication : en lecture, en décodage et en production.

1. Quelle est la fonction de l'écrit ?

Pour Jean-Pierre Astolfi (1943-2009), spécialiste de la didactique des sciences, il n'y a pas de sciences sans écrits. Il distingue :

– **les écrits instrumentaux pour soi**, dont la fonction est de décharger la mémoire et de s'expliquer à soi-même (construire un schéma, un tableau de chiffres) ;
– **les écrits de communication** dont la fonction est de faire comprendre, d'expliquer à d'autres, de faire savoir ce que l'on sait.

2. Qu'est-ce qu'un schéma ?

▶ **Le schéma** peut devenir un outil seulement si on apprend à le construire. Il fait appel à la capacité d'abstraction, dans un but de conceptualisation. Il permet la modélisation et d'optimiser la compréhension et la mémorisation car seuls les éléments importants seront représentés.

▶ Le schéma est une forme de modélisation (*Cf.* Fiche 3 Quels sont les principaux modèles pédagogiques utilisés en classe ? p. 25). Il remplace avantageusement de longs écrits et les plus simples sont compréhensibles par tous indépendamment de la langue. Ils envahissent l'espace public avec par exemple des panneaux indicateurs (port, aéroport, châteaux, issues de secours, zone de silence...).

▶ Dans tous les schémas, on retrouve une représentation plus ou moins abstraite de la réalité avec l'utilisation de codes : c'est une **conceptualisation de la réalité**.

2-1. Les schémas analogiques statiques

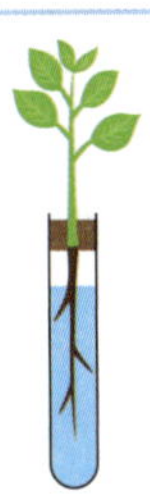

Doc. 1 Dispositif pour mesurer l'absorption d'eau par la plante

Dans le cas d'un schéma analogique statique, l'objet représenté est reconnaissable et obéit déjà à un codage : objet limité aux contours ou représenté en coupe, sans relief.

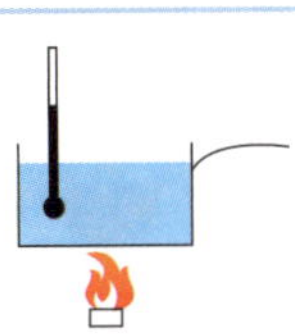

Doc. 2 Dispositif pour mesurer la température d'ébullition de l'eau

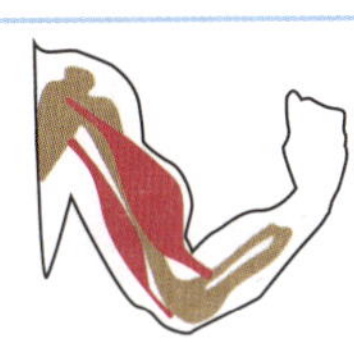

Doc. 3 Schéma du bras en flexion avec points d'insertion des tendons

2-2. Les schémas analogiques dynamiques

▶ Pour représenter un aspect dynamique d'une situation, il y a des codes. Dans une situation d'enseignement, ces codes peuvent être sources de difficultés pour certains élèves.

▶ **Codage du temps.** Conventionnellement, le temps qui passe est représenté par deux schémas : un schéma au début et un schéma de fin. La difficulté du décodage est de comprendre qu'il ne s'agit pas de deux schémas indépendants mais d'un même état, représenté en début et fin d'expérience. Ce temps qui passe sera indiqué de différentes manières : ajout d'indications écrites (jours, heures, horloge) ou flèche.

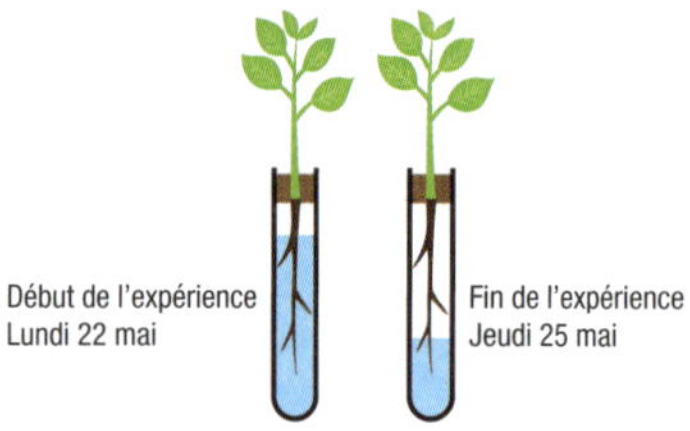

Doc. 4 L'absorption d'eau par la plante, indication du début et de la fin de l'expérience

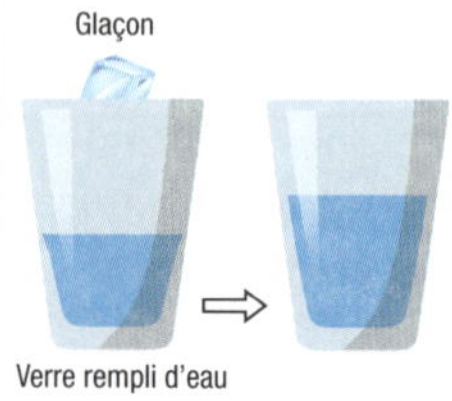

Doc. 5 La fusion du glaçon, codage du temps par une flèche

Doc. 6 Développement du coquelicot, codage du temps avec des étapes et indication des saisons

▶ **Codage d'une relation.** Il s'agit de l'utilisation de flèches dont la signification doit être clairement explicitée.

Ex. : Représentation linéaire : dans le **Doc. 7** qui représente une chaîne alimentaire, la flèche signifie : « est mangé par ». (*Cf.* Fiche 2 p. 105).

Représentation cyclique : dans le **Doc. 8**, les flèches signifient le passage d'un réservoir à un autre, elles peuvent s'accompagner d'un mot indiquant les changements d'état ou modes d'écoulement.

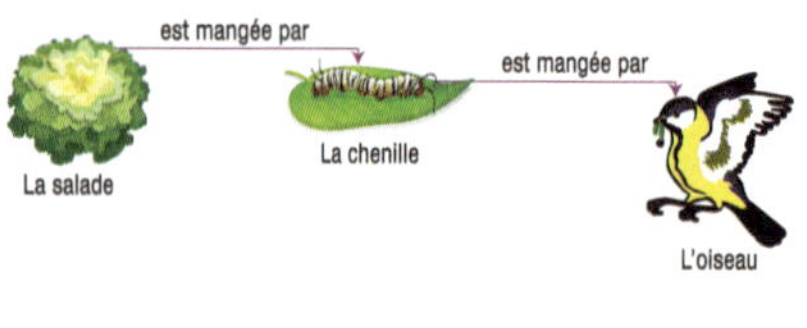

Doc. 7 Représentation d'un schéma sous forme linéaire

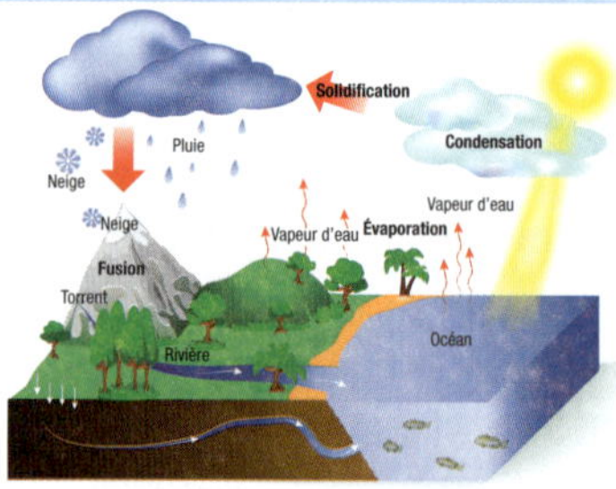

Doc. 8 Représentation d'un schéma sous forme cyclique

REMARQUE

Attention à la représentation du cycle de vie des êtres vivants dans lequel un individu jeune succède à l'individu adulte. Il faudra, dans la construction de ce type de cycle, conserver dans un premier temps la représentation linéaire (naissance, adulte, reproduction et mort) puis passer à la représentation cyclique, avec précaution. La reproduction conduit à la formation de graines (dans l'exemple ci-dessous) qui donnent naissance à un nouvel individu qui à son tour suit les étapes déjà vues, ce cycle correspond au cycle de l'espèce.

Codage du temps avec des flèches qui signifient « se transforme en ».

Doc. 9 Développement de l'individu coquelicot

Codage du temps avec des flèches qui signifient « se transforme en » puis une flèche plus épaisse signifie le changement d'individu.

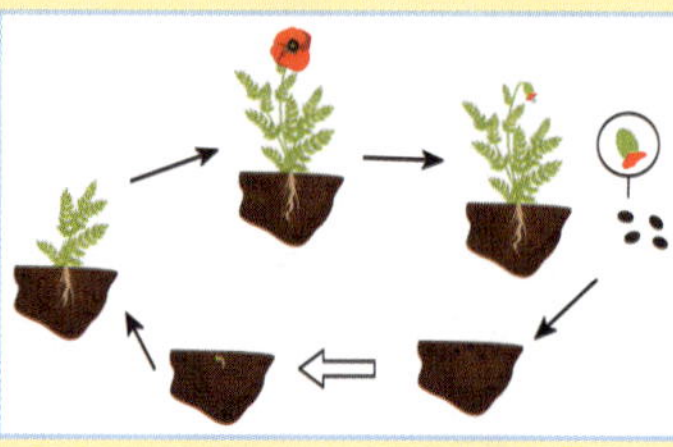

Doc. 10 Cycle de développement de l'espèce coquelicot

2-3. Les schémas non analogiques

▶ **Dans les schémas non analogiques**, l'abstraction de la réalité devient plus importante puisque les contours de l'objet ne sont plus reconnaissables mais codés. La conceptualisation est plus grande.

Ex. : Dans le **Doc. 11**, on retrouve le codage de la relation avec une flèche mais les êtres vivants sont représentés par des mots.

Dans le **Doc. 12** : on a un codage pour les organes, un pour les gaz et un autre pour les trajets.

Doc. 11 Schéma de la chaîne alimentaire

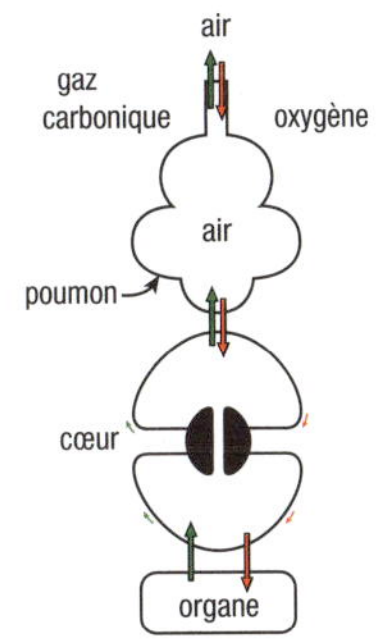

Doc. 12 Trajet des gaz respiratoires dans le corps

▶ En astronomie, certains codages portent sur la représentation des différentes lignes à la surface du globe, de l'axe et du sens de rotation de la Terre, de la rotation de la Terre autour du Soleil, de la représentation des planètes.

Difficulté de décodage : la Terre tourne autour du Soleil sur une orbite circulaire ; or dans la plupart des représentations, elle se trouve sur une ellipse, représentation du cercle en perspective !

Codages multiples : codage du temps par la superposition de schémas de l'aspect de la Lune, codage de l'axe de rotation de la Terre, des rayons solaires…

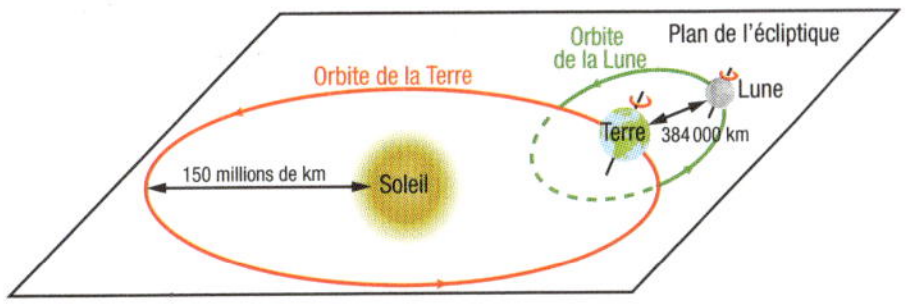

Doc. 13 Schéma du système Soleil-Terre-Lune

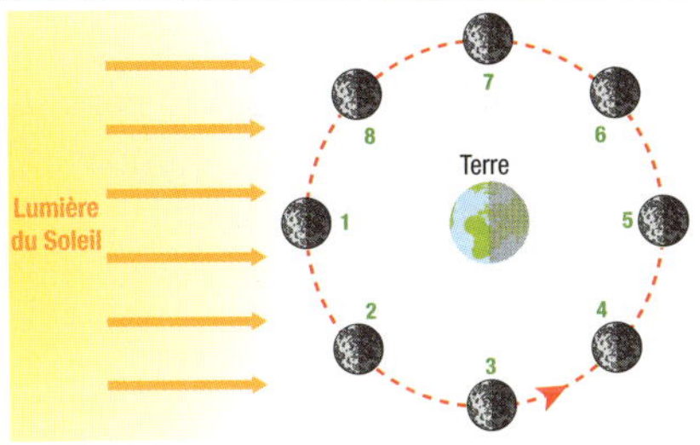

Doc. 14 Schéma des phases de la lune

▶ En électricité, les codes de représentations des éléments d'un circuit sont conventionnels.

Codage conventionnel : fils représentés par des lignes droites, codage de l'ampoule et de l'interrupteur.

Le codage du générateur n'est pas attendu à l'école, il sera introduit au collège.

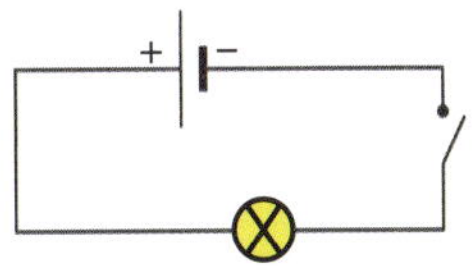

Doc. 15 Schéma électrique

3. Qu'est-ce qu'un dessin d'observation ou croquis d'observation ?

▶ **Le dessin d'observation** s'insère dans la démarche d'investigation par observation, il ne doit en aucun cas être confondu avec une prise d'information ou une conception initiale.

▶ Lorsque dans la démarche d'investigation, la recherche de la solution se fait par observation, les élèves auront défini des critères d'observation, c'est-à-dire ce qu'ils doivent observer pour répondre à leur interrogation : c'est ce qui orientera leur dessin.

▶ Ce mode de représentation est une représentation la plus fidèle possible de la réalité, faisant apparaître les critères de l'observation et qui comportera un titre et une légende.

▶ Certains détails ne sont pas importants comme les ombres, les dégradés de couleurs car ils n'apportent rien à l'observation, il est inutile de les dessiner. Le dessin d'observation n'est pas un dessin artistique et il doit être modifiable, il faut faire les traits au crayon (les stylos et les feutres sont à éviter).

Ex. : À partir de la coupe de l'articulation du coude de veau, les critères d'observation peuvent être différents et conduiront à des dessins d'observation différents.

Critères d'observation	Les différentes catégories de substances osseuses	Photographie de l'articulation du coude de veau coupée	Les surfaces articulaires
Titres	Le coude de veau		
Dessins d'observation	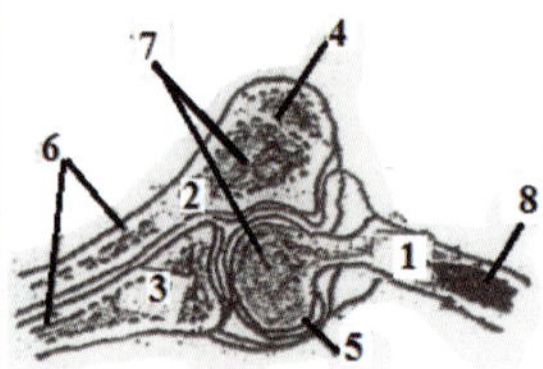	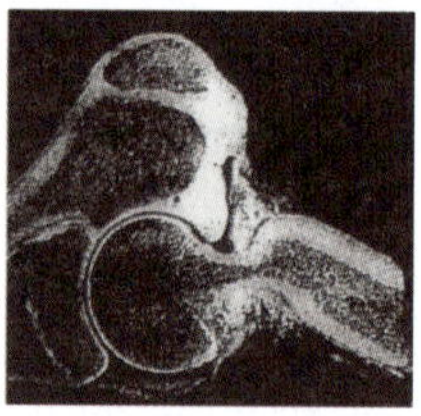	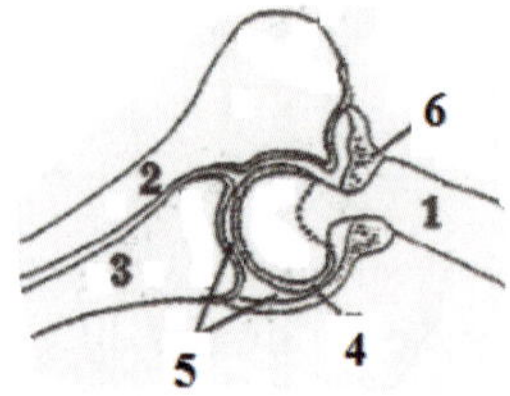
Légendes	1. humérus 2.-3. radius cubitus 4. cartilage de croissance 5. cartilage d'articulation 6. os compact 7. os spongieux 8. moelle		1. humérus 2.-3. radius cubitus 4. cartilage d'articulation 5. liquide huileux 6. ligaments

4. Qu'est-ce qu'un tableau ?

▶ **Les tableaux à double entrée** sont utilisés à l'école à partir de la maternelle. La complexification des tableaux vient du nombre de lignes et de colonnes et du contenu des cases.

▶ Il convient d'entraîner les élèves à la production de tableaux. Ce mode de communication permet de consigner les mesures effectuées, il ne faut pas hésiter à multiplier les opportunités. Dans une séquence d'apprentissage, les élèves peuvent avoir des tableaux à lire et/ou à construire.

Ex. : • **Tableaux à construire**

En cycle 2 : mesure de la croissance des plants d'avoine en millimètres (mm)

En maternelle : tableau à compléter en suivant l'alimentation de l'escargot.

	Lun	Jeu	Lun	Jeu	Lun	Jeu
Avoine	0	0	3	12	25	39

	Mange l'ingrédient : OUI ou NON
Fraise	OUI
Salade	OUI
Jambon	NON
Courgette	OUI

• Tableau à lire

Cycle 2 : comment varie l'alimentation du loup selon qu'il soit en meute ou solitaire ?

Menu du loup en Russie d'Europe	Solitaire	Meute de plus de 10 individus
Charognes et ordures ménagères	60 %	43 %
Petits animaux	30 %	4 %
Ongulés sauvages	10 %	53 %
Ration journalière	1,7 kg	2,3 kg
Jour de jeûne	11	2

▶ L'entraînement à la lecture de tableau doit se faire progressivement. Ci-dessous un exemple de progression.

En classe...

Progression dans l'apprentissage de la lecture de tableau

Tableaux à lire : il s'insère dans la démarche d'investigation ; la réponse à une question, un problème se trouve dans la lecture du tableau.

Question : Est-ce que le poulpe respire dans l'eau ?

Pour pouvoir répondre, il faut savoir que la respiration correspond à une prise de dioxygène et une libération de dioxyde de carbone (prérequis). La comparaison des quantités de gaz peut se faire avec des tableaux de plus en plus difficiles à lire. Ci-dessous 3 niveaux différents. La présentation des tableaux (lignes, colonnes), et les chiffres choisis constituent des variables didactiques sur lesquelles l'enseignant peut agir.

Niveau 1

Expérience de mesure	Quantité de dioxygène dans l'eau (mg.L^{-1})
Départ	8
Fin de la mesure	4

Expérience de mesure	Quantité de dioxyde de carbone dans l'eau (mg.L^{-1})
Départ	20
Fin de la mesure	24

Deux tableaux sont proposés, un pour le dioxygène, l'autre pour le dioxyde de carbone.
Pour répondre à la question, il faut que l'élève compare des valeurs qui ont été choisies avec des nombres entiers. Il fera cela pour le premier tableau et le second.

Niveau 2

Expérience de mesure	Quantité de dioxygène dans l'eau (mg.L^{-1})	Quantité de dioxyde de carbone dans l'eau (mg.L^{-1})
Départ	8	20
Fin de la mesure	4	24

Tableau plus complexe puisque les deux gaz sont présents dans celui-ci. L'élève ne doit pas se tromper dans la lecture des lignes et des colonnes.

Niveau 3

Temps (min)	Quantité de dioxygène dans l'eau (mg.L^{-1})	Quantité de dioxyde de carbone dans l'eau (mg.L^{-1})
Départ	8,8	20
5	8	20,8
10	7,2	21,6
15	6,4	22,4
20	5,6	23,2
25	4,8	24

Tableau encore plus complexe puisqu'il y a plusieurs lignes et des chiffres décimaux.
Pour connaître la quantité de gaz absorbée ou rejetée, à soustraire, en plus de l'opération à effectuer.

5. Que sont les graphiques ?

▶ **Le graphique** est une représentation codée d'une réalité qui peut le plus souvent se rapporter à des éléments chiffrés.
▶ Les graphiques se construisent à partir de tableaux, le choix du type de graphique est fonction de l'intention de celui qui décide de la transformation.
▶ La lecture ou la production de graphique s'insère dans la démarche d'investigation. La lecture permettra de répondre à une question précise et les valeurs portées par les axes et le titre seront des éléments importants. La production sera plus limitée à l'école mais, dans certains thèmes, il est envisageable de construire des histogrammes ou des graphiques en barres.

5-1. Les graphiques en courbes

▶ Les graphiques se représentent sous la forme d'un axe vertical et d'un axe horizontal, tous deux perpendiculaires en un point 0.
▶ Les données varient de manière quantitative, continue.
Ex. : Évolution de la température en fonction du temps ou de la taille en fonction de l'âge.
À l'école, c'est le temps qui est le plus souvent utilisé sur l'axe horizontal.

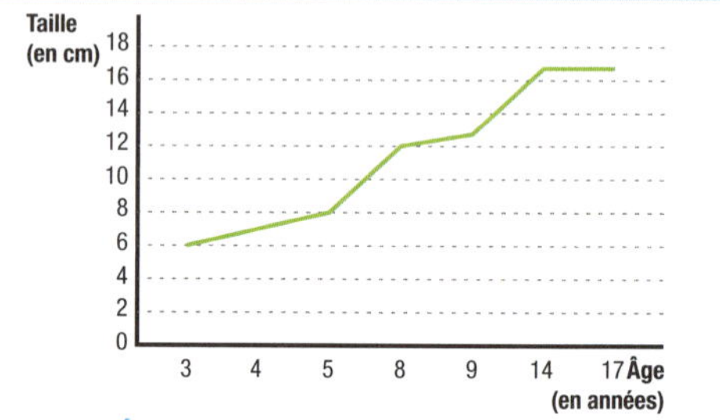

Doc. 16 Évolution de la taille par rapport à l'âge

5-2. Les graphiques en barres/histogrammes

▶ Toujours construits à partir de tableau, on distingue deux représentations ayant une apparence proche : l'histogramme et le graphique en barres (ou diagramme en bâtons ou diagramme en bâtons).

Histogramme : les variables (hauteur et temps) sont continues, il n'y a pas d'écart entre les barres.

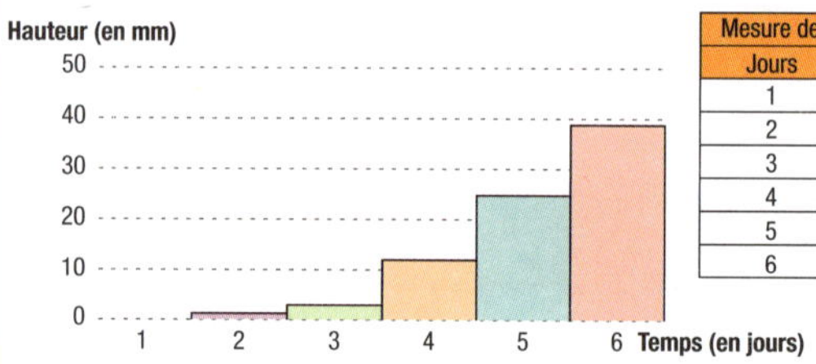

Mesure de la hauteur du blé	
Jours	Hauteur en mm
1	0
2	1
3	3
4	12
5	25
6	39

Doc. 17 Histogramme de croissance du blé

Graphique en barres ou en bâtons : les variables forment des catégories, des écarts sont laissés entre les barres.

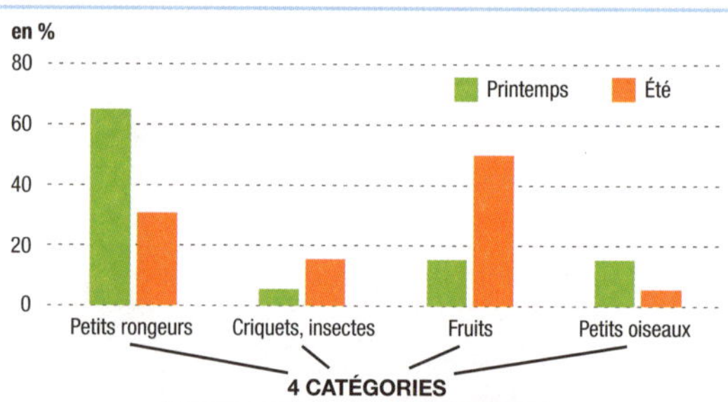

	Printemps	Été
Petits rongeurs	65	30
Criquets, insectes	5	15
Fruits	15	50
Petits oiseaux	15	5

Doc. 18 Menu du renard au printemps et en été

▶ La construction d'histogramme est particulièrement abordable avec des élèves de maternelle ou du CP qui ne savent pas encore mesurer. La lecture est assez intuitive.

En classe...

En maternelle (cycle 2), on peut facilement proposer l'activité suivante : suivre la croissance des grains de blé.

Tous les deux jours, une graine germée est délicatement prise et collée sur une bandelette de papier coupée à la même taille que la graine germée (à la disposition des élèves). Ces différentes bandelettes sont mises côte à côte, pour pouvoir suivre la croissance : on passe progressivement à une abstraction de la réalité (de la plante sur la bandelette à la bandelette seule) et les élèves commencent à comprendre qu'on peut représenter la taille uniquement par la bandelette de papier. Plus tard en cycle 2, la bandelette sera remplacée par une valeur en millimètres (mm).

Vers une plus grande abstraction : l'histogramme de croissance

Germination du grain de blé

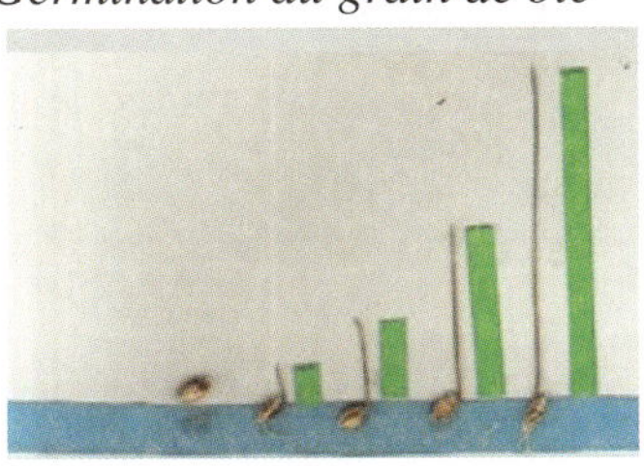

Germination du grain d'avoine

En cycle 3 : les élèves ont planté des graines d'avoine et de blé et suivent leur croissance. Ils mesurent et reportent les valeurs dans un tableau. L'intérêt de ce travail est de montrer que la lecture d'un histogramme est plus simple que la lecture des nombres : on voit facilement que la croissance du blé est plus rapide que la croissance de l'avoine sur l'histogramme.

	lun	jeu	lun	jeu	lun	jeu
blé	0	0	6	14	30	58
avoine	0	0	3	12	25	39

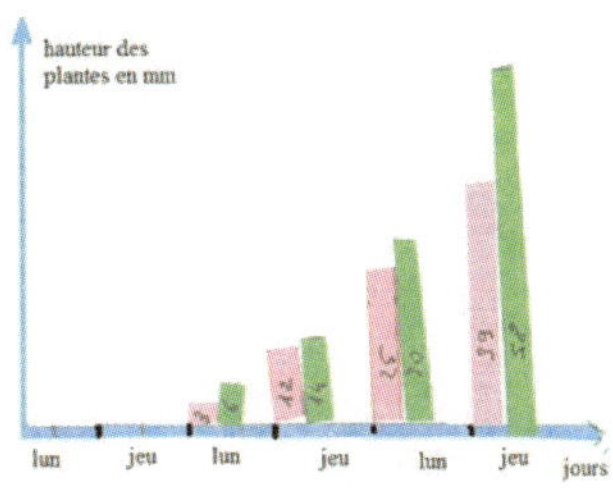

Comparaison des croissances du blé et de l'avoine

	lun	jeu	lun	jeu	lun	jeu
avoine	0	0	3	12	25	39

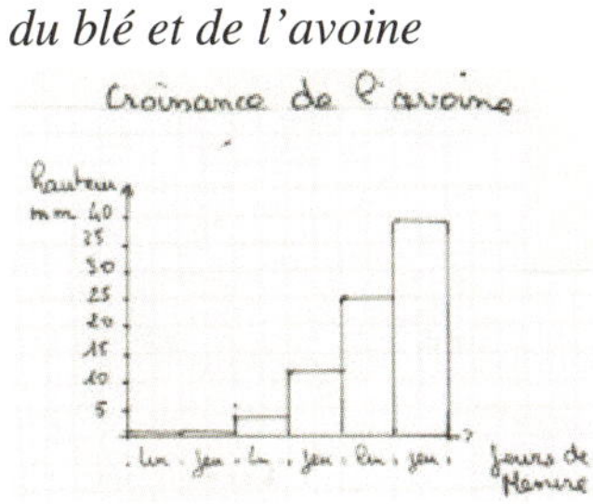

Passage du tableau à l'histogramme

5-3. Les graphiques circulaires

Le graphique circulaire permet de comparer des catégories. Il s'apparente au diagramme en bâtons, mais les données sont souvent exprimées en pourcentage, ce qui permet de comparer une partie à un tout. La lecture est assez intuitive.

Ex. : Cycle 2 : Étude des menus du renard au printemps et en été.
À partir du tableau ou des diagrammes circulaires, les catégories d'aliments peuvent être comparées.

	Printemps	Été
Petits rongeurs	65	30
Criquets, insectes	5	15
Fruits	15	50
Petits oiseaux	15	5

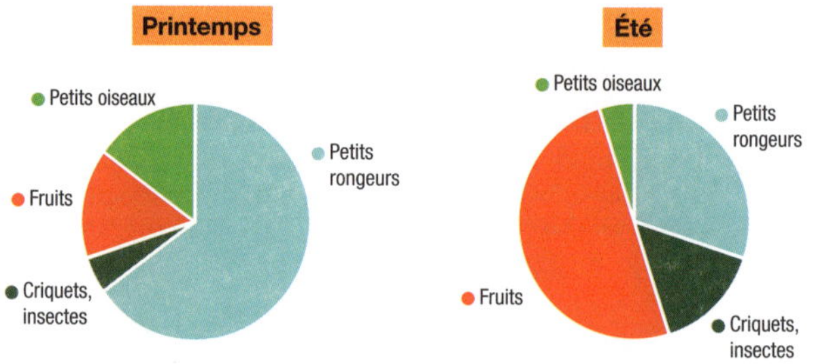

Doc. 19 Comparaisons des catégories

Progressivité de l'utilisation de langages scientifiques aux cycle 2 et cycle 3

- **Début de cycle 2 :** les élèves, avec l'aide de l'enseignant, restituent les résultats des observations sous forme orale puis sous forme d'écrits scientifiques simples : schémas légendés, tableaux.
- **En fin de cycle 2 :** les élèves peuvent choisir un mode de représentation adapté (schéma légendé, tableau, texte...).
- **Au cycle 3 :** les élèves rendent compte de la démarche en utilisant le langage propre aux disciplines scientifiques (symbole, texte, schéma, tableau) et en articulant les différentes étapes avec l'aide de l'enseignant et progressivement en autonomie.

1 Quels documents sont présentés dans le sujet de concours ?

Avant tout travail sur les documents, il convient de situer le dossier dans le champ disciplinaire et d'identifier le plus précisément possible la partie du programme : le Vivant, Matière et Énergie, Objets et Électricité, la Terre, Système solaire et Environnement.

1. Quelles sont les différentes formes de documents ?

Dans le dossier qui accompagne les questions d'un sujet, on trouve plusieurs types de documents :
– des documents textuels ou iconographiques :

Textes

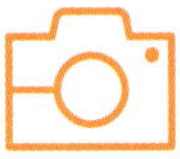

Photographies

– des documents utilisant un langage scientifique (*Cf.* Fiche 8 Comment communiquer en sciences ? p. 53) :

Schémas

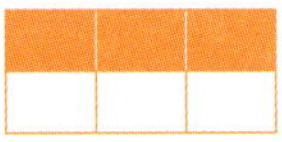

Tableaux

Histogrammes, graphiques

– des documents issus de la recherche.

2. Quel statut pour ces documents ?

▶ Ces documents sont soit des documents supports de **questions de connaissances**, soit des documents supports de **questions de didactique/pédagogie**.

▶ Le statut du document lui est conféré par l'utilisation qu'on va en faire. Un parcours rapide des documents du dossier permet d'identifier ces deux statuts et de mobiliser inconsciemment les savoirs ou/et les éléments de didactique/pédagogie.

Mise en application 1

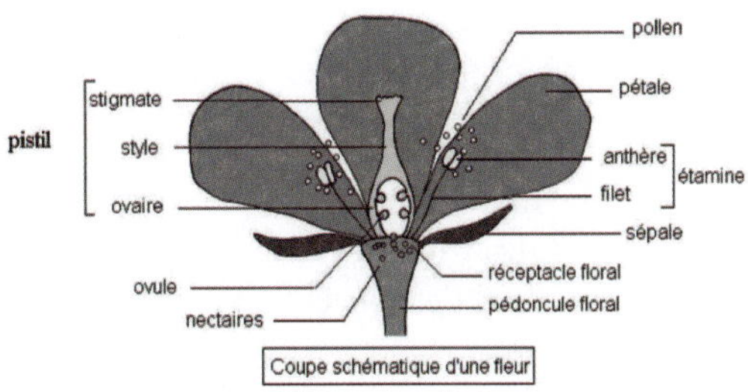

Doc. Schéma représentant une coupe de fleur

▶ **Question :** À partir du schéma de coupe de fleur ci-dessus, identifier les organes reproducteurs mâle et femelle de la fleur et préciser le devenir de l'ovaire et de l'ovule après reproduction.

Statut du document : Support de questions de connaissances sur la reproduction des végétaux.

▶ **Question :** Dans le cadre de l'étude de la reproduction des végétaux en cycle 3, proposer une transposition didactique afin d'adapter ce schéma au niveau des élèves.

Statut du document : Support de questions de didactique/pédagogie.

Mise en application 2 : Composition du régime alimentaire du renard

▶ **Question :** Analyser le document ci-dessus pour identifier le régime alimentaire du renard. Justifier votre réponse.

Statut du document : Support de questions de connaissances sur les régimes alimentaires.

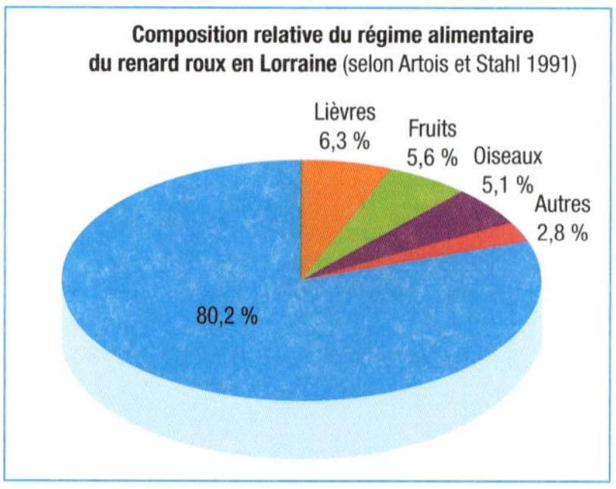

▶ **Question :** Proposer une séquence d'apprentissage sur les chaînes alimentaires dans laquelle vous utiliserez ce document (et d'autres). Vous détaillerez les consignes données aux élèves pour la lecture de ce document.

Statut du document : Support de questions de didactique/pédagogie.

Mise en application 3 : Élevage de phasme

Des œufs ont été installés dans un terrarium, l'éclosion a eu lieu et, deux fois par jour, les phasmes sont mesurés. Les résultats sont consignés dans un tableau.

Taille des phasmes en fonction du temps :

Nombre de jours après l'éclosion	0	15 matin	15 soir	30 matin	30 soir	45 matin	45 soir	60 matin	60 soir
Taille en cm	1,0	1,0	1,3	1,3	1,7	1,7	2,3	2,3	3,1
Nombre de jours après l'éclosion	75 matin	75 soir	90 matin	90 soir	105 matin	105 soir	120 matin	120 soir	150
Taille en cm	3,1	4,6	4,6	7,0	7,0	9,0	9,0	9,0	9,0

▶ **Question :** À partir de la lecture de ce tableau et de vos connaissances, qualifier la croissance du phasme. Comment expliquer les écarts de taille entre les jours de mesure ?

Statut du document : Support de questions de connaissances.

▶ **Question :** Quelle utilisation peut faire l'enseignant de ce tableau à la fin de la croissance ?

Statut du document : Support de questions de didactique/pédagogie.

2 Comment répondre aux questions en utilisant les documents ?

1. Comment rechercher la réponse ?

1-1. Repérer les mots clés

Après avoir identifié le type et le statut de document, il faut repérer les mots importants, les mots clés de la consigne de façon à bien cibler la réponse attendue.

- Ceux qui vous permettent d'identifier le thème du dossier (vivant, matière, objets…) et ceux qui sont relatifs aux savoirs scientifiques évoqués.
- Ceux qui sont relatifs au nombre de documents à analyser (ce qui impliquera un autre type de travail sur les documents qui ne sont pas à analyser).
- Ceux qui sont relatifs aux points de didactique et de pédagogie.
- Ceux qui explicitent la fonction du document et de l'analyse : pour définir, expliquer, synthétiser, pour réinvestir pédagogiquement, mettre en œuvre.

Dans le cas où le mot « analyse » n'est pas dit explicitement, l'analyse devra être faite de manière rapide (*Cf.* Fiche 4 Comment l'enfant raisonne-t-il ? p. 27).

1-2. Reconnaître les types de questions

▶ **Les questions sur les connaissances :** il s'agit de restituer les informations (Nommer, Lister, Définir…)

Ex. : Donner la définition du mot « attribut ».

▶ **Les questions sur la compréhension :** pour lesquelles il faut être capable de restituer les informations en les reformulant avec ses propres mots (Expliquer, Donner un exemple, Traduire, Illustrer, Décrire…).

▶ **Les questions sur une application de ses connaissances :**

- **analyse :** identifier les parties constituantes d'un tout pour en comprendre le fonctionnement, ce qui implique de saisir l'information, traiter l'information et expliquer grâce à ses connaissances (Organiser, Comparer, Rechercher, Catégoriser, Critiquer, Tirer une conclusion…) ;
- **synthèse :** réunir ou combiner des parties pour former un tout, autrement dit concevoir un produit, une idée, une méthode. Les documents sont analysés puis synthétisés (Développer, Formuler, Organiser, Proposer, Compiler).

▶ Dans le dossier, on trouvera soit des questions accompagnées de documents dont il faudra tenir compte dans la réponse, soit des questions sans document qui feront appel à vos connaissances soit dans l'un des champs disciplinaires soit dans le domaine de la pédagogie et de la didactique.

1-3. Quelques exemples concrets

Pour chaque question en relation avec un ou des documents, on dégagera :

1. **le statut des documents supports de questions de connaissances ou de questions de didactique/ pédagogie**
2. **le champ disciplinaire**
3. **le type de document**
4. **les mots clés/consignes**

Mise en application 1

Pourquoi les abeilles disparaissent ?

Extraits d'un article publié le 28.09.2016, par Laure Cailloce, journaliste scientifique, dans la revue du CNRS, *Carnets de science* (n° 2, 2016).

Question : D'après cet article, citer les cinq causes principales de la disparition des abeilles.

Aide méthodologique :
1. le statut : document support de questions de connaissances
2. le champ disciplinaire : le vivant
3. le type de document : texte sur la disparition des abeilles écrit par une journaliste scientifique dans la revue du CNRS
4. les mots clés/consignes : citez, cinq causes, disparition

Mise en application 2

Document : Récit écrit d'une expérience historique réalisée par Karl von Frisch (1886-1982), éthologue connu pour sa découverte du « langage des abeilles » et distingué par le Prix Nobel en 1973. Il s'est intéressé au rôle joué par les abeilles dans la formation des fruits.

Question : À partir de l'expérience de Karl von Frisch, expliquer comment l'abeille peut intervenir dans la reproduction des plantes à fleurs.

Aide méthodologique :
1. le statut : document support de questions de connaissances
2. le champ disciplinaire : le vivant
3. le type de document : texte original de Karl Von Frisch de 1953
4. les mots clés/consignes : expliquer, abeille, reproduction

Mise en application 3

Document : Les élèves proposent de mettre en solution, dans le même volume d'eau, une masse de sucre supérieure à celle proposée. Après avoir réalisé l'expérience, ils notent leurs observations et rédigent une conclusion. Voici une de leurs productions.

Élève A :

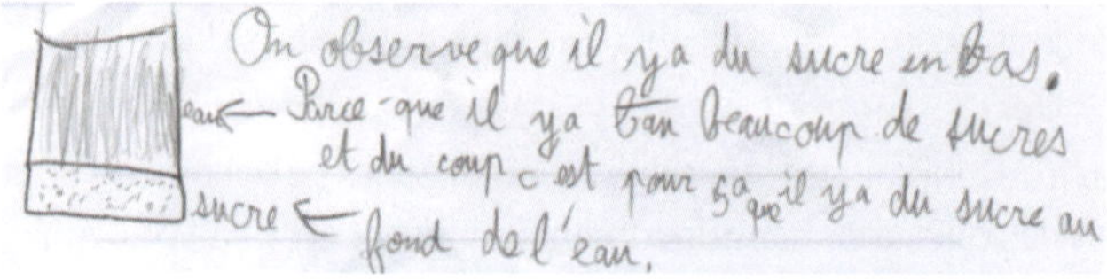

Retranscription à l'identique du texte manuscrit : « On observe qu'il y a du sucre en bas, parce qu'il y a beaucoup de sucres et du coup, c'est pour ça qu'il y a du sucre au fond de l'eau. »

Question : Analyser la réponse proposée et formuler les remarques qui pourraient être adressées à l'élève, en visant aussi l'enseignement du français.

Aide méthodologique :
1. le statut : document support de question de didactique/pédagogie
2. le champ disciplinaire : la matière
3. le type de document : schéma d'élève et retranscription texte
4. les mots clés/consignes : analyser, formuler remarques pour les élèves, français

2. Comment analyser les documents ?

2-1. Analyser un texte scientifique/didactique ou pédagogique

▶ Il faut se faire une idée rapide du domaine abordé par le texte :
– soit il correspond à des connaissances particulières du thème général du dossier ;
– soit c'est un texte pédagogique ou didactique qui s'adresse à l'enseignant.
Les références, date, auteur, titre de l'ouvrage doivent permettre de préciser ce premier point.

▶ Faire un résumé du document avec les mots clés, c'est une prise d'information : de quoi est-il question ?

▶ Confronter ce résumé à ses connaissances : Qu'est-ce que je peux en déduire, expliquer grâce à mes connaissances ?

▶ La consigne vous guidera. Elle permettra de comprendre la fonction de l'analyse et orientera le statut du document soit vers les connaissances soit vers la didactique ou la pédagogie.

▶ Si le texte permet d'expliquer, d'éclaircir un point notionnel, le statut du document permet de savoir si cette analyse est pour l'enseignant ou pour l'élève.

REMARQUE

Dans le libellé de la consigne, si l'analyse est réalisée pour avoir un réinvestissement pédagogique, vous pourrez y intégrer le questionnement ou la problématique que ce texte évoque.
Ce type de texte est donné pour vous mettre sur la voie de l'activité pédagogique souhaitée, il faut le considérer comme une aide.

▶ Lorsque le texte est de nature didactique ou pédagogique, vous pouvez être amené(e) à réinvestir ces aspects analysés dans l'activité demandée par la suite ou en faire une transposition didactique pour une utilisation dans la classe.

Mise en application 1

Document : Voici le récit d'une expérience historique réalisée par Karl von Frisch (1886-1982), éthologue connu pour sa découverte du « langage des abeilles » et distingué par le prix Nobel en 1973. Il s'est intéressé au rôle joué par les abeilles dans la formation des fruits.

« Il suffit d'un beau jour de printemps pour voir se trémousser près des fleurs tout un monde multicolore de bourdons, de papillons, et d'abeilles aussi enfarinés que seraient des garçons meuniers. Si les abeilles viennent prendre aux fleurs du nectar et leur pollen, on ne peut pas leur en vouloir ; et si les plantes leur offrent ces deux éléments nutritifs, il se fait qu'elles y trouvent leur intérêt… Au moment de la floraison, on a choisi deux branches de poirier portant chacune le même nombre de fleurs ; une branche fut enveloppée dans un sac de gaze pour que les abeilles ne puissent pas atteindre les fleurs. Sur la deuxième, les fleurs étaient accessibles aux insectes. Trente-trois poires se développèrent sur le rameau accessible aux abeilles alors que l'autre branche ne portait pas un seul fruit… »

D'après *Vie et Mœurs des abeilles* de Karl von Frisch (1953).

Question : À partir de l'expérience de Karl von Frisch, expliquer comment l'abeille peut intervenir dans la reproduction des plantes à fleurs.

Aide méthodologique :
1. le statut : document support de questions de connaissances
2. le champ disciplinaire : le vivant
3. le type de document : texte original de Karl Von Frisch de 1953
4. les mots clés/consignes : expliquer, abeille, reproduction

La consigne permet d'orienter l'analyse vers la reproduction des plantes et le rôle de l'abeille.

Résumé du texte : Expérience avec deux branches de poirier en fleur, l'une entourée de gaze empêche les insectes de butiner, pour l'autre les insectes butinent librement.

Le résultat montre que les fruits ne se développent que pour les fleurs qui ont été butinées normalement.

Interprétation du texte avec vos connaissances sur la formation du fruit : Les insectes jouent un rôle dans la fécondation. Les abeilles transportent le pollen nécessaire à la fécondation, d'une fleur à l'autre. Si on empêche les abeilles de transporter le pollen, la fécondation ne se fait pas et il n'y aura pas formation de fruit.

Réponse à la question : Cette analyse du texte va permettre d'expliquer comment les abeilles interviennent dans la reproduction.

2-2. Analyser un tableau et/ou un graphique

▶ Il s'agit de repérer les indications qui permettent de comprendre ce que traduit un tableau, un graphique : Qu'est-ce qui est étudié ? Et qu'est-ce qu'on fait varier qui se répercute sur l'objet d'étude ?

▶ Pour l'analyse, il faut :
- **décrire** le plus objectivement possible comment varie ce qui est étudié ; pour un graphique, description du tracé (trois possibilités : augmente, diminue, reste constant) et noter les points remarquables ;`
- **interpréter**, c'est-à-dire expliquer à l'aide de vos connaissances les évolutions observées, donner du sens à ce qui vient d'être décrit.

Cette analyse doit aussi vous permettre de dire à quelle question (ou problème) ce tableau ou ce graphique permet d'apporter une réponse. Cela sera utile pour la construction d'activité pédagogique si elle est demandée.

REMARQUE

La réponse à ces deux questions est généralement donnée par la lecture du titre du tableau ou du graphique (*Cf.* Fiche 8 Comment communiquer en sciences ? p. 53).

REMARQUE

La construction et la lecture de tableau sont des compétences du domaine « communiquer en langages scientifiques » (domaine 1 du socle commun de connaissances et de compétences). Leur présence dans le dossier peut impliquer une utilisation dans une situation d'apprentissage le statut du document pourra vous éclairer.

Mise en application 1

Document : La composition moyenne du miel

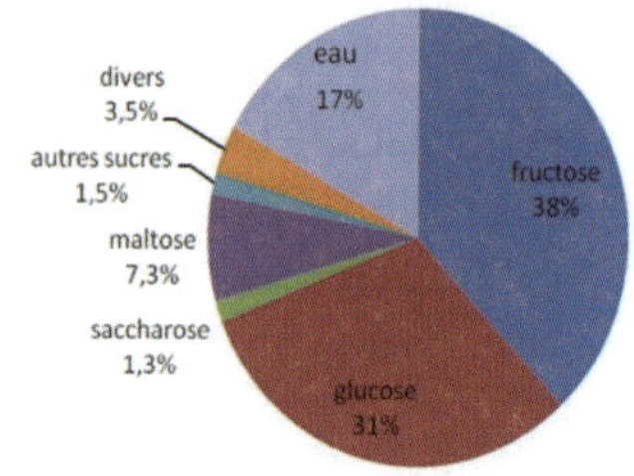

La teneur en eau permet de déterminer la qualité d'un miel. En effet, plus elle est élevée, plus le risque de fermentation est grand. Par conséquent, la réglementation impose qu'elle ne dépasse pas 21 %.

Source : E. Bruneau, Les Produits de la ruche. *Le Traité Rustica de l'apiculture*. Paris, Rustica, 2002, p. 354-384.

Question : À partir du document, proposer un texte d'une dizaine de lignes adapté à des élèves de CM1 afin de les amener à :
- formuler une définition de la notion de mélange homogène ou hétérogène ;
- identifier les constituants principaux du miel ;
- représenter la composition du miel, en se limitant à ses deux constituants principaux, sous la forme d'un schéma en barre légendé.

Aide méthodologique :
1. le statut : document support de question de didactique/pédagogie
2. le champ disciplinaire : la matière
3. le type de document : diagramme circulaire
4. les mots clés/consignes : texte à formuler 10 lignes, définition, identifier, représenter.

Pour répondre à cette question et avant de proposer un texte pour les élèves, il faut analyser le diagramme.

Description du diagramme : La légende nous indique qu'il s'agit de la composition du miel et la quantité des différents constituants est exprimée en pourcentage et colorée ce qui permet très rapidement de voir que les principaux constituants sont l'eau, le glucose et le fructose.

L'interprétation du diagramme et vos connaissances doivent vous permettre d'identifier les sucres, c'est-à-dire glucose 31 %, fructose 38 %, maltose 1,3 %, saccharose 7,3 % ; ainsi vous pourrez additionner les différents pourcentages et ajouter la teneur en autres sucres (1,5 %) pour connaître la composition en sucres du miel, soit 79,1 %.

Réponse : Ce travail d'analyse vous permet de voir les deux constituants du miel et de pouvoir proposer un texte pour les amener à construire un schéma en barre (avec les deux constituants du miel).

Mise en application 2

Document : Courbes de croissance de la naissance à 18 ans

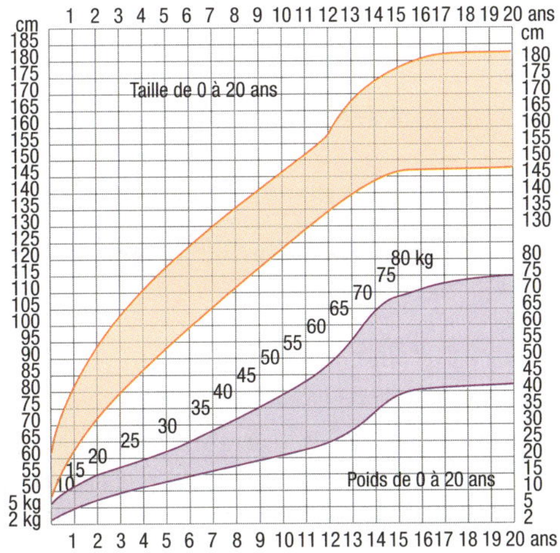

Question : proposer une utilisation en classe dans le cadre d'une séance sur le développement.

Aide méthodologique :
1. le statut : document support de question de didactique/pédagogie
2. le champ disciplinaire : le vivant
3. le type de document : graphique
4. les mots clés/consignes : consigne pour les élèves.

Pour pouvoir proposer une utilisation à la classe, il faut avoir analysé le document. On se limitera pour l'exemple à l'analyse de la courbe de la taille.

Description du graphique : On commence par repérer les unités de taille ou de masse. Pour la taille, on voit deux traits rouges encadrant une zone colorée. Le trait inférieur correspond à la courbe de croissance minimale, le trait supérieur correspond à la courbe de croissance maximale.

Les deux courbes, supérieure et inférieure, ont la même allure : Une croissance rapide jusqu'à 18 ans puis un plateau après où il n'y a plus de croissance. Dans la partie ascendante, on voit deux phases croissantes assez régulières jusqu'à 12 ans puis plus rapide jusqu'au plateau.

Interprétation : La croissance est régulière jusqu'à 12 ans puis, au moment de l'adolescence et de la puberté, il y a une augmentation rapide, à mettre en relation avec les changements physiologiques de cette période. Après 18 ans, la croissance est terminée.

Réponse : L'analyse de cette courbe permet de trouver, dans le cadre d'une utilisation en classe, les questions permettant de guider les élèves dans la description, d'attirer leur attention sur les points importants.

Mise en application 3

Document : On étudie la germination et la croissance des végétaux. Lors de la germination, la graine absorbe de l'eau et sa masse augmente, mais qu'en est-il de l'évolution de la masse de matière déshydratée ? Les résultats de pesées sont sur le graphique :

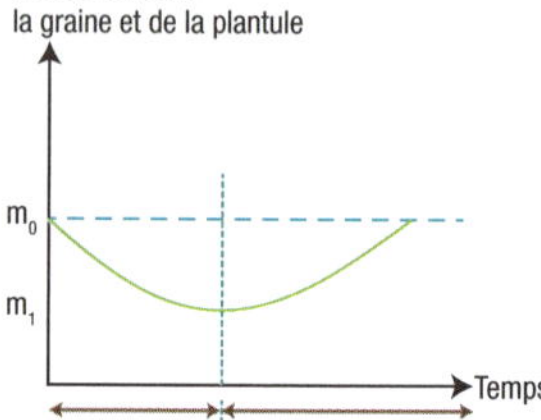

Question : Analyser le document ci-contre et proposer une explication à l'évolution de la masse de matière sèche.

Aide méthodologique :
1. le statut : document support de question de connaissance
2. le champ disciplinaire : le vivant
3. le type de document : graphique
4. les mots clés/consignes : analyser, explication

Dans la question, l'analyse est clairement demandée ainsi que sa fonction : Expliquer.

Description : La masse de matière sèche diminue jusqu'à l'apparition des deux premières feuilles, puis augmente.

Interprétation/réponse : Grâce à vos connaissances, vous savez que les feuilles sont le siège de la photosynthèse (c'est-à-dire la production de matière grâce à l'énergie lumineuse). Lors de la germination, c'est la radicule qui sort en premier, elle absorbe l'eau et les sels minéraux et les activités métaboliques reprennent. La plantule utilise et mobilise les réserves contenues dans les cotylédons pour se développer, la masse sèche diminue. Dès que les premières feuilles sont sorties et sont fonctionnelles, la fabrication de matière reprend et la masse sèche augmente.

Mise en application 4

Document : Paul mesure son pouls avant, pendant et après quelques minutes d'efforts, les résultats sont consignés dans un tableau.

Temps (min)		0	4	8	12	16	20	24	28	32
Pouls (pulsation/min)	70	80	120	145	180	180	180	180	140	120
Activité	Repos	Effort							Arrêt de l'effort	

Question : Comment varie le rythme cardiaque en fonction de l'effort ? Expliquer.

Aide méthodologique :
1. le statut : document support de question de connaissances
2. le champ disciplinaire : le vivant
3. le type de document : tableau
4. les mots clés/consignes : rythme cardiaque, expliquer
5. Ce qui est étudié, c'est la variation du pouls, ce qui varie c'est l'activité.

Description : Le pouls augmente progressivement de 70 pulsations/min à 180 pulsations/min et se stabilise. Lorsque l'effort s'arrête, il diminue très lentement.

Interprétation réponse : En mobilisant vos connaissances, vous pouvez dire que les pulsations mesurées au niveau du pouls sont le reflet de l'activité cardiaque. Ainsi, tout ce qu'on vient de décrire correspond aux variations du rythme cardiaque. Lorsque l'activité démarre, le rythme cardiaque augmente, il ralentit lorsque l'activité s'arrête.

Lors de l'effort, la circulation sanguine s'accélère, ce qui permet d'apporter aux muscles plus de sang et donc plus de dioxygène, de glucose et de le débarrasser de ses déchets.

2-3. Analyser une photographie

▶ Tout d'abord, comme pour les autres documents, il faut déterminer le statut de la photographie qui est le support de questions :
- soit elle vise à susciter la curiosité, la motivation, le questionnement des élèves de la classe ; on parle alors de « document d'appel » et elle se place dans le statut document support de questions de didactique/pédagogie ;
- soit elle permet de s'informer ; dans ce cas, elle sera utilisée comme document d'investigation (prise d'information, traitement avec des questions de connaissances ou de didactique/pédagogie).

C'est essentiellement ce second cas qui peut faire l'objet d'une analyse.

▶ Il faut bien noter toutes les informations de la légende de la photographie et la mettre en relation avec l'ensemble du thème du dossier. Pourquoi cette photographie a-t-elle été prise ? Qu'est-ce que le photographe a voulu montrer ?

▶ La question devrait permettre d'orienter l'analyse.

Mise en application 1

Document : Photographie d'une abeille domestique visitant une fleur

Question : À partir de l'expérience de Karl von Frisch et de la photographie ci-contre, expliquer comment l'abeille peut intervenir dans la reproduction des plantes à fleurs.

Aide méthodologique :
1. le statut : document support de question de connaissances
2. le champ disciplinaire : le vivant
3. le type de document : photographie
4. les mots clés/consignes : expliquer la reproduction des plantes à fleurs

L'expérience dont il est fait référence démontre le rôle des abeilles dans le transport du pollen. L'étude de cette photographie permet de comprendre comment les abeilles transportent le pollen.

Description : On voit sur la patte postérieure de l'abeille une masse de couleur orangé.

Interprétation grâce à vos connaissances : Les grains de pollen sont de couleur orange et regroupés en une masse sur la patte.

Réponse : L'abeille transporte des grains de pollen qu'elle a récoltés dans les fleurs au niveau de ses pattes postérieures.

Mise en application 2

Document : Photographie de la composition d'un petit-déjeuner avec ou sans abeilles (d'après Initiative Nature).

Question : Proposer, sous la forme de consignes, une exploitation pédagogique des deux photographies et formuler une conclusion d'une séquence pédagogique de cycle 3 sur les conséquences de la disparition des abeilles en termes de diversité des plantes à fleurs.

Aide méthodologique :
1. le statut : document support de question de didactique/pédagogie
2. le champ disciplinaire : le vivant
3. le type de document : deux photographies
4. les mots clés/consignes : consignes pour exploitation pédagogique, disparition abeilles diversité.

Pour pouvoir formuler les consignes, il faut analyser et comparer les deux photos (nous ne proposerons pas la réponse à la question pédagogique).

Description comparée : Les fruits frais ont complètement disparu, ainsi que la confiture et le jus de fruits ; diminution des fruits sec et céréales, diminution de la quantité de lait.

Interprétation grâce à vos connaissances : Vous savez que les abeilles interviennent dans la reproduction des plantes et donc dans la formation des fruits. Leur disparition permet donc de comprendre les modifications du plateau-repas. Pour le lait, l'explication est plus complexe : la quantité et la qualité du lait reflètent l'alimentation des vaches. Seules les espèces végétales dont la reproduction ne dépend pas des insectes pollinisateurs se multiplieront, les vaches auront donc une alimentation moins riche, d'où la chute de la production de lait.

2-4. Analyser des productions d'élèves

▶ Lorsqu'un document correspond au recueil des conceptions initiales (texte ou dessin), il convient de les analyser pour dégager les obstacles à l'apprentissage. Elles seront accompagnées de la consigne donnée aux élèves pour leur production et renseigneront sur la partie disciplinaire.

▶ L'analyse se fait en listant les points positifs (réussites) et négatifs (erreurs) par rapport à la question posée, sans ajouter d'avis ou d'interprétations personnelles (pas de commentaires comme : « il a bien représenté… », « il a voulu dire… », « il a oublié… »). Le plus souvent, on fait deux colonnes pour cette description.

▶ Puis, on regarde les points négatifs par rapport aux savoirs qui seront visés dans la séquence. Certains seront un frein, un blocage à l'apprentissage s'ils sont ignorés, ce sont les obstacles. Il y aura aussi des points positifs sur lesquels l'enseignant pourra s'appuyer dans son activité pédagogique.

▶ L'analyse des conceptions initiales vise à faire émerger les obstacles qui devront être pris en compte dans la construction d'une démarche d'apprentissage (*Cf.* Fiche 5 Qu'appelle-t-on conceptions initiales ? p. 35).

Mise en application 1

Conception initiale recueillie après la consigne

« Comment se forme le bébé ? Tu peux utiliser des phrases ou/et des dessins ».

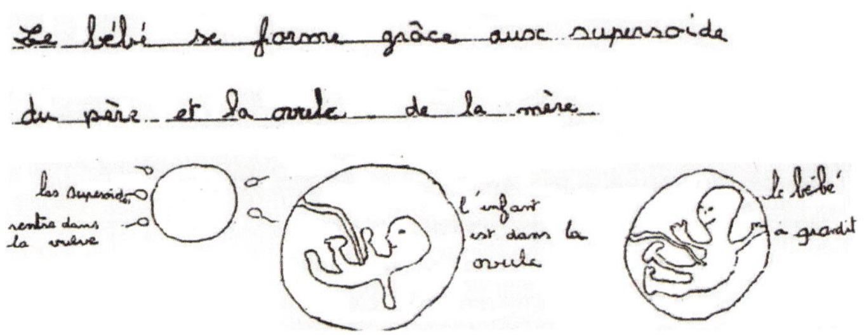

Question : Analyser cette production de façon à faire émerger les obstacles pour cette situation d'apprentissage sur la fécondation humaine.

Aide méthodologique :

1. le statut : document support de questions de didactique/pédagogie
2. le champ disciplinaire : le vivant
3. le type de document : dessin et texte
4. les mots clés/consignes : conception, obstacle

Lister les points positifs et négatifs :

Points positifs	Points négatifs
Identification des gamètes. Taille et forme des gamètes.	Erreur de vocabulaire (super zoïde, vulve) ? Les « super zoïdes » rentrent dans l'ovule. L'enfant est dans l'ovule.

Parmi les points négatifs, il y a des erreurs de vocabulaire mais, pour les deux derniers points négatifs, un obstacle apparaît : le spermatozoïde rentre dans l'ovule et donne le bébé, ce qui implique, pour cet élève, que le spermatozoïde est responsable de la formation du bébé (qui se trouve dans l'ovule et grandira).

Au cours de la séquence qui suivra, c'est cet obstacle qui devra être franchi par l'élève.

Mise en application 2

Les élèves doivent réussir à faire descendre au fond d'un bac d'eau un petit morceau de polystyrène qui flotte à la surface sans le toucher directement. Une timbale transparente est à sa disposition. Chaque élève doit dessiner les étapes de son expérience et expliquer ce qui se passe.

Voici une production d'élève :

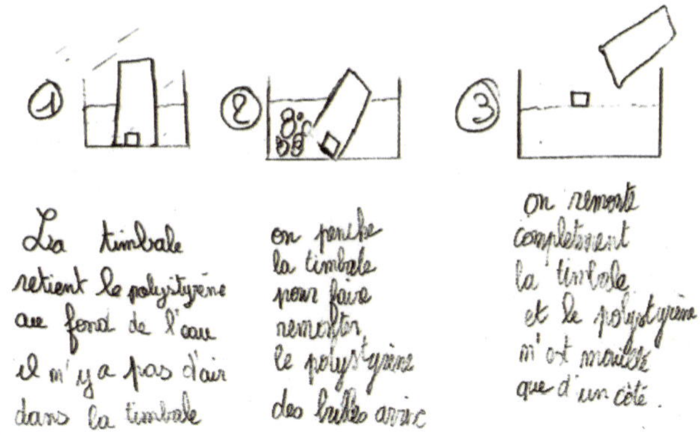

Question : Que vous apporte l'analyse de ces dessins ? Quel est l'intérêt pour le professeur et les élèves de représenter les étapes du déroulement d'une expérience ?

Aide méthodologique :
1. le statut : document support de question de didactique/pédagogie
2. le champ disciplinaire : la matière
3. le type de document : production d'élève, schéma et texte
4. les mots clés/consignes : analyser, intérêt de ces productions

Description des trois schémas :
– le morceau de polystyrène est au fond ;
– le gobelet est incliné, il y a des bulles mais la surface de l'eau n'est pas représentée ;
– la timbale est retirée, le morceau de polystyrène flotte.

Lecture des phrases pour déceler d'éventuelles erreurs :
– erreur dans l'explication : c'est la timbale qui maintient le morceau de polystyrène au fond ;
– quand on penche la timbale, des bulles d'air arrivent ;
– la phrase est correcte.

Interprétation : Cette production montre que les schémas qui semblent corrects masquent une difficulté pour l'explication, l'élève n'a pas compris le rôle de l'air dans cette expérience.

Réponse : L'enseignant a repéré des points positifs et négatifs dans la compréhension. Il devra envisager une remédiation. Les trois étapes permettent de déceler le moment où l'élève donne une mauvaise réponse.

3 Sujet corrigé commenté

Nous vous proposons ici le Sujet 0 disponible sur le site devenirenseignant.gouv.fr. et son corrigé commenté qui vous donnera tous les outils pour appréhender l'épreuve le jour J.

INTRODUCTION. Le déclin des populations d'abeilles

Depuis plus de trente ans, un phénomène de déclin des colonies d'abeilles a été observé dans plusieurs pays, notamment en Europe occidentale.

Ce déclin se traduit par un affaiblissement des colonies d'abeilles dont l'activité se réduit, par un dépeuplement de celles-ci, voire, dans les cas les plus aigus, par un effondrement des colonies. Afin de mieux appréhender ce phénomène en Europe, un programme de surveillance épidémiologique européen[1] a été lancé au début des années 2010. Ainsi, pour la période 2013-2014, le taux de mortalité global des colonies d'abeilles a été estimé entre 2,6 % et 23,4 % selon les États membres, avec un taux élevé de 23,4 % pour la France (d'après un rapport d'information du Sénat publié en 2017[2]).

Au moins 20000 espèces d'abeilles sont répertoriées sur la planète dont environ 850 en France, notamment l'abeille domestique (dite aussi mellifère) *Apis mellifera*. Aussi, le déclin des abeilles impacte directement l'activité apicole et la production de miel. Ainsi, selon France Agrimer, en France entre 2004 et 2010, le nombre d'apiculteurs a diminué de 40 %, le nombre de ruches de 20 % et la production de miel de 28 %. Mais surtout, au-delà de l'activité apicole humaine, cette situation est très préoccupante en raison de l'importance écologique de l'abeille en tant que pollinisatrice.

Afin de lutter efficacement contre le déclin des abeilles, les scientifiques étudient les différences causes de cette surmortalité. Le phénomène est complexe et s'explique par une multitude de facteurs qui agissent seuls ou de manière combinée selon les territoires. Le caractère multifactoriel du déclin des colonies d'abeilles invite à agir sur plusieurs fronts à la fois.
En s'appuyant sur le programme d'enseignement des sciences et technologie à l'école primaire, ce sujet propose d'aborder la problématique suivante : quelles sont les causes et conséquences du déclin des abeilles et comment lutter efficacement contre ce déclin ?

Les parties et sous parties sont largement indépendantes.
Les questions posées sont différenciées selon leur nature : les questions de nature didactique ou pédagogique sont repérées par un nombre en gras avec un astérisque (*).

1. Programme de surveillance de la mortalité des abeilles en Europe (« EPILOBEE »), piloté en France par l'Anses (Agence nationale de sécurité sanitaire, de l'alimentation, de l'environnement et du travail).
2. « Comment lutter efficacement contre le déclin des abeilles ? » Rapport d'information n° 474 (2016- 2017) de M. Hervé MAUREY, fait au nom de la commission de l'aménagement du territoire et du développement durable du Sénat.

PARTIE 1 – L'abeille, un agent de la biodiversité

A. La place des abeilles dans la classification phylogénétique

On cherche à étudier la place des abeilles dans la classification phylogénétique. Pour ce faire, on compare différentes espèces selon leurs attributs : abeilles, araignées, chats, moineaux, escargots et homards.

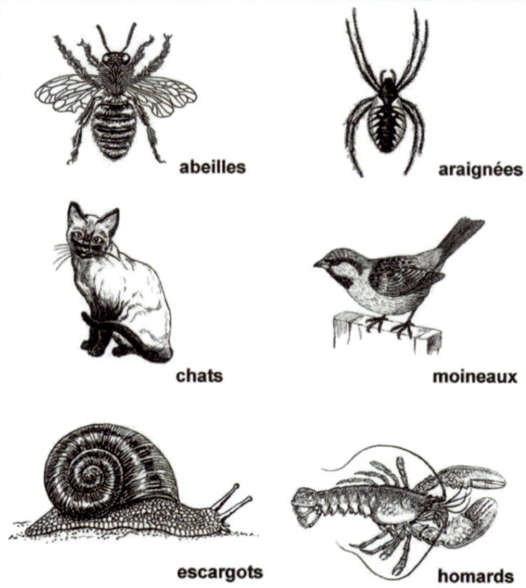

Figure 1 : Dessins des animaux suivants :
abeilles, araignées, chats, moineaux, escargots et homards

1. Donner la définition du mot « attribut ».

2. D'après la **Figure 1** et vos connaissances, recopier et compléter le tableau d'attributs ci-dessous :

attribut / animaux	poils	squelette externe	squelette interne	plumes	bouche	coquille	pattes articulées	8 pattes articulées	6 pattes articulées	4 membres locomoteurs	2 paires d'antennes
abeilles											
moineaux											
chats											
araignées											
homards											
escargots											

3. Identifier à partir de ce tableau les attributs communs aux abeilles, aux araignées et aux homards.

4. À partir de ce tableau, établir un schéma en groupes emboîtés et préciser la signification du regroupement dans un même groupe.

5*. « Les abeilles sont-elles plus proches parents des escargots ou des moineaux ? » Une élève de CM1 répond que les abeilles sont plus proches des moineaux que des escargots car les abeilles et les moineaux possèdent des ailes qui leur permettent de voler.

Identifier le raisonnement de l'élève et proposer une réponse argumentée à apporter à l'élève.

B. Le rôle des abeilles dans la pollinisation des fleurs

6. À partir du schéma de coupe de fleur ci-dessous (**Figure 2**), identifier les organes reproducteurs mâle et femelle de la fleur et préciser le devenir de l'ovaire et de l'ovule après reproduction.

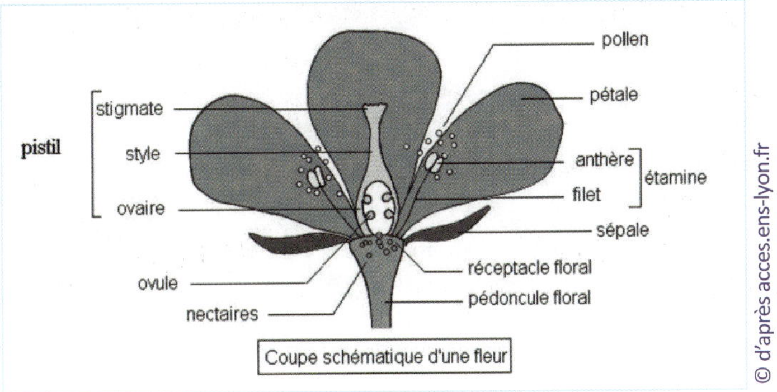

Figure 2 : Schéma représentant une coupe de fleur

7. À partir de la **Figure 2** ci-dessus, identifier les parties de la fleur qui permettent d'attirer les insectes pollinisateurs et expliquer les mécanismes de cette attraction.

Voici le récit d'une expérience historique réalisée par Karl von Frisch (1886-1982), éthologue connu pour sa découverte du « langage des abeilles » et distingué par le Prix Nobel en 1973. Il s'est intéressé au rôle joué par les abeilles dans la formation des fruits.

« Il suffit d'un beau jour de printemps pour voir se trémousser près des fleurs tout un monde multicolore de bourdons, de papillons, et d'abeilles aussi enfarinés que seraient des garçons meuniers. Si les abeilles viennent prendre aux fleurs du nectar et leur pollen, on ne peut pas leur en vouloir ; et si les plantes leur offrent ces deux éléments nutritifs, il se fait qu'elles y trouvent leur intérêt… Au moment de la floraison, on a choisi deux branches de poirier portant chacune le même nombre de fleurs ; une branche fut enveloppée dans un sac de gaze pour que les abeilles ne puissent pas atteindre les fleurs. Sur la deuxième, les fleurs étaient accessibles aux insectes. Trente-trois poires se développèrent sur le rameau accessible aux abeilles alors que l'autre branche ne portait pas un seul fruit… »

D'après *Vie et Mœurs des abeilles* de Karl von Frisch (1953).

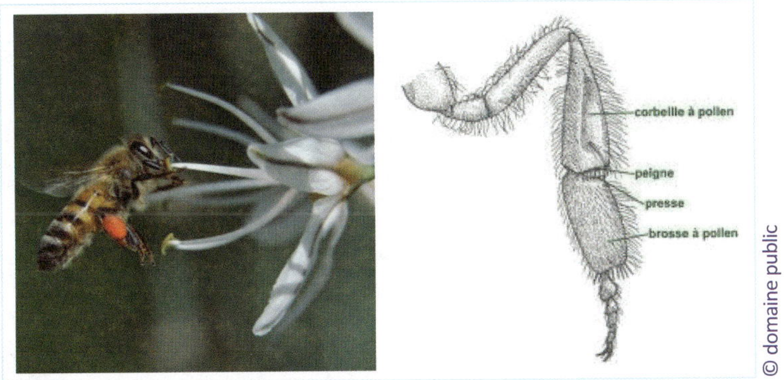

Figure 3 : à gauche : photographie d'une abeille domestique visitant une fleur ; à droite : détail des brosses et corbeilles à pollen (structures de récolte) sur la 3e paire de pattes d'une abeille domestique (Apis mellifera)

8. À partir de l'expérience de Karl von Frisch et de la **Figure 3**, expliquer comment l'abeille peut intervenir dans la reproduction des plantes à fleurs.

9*. Proposer, sous la forme de consignes, une exploitation pédagogique de la **Figure 4** et formuler une conclusion d'une séquence pédagogique de cycle 3 sur les conséquences de la disparition des abeilles en termes de diversité des plantes à fleurs.

Figure 4 : Photographie de la composition d'un petit-déjeuner avec ou sans abeilles

PARTIE 2 – Analyse des causes et conséquences de la disparition des abeilles

Un article publié dans la revue *Carnets de science* du CNRS en 2016 s'intéresse aux différentes causes de la disparition des abeilles Annexe 1.

1. D'après cet article, citer les cinq causes principales de la disparition des abeilles.

2*. Voici un support pédagogique (**Figure 5**) qui pourrait être utilisé dans une séance pédagogique pour des élèves de CM1 dont l'objectif visé serait : « Comprendre l'impact de la disparition des abeilles dans leur réseau alimentaire ». Proposer une mise en œuvre de cette activité, en précisant les étapes du déroulement de l'activité, les consignes, la nature des tâches à effectuer et la production attendue (en une dizaine de lignes).

Nom	Proies	Prédateurs	Photographie
Abeilles	Pollen et nectar des fleurs	Frelons asiatiques, guêpes, pics-verts, parasite (*Varroa destructor*)	
Frelons asiatiques	Abeilles et mouches, araignées	Certains oiseaux dont la bondrée apivore	
Pics-verts	Abeilles et fourmis	Chats domestiques et rapaces	
Guêpes	Abeilles et mouches	Araignées, une mouche (*Volucella pellucens*)	
Parasite *Varroa destructor*	Abeilles	*Chelifer cancroides* (le « scorpion des livres ») 	

Figure 5 : Tableau de prédation

PARTIE 3 – Une solution pour lutter contre la mortalité des abeilles en hiver : supplémenter les réserves de nourriture des ruches à l'aide de sirop sucré

L'hiver, bien que leur activité soit ralentie, les abeilles s'alimentent en consommant le miel stocké dans la ruche. En règle générale, une colonie n'a pas besoin d'être nourrie. Cependant, si le taux de mortalité des abeilles est trop élevé pendant l'année, ou en cas de conditions climatiques difficiles, les réserves accumulées peuvent s'avérer insuffisantes, avec le risque de perdre la colonie pendant l'hiver. Pour renforcer les réserves des ruches, l'apiculteur peut nourrir les abeilles en utilisant un sirop à forte concentration en sucre durant l'hiver.

Cette partie est dédiée à la mise en œuvre d'une activité scientifique en classe de CM1, consacrée à la réalisation d'une solution d'eau sucrée en lien avec la problématique de l'alimentation complémentaire des abeilles en hiver. Les documents qui suivent sont mis à disposition du candidat qui devra les exploiter pour formuler ses réponses aux questions posées. Dans l' Annexe 2 figure un extrait du programme de sciences et technologie du cycle 3 auquel le candidat pourra se référer autant que de besoin.

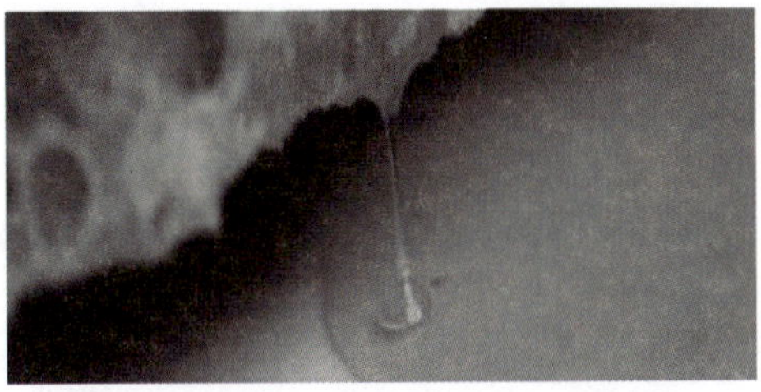

Les abeilles butineuses récoltent le nectar (un suc mielleux sécrété par la plante) et le miellat (excrétion produite par des insectes suceurs comme le puceron, à partir de la sève des arbres), qu'elles stockent dans leur jabot. Là, sous l'action d'une enzyme, l'invertase (ou saccharase), commence la transformation du saccharose en un mélange de glucose et de lévulose. De retour à la ruche, elles distribuent leur récolte aux autres ouvrières, afin de poursuivre la transformation des sucres par la salive des ouvrières. Ces dernières déposent ensuite le miel dans les alvéoles et le reprennent à plusieurs reprises afin de favoriser l'évaporation de l'eau qu'il contient. Après quelques jours, le miel se concentre en sucres, jusqu'à atteindre un taux de 70 à 80 % et perd jusqu'à 14 à 25 % de son eau. À ce stade, les alvéoles peuvent être refermés par un opercule de cire.

La teneur en eau permet de déterminer la qualité d'un miel. En effet, plus elle est élevée, plus le risque de fermentation est grand. Par conséquent, la réglementation impose qu'elle ne dépasse pas 21 %.

Source : https ://www.apiservices.biz/documents/articles-fr/miel_composition_production.pdf

Document n° 1 : Le miel

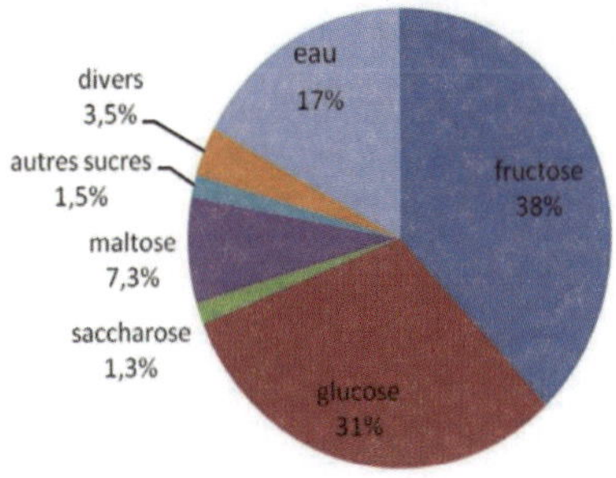

Source : E. Bruneau, Les Produits de la ruche. *Le Traité Rustica de l'apiculture.* Paris, Rustica, 2002, p. 354-384

Document n° 2 : La composition moyenne du miel

Afin de lutter contre la malnutrition des abeilles, différents types de sirop de nourrissement sont utilisés selon la situation de la ruche (population d'abeille suffisante ou non), le moment de la saison ou les données météorologiques.

Le sirop de nourrissement hivernal est un sirop épais pour lequel le rapport entre la masse de sucre et la masse d'eau est compris entre 3/2 et 2/1.

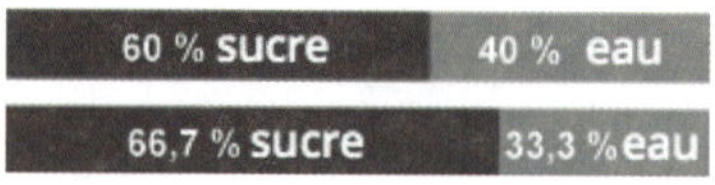

D'après : https ://www.savo95.fr/images/savo95/Documents_sanitaires/Fiche-Pratique-Le-nourrissement.pdf

Document n° 3 : Le nourrissement des abeilles en hiver

Préparation de l'activité expérimentale des élèves

1. En s'appuyant sur les données du **Document n° 2**, déterminer la masse de sucre à ajouter dans une masse d'eau correspondant à un volume de 1 L pour obtenir une solution sucrée de même composition que le miel. Donnée : la masse volumique de l'eau est $\rho_{eau} = 1 \text{ g} \cdot \text{cm}^{-3}$.

Mise en œuvre d'un protocole expérimental

2*. Proposer un protocole expérimental, destiné à des élèves de CM1, pour qu'ils mesurent une masse de sucre de 150 g, en indiquant les différentes étapes de l'activité expérimentale, décrites, au besoin, de schémas légendés. Préciser le matériel à mettre à disposition des élèves et les éventuelles conditions de sécurité à respecter.

Les élèves procèdent à la réalisation de la solution sucrée en versant la masse de sucre précédemment pesée dans un volume de 100 mL d'eau.

3*. Proposer une expérience complémentaire pour convaincre les élèves que les 150 g de sucre n'ont pas « disparu » au cours de la réalisation de la solution sucrée.

4*. Proposer une conclusion de l'activité, qui exploite, notamment, le schéma en barre demandé initialement aux élèves et le **Document n° 3,** et qui leur permette de juger si la solution d'eau sucrée qu'ils ont préparée convient pour nourrir les abeilles en hiver.

5*. Identifier les savoirs essentiels à institutionnaliser en conclusion de la séance.

Les élèves proposent de mettre en solution, dans le même volume d'eau, une masse de sucre supérieure à celle proposée. Après avoir réalisé l'expérience, ils notent leurs observations et rédigent une conclusion. Voici trois de leurs productions :

– Élève A :

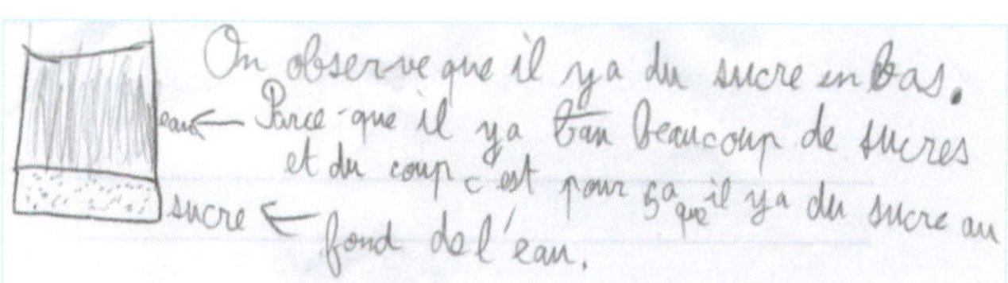

Retranscription à l'identique du texte manuscrit : « On observe que il y a du sucre en bas. Parce qu'il y a beaucoup de sucres et du coup c'est pour ça que il y a du sucre au fond de l'eau. »

– Élève B :

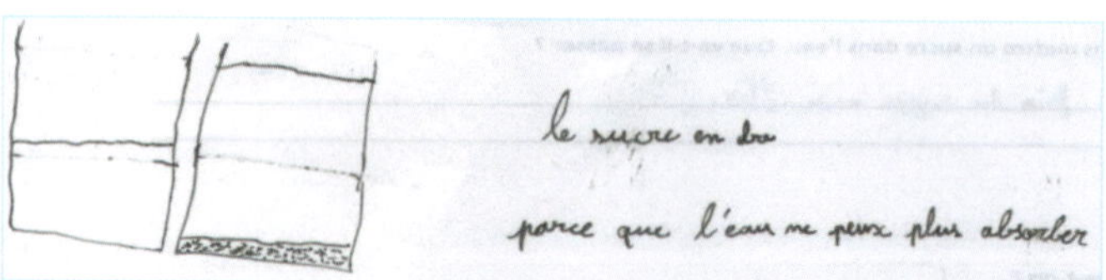

Retranscription à l'identique du texte manuscrit : « le sucre en bas parce que l'eau ne peux plus absorber »

– Élève C :

Retranscription à l'identique du texte manuscrit : « L'eau monte et on ne la voie plus. »

6*. Analyser chaque réponse proposée et formuler les remarques qui pourraient être adressées à chaque élève, en visant aussi l'enseignement du français.

Différence entre miel et eau sucrée : l'hydrolyse du saccharose

Le saccharose contenu dans le nectar prélevé par l'abeille, est hydrolysé, sous l'effet d'une enzyme, en glucose et fructose. L'équation de la réaction qui modélise cette transformation est la suivante :

$$C_{12}H_{22}O_{11} + H_2O \rightarrow C_6H_{12}O_6 + C_6H_{12}O_6$$

7. Identifier la formule chimique de l'eau dans cette équation et préciser si l'eau est un réactif ou un produit.

8. Expliciter et illustrer par un exemple la (ou les) différence(s) entre une transformation chimique et une transformation physique.

PARTIE 4 – Une solution pour lutter contre la disparition des abeilles : la ruche connectée

A. Analyse d'une ruche connectée

Les apiculteurs et les chercheurs peinent à mettre en place des techniques préventives efficaces pour protéger les colonies et limiter les pertes hivernales. Les nouveaux outils technologiques apicoles pourraient être une aide précieuse pour permettre une surveillance continue et précise des colonies, et ainsi appréhender au mieux leurs besoins[3]. Ils permettent de récolter des informations afin de les visualiser et les exploiter ensuite. Une société réalise des ruches connectées, dont les spécificités techniques sont fournies dans les documents ressources Annexe 3.

1. À quel besoin répond la ruche connectée ? Citer les fonctions d'usage que doit remplir cet objet technique pour répondre au besoin identifié.

2. Indiquer les éléments de la ruche connectée réalisant les fonctions de la chaîne d'information permettant de transmettre des données :

Acquérir	→	**Traiter**	→	**Communiquer**
....		....		....
....		....		....
....		....		....

3*. Proposer une description de la chaîne d'information adaptée à un public de CM2 et permettant de viser l'attendu de fin de cycle 3 suivant : *Décrire le fonctionnement d'objets techniques, leurs fonctions et leurs constitutions.*

B. Prototype et amélioration d'une solution technologique

Le varroa est un parasite qui induit une mortalité importante en hiver en attaquant le couvain et les abeilles. Il transmet également aux abeilles d'autres agents pathogènes tels que des virus, ce qui contribue à fragiliser et affaiblir les colonies. À l'heure actuelle, la principale solution pour lutter contre ce parasite consiste à traiter les ruches avec des agents chimiques acaricides, mais cela n'est pas sans risque sur la propre santé des abeilles.

3. « Les outils connectés en apiculture : évaluation de leurs applications auprès des apiculteurs français », Lettmann, M., and Chauzat, M.-P., *Bulletin Épidémiologique Santé animale* – alimentation, décembre 2018.

Un système alternatif utilise le principe de l'hyperthermie, basé sur la tolérance différente à la chaleur de l'abeille mellifère et de l'acarien varroa. Le parasite meurt dans une plage comprise entre 39 °C et 42 °C alors que les abeilles supportent bien ces températures.

Afin de contrôler l'état de la température et le bon fonctionnement de la ruche, nous proposons de réaliser un contrôleur de la température des ruches à l'aide d'un microcontrôleur (**Figure 7**), qui se programme à l'aide d'une interface de programme type bloc.

Le microcontrôleur comporte 25 DELs (diodes électroluminescentes), deux boutons A et B programmables, un bouton de réinitialisation, différents capteurs dont des capteurs de lumière et de température, et des broches de connexion.

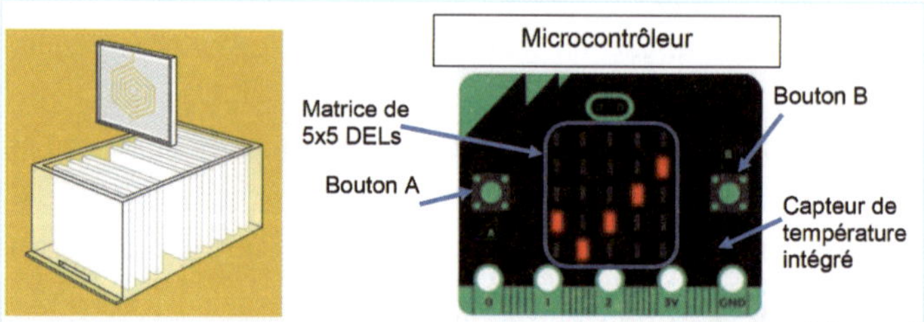

apicoltoremoderno.it/vatorex/

Figure 7 : Schéma du système de chauffage de la ruche et schéma du microcontrôleur.

4. D'après le programme présenté **Figure 8**, quelle est la condition pour avoir l'affichage « ✓ » indiqué sur le microcontrôleur ?

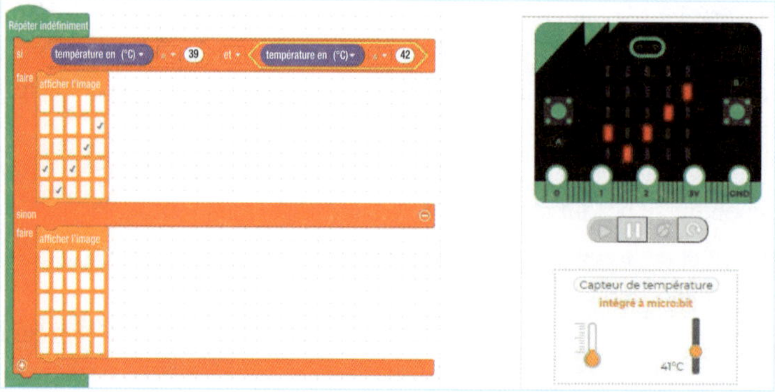

Figure 8 : Programme réalisé depuis https ://fr.vittascience.com/

Il a été demandé à des élèves de CM2 d'imaginer un programme qui émet un signal autre que lumineux si la température n'est pas dans la bonne plage. Ils ont à leur disposition un écran LCD et un avertisseur sonore (« buzzer ») (**Figure 9**). Le travail demandé est de compléter l'action après « sinon » dans le contrôle conditionnel déjà pré-rempli.

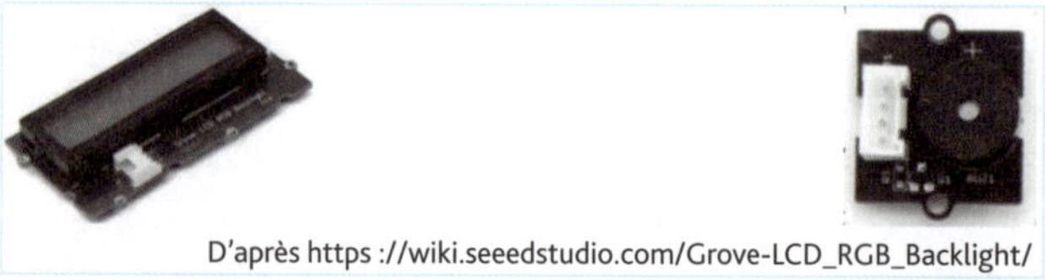

D'après https ://wiki.seeedstudio.com/Grove-LCD_RGB_Backlight/

Figure 9 : Photographies d'un écran LCD et d'un avertisseur sonore (« buzzer »)

Voici le programme attendu :

Figure 10 : Programme réalisé depuis https://fr.vittascience.com/

Voici deux réponses différentes de la part d'élèves :

Programme n° 1 :

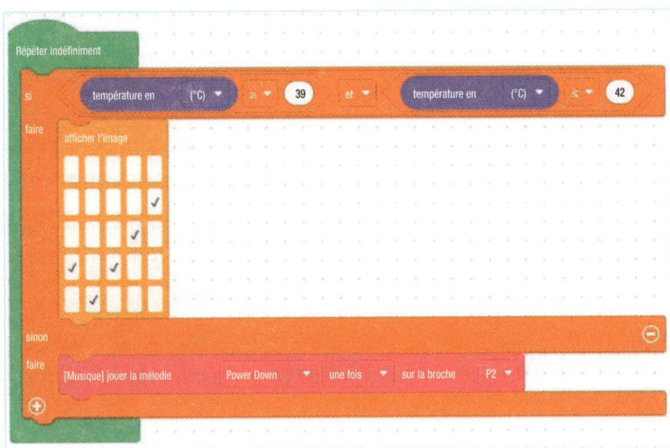

Figure 11 : Programme réalisé depuis https://fr.vittascience.com/

Programme n° 2 :

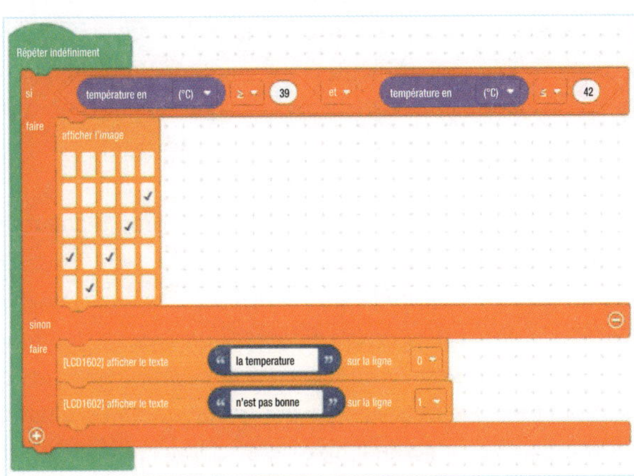

Figure 12 : Programme réalisé depuis https://fr.vittascience.com/

5*. Pour chacun des deux programmes, identifier l'erreur commise par l'élève et proposer une remédiation à mettre en place pour amener l'élève à comprendre et corriger son erreur.

Annexe 1

Pourquoi les abeilles disparaissent

Extraits d'un article publié le 28.09.2016, par Laure Cailloce, journaliste scientifique, dans la revue du CNRS, *Carnets de science* (n° 2, 2016).

[…]

« *Ces vingt dernières années, la production de miel dans l'Hexagone a été divisée par deux* », confirme Vincent Bretagnolle, écologue au Centre d'études biologiques de Chizé[4], dans les Deux-Sèvres. La faute à un déclin fulgurant des populations d'abeilles domestiques partout dans le monde développé, des États-Unis à l'Europe en passant par l'Australie. Un phénomène inquiétant baptisé « Colony Collapse Disorder » ou « syndrome d'effondrement des colonies ». Le phénomène a d'abord été observé aux États-Unis au début des années 1990. Puis dès 1995, en France, où certains apiculteurs ont accusé jusqu'à 90 % de pertes – loin des 5 à 10 % de mortalité généralement constatés dans les colonies d'abeilles. L'effondrement des populations d'abeilles, domestiques mais aussi sauvages, n'est pas seulement une mauvaise nouvelle pour les amateurs de miel. En pollinisant les plantes à fleurs, les butineuses garantissent la reproduction de nombreuses espèces végétales. Et pas moins d'un tiers de l'alimentation mondiale dépendrait de cette pollinisation.

[…] Un service environnemental que l'Institut national de recherche agronomique (Inra) a évalué à 153 milliards d'euros par an dans le monde.

Des pratiques agricoles néfastes

Dès les années 1990, les soupçons des apiculteurs se portent sur une nouvelle classe d'insecticides utilisés dans les cultures, les néonicotinoïdes. Ces molécules mises au point dans les années 1980 sont de puissants neurotoxiques qui agissent directement sur le système nerveux central des insectes ravageurs de cultures. « *À la différence des précédentes générations de pesticides, les néonicotinoïdes ne sont pas uniquement pulvérisés sur les plantes, mais peuvent enrober directement les semences,* explique Axel Decourtye, écotoxicologue et directeur scientifique de l'Institut de l'abeille. *Ce sont des insecticides systémiques, qui se retrouvent dans tous les tissus de la plante, jusque dans le pollen et le nectar des fleurs.* »

Les effets sur les abeilles ne tardent pas à être mis en évidence par les chercheurs : à haute dose, les néonicotinoïdes provoquent la mort des abeilles ; à plus faible dose, ils affectent les capacités cognitives des butineuses qui ne retrouvent plus le chemin de la ruche. En 2013, un moratoire européen suspend l'utilisation des néonicotinoïdes pour quatre cultures visitées par les abeilles : colza, tournesol, maïs et coton – les céréales comme le blé, notamment, étant uniquement pollinisées par le vent. Mais ces interdictions ciblées – qui ne concernent que l'Europe – risquent de ne pas suffire à enrayer le déclin des abeilles.

[…]

David Biron, parasitologue au Laboratoire micro-organismes : génome et environnement, avertit[5] : « *Les causes du déclin vont au-delà de l'usage de néonicotinoïdes sur les cultures. Plus on avance, plus on s'oriente vers l'hypothèse d'un stress multiple causé par plusieurs facteurs combinés.* »

« *L'agriculture intensive, la simplification des paysages, l'arrivée de pathogènes particulièrement virulents, mais aussi les nouvelles pratiques des apiculteurs affaiblissent les abeilles et contribuent aux dégâts constatés sur les colonies* », détaille Vincent Bretagnolle. Le chercheur, qui suit plusieurs dizaines de ruches avec l'Inra dans la zone de Chizé, tente depuis plusieurs années de convaincre les agriculteurs de ne plus éradiquer systématiquement les adventices, les « mauvaises herbes » éliminées

4. Unité CNRS/Univ. de La Rochelle.
5. Unité CNRS/Univ. d'Auvergne/Univ. Blaise-Pascal.

par l'usage massif d'herbicides et parmi lesquelles on trouve les fleurs des champs (coquelicots, bleuets…), très appréciées de l'abeille. Entre la floraison du colza, au printemps, et celle du tournesol, fin juillet, les abeilles n'ont plus rien à butiner et se retrouvent en carence alimentaire durant plusieurs semaines. La disparition des haies d'aubépine, mais aussi des prairies où fleurissent la luzerne et le sainfoin amenuisent encore la ressource.

[…]

Très médiatisé ces derniers mois, le frelon asiatique introduit accidentellement en 2004 représente une vraie menace pour les colonies déjà affaiblies du sud-est de la France, où il est très présent. Les abeilles sont surtout confrontées depuis quelques dizaines d'années à des pathogènes d'une rare virulence, dont une majorité ont eux aussi été accidentellement importés. Parmi eux, les bactéries responsables de la loque européenne et de la loque américaine[6], des microsporides (champignons microscopiques) comme *Nosema ceranae* et *Nosema apis*, qui provoquent des diarrhées aiguës pouvant conduire à la mort de l'abeille, mais aussi et surtout le pathogène le plus redouté des apiculteurs : le *Varroa destructor*, arrivé d'Asie dans les années 1970. « *Ce parasite vecteur de nombreux virus se fixe sur les abeilles et les pique pour se nourrir de l'hémolymphe (le sang des insectes)*, explique David Biron. *L'un des virus qu'il transmet, le CBPV (Chronic Bee Paralysis Virus ou virus de la paralysie chronique) provoque des tremblements que les apiculteurs confondent parfois avec les effets des néonicotinoïdes.* » Des effets synergiques fatals entre pathogènes et insecticides ont également été démontrés : ainsi, l'infection des abeilles par *Nosema ceranae* multiplierait par deux la mortalité des abeilles exposées à de faibles doses d'insecticides (en théorie non létales).

Des importations de reines problématiques

Dernière explication à la fragilisation des colonies d'abeilles : l'importation massive de reines issues d'autres sous-espèces[7]. « *À partir de 1995 et face à l'élevage insuffisant de reines locales de type abeille noire, les apiculteurs français se sont tournés massivement vers des pays comme l'Italie ou la Grèce, où de véritables usines à reines produisent jusqu'à 100 000 individus par an* », explique Lionel Garnery. Problème, en plus d'amener avec elles des pathogènes inconnus de l'abeille noire, ces reines issues des sous-espèces italienne (*Ligustica*), grecque (*Cecropia* ou *Carnica*) ou encore caucasienne (*Caucasica*) sont mal adaptées aux écosystèmes hexagonaux : types de fleurs disponibles, périodes de floraison, climat… « *Ces reines pondent dès les mois de janvier-février, à un moment où il n'y a aucune nourriture disponible sous nos latitudes*, raconte Lionel Garnery. *Pour éviter que les ouvrières issues de leurs œufs ne meurent de faim, il faut les maintenir artificiellement avec du sucre, ce qui empêche la sélection naturelle de faire son office et ne permet donc pas leur adaptation au nouvel environnement.* »

[…]

Au-delà de la seule démarche de conservation, le chercheur propose même que les Conservatoires de l'abeille noire produisent des reines selon des méthodes plus « industrielles », en s'associant par exemple avec des apiculteurs professionnels. Objectif : offrir aux apiculteurs hexagonaux une alternative aux reines italiennes ou grecques, et contribuer activement à la restauration des colonies.

---

6. En France, la loque américaine doit faire l'objet d'une déclaration en préfecture et se traduit par l'élimination de tout le rucher.
7. L'abeille domestique, *Apis mellifera*, comprend 26 sous-espèces, parmi lesquelles l'abeille noire (*Apis mellifera mellifera*), qui couvre une zone allant des Pyrénées à la Scandinavie, mais aussi l'abeille italienne, l'abeille grecque, plusieurs abeilles africaines, l'abeille orientale (Moyen-Orient)…

Annexe 2

Extraits du programme de sciences et technologie du cycle 3

D'après le *BOEN* n° 31 du 30 juillet 2020

Compétences travaillées	Domaines du socle
Pratiquer des démarches scientifiques et technologiques Proposer, avec l'aide du professeur, une démarche pour résoudre un problème ou répondre à une question de nature scientifique ou technologique : - formuler une question ou une problématique scientifique ou technologique simple ; - proposer une ou des hypothèses pour répondre à une question ou un problème ; - proposer des expériences simples pour tester une hypothèse ; - interpréter un résultat, en tirer une conclusion ; - formaliser une partie de sa recherche sous une forme écrite ou orale.	4
Concevoir, créer, réaliser - Identifier les évolutions des besoins et des objets techniques dans leur contexte. - Identifier les principales familles de matériaux. - Décrire le fonctionnement d'objets techniques, leurs fonctions et leurs composants. - Réaliser en équipe tout ou une partie d'un objet technique répondant à un besoin. - Repérer et comprendre la communication et la gestion de l'information.	4,5
S'approprier des outils et des méthodes - Choisir ou utiliser le matériel adapté pour mener une observation, effectuer une mesure, réaliser une expérience ou une production. - Faire le lien entre la mesure réalisée, les unités et l'outil utilisés. - Garder une trace écrite ou numérique des recherches, des observations et des expériences réalisées. - Organiser seul ou en groupe un espace de réalisation expérimentale. - Effectuer des recherches bibliographiques simples et ciblées. Extraire les informations pertinentes d'un document et les mettre en relation pour répondre à une question. - Utiliser les outils mathématiques adaptés.	2
Pratiquer des langages - Rendre compte des observations, expériences, hypothèses, conclusions en utilisant un vocabulaire précis. - Exploiter un document constitué de divers supports (texte, schéma, graphique, tableau, algorithme simple). - Utiliser différents modes de représentation formalisés (schéma, dessin, croquis, tableau, graphique, texte). - Expliquer un phénomène à l'oral et à l'écrit.	1
Mobiliser des outils numériques - Utiliser des outils numériques pour : o communiquer des résultats ; o traiter des données ; o simuler des phénomènes ; o représenter des objets techniques. - Identifier des sources d'informations fiables.	2
Adopter un comportement éthique et responsable - Relier des connaissances acquises en sciences et technologie à des questions de santé, de sécurité et d'environnement. - Mettre en œuvre une action responsable et citoyenne, individuellement ou collectivement, en et hors milieu scolaire, et en témoigner.	3, 5
Se situer dans l'espace et dans le temps - Replacer des évolutions scientifiques et technologiques dans un contexte historique, géographique, économique et culturel. - Se situer dans l'environnement et maîtriser les notions d'échelle.	5

Matière, mouvement, énergie, information

Attendus de fin de cycle
- Décrire les états et la constitution de la matière à l'échelle macroscopique.
- Observer et décrire différents types de mouvements.
- Identifier différentes ressources en énergie et connaître quelques conversions d'énergie.
- Identifier un signal et une information.

Connaissances et compétences associées	Exemples de situations, d'activités et de ressources pour l'élève
Décrire les états et la constitution de la matière à l'échelle macroscopique	
Mettre en œuvre des observations et des expériences pour caractériser un échantillon de matière. - Diversité de la matière : métaux, minéraux, verres, plastiques, matière issue du vivant. - L'état physique d'un échantillon de matière dépend de conditions externes, notamment de sa température. - Quelques propriétés de la matière solide ou liquide (approche qualitative). - La matière à grande échelle : Terre, planètes, Univers. - Tout objet matériel possède une masse qui lui est propre et qui peut être mesurée. Identifier à partir de ressources documentaires les différents constituants d'un mélange. Mettre en œuvre un protocole de séparation de constituants d'un mélange. - Réaliser des mélanges peut provoquer des transformations de la matière (dissolution, réaction). - La matière qui nous entoure (à l'état solide, liquide ou gazeux) résulte souvent de l'association de différents constituants.	Observer la diversité de la matière, à différentes échelles, dans la nature et dans la vie courante. Distinguer différents matériaux à partir de leurs propriétés physiques (par exemple : densité, élasticité, conductivité thermique ou électrique, magnétisme, solubilité dans l'eau, miscibilité avec l'eau...) ou de leurs caractéristiques (matériaux bruts, conditions de mise en forme, procédés...) Observer de façon qualitative des effets résultant d'actions à distance (aimants, électricité statique). Utiliser la loupe et le microscope pour l'observation de structures géométriques de cristaux naturels, d'organisation du vivant à différentes échelles comme des vaisseaux conducteurs (plantes et animaux) des tissus différents (fruit, graine...) ou encore observer des cellules animales ou végétales. Le domaine du tri et du recyclage des matériaux est un support d'activité à privilégier. La question de la toxicité de certaines substances pour les milieux naturels peut être abordée. Séparer des constituants par décantation, filtration, évaporation. Les mélanges gazeux pourront être abordés à partir du cas de l'air. L'eau et les solutions aqueuses courantes (eau minérale, eau du robinet, boissons, mélanges issus de dissolution d'espèces solides ou gazeuses dans l'eau...) représentent un champ d'expérimentation très riche. Détachants, dissolvants, produits domestiques permettent d'aborder d'autres mélanges et d'introduire la notion de mélange de constituants pouvant conduire à une réaction (transformation chimique). Informer l'élève du danger de mélanger des produits domestiques sans s'être renseigné. Diversité des usages de la matière : se déplacer, se nourrir, construire, se vêtir, faire une œuvre d'art.

Annexe 3

Documents ressources de la ruche connectée

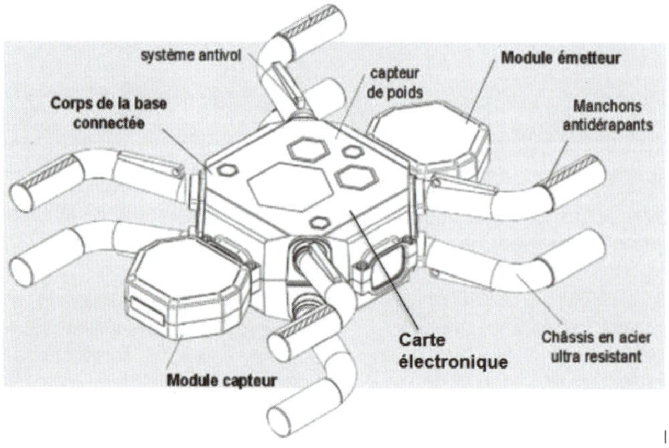

Schéma de la ruche connectée

D'après https ://www.label-abeille.org/fr/accueil/5-pack-label-abeille-ruche-connectee-abonnement.html

Châssis acier	Dimensions : 48 cm x 43 cm x 14 cm Manchons anti-dérapants Ouverture des trappes à l'aide d'une clé Allen n° 3 non incluse
Batteries 4,2V rechargeables	2 incluses Chargeur non compris Technologie : Ni-Mh
Modes de communication	GSM (carte multi-opérateur)
Panneau solaire	Tension 12 V
Réception des alertes	Mail et SMS Paramétrage des seuils d'alerte
Application mobile	Gratuite Android et iOS

Les capteurs :

Capteurs	Descriptions
Géolocalisation	Système anti-vol Précision GPS +/- 5 m
Humidité	Précision : 3,5 [%] **De 20 à 80 Hr**
Inclinaison / Orientation	Accéléromètre
Lumière	Précision : 1 LUX **De 0 à 80 000 LUX**
Masse	Précision : 1 g **Limite de poids : 500 kg**
Pression atmosphérique	De 260 à 1 260 hPa
Température	Précision : 0,5 °C De -25 °C à 100 °C

CORRIGÉ COMMENTÉ

PARTIE 1

1. Définition du mot « attribut » : c'est un caractère physique que possède un individu ou groupe d'êtres vivants.

2. Méthodologie : (voir Fiche 2) :
1. le statut des documents : supports de questions de connaissances
2. le champ disciplinaire : le vivant
3. le type de document : dessins d'animaux/tableau vide d'attributs à remplir
4. les mots clés/consignes : recopier, compléter le tableau

Il faut regarder chaque animal et voir s'il possède ou non l'attribut, puis renseigner le tableau :

animaux \ attribut	poils	squelette externe	squelette interne	plumes	bouche	coquille	pattes articulées	8 pattes articulées	6 pattes articulées	4 membres locomoteurs	2 paires d'antennes
abeilles	■	■			■		■		■		
moineaux			■	■	■					■	
chats	■		■		■					■	
araignées		■			■		■	■			
homards		■			■		■				■
escargots					■	■					

→ Fiche 5 : La classification des êtres vivants p. 133

3. Attributs communs : bouche, squelette externe et pattes articulées.

4. Méthodologie :
1. le statut des documents : supports de questions de connaissances
2. le champ disciplinaire : le vivant, classification
3. le type de document : dessins d'animaux/tableau vide d'attributs à remplir
4. les mots clés/consignes : ensembles emboîtés

À partir du tableau, on fait un premier ensemble correspondant à l'attribut que tous ont en commun : la bouche.

Ensuite, toujours par l'entrée « attribut », on recherche celui qui est partagé par le plus grand nombre. Cela donne les partages : le squelette externe et les pattes articulées avec les mêmes animaux, on pourra donc faire un ensemble défini par ces deux attributs et partagé par trois animaux.

Passons aux autres attributs, on a un nouveau partage pour squelette interne et quatre membres, on fait donc un deuxième ensemble avec ces attributs partagés par deux animaux.

Il ne nous reste plus qu'un seul animal qui ne partage que la présence de bouche avec les autres ; on regarde quel attribut il a en propre et on fait un troisième ensemble.

Peut-on faire de nouveaux ensembles à l'intérieur des premiers ? dans le premier groupe de trois animaux, peut-on trouver un nouvel attribut qui ne soit pas partagé par les trois ? les abeilles ont 6 pattes et les araignées, 8 pattes, ce qui permet de faire deux ensembles, les homards ne présentent pas d'après ce tableau d'attribut particulier.

Dans le deuxième groupe d'animaux, y a-t-il des attributs particuliers au moineau et au chat ? Les plumes pour le premier, les poils pour le second. On fera donc deux sous-ensembles.

Schéma des groupes emboîtés :

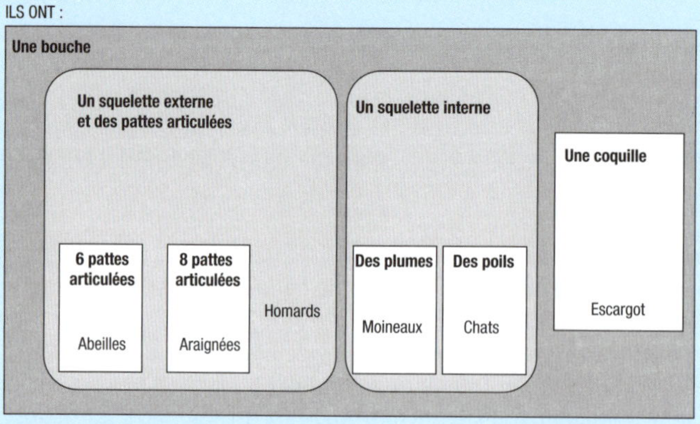

On met dans un même groupe les animaux qui partagent le même attribut.

5. Méthodologie :

1. le statut des documents : supports de questions de didactique/pédagogie
1. le statut des documents : le vivant, classification
3. le type de document : texte transcription d'avis d'un élève
4. les mots clés/consignes : proche parent : abeille, escargot, moineau ; ailes, raisonnement de l'élève, réponse argumentée.

→ Fiche 4 : Comment l'enfant raisonne-t-il ? p. 27

Il faut regarder les animaux et essayer de comprendre pourquoi l'élève fait ce rapprochement. L'élève justifie sa réponse par la présence d'ailes, il utilise un raisonnement analogique : l'abeille et le moineau ont tous les deux des ailes pour voler.

D'après ce tableau, on ne peut pas dire qui de l'escargot ou du moineau est le plus proche de l'abeille car tous les trois ne partagent qu'un seul attribut : une bouche.

Le raisonnement qui est utilisé par l'élève est le raisonnement analogique : les oiseaux volent, les abeilles volent, ce qui pourrait expliquer leur parenté.

Les ailes des deux animaux ne se ressemblent pas même si elles ont une fonction identique. Les ailes du moineau sont recouvertes de plumes tandis que les ailes de l'abeille sont membraneuses.

D'après le tableau, on voit que l'abeille et le moineau n'ont que la bouche comme attribut partagé.

6. Méthodologie :

1. le statut des documents : supports de questions de connaissances
1. le statut des documents : le vivant
3. le type de document : schéma légendé d'une coupe de fleur
4. les mots clés/consignes : identifier, expliquer le devenir ovaire, ovule.

→ Fiche 6 : La reproduction des êtres vivants p. 143

Description : on voit sur le schéma et on identifie les parties reproductrices, les parties protectrices mais aussi des nectaires.

Les organes reproducteurs mâles sont les étamines, constituées de deux parties : le filet et les anthères qui contiennent les grains de pollen.

L'organe reproducteur femelle est le pistil formé de plusieurs parties : l'ovaire qui contient les ovules, surmonté d'un style qui se termine par les stigmates, lieux de réception du pollen.

Lors de la fécondation, le grain de pollen germe sur les stigmates, produit un tube pollinique qui descend jusqu'à l'ovule qui va être fécondé. L'œuf résultant de cette fécondation donnera la graine. La paroi de l'ovaire donnera une paroi protectrice pour cette/ces graines. Cette paroi sera charnue ou non, pourra s'ouvrir ou non. L'ovaire ainsi transformé est appelé « fruit », il contient les graines.

7. **Méthodologie :**
1. le statut des documents : supports de questions de connaissances
2. le champ disciplinaire : le vivant
3. le type de document : schéma légendé d'une coupe de fleur
4. les mots clés/consignes : identifier, expliquer le mécanisme de cette attraction

Description : outre les parties reproductrice et protectrices, étaient visibles sur le schéma, des nectaires.

Interprétation grâce au vos connaissances : les nectaires sont des réservoirs contenant un nectar ou liquide plus ou moins sucré qui attire les insectes.

Les insectes pollinisateurs sont attirés par les fleurs qui contiennent beaucoup de pollen et de nectar, et de parfum – détecté à plusieurs centaines de mètres – et la couleur des pétales.

8. **Méthodologie :**
1. le statut des documents : supports de questions de connaissances
2. le champ disciplinaire : le vivant
3. le type de document : texte original de Karl von Frisch de 1953, photographie d'abeille et schéma de patte postérieure.
4. les mots clés/consignes : expliquer rôle abeille, reproduction.

Il faut commencer par analyser le texte, puis la photographie et le schéma, et les mettre en relation.

Synthèse du texte : il s'agit du compte-rendu d'expérience montrant que les fleurs sur lesquelles les abeilles sont venues librement ont donné des fruits tandis que les fleurs protégées par un filet empêchant les insectes de butiner n'ont pas donné de fruits.

Description de la photographie : on voit une abeille avec sur la patte arrière une tache orange correspondant au pollen.

Description : le schéma et la légende de la patte montrent des brosses et une corbeille dans lequel le pollen sera mis.

Interprétation grâce à vos connaissances : la fécondation des plantes à fleurs se fait par les grains de pollen qui sont déposés sur le pistil. La dispersion du pollen peut être assurée par des insectes pollinisateurs qui transportent, sur leur corps, du pollen de fleur en fleur en allant butiner. Le texte permet de mettre en évidence le rôle pollinisateur des abeilles et la photo et le schéma montrent comment est transporté le pollen.

Le corps de l'abeille se recouvre de pollen provenant des étamines qu'elle fait bouger en entrant dans la fleur pour atteindre les nectaires. Elle utilise les brosses de ses pattes pour rassembler le pollen dans les corbeilles (photo). Lorsqu'elle passe à une autre fleur, elle dépose sur son pistil du pollen des fleurs visitées précédemment. C'est ainsi que les abeilles répartissent une partie du pollen récolté sur les pistils des fleurs et sont responsables de la fécondation. Dans l'expérience de von Frisch, le fait d'empêcher les insectes d'entrer dans les fleurs empêche la dispersion du pollen par transport sur les insectes butineurs et donc la fécondation. Il n'y aura pas de fruit.

9. **Méthodologie :**
1. le statut des documents : supports de questions de didactique/pédagogie
2. le champ disciplinaire : le vivant
3. le type de document : 2 photographies légendées
4. les mots clés/consignes : consignes exploitation pédagogique, conclusion

Il faut comparer les deux photographies de façon à identifier les aliments qui ont disparu avant de pouvoir faire la liste des consignes pour les élèves.

Description comparée : les fruits frais ont complètement disparu, ainsi que la confiture et le jus de fruits ; diminution des fruits secs et céréales, diminution de la quantité de lait.

Interprétation : grâce à vos connaissances, vous savez que les abeilles interviennent dans la reproduction des plantes et donc dans la formation des fruits : leur disparition permet donc de comprendre ces modifications du plateau repas. Pour le lait, l'explication est plus complexe : la quantité et la qualité du lait reflète l'alimentation des vaches. Seules les espèces végétales dont la reproduction ne dépend pas des insectes pollinisateurs se multiplieront : les vaches auront donc une alimentation moins riche, d'où la chute de la production de lait.

→ Fiche 6 : Comment mettre en œuvre une démarche d'investigation scientifique ? p. 39

Question productive : Quelles sont les conséquences de la disparition des abeilles sur notre alimentation ?
Investigation : comparaison des menus.

Consignes : Fais la liste des aliments du petit-déjeuner avec les abeilles. Fais la liste des aliments du petit-déjeuner sans abeille. Compare les boissons. Reporte ces renseignements dans un tableau que tu construiras. Complète en indiquant l'origine de ces aliments.

Problème : Comment les abeilles interviennent-elles dans la présence de ces aliments ?

Hypothèse 1 : On suppose que les abeilles interviennent dans la formation des fruits.

Hypothèse 2 : On suppose que les abeilles interviennent dans la production du lait.

Recherche documentaire pour tester l'hypothèse 1 :

Questions pour guider : Comment se forment les fruits ? Comment se fait la pollinisation ?

Recherche documentaire pour tester l'hypothèse 2 :

Questions pour guider : D'où vient le lait ? Quel est le régime alimentaire de la vache ?

Conclusion : Les abeilles par leur rôle de pollinisateur favorisent la reproduction des plantes, donc favorisent la production de fruits. Leur disparition provoquera la diminution du nombre de fruits et tous les aliments à base de fruits (confiture, compotes, jus). Seules les plantes qui n'ont pas besoin de pollinisateurs pour la formation des fruits se multiplient, entraînant une diminution du nombre d'espèces végétales (alimentation de moins bonne qualité pour les vaches qui produiront moins de lait).

PARTIE 2

1. Méthodologie :

1. le statut des documents : supports de questions de connaissances
2. le champ disciplinaire : le vivant
3. le type de document : texte sur la disparition des abeilles écrit par une journaliste scientifique dans la revue du CNRS
4. les mots clés/consignes : citer cinq causes, disparition

Lecture synthétique : relever et souligner dans le texte toutes les causes de la disparition des abeilles, vous devez en avoir 5 ce qui peut impliquer des regroupements.

Les 5 causes de la disparition des abeilles sont :
– l'utilisation des nicotinamides (insecticides)
– la disparition de plantes mellifères des champs
– la présence du frelon asiatique prédateur
– les agents pathogènes
– l'importation massive de reines issues d'autres sous-espèces

2. Méthodologie :

1. le statut des documents : supports de questions de didactique/pédagogie
2. le champ disciplinaire : le vivant
3. le type de document : tableau avec photos et textes
4. les mots clés/consignes : proposer une activité avec consignes/nature des tâches/production d'élèves

→ Fiche 2 : Les relations entre les êtres vivants p. 105
→ Fiche 6 : Comment mettre en œuvre une démarche d'investigation scientifique ? p. 39

Description de la figure 5 : pour 5 espèces illustrées par des photographies, les aliments et prédateurs sont indiqués.

Dessiner au brouillon le réseau alimentaire en vous servant des indications données, il vous aidera à trouver les questions pour les élèves.

Proposition de mise en œuvre de l'activité :

Problématique de l'activité : Comprendre l'impact de la disparition des abeilles dans leur réseau alimentaire.

Question productive : Quel est le réseau alimentaire de l'abeille ?

Investigation/Consignes : Lire le tableau et lister les prédateurs de l'abeille. Relever les prédateurs de second ordre. Écrire dans des groupes séparés les noms des prédateurs primaires et secondaires. Placer tous ces éléments dans un réseau alimentaire en utilisant les flèches pour les relier (représentation supposée déjà vue). Relever ce que mange l'abeille.

Nature des tâches : Trier, Lister, Schématiser.

Production : écrit correspondant au réseau alimentaire de l'abeille.

Question productive : Que va-t-il se passer dans ce réseau si les abeilles disparaissent ?

Investigation/Consignes : Sur le réseau que vous avez fait, on suppose que les abeilles ont disparu. Masquez avec un morceau de papier l'abeille. Décrivez ce qui va changer.

Nature des tâches : Décrire oralement puis écrire

Production correspondant au réseau modifié et bilan : La disparition des abeilles entraîne la disparition de la dispersion du pollen.

Question productive : Que va-t-il se passer pour les plantes si le pollen n'est plus dispersé ?

Rajouter un schéma sur la pollinisation/fécondation des plantes pour faire décrire les conséquences de l'absence de pollinisation.

Questions pour les élèves sur le document ajouté : comment le pollen arrive-t-il sur le pistil ? Que va-t-il se passer s'il n'y a plus fécondation ?

Production écrite : Si les abeilles disparaissent, les plantes qui ont besoin d'insectes pour la pollinisation ne produiront pas de fruits.

PARTIE 3

1. **Méthodologie :**
1. le statut des documents : supports de questions de connaissances
2. le champ disciplinaire : la matière
3. le type de document : graphique circulaire
4. les mots clés/consignes : masse, solution sucrée

➜ **Fiche 8 : Les états de la matière et les changements d'états p. 169**
➜ **Fiche 8 : Comment communiquer en sciences ? p. 53**

Avant de répondre à la question, il faut analyser le graphique circulaire proposé.

Description : la légende nous indique qu'il s'agit de la composition du miel et la quantité des différents constituants est exprimée en pourcentage et colorée, ce qui permet très rapidement de voir que les principaux constituants sont l'eau, le glucose et le fructose.

Interprétation : grâce à vos connaissances vous pouvez identifier les sucres : le glucose 31 %, le fructose 38 %, le maltose 7,3 %, le saccharose 1,3 %. Vous pourrez additionner les différents pourcentages et ajouter la teneur en autres sucres 1,5 % pour connaître la composition en sucres du miel, soit 79,1%.

Le miel contient 79,1 % de sucres et 17 % d'eau.

On peut écrire les rapports de proportionnalité suivants où x est la masse de sucre recherchée pour 1 kg d'eau :

$$\frac{79,1}{17} = \frac{x}{1} \Leftrightarrow x = \frac{79,1}{17} = 4,652.$$

La masse de sucre à ajouter dans 1 kg d'eau est de 4,652 kg.

La masse volumique de l'eau est de 1 g/cm^3 donc 1 000 g = 1 kg d'eau correspondent à un volume de 1 000 cm^3 = 1 dm^3.

Correspondance des mesures 1 dm^3 équivaut à 1 litre. On peut écrire 1 L d'eau a une masse de 1 kg.

La masse de sucres à rajouter à 1 L d'eau sera de 4,652 kg de sucre pour obtenir une solution sucrée de même composition que le miel.

2. **Méthodologie :**
1. le statut des documents : supports de questions de didactique/pédagogie
2. le champ disciplinaire : la matière
3. le type de document : pas de document
4. les mots clés/consignes : protocole expérimental

Protocole expérimental :
Utiliser une balance à affichage digital.
Mettre le récipient qui doit contenir le sucre sur la balance.
Remettre l'affichage à zéro.
Ajouter 150 g de sucre.
Matériel : balance, gobelet en plastique, sucre.

3. Expérience de comparaison de la masse de deux gobelets : un qui ne contient que de l'eau avec un autre contenant la même masse d'eau au départ auquel on a ajouté 150 g de sucre. Ce second gobelet pèsera 150 g de plus que le premier.

4. À la question 1, l'analyse du graphique circulaire avait permis de dire que le miel contenait 79,1 % de sucres et 17 % d'eau. Et le document n° 3, indique la teneur du sirop de nourrissage pour lequel le rapport entre la masse de sucre et la masse d'eau est compris entre 3/2 et 2/1 ou encore de 60 % à 66,7 % de sucre et entre 40 % et 33,3 % d'eau. Il faudra donc voir si le sirop que les élèves ont préparé est dans cette fourchette de valeur pour la teneur en sucre.

Activité de préparation de la solution :
Calculer le rapport entre la masse de sucre et la masse d'eau. La solution sucrée préparée donne un rapport de $\frac{150}{100} = 1{,}5$.

Dans le document n° 3, le sirop épais pour les abeilles présente un rapport entre la masse de sucre et la masse d'eau compris entre $\frac{3}{2} = 1{,}5$ et $\frac{2}{1} = 2$.

Vérifier si le sirop préparé par les élèves est correct.

5. **Méthodologie :** Consulter le programme donné en annexe.

→ **Fiche 8 : Les états de la matière et les changements d'états p. 169**
→ **Fiche 2 : Didactique et pédagogie : de quoi s'agit-il ? p. 23**

Le sucre se dissous dans l'eau, la solution obtenue est homogène. Dans la dissolution, la masse du sucre est conservée.
Le miel et le sirop de nourrissage des abeilles sont des solutions homogènes très concentrées en sucre.

6. **Méthodologie :**
1. le statut des documents : supports de questions de didactique/pédagogie
2. le champ disciplinaire : la matière
3. le type de document : production d'élèves et texte
4. les mots clés/consignes : analyse et remarques pour les élèves

→ **Fiche 8 : Comment communiquer en sciences ? p. 53**

Chaque dessin et remarques portant sur la schématisation doit être décrit et les explications dégagées.

Documents	Analyse	Remarques
Élève A	L'élève décrit dans sa légende ce qu'il voit Il fait un schéma légendé Il tente une explication	Il n'a décrit que l'état final Une faute d'orthographe
Élève B	Deux schémas sans légende Une explication	Il faut indiquer à quoi correspondent ces deux schémas et les légender Revoir la conjugaison du verbe *pouvoir*
Élève C	Deux schémas avant après, mais dans un ordre de lecture qui est inversé Aucune légende Explication incompréhensible	Il faut légender les schémas de façon à faire apparaître l'eau et le sucre Revoir la formulation de la phrase avec l'utilisation du pronom car on ne sait pas s'il parle de l'eau ou du sucre Revoir la conjugaison du verbe *voir*

7. Méthodologie :

1. le statut des documents : supports de questions de connaissances
2. le champ disciplinaire : la matière
3. le type de document : formule chimique
4. les mots clés/consignes : formule eau, réactif/produit

→ Fiche 8 : Les états de la matière et les changements d'états p. 169

La formule de l'eau est H_2O. C'est un réactif puisqu'elle disparaît dans la transformation.

8. Lors d'une transformation chimique, au moins une substance disparaît (le ou les réactifs). Au moins une substance apparaît (le ou les produits).
Exemple. Combustion du carbone : le carbone en présence du dioxygène (réactif) disparaît, il se forme du dioxyde de carbone (produit).
Lors d'une transformation physique, l'aspect ou l'état d'une substance est modifié.
Exemple. Solidification de l'eau : sous l'action de la température basse, l'eau liquide devient solide.
Exemple. Dissolution du sucre dans l'eau : le sucre n'est pas visible mais il est présent dans l'eau.

PARTIE 4

1. Méthodologie :

1. le statut des documents : supports de questions de connaissances
2. le champ disciplinaire : la technologie
3. le type de document : texte, schéma de la ruche connectée, tableaux d'identification des constituants
4. les mots clés/consignes : besoin, fonctions d'usage

→ Fiche 12 : Environnement numérique et initiation à la programmation p. 211

La fonction d'usage résulte d'une ou plusieurs fonctions techniques de l'objet. Pour connaître la fonction d'usage d'un objet ou d'un produit, il suffit de se poser la question : À quoi cela sert ?

La ruche connectée doit permettre de surveiller les paramètres vitaux de la colonie.

Fonctions d'usage : Géolocalisation, Humidité, Inclinaison/Orientation, Lumière, Masse, Pression atmosphérique, Température.

2. Méthodologie :

1. le statut des documents : supports de questions de connaissances
2. le champ disciplinaire : la technologie
3. le type de document : texte, schéma de la ruche connectée, tableaux d'identification des constituants
4. les mots clés/consignes : chaîne d'information

→ Fiche 12 : Environnement numérique et initiation à la programmation p. 211

Sur l'annexe 3, un tableau vous aide en donnant les éléments de la chaîne d'information, à savoir acquérir l'information, la traiter et communiquer.

Acquérir	→	Traiter	→	Communiquer
Capteurs pour géolocalisation, humidité, inclinaison/orientation, lumière, masse, pression atmosphérique, température		Carte électronique		GSM (carte multi-opérateur)

3. Méthodologie :

1. le statut des documents : supports de questions de didactique/pédagogie
2. le champ disciplinaire : les objets
3. le type de document : la chaîne d'information
4. les mots clés/consignes : description adaptée aux CM2

→ Fiche 12 : Environnement numérique et initiation à la programmation p. 211
→ Fiche 2 : Didactique et pédagogie : de quoi s'agit-il ? p. 23

Sur l'annexe 2 (programme CM2), il faut se servir de la chaîne d'information construite précédemment pour la transformer en texte adapté.

L'apiculteur qui utilise une ruche connectée veut être prévenu de l'évolution des besoins de sa colonie d'abeilles.

La chaîne d'information sera constituée de plusieurs capteurs (pour la température, l'humidité, la masse de miel, la lumière…) qui détecteront les variations, transmettront à un boîtier électronique qui enverra un signal téléphonique à l'apiculteur.
Par exemple, si la température dans la ruche est trop basse, le capteur de température est activé, le signal est traité par le boîtier électronique, puis il est transmis à l'apiculteur sous la forme d'un message téléphonique ou d'un signal sonore.

4. **Méthodologie :**
1. le statut des documents : supports de questions de connaissances
2. le champ disciplinaire : la technologie
3. le type de document : interface de programmation
4. les mots clés/consignes : condition

→ Fiche 12 : Environnement numérique et initiation à la programmation p. 211

Lire le programme et identifier la ligne correspondant à la température mesurée qui envoie le signal.

La condition pour avoir l'affichage « ✓ » est que la température doit être comprise entre 39°C et 42°C.

5. **Méthodologie :**
1. le statut des documents : supports de questions de didactique/pédagogie
2. le champ disciplinaire : les objets
3. le type de document : les programmes
4. les mots clés/consignes : identifier erreurs, remédiation

→ Fiche 12 : Environnement numérique et initiation à la programmation p. 211
→ Fiche 2 : Didactique et pédagogie : de quoi s'agit-il ? p. 23

Il faut comparer les programmes des deux élèves avec le programme attendu.

Analyse du programme attendu pour l'action après « sinon » dans le contrôle conditionnel :
l'image « carré blanc » s'affiche ; la musique « gamme » est envoyée sur la **sortie P2**
Erreurs du programme 1 pour l'action après « sinon » dans le contrôle conditionnel :
il manque l'affichage du carré blanc ; il y a une erreur sur la musique qui est indiquée « *power down* » donc qui s'arrête.
Erreur du programme 2 pour l'action après « sinon » dans le contrôle conditionnel :
il manque l'affichage du carré blanc ; il manque l'indication de la broche de sortie.
Proposition de remédiation
Pour les 2 élèves, programmes 1 et 2 : On se focalise sur les deux signaux dont on dispose : LCD et avertisseur, pour comprendre comment ils fonctionnent.
Questions pour guider les élèves :
• Comment les signaux sont-ils mis en action ?
– sur le boîtier sonore : bouton *power on/down*, choix de musique ;
– sur l'écran LCD : deux lignes possibles.
• Comment l'interface programmée communique-t-elle avec ces boîtiers ?
– avec des broches de branchement P2
Pour l'élève du programme 1 :
Ces deux questions devraient permettre d'une part de remplacer le bouton *power down* par mélodie et de rajouter le branchement P2.
Pour les 2 élèves, nouvelles questions :
• Est-ce que le signal lumineux indiquant que la température est correcte doit rester visible ?
• Comment l'enlever après l'action « sinon » ?
Ces questions devraient permettre d'ajouter la consigne « signal lumineux absent ».

THÈME 1
CONNAISSANCE DU VIVANT

cycle 1

Découvrir le monde vivant

- **Observer les différentes manifestations de la vie animale et végétale**
  - ▶ Reconnaître les principales étapes du développement d'un animal ou d'un végétal, dans une situation d'observation du réel ou sur une image.
  - ▶ Découvrir le cycle que constituent la naissance, la croissance, la reproduction, le vieillissement, la mort en assurant les soins nécessaires aux élevages et aux plantations dans la classe.
  - ▶ Connaître les besoins essentiels de quelques animaux et végétaux.
- **Connaître son corps**
  - ▶ Situer et nommer les différentes parties du corps humain, sur soi ou sur une représentation.
  - ▶ Enrichir et développer les aptitudes sensorielles, s'en servir pour distinguer des réalités différentes selon leurs caractéristiques olfactives, gustatives, tactiles, auditives et visuelles. Chez les plus grands, il s'agit de comparer, classer ou ordonner ces réalités, les décrire grâce au langage, les catégoriser.
- **Connaître et mettre en œuvre quelques règles d'hygiène corporelle et d'une vie saine**
  - ▶ Première approche de l'hygiène de vie.
  - ▶ Première approche des questions nutritionnelles (qui peuvent être liées à une éducation au goût).
- **Identifier, nommer ou regrouper des animaux** en fonction de leurs caractéristiques (poils, plumes, écailles…), de leurs modes de déplacement (marche, reptation, vol, nage…), de leurs milieux de vie, etc.
- **Découvrir différents milieux** et aborder les questions de la protection du vivant par une initiation concrète à une attitude responsable.

cycle 2

Comment reconnaître le monde vivant ?

- **Connaître des caractéristiques du monde vivant, ses interactions, sa diversité**

▶ Identifier ce qui est animal, végétal, minéral ou élaboré par des êtres vivants :
- – développement d'animaux et de végétaux ;
- – le cycle de vie des êtres vivants ;
- – régimes alimentaires de quelques animaux et quelques besoins vitaux des végétaux.

▶ Identifier les interactions des êtres vivants entre eux et avec leur milieu :
- – diversité des organismes vivants présents dans un milieu et leur interdépendance ;
- – relations alimentaires entre les organismes vivants ;
- – chaînes de prédation.

▶ Identifier quelques interactions dans l'école.

- **Reconnaître des comportements favorables à sa santé**

▶ Repérer les éléments permettant la réalisation d'un mouvement corporel.

▶ Mesurer et observer la croissance de son corps : croissance (taille, masse, pointure) et modifications de la dentition.

- **Mettre en œuvre et apprécier quelques règles d'hygiène de vie**

▶ Catégories d'aliments, leur origine.

▶ Les apports spécifiques des aliments (apport d'énergie : manger pour bouger).

▶ La notion d'équilibre alimentaire (sur un repas, sur une journée, sur la semaine).

▶ Effets positifs d'une pratique physique régulière sur l'organisme.

▶ Changements des rythmes d'activité quotidiens (sommeil, activité, repos...).

cycle 3

Le vivant, sa diversité et les fonctions qui le caractérisent

• Classer les organismes, exploiter les liens de parenté pour comprendre et expliquer l'évolution des organismes

▶ Unité, diversité des organismes vivants :
- utiliser différents critères pour classer les êtres vivants ; identifier des liens de parenté entre des organismes ;
- caractère commun, hérédité et relation de parenté.

▶ Identifier les changements des peuplements de la Terre au cours du temps :
- biodiversité : diversités actuelle et passée des espèces ;
- évolution à l'échelle des espèces ou des populations ;
- appréhender les différentes échelles de temps : l'échelle des temps géologiques (notion de temps long) et celle de l'histoire de l'être humain récemment apparu sur Terre.

• Expliquer les besoins variables en aliments de l'être humain ; l'origine et les techniques mises en œuvre pour transformer et conserver les aliments

▶ Les fonctions de nutrition :
- établir une relation entre l'activité, l'âge, les conditions de l'environnement et les besoins de l'organisme ;
- relier l'approvisionnement des organes aux fonctions de nutrition (digestion, respiration, circulation) ;
- apports discontinus de nourriture à l'échelle de l'organisme (repas) et apports continus de nutriments à l'échelle des organes ;
- organes de stockage.

• Décrire comment les êtres vivants se développent et deviennent aptes à se reproduire

▶ Identifier et caractériser les modifications subies par un organisme vivant (naissance, croissance, capacité à se reproduire, vieillissement, mort) au cours de sa vie :
- modifications de l'organisation et du fonctionnement d'une plante ou d'un animal au cours du temps, en lien avec sa nutrition et sa reproduction ;
- différences morphologiques homme, femme, garçon, fille ;
- stades de développement (graines-germination-fleur-pollinisation, œuf-larve-adulte, œuf-fœtus-bébé-jeune-adulte).

▶ Décrire et identifier les changements du corps au moment de la puberté. Modifications morphologiques, comportementales et physiologiques lors de la puberté :
- rôle respectif des deux sexes dans la reproduction.

• Mettre en évidence la place et l'interdépendance de différents êtres vivants dans un réseau trophique

▶ Découvrir que tout être vivant produit sa matière à partir de celle qu'il prélève.

▶ Relier la production de matière par les organismes chlorophylliens et leurs besoins : lumière, eau, sels minéraux, dioxyde de carbone.

▶ Relier la production de matière par les animaux et leur consommation de nourriture provenant d'autres êtres vivants :
- besoins alimentaires des animaux ;
- devenir de la matière d'un organisme lorsqu'il est mort ;
- décomposeurs.

1 Le vivant

La vie serait apparue dans les océans primitifs il y a 3,5 milliards d'années sous forme de bactéries (organismes unicellulaires). L'apparition de la chlorophylle et la modification de l'atmosphère terrestre (enrichissement en dioxygène) aurait permis la diversification des êtres vivants au cours des temps géologiques. Cette diversification aurait ainsi donné naissance à une biodiversité dont on n'a pas encore découvert tous les secrets.

1. Qu'est-ce que le vivant ?

▶ On distingue les êtres vivants des éléments minéraux (eau, roches, air et tout ce qui est fabriqué par l'Homme). Le vivant désigne **tous les êtres vivants** (animaux, végétaux, être humain), mais aussi tout ce qui en provient (feuille d'arbre, racine, fruit, plume…).

▶ Un être vivant provient d'un autre être vivant.

▶ Un être vivant est un système organisé qui échange avec les autres êtres vivants et avec le milieu dans lequel il évolue et dont il est tributaire.

▶ Les êtres vivants ont :

- **une composition commune :** matières organiques (lipides, glucides, protides) et minérales, matériel génétique… ;
- **des besoins en énergie** pour assurer toutes leurs fonctions : l'énergie lumineuse chez les végétaux verts, celle présente dans la matière organique consommée par les animaux… ;
- **besoin de fabriquer de la matière organique** pour répondre à leurs besoins : les végétaux chlorophylliens produisent leur matière organique uniquement à partir de matière minérale (ce sont des autotrophes) alors que les autres êtres vivants fabriquent leur matière organique à partir de matière organique (ce sont des hétérotrophes) ;
- **la cellule** comme unité structurelle : unicellulaire ou pluricellulaire ;
- **une organisation complexe avec des fonctions :** par exemple, la nutrition ;
- **un système de défense** ;
- **des interactions** avec les autres êtres vivants et le milieu : la communication, les relations trophiques, les échanges de matière organique, minérales, de gaz… ;
- **besoin de survivre :** reproduction sexuée/asexuée, cycle de la vie.

DÉFINITIONS

Animisme : d'après Piaget, l'animisme est une conséquence de l'égocentrisme enfantin (perception du monde à partir de son propre point de vue) : « La chaise est méchante. Elle m'a fait mal. »

Anthropomorphisme : l'enfant attribue, à des éléments comme les objets ou les animaux, des caractéristiques morphologiques ou comportementales similaires à celles de l'être humain : « Le chat ne m'aime pas, il est vexé car je ne l'ai pas porté. »

! Les difficultés des élèves

L'enfant donne vie et intention aux objets. Les élèves citent très peu de critères du vivant sur les végétaux, la notion de vie étant réservée aux animaux. Ils représentent souvent le végétal sans ses racines. Ils pensent qu'un végétal « boit de l'eau et mange dans la terre » car il est difficile d'imaginer des besoins différents de leur propre vécu. L'eau servirait alors à faire grandir la plante.
Le vivant est caractérisé comme pouvant réaliser un mouvement (ou « qui bouge ») et se « nourrit » (le Soleil, la Lune, les nuages, le vent et le feu sont vivants car en mouvement).

▶ Les êtres vivants subissent des **évolutions** au cours des temps géologiques. Cette évolution est à l'origine de la **biodiversité**. Les espèces actuelles n'ont pas toujours existé, des groupes ont disparu, d'autres sont apparus. On connaît aujourd'hui plus de 2 millions d'espèces vivantes, mais on considère n'en connaître qu'une infime partie.

2. Quels sont les différents niveaux d'organisation du vivant ?

▶ Un modèle simplifié :

<table>
<tr><td>La cellule</td><td>C'est la plus petite unité du vivant. Elle est délimitée par une membrane plasmique qui contient un liquide appelé « cytoplasme » et un noyau (qui contient le support de l'information génétique : l'ADN)</td><td>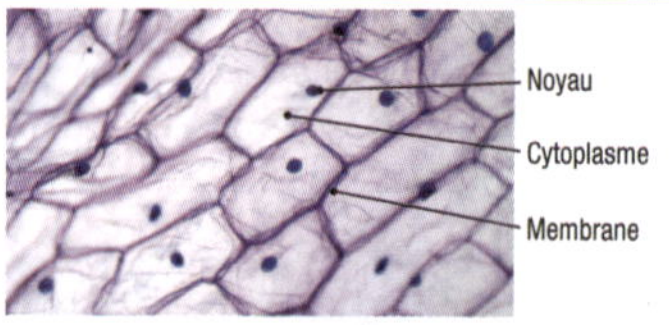

Cellules d'épiderme d'oignon</td></tr>
<tr><td>Le tissu</td><td>Composé de cellules identiques ou de même origine ayant la même fonction au sein d'un organe</td><td>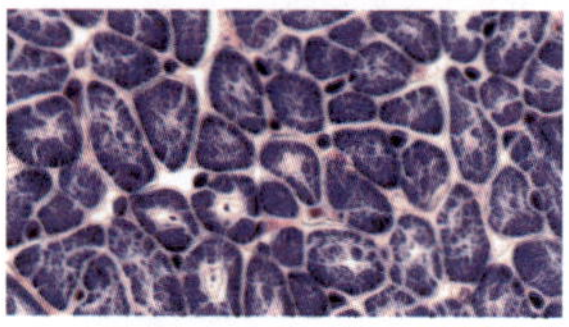
Le tissu musculaire</td></tr>
<tr><td>L'organe</td><td>Ensemble de tissus collaborant au sein d'un même appareil</td><td>
Les poumons de la grenouille</td></tr>
<tr><td>L'appareil (ou système)</td><td>Ensemble d'organes collaborant pour assurer des fonctions au sein d'un organisme vivant</td><td>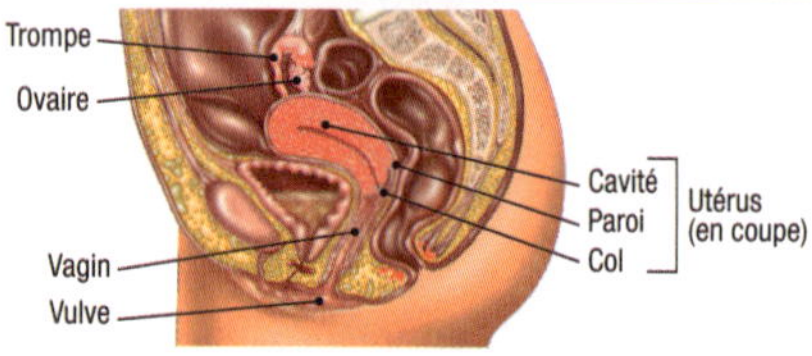

L'appareil reproducteur chez la femme</td></tr>
<tr><td>L'organisme</td><td>Ensemble des systèmes assurant les différentes fonctions (relations entre les êtres vivants et le milieu, nutrition, reproduction, croissance au sein d'un organisme).</td><td>
L'écureuil</td></tr>
</table>

REMARQUE

Les cellules végétales et les cellules animales ont la même organisation d'ensemble mais présentent des particularités. Les cellules chlorophylliennes (présentes chez les végétaux verts) possèdent des organites que l'on appelle des « chloroplastes » et le cytoplasme contient une vacuole (poche remplie de liquide) qui occupe une grande partie du volume de la cellule.

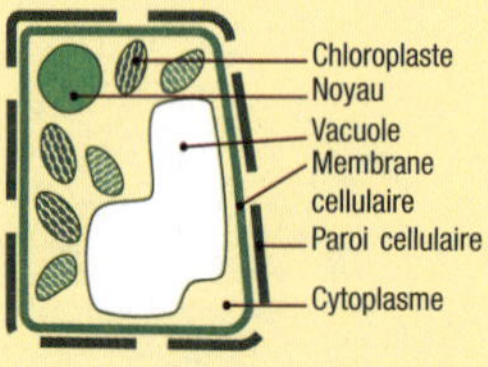

Cellule végétale

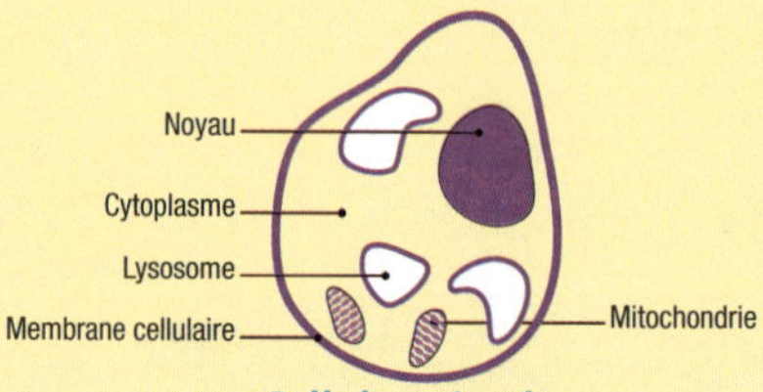

Cellule animale

3. Quels sont les constituants chimiques des êtres vivants ?

Tous les êtres vivants sont constitués :

– **de substances minérales** : l'eau (molécule la plus abondante dans l'organisme) et les sels minéraux (potassium, fer, magnésium, chlorures, calcium, phosphate…) ;

– **de vitamines** : elles sont indispensables au fonctionnement de l'organisme, souvent apportées par l'alimentation et agissant à des doses faibles. Il existe 13 vitamines essentielles à l'Homme :
  - 9 vitamines hydrosolubles (solubles dans l'eau) : B1, B2, B3, B5, B6, B8, B9, B12 et C,
  - 4 vitamines liposolubles (solubles dans les graisses) : A, D, E, et K.

– **d'acides nucléiques** qui entrent dans la composition de l'ADN (acide désoxyribonucléique) et de l'ARN (acide ribonucléique). Ces deux molécules codent les réactions chimiques à la base du fonctionnement de tout être vivant ;

– **de substances organiques** : lipides (graisses), protides et glucides (sucres).

Une substance organique est composée de molécules construites autour d'atomes de carbone associés à des atomes d'hydrogène et d'oxygène. Les protides contiennent en plus des atomes d'azote.

Protides	Glucides	Lipides
• La molécule de base est l'acide aminé (il en existe 20 différents). • S'il y a moins de 10 acides aminés, on parle d'oligopeptide ; • Entre 10 à 80 acides aminés, c'est un polypeptide. • S'il y a plus de 80 acides aminés, c'est une protéine.	• Ce sont les sucres. • La molécule de base est l'ose (c'est un sucre simple). • Un glucide est constitué d'enchaînement d'oses.	• Ce sont les graisses. • Ils sont composés d'acides gras et de glycérol (c'est un alcool particulier).

4. Qu'est-ce que l'ADN ?

▶ L'ADN, acide désoxyribonucléique, est une molécule en double hélice (Doc. 1).

Elle est composée de :

– **bases organiques azotées :** Thymine (T), Guanine (G), Adénine (A), Cytosine (C) ;

– **molécules de désoxyribose :** un sucre ;

– **les acides phosphoriques** de formule chimique H_3PO_4.

Les bases azotées sont reliées entre elles par des liaisons que l'on appelle « **liaisons hydrogène** ».

L'adénine est toujours associée à la thymine et la guanine à la cytosine.

▶ La molécule d'ADN est constituée de nucléotides :

1 nucléotide = 1 désoxyribose
+ 1 acide phosphorique + 1 base azotée.

▶ L'ADN contient toutes les informations nécessaires à la synthèse des protéines.

▶ Cette molécule, présente chez tous les êtres vivants, a un rôle capital dans la conservation du patrimoine génétique.

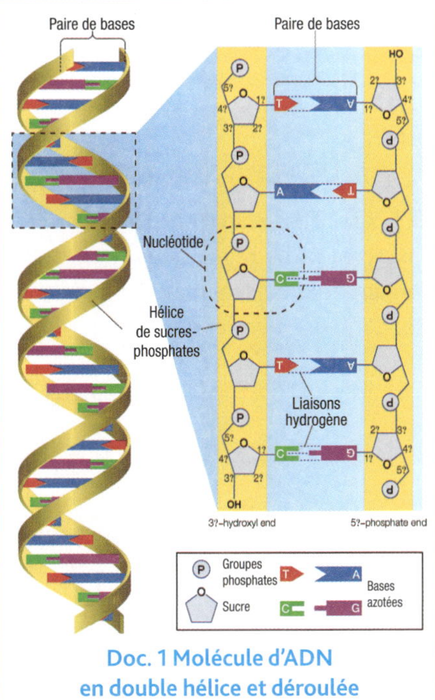

Doc. 1 Molécule d'ADN en double hélice et déroulée

5. Que sont les organismes unicellulaires ou pluricellulaires ?

Un organisme vivant est composé d'une ou plusieurs cellules. On distingue alors les organismes selon ce nombre de cellules.

5-1. Les organismes unicellulaires

▶ La seule cellule composant ces organismes assure toutes les fonctions : nutrition, communication, reproduction…

▶ Il existe environ 50 000 espèces d'animaux unicellulaires (comme la paramécie Doc. 1) et des végétaux unicellulaires (comme l'euglène Doc. 2).

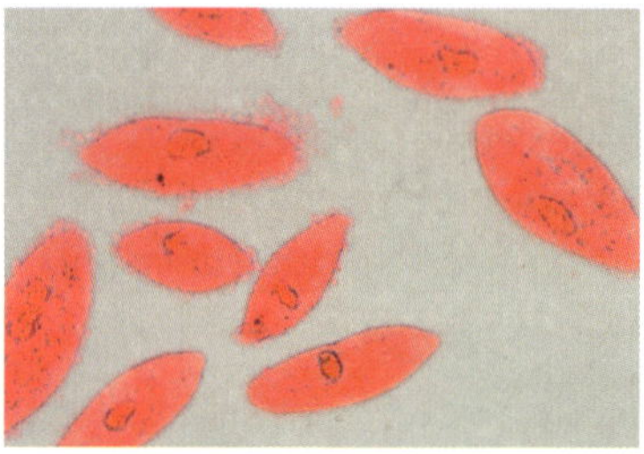

Doc. 1 Paramécie vivant dans les eaux stagnantes

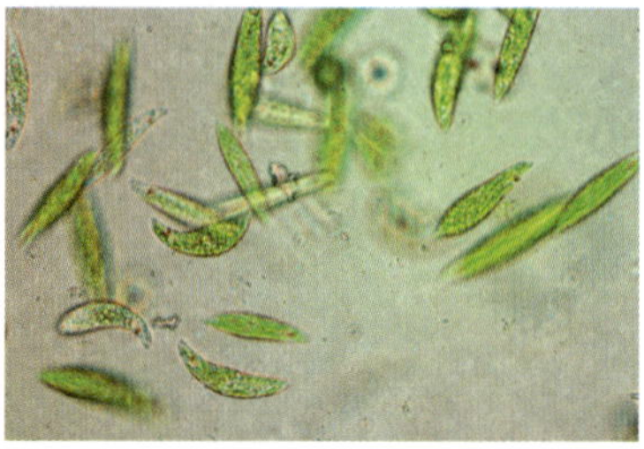

Doc. 2 Euglène

▶ **Les bactéries :** elles possèdent une membrane, un cytoplasme dans lequel se trouve le patrimoine génétique (matériel génétique ou ADN). Elles peuvent se multiplier seules (Doc. 3).

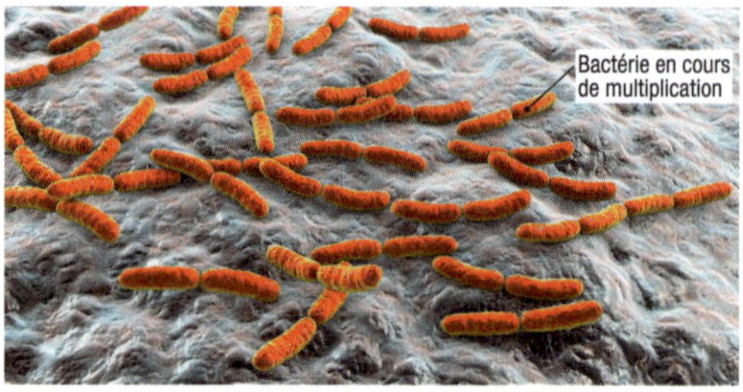

Doc. 3 Multiplication d'une bactérie

5-2. Les organismes pluricellulaires

▶ Leurs cellules sont spécialisées : elles ont chacune un rôle bien défini lié aux fonctions qu'elles exercent et au règne auquel elles appartiennent. Elles s'organisent en tissus qui forment des organes qui eux-mêmes s'organisent sous forme d'appareils (Doc. 4).

Ex. : La grenouille, les fougères, l'être humain.

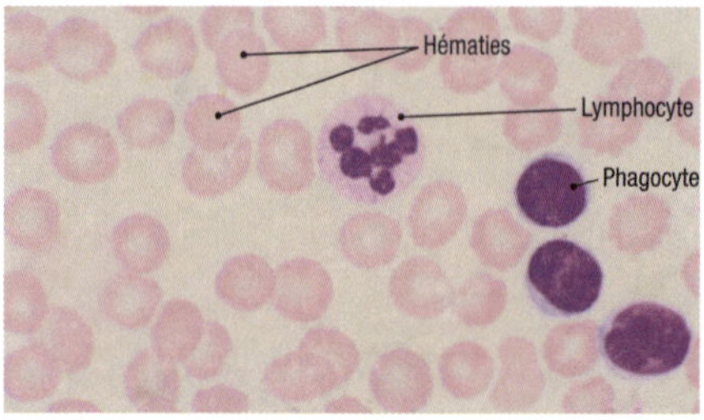

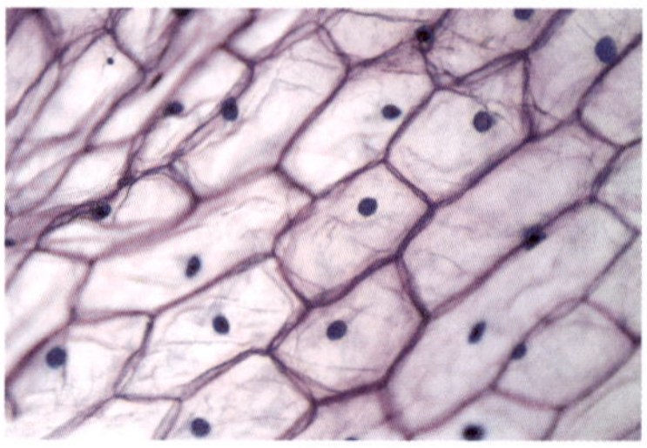

Doc. 4 Cellules d'organismes pluricellulaires : des cellules sanguines (goutte de sang humain) (à gauche) et des cellules d'épiderme d'oignon (à droite)

6. Quelle est la différence entre les organismes procaryotes et eucaryotes ?

▶ Les observations au microscope électronique révèlent des structures caractéristiques communes. Au centre de la cellule, on trouve le noyau entouré par le cytoplasme. Chez les bactéries et les cyanobactéries, aucune compartimentation ne sépare le matériel nucléaire (nucléoïde) et le cytoplasme (Doc. 5) : ces organismes sont les **procaryotes**. Chez les animaux et les végétaux, une enveloppe nucléaire sépare le noyau du cytoplasme (Doc. 5) ; ces organismes dont les cellules ont un noyau individualisé sont les **eucaryotes**.

	Procaryotes	Eucaryotes
Organismes	**Unicellulaires** (une seule cellule) Ex. : bactéries	**Unicellulaires** (paramécie, champignons, levure) autres que les bactéries ET **pluricellulaires** (plusieurs cellules)
Taille des cellules	Cellules de petite taille : 1 à 10 micromètres	Cellules de grande taille : de 10 à 100 micromètres
Localisation du matériel génétique	Le matériel génétique (ADN) n'est pas situé à l'intérieur du noyau	Le matériel génétique est situé dans le noyau de la cellule
Existence d'un noyau	Il n'existe pas de noyau	Présence de noyau (mitochondries, chloroplastes et vacuoles chez les cellules végétales)
Besoins en oxygène (dioxygène)	N'ont pas tous besoin d'oxygène	Ont tous besoin d'oxygène

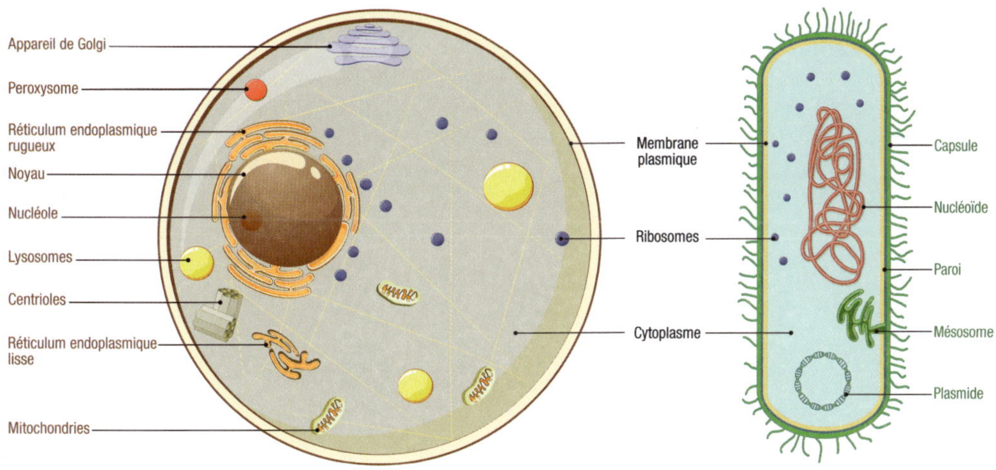

Doc. 5 Schéma des cellules eucaryote (à gauche) et procaryote (à droite)

7. Qu'appelle-t-on micro-organisme ?

▶ Les **micro-organismes** (ou microbes) désignent tous les êtres vivants microscopiques (bactéries, virus, champignons microscopiques, levures). Ces micro-organismes sont très nombreux, ils sont en permanence en contact avec notre organisme.
La plupart des micro-organismes sont inoffensifs (exemple des bactéries intestinales) mais certains peuvent provoquer des maladies. On dit alors qu'ils sont **pathogènes** (du grec *pathos* : souffrance, *gennân* : engendrer).

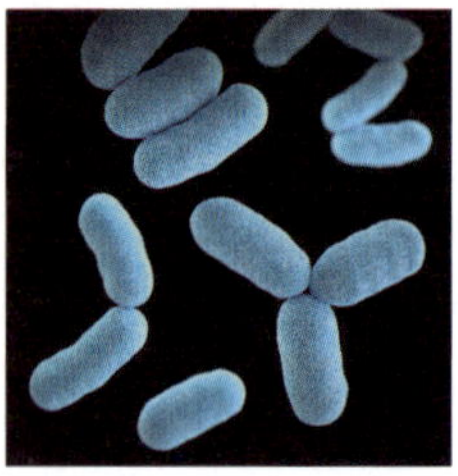

Doc. 6 Bactérie responsable de la diphtérie (*corynebacterium diphtheriae*)

▶ L'Homme utilise des micro-organismes pour transformer des aliments comme le lait en yaourt (bactéries). De la même manière, on introduit des champignons microscopiques dans certains fromages (Roquefort) et des levures pour la fabrication du pain.

	Caractéristiques de fabrication de certains fromages		
	 Camembert	 Comté	 Fourme d'Ambert
Origine du lait	Vaches	Vaches	Vaches
Température de chauffage du lait	35 °C	35 °C	35 °C
Ajout au lait	Bactéries lactiques et présure*	Bactéries lactiques et présure*	Bactéries lactiques et présure*
Micro-organismes ajoutés	Pénicillium camemberti	Aucune	Pénicillium roqueforti

*La présure est un **coagulant** d'origine animale employé pour la coagulation du lait et nécessaire à la fabrication des fromages.

Se tester en 10 questions

Parmi les propositions suivantes, choisissez la bonne réponse.

1. Une cellule procaryote :
   - a) possède un noyau avec une membrane
   - b) fait partie des organismes pluricellulaires
   - c) a un ADN qui baigne dans le cytoplasme
2. Les cellules eucaryotes :
   - a) sont présentes chez les végétaux, les animaux et certains organismes unicellulaires
   - b) se retrouvent chez les végétaux, les animaux, les bactéries et les virus
   - c) sont présentes seulement chez les organismes pluricellulaires
3. Les molécules organiques :
   - a) peuvent contenir d'autres atomes que le carbone (C), l'hydrogène (H) et l'oxygène (O)
   - b) sont riches en eau
   - c) contiennent obligatoirement les atomes de carbone (C), d'hydrogène (H), d'oxygène (O) et d'azote (N)
4. Les glucides sont :
   - a) des molécules organiques
   - b) constitués d'acides aminés
   - c) des molécules minérales
5. L'ADN est une molécule présente chez :
   - a) les êtres pluricellulaires et eucaryotes uniquement
   - b) les êtres unicellulaires et pluricellulaires à l'exception des bactéries
   - c) tous les êtres vivants

Répondez aux questions suivantes.

6. Quels liens de parenté peut-on faire entre les êtres vivants à partir de l'étude de leurs cellules ?
7. Que possède une cellule eucaryote et que l'on ne trouve pas chez une cellule procaryote ?
8. Quel élément chimique est commun à tous les êtres vivants ?
9. De quoi a besoin un virus pour se reproduire ?
10. Pourquoi dit-on que l'ADN est le « support universel » de l'information génétique ?

Réponses : **1.c ; 2.a ; 3.a ; 4.a ; 5.c ;**
6. Présence d'une membrane, d'un cytoplasme et d'ADN présent dans un noyau ou libre.
7. La cellule eucaryote possède un noyau qui renferme l'ADN.
8. Atome de carbone (C).
9. Il a besoin d'une cellule hôte qu'il va infecter et dont il va utiliser toutes les fonctions pour se reproduire.
10. Il est présent chez tous les organismes vivants.

Ce qu'il faut savoir selon le cycle

Le vivant

Cycle 1

Différentes manifestations de la vie animale et végétale et approche de la classification
– élevages et plantations : naissance, croissance, reproduction, vieillissement et mort
– nommer et regrouper des animaux selon leurs caractéristiques (poils, plumes, écailles, etc.), leurs modes de déplacement (marche, reptation, vol, nage…), de leurs milieux de vie…

Cycle 2

Caractéristiques du monde vivant : interactions et diversité

Cycle 2

Corps humain et santé
comportements favorables à sa santé (hygiène, sommeil, activités physiques)

Cycle 1

Corps humain et santé
identifier, nommer les différentes parties du corps et en prendre soin

Cycle 3

Le vivant, sa diversité et les fonctions qui le caractérisent :
– interdépendance entre les êtres vivants
– classer les organismes, exploiter les liens de parenté
– développement et reproduction des êtres vivants

Cycle 4

– organisation, structure et dynamique à différentes échelles de temps et d'espace, relations de causalité pour expliquer la nutrition des organismes
– diversité et stabilité génétique des individus
– comportements responsables individuels et collectifs en matière de santé : activité cérébrale, alimentation, système cardio-vasculaire, sexualité

2 Les relations entre les êtres vivants

A Qu'est-ce qu'un réseau trophique ?

1-1. L'écosystème

▶ Dans un milieu donné (forêt, mare, jardin, rivière, étang…) vivent des êtres vivants ou organismes vivants (animaux, végétaux, champignons, bactéries) qui dépendent les uns des autres et de ce milieu : on dit que les êtres vivants sont **interdépendants**. Ils sont dépendants de ce milieu dans la mesure où ils échangent avec lui et y trouvent toutes les conditions nécessaires à leur survie.

▶ Ces éléments forment un écosystème : un ensemble de toutes les espèces animales et végétales qui coexistent dans un même milieu et qui interagissent entre elles et avec ce milieu.

Un **écosystème** (Doc. 1) est composé :

– du **biotope** : milieu de vie des êtres vivants ; ce milieu varie en fonction de la température, de l'humidité, de l'éclairement, des caractéristiques du sol…

– de la **biocénose** : ensemble des êtres vivants présents dans le milieu et dépendants les uns des autres.

REMARQUE

Un écosystème évolue avec les saisons, l'âge, la migration de certaines espèces, les perturbations liées aux phénomènes météorologiques ou climatiques et à l'activité humaine (comme la déforestation…).

Doc. 1 Schéma d'un écosystème

1-2. La chaîne alimentaire

▶ Entre les différents êtres vivants, il existe des **relations alimentaires** : certains se nourrissent d'êtres vivants qui, eux-mêmes, se nourrissent d'autres. Les plantes vertes sont le premier maillon et sont indispensables à la vie de tous les autres êtres vivants.

▶ L'enchaînement montrant les relations alimentaires entre différents êtres vivants se nomme une **chaîne alimentaire** (Doc. 2).

Elle s'écrit : la salade ➜ la chenille ➜ l'oiseau ➜ le chat ; et se lit : « la salade est mangée par la chenille ; la chenille est mangée par l'oiseau ; l'oiseau est mangé par le chat ». La flèche remplace l'expression « est mangé par » (dans les réseaux trophiques symbolisés, c'est en réalité

Doc. 2 Représentation d'une chaîne alimentaire

une modélisation de la biocénose que l'on présente : seuls des individus y figurent et non toutes les espèces vivantes vivant dans le biotope.

▶ Les chaînes alimentaires ne sont pas indépendantes les unes des autres dans la nature, elles peuvent être reliées et former ce que l'on appelle des **réseaux trophiques** (Doc. 3).

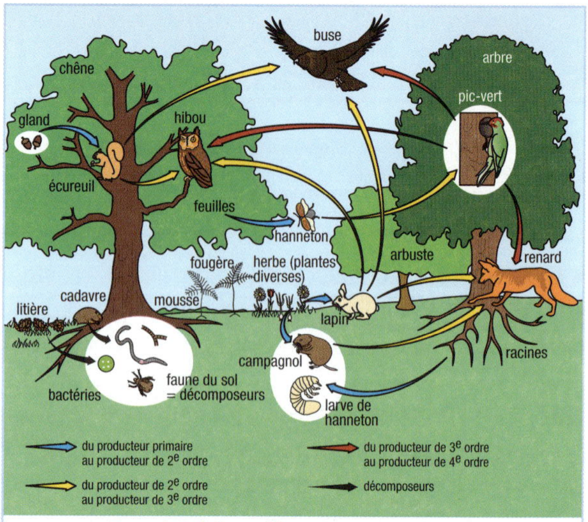

Doc. 3 Schéma d'un réseau trophique

Les difficultés des élèves

- Les élèves ne respectent pas toujours le sens des flèches, ils confondent celles qui signifient « mange » et « est mangé par ». De plus, il leur est difficile d'associer les chaînes alimentaires entre elles et de former un réseau qui suppose un passage de l'état linéaire (Doc. 2) à un ensemble enchevêtré de chaînes (Doc. 3).
- Les élèves pensent que les régimes alimentaires sont figés et ne peuvent pas être modifiés. Si un élément de la chaîne vient à disparaître, aucun des autres maillons ne peut survivre.
- Les élèves conçoivent les rapports alimentaires comme une inclusion d'un être par un autre en allant du plus petit au plus grand. Comme il existe ici une chaîne entre les êtres vivants, ceux-ci s'emboîtent les uns dans les autres. Ainsi, l'être humain qui consomme du lapin mangerait également la carotte que ce dernier a ingérée.
- Vision anthropomorphique : les élèves peuvent attribuer des caractéristiques humaines aux animaux. Les animaux auraient ainsi des « préférences » avec des variabilités individuelles. Les élèves peuvent également mettre en avant l'idée de « besoin » comme chez l'être humain : l'animal aurait donc « besoin » de manger de la viande comme l'être humain (il peut être aussi « obligé » ou le ferait par « habitude »).

1-3. La perturbation des écosystèmes

▶ Si un maillon de la chaîne alimentaire disparaît (pulvérisation intensive de pesticides, etc.), cela crée un déséquilibre dans les chaînes alimentaires : certaines catégories d'animaux se mettent à se multiplier.

Ex. : La disparition des loups en France entraîne une surpopulation de cerfs et de sangliers qui abîment fortement les arbres. Pour se nourrir, ils arrachent l'écorce des arbres et dévorent les bourgeons des petits arbres qui sont à leur portée.

▶ Les chaînes alimentaires peuvent aussi être très perturbées par l'introduction de nouvelles espèces.

Ex. : En 1859, Thomas Austin, un chasseur britannique, importe 12 couples de lapins de garenne (*oryctolagus cuniculus*) en Australie. Cinquante ans plus tard, 600 millions de lapins ont colonisé 60 % du territoire australien. C'est une catastrophe pour les australiens car ce lapin n'a pas de prédateur dans ce pays. Il se multiplie et se nourrit de toute la végétation présente.

Les dégâts sont importants : les wallabies manquent de nourriture et sont menacés et les autres espèces voient leur population chuter.

Pour stopper cette invasion, les Australiens prennent différentes mesures comme la pose de grillages mais les lapins creusent en dessous ; l'introduction du renard (prédateur du lapin) mais celui-ci dévore également les petits marsupiaux ; l'utilisation de la myxomatose (un virus provoquant des maladies chez les lapins) mais les lapins développent une résistance au virus. On importe également d'autres virus mais d'autres problèmes surviennent…

B Quels sont les différents niveaux du réseau ?

1-1. Les producteurs primaires : les végétaux verts

▶ Les végétaux, qui ne consomment pas d'organismes vivants, sont appelés des **producteurs primaires** (Doc. 4). Ils fabriquent leur matière organique (protides, lipides, glucides) à partir de matières minérales prélevées dans le sol (l'eau, les sels minéraux) et dans l'air (le dioxyde de carbone).

▶ On dit que les végétaux verts sont des **organismes autotrophes** (auto = soi-même et trophe = se nourrir). Pour synthétiser ces matières organiques, ils utilisent l'énergie lumineuse captée par la chlorophylle. Ils rejettent du dioxygène dans l'air. C'est le phénomène de photosynthèse.

REMARQUE

Certains écosystèmes fonctionnent sans photosynthèse : dans certaines sources chaudes abyssales, la photosynthèse est impossible en raison de l'absence de lumière. Les matières organiques sont alors produites grâce à des bactéries à partir de matières minérales au cours de réactions chimiques spécifiques : c'est la **chimiosynthèse**.

! Les difficultés des élèves

Souvent, les élèves ne savent pas différencier les végétaux. Ils pensent qu'ils occupent tous la même fonction et ne peuvent pas se manger entre eux. Ils accordent davantage de considérations aux êtres vivants selon leur place. Cette absence de distinction est liée au travail mené dans les classes sur les espèces végétales moins étudiées que les animaux.

1-2. Les producteurs secondaires : les consommateurs

Les animaux ou les champignons produisent leur propre matière organique en consommant eux-mêmes de la matière organique : ils sont appelés les **producteurs secondaires** (Doc. 4). Ils fabriquent leur propre matière en consommant de la matière végétale ou animale : ce sont des **consommateurs**.

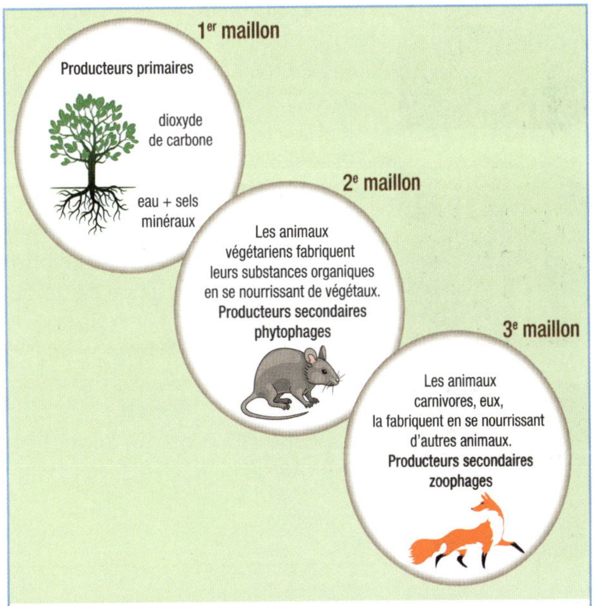

Doc. 4 Schéma des niveaux du réseau

1-3. Les décomposeurs

▶ Il existe des animaux (cloportes, collemboles, lombrics...), des champignons et des bactéries qui se nourrissent des feuilles mortes et d'autres débris de végétaux ou d'animaux : ce sont les **décomposeurs**. Ils font aussi partie des consommateurs ou producteurs secondaires.

▶ La décomposition réalisée par les décomposeurs s'effectue souvent dans le sol ou dans l'eau. Elle aboutit à la minéralisation (fabrication de substances minérales) : c'est la transformation de matière organique (glucides, lipides, protides) en sels minéraux (ou matière minérale) qui pourront servir d'engrais aux végétaux. C'est ce qui se passe chaque année lorsque les arbres perdent leurs feuilles : celles-ci sont dégradées par les décomposeurs qui transforment la matière organique de la feuille en matière minérale qui va être absorbée par les racines des arbres avec l'eau.

! Les difficultés des élèves

Il est difficile pour les élèves de percevoir les décomposeurs qu'ils nomment souvent « insectes » à l'école primaire. Les décomposeurs sont perçus comme des êtres providentiels et, en leur absence, les élèves s'imaginent que la matière organique s'accumulerait (feuilles mortes, cadavres d'animaux).

C Quelles sont les autres relations entre les êtres vivants ?

La symbiose

Il s'agit d'une interaction directe et obligatoire entre deux êtres vivants. Séparément, les deux êtres vivants ne peuvent pas survivre.

Ex. : L'anémone de mer paralyse ses proies grâce à une substance urticante et protège ainsi le poisson-clown qui libère quant à lui l'anémone de parasites.

Le mutualisme

C'est un type de relation bénéfique aux deux organismes sans qu'il y ait forcément de l'entraide.

Ex. : Les insectes pollinisateurs emportent avec eux du pollen qu'ils vont répandre sur une autre fleur et lui permettre ainsi de se reproduire.

Le commensalisme

C'est le cas où un être vivant tire profit d'un autre organisme sans lui nuire.

Ex. : Les oiseaux récupèrent des poils de vache tombés sur le sol et les utilisent pour fabriquer leur nid.

La compétition

Les deux êtres vivants sont en compétition pour des ressources alimentaires, un territoire, la reproduction…

Ex. : Dans une forêt, les plantes sont en compétition pour la captation de la lumière nécessaire à leur croissance.

La prédation

Dans cette situation, un animal a une action négative sur un autre animal.

Ex. : Le lion va se nourrir de la gazelle.

Le parasitisme

Le parasite va utiliser l'hôte et a une action nuisible sur lui mais en règle générale l'hôte ne meurt pas.

Ex. : Le pou est un parasite pour l'être humain.

Se tester en 10 questions

Parmi les propositions suivantes, choisissez la bonne réponse.

1. Les décomposeurs transforment les :
   a) végétaux en roches
   b) végétaux et animaux en matière minérale
   c) végétaux et animaux en matière organique

2. Dans la chaîne alimentaire, les végétaux sont :
   a) le premier maillon avec les bactéries
   b) le dernier maillon
   c) le premier maillon

3. L'écosystème est composé de :
   a) de la biocénose et du biotope
   b) de la faune et de la flore
   c) de végétaux

4. Les producteurs primaires sont :
   a) des consommateurs
   b) occupent le premier maillon de la chaîne alimentaire
   c) occupent tous les maillons de la chaîne alimentaire sauf le premier

5. Dans un réseau trophique, les producteurs secondaires sont :
   a) des producteurs de matière organique à partir de matières minérales
   b) des consommateurs de matière organique
   c) des êtres vivants qui ne produisent pas de matière organique

Répondez aux questions suivantes.

6. Expliquer pourquoi les végétaux sont qualifiés de « producteurs primaires »
7. Donner la définition d'un écosystème et citer un exemple d'écosystème.
8. Que deviennent les feuilles mortes tombées au sol en hiver ?
9. Qu'est-ce qu'une relation mutualiste entre deux êtres vivants ?
10. Écrire deux chaînes à trois maillons en prenant les éléments suivants : l'écureuil, le gland, le sanglier, le faucon, le loup, les noisettes.

Réponses : **1.**b ; **2.**c ; **3.**a ; **4.**b ; **5.**b ;
6. Ce sont des êtres vivants qui ne consomment pas d'autres organismes vivants. Ils produisent leur propre matière organique à partir de matière minérale prélevée dans le sol (eau, sels minéraux) et dans l'air (CO_2 et O_2). Ils sont également qualifiés d'organismes autotrophes.
7. Un écosystème regroupe l'ensemble des êtres vivants qui y vivent et entretiennent des relations entre eux (biocénose) et avec le milieu dans lequel ils évoluent (biotope) et avec lequel ils échangent. Exemples : forêt, mare, étang, jardin.
8. Elles sont décomposées (ou dégradées) par les décomposeurs présents dans le sol (animaux du sol, bactéries et champignons microscopiques). La matière organique de ces feuilles est transformée par ces organismes en matière minérale.
9. C'est un type de relation bénéfique aux deux organismes sans qu'il y ait forcément de l'entraide.
10. Le gland ➜ le sanglier ➜ le loup et Les noisettes ➜ l'écureuil ➜ le faucon.

Ce qu'il faut savoir selon le cycle

Les relations entre les êtres vivants

Cycle 1
Approche nutritionnelle : éducation au goût

Cycle 2
Origine des aliments

Cycle 3
Origines et techniques mises en œuvre pour conserver et transformer les aliments :
- origines des aliments consommés : élevage et culture
- place des micro-organismes dans la production et la conservation des aliments
- limitation de la prolifération des micro-organismes

Cycle 2
Caractéristiques du monde vivant : interactions et diversité

Cycle 1
Besoins essentiels de quelques animaux et végétaux

Cycle 2
Diversité des organismes vivants dans un milieu

Régimes alimentaires de quelques animaux
Interactions entre les êtres vivants et leur milieu

Relations alimentaires entre les êtres vivants (chaînes de prédation)

Devenir des déchets

Cycle 3
Interdépendance entre les êtres vivants dans un réseau trophique :
- production de matière par tous les êtres vivants à partir de celle qu'il prélève
- besoins des organismes chlorophylliens et échanges avec leur milieu
- besoins alimentaires des êtres vivants
- devenir de la matière organique : rôle des décomposeurs
- peuplement des organismes vivants au cours des saisons

Cycle 4
Comportements responsables face à l'environnement et préservation des ressources limitées de la planète
Fonctions de nutrition chez les plantes et échanges avec son environnement
Modes de reproduction et milieu de vie
Évolution des êtres vivants en lien avec les modifications du milieu de vie
La biodiversité : diversité et dynamique des êtres vivants
Diversité des habitudes alimentaires
Relations avec le monde microbien

3 La nutrition des êtres vivants

A Comment se nourrissent et respirent les végétaux ?

Comme tous les organismes vivants, les végétaux doivent se nourrir pour assurer leur survie. Ce sont des **organismes autotrophes** : ils sont capables, à partir de matière minérale, de fabriquer leur propre matière organique.

1. Comment les végétaux prélèvent-ils l'eau et les sels minéraux ?

1-1. Les racines, lieu de prélèvement de l'eau et des sels minéraux

▶ Les racines des végétaux sont pourvues de **poils absorbants** qui constituent une grande surface d'échange avec le sol : les racines vont puiser, au niveau des poils absorbants, les substances minérales dissoutes dans l'eau. Cette eau riche en sels minéraux constitue la **sève brute** constituée à 99 % d'eau prélevée dans le sol.

▶ Les **sels minéraux** primordiaux pour les végétaux sont les phosphates (contenant du phosphore), les sulfates (soufre), les nitrates (riches en azote) et les sels de potassium.

▶ Une plante qui manque d'eau flétrit et meurt. Si elle manque de sels minéraux, la croissance de la plante est ralentie, ce qui conduit à sa mort.

Doc. 1 Poils absorbants à la surface d'une racine

1-2. Le cas des végétaux terrestres dépourvus de racines

▶ Chez certains végétaux terrestres dépourvus de racines, l'absorption de l'eau est réalisée par la totalité du végétal.

Ex. : Les mousses, lichens.

1-3. Le transport de la sève brute

▶ L'eau et les sels minéraux prélevés au niveau des poils absorbants sont transportés par des vaisseaux conducteurs de sève brute (l'ensemble de ces vaisseaux forme le **xylème**) jusqu'à la feuille, là où a lieu la **photosynthèse**.

REMARQUE

Dans le sol, les décomposeurs (cloportes, collemboles, lombrics, bactéries, champignons microscopiques…) transforment la matière organique (débris végétaux, animaux morts) en matière minérale (sels minéraux), ce qui permet au sol de se régénérer. Dans certains milieux, le sol n'étant pas assez enrichi en matière minérale, les agriculteurs l'enrichissent par l'apport d'engrais riches en substances minérales.

2. Qu'est-ce que la photosynthèse ?

2-1. Le principe de la photosynthèse

▶ La photosynthèse est une réaction chimique pouvant être réalisée par les **plantes chlorophylliennes** en présence de lumière : cette réaction permet la synthèse de matière organique à partir de matière minérale (eau et sels minéraux puisés au niveau des poils absorbants, CO_2 prélevé dans l'atmosphère). Toute cette matière minérale est utilisée lors de cette synthèse organique.

▶ Seules les plantes vertes sont capables d'utiliser l'énergie lumineuse car elles contiennent un pigment indispensable à la captation de cette énergie : la **chlorophylle**. La chlorophylle est stockée dans des organites cellulaires : les **chloroplastes**.

▶ La synthèse de matière organique est **photodépendante** : elle ne se produit qu'à la lumière.

▶ La photosynthèse se traduit par la réaction suivante :

$$6\,CO_2 + 6\,H_2O + \text{Énergie} \rightarrow C_6H_{12}O_6 + 6\,O_2$$

Dioxyde de carbone + Eau → Glucose + Dioxygène

▶ La matière organique fabriquée par la photosynthèse est ensuite distribuée à tous les organes de la plante grâce à la **sève élaborée**. Ce liquide riche en glucides est transporté par des vaisseaux conducteurs spécifiques dont l'ensemble forme le **phloème** (Doc. 2).

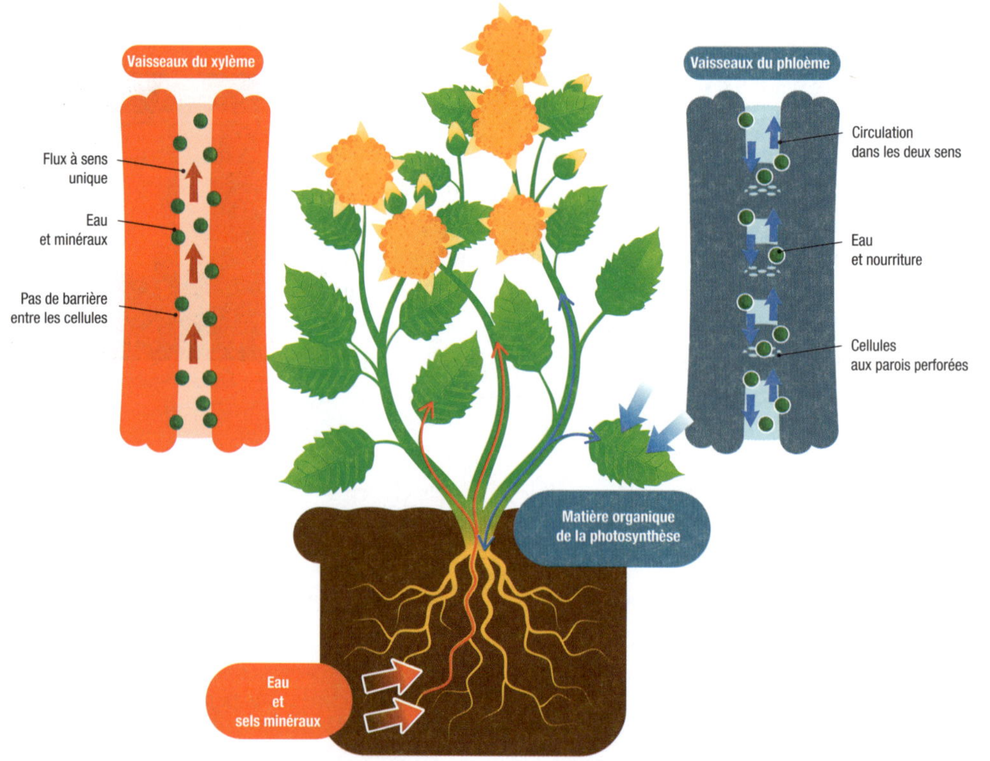

Doc. 2 Principe de la photosynthèse

▶ Les glucides synthétisés vont être utilisés comme source d'énergie au cours de la respiration cellulaire, pour synthétiser d'autres substances organiques (lipides, protides, autres glucides), et être stockés sous différentes formes (graines, fruits, tubercules, bulbes).

▶ Les végétaux chlorophylliens peuvent transformer le glucose en d'autres substances organiques (autres glucides, protides, lipides). Pour assurer cette transformation, les végétaux doivent avoir à leur disposition une source d'azote (N) et de phosphore (P) car les protides et les lipides en contiennent, en plus des atomes de carbone (C), d'hydrogène (H) et d'oxygène (O). Ils trouvent ces éléments chimiques dans les sels minéraux qu'ils puisent par leurs racines.

▶ Cette réaction a une importance fondamentale pour la vie sur Terre :

- **l'oxygène émis est capital pour la respiration des êtres vivants ;**
- **la matière organique est nécessaire à la survie des organismes hétérotrophes.**

2-2. Le dioxyde de carbone nécessaire à la photosynthèse

▶ L'absorption de dioxyde de carbone (CO_2) et le rejet de dioxygène (O_2) ont lieu au niveau des **stomates** des feuilles : petits orifices situés à la surface des feuilles (en général sur la face inférieure) par lesquels les gaz entrent et sortent.

▶ L'eau (H_2O) peut s'évaporer de la plante (Doc. 3) et conduire à son desséchement. Les stomates peuvent alors se fermer pour éviter la dessiccation (déshydratation de la plante).

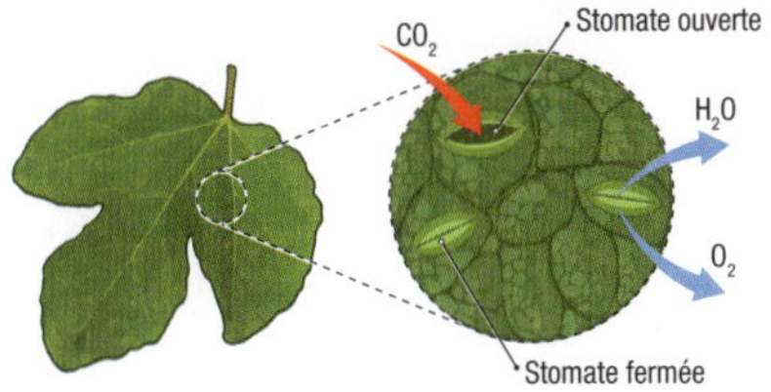

Doc. 3 Stomates sur une feuille

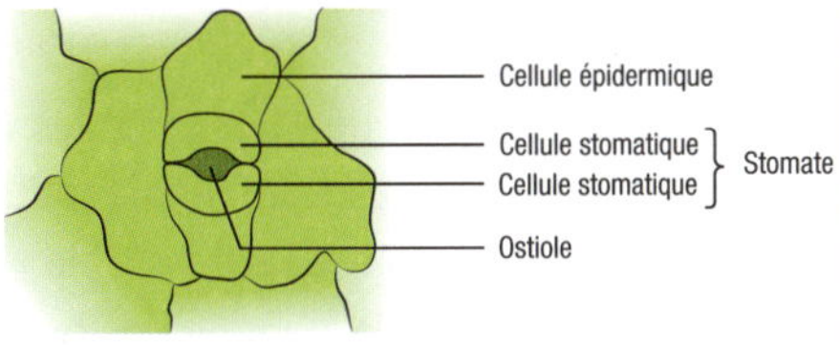

Doc. 4 Le stomate, zone d'échange des gaz

▶ Les stomates sont constitués de deux **cellules stomatiques** entre lesquelles existe un orifice qu'on appelle « **ostiole** » (Doc. 4).

REMARQUE

En cas de sécheresse, les stomates se ferment pour éviter la perte d'eau par transpiration.
Les plantes aquatiques chlorophylliennes prélèvent le dioxyde de carbone et le dioxygène dissous dans l'eau.

3. Comment respirent les végétaux ?

▶ Comme la plupart des êtres vivants, les végétaux respirent en permanence : c'est la **respiration cellulaire**.

▶ Au cours de leur respiration, les végétaux produisent de l'énergie, nécessaire à leur fonctionnement, par oxydation des molécules organiques grâce au dioxygène de l'air. Les végétaux absorbent alors du dioxygène et rejettent du dioxyde de carbone (déchet). La respiration a lieu dans toutes les cellules du végétal qu'elles soient chlorophylliennes ou non. L'équation bilan de la respiration est :

Glucose + Dioxygène ➜ Eau + Dioxyde de carbone + Énergie

▶ Le jour, la réaction de la photosynthèse est plus importante que la réaction de la respiration, donc les végétaux produisent plus de dioxygène qu'ils n'en utilisent pour respirer.
Ce bilan s'inverse la nuit puisqu'il n'y a pas de production d'oxygène en l'absence de lumière (pas de photosynthèse). Sur une journée, les végétaux chlorophylliens produisent beaucoup plus d'oxygène qu'ils n'en consomment.

▶ Les échanges gazeux de la respiration sont les mêmes chez tous les êtres vivants : les animaux, les végétaux et les champignons… Ces échanges se réalisent aussi bien dans l'eau que dans l'air. Chez les animaux respirant dans l'eau, les gaz indispensables à la respiration sont dissous.

B Comment se nourrissent et respirent les animaux ?

1. Quels sont les différents régimes alimentaires des animaux ?

▶ Les animaux sont des organismes **hétérotrophes** : ils se nourrissent d'autres êtres vivants contenant de la matière organique (animaux ou végétaux). Le régime alimentaire des animaux détermine leur place dans les réseaux trophiques (*Cf.* Fiche 2 Les relations entre les êtres vivants p. 105).

▶ Il existe quatre types de régime :

Régimes alimentaires	Aliments consommés
Végétariens/phytophages	Végétaux
Carnivores/zoophages	Animaux
Détritivores	Matière en décomposition
Omnivores	Différents types d'aliments

▶ Ce régime peut varier, il est en lien avec les ressources disponibles :
– mode de vie : animal domestiqué ou vivant à l'état sauvage ;
– âge : la grenouille (adulte) est carnivore, le têtard (bébé) est végétarien ;
– les besoins : une femelle allaitante a des besoins différents ;
– le sexe de l'individu ;
– le rôle dans l'espèce : les ouvrières et la reine dans une ruche n'ont pas le même régime ;
– les saisons : l'ours et le renard n'ont pas le même régime alimentaire selon les saisons en raison de la nourriture disponible.

Les activités humaines ont également un impact sur le régime alimentaire des animaux.

▶ Les **prédateurs** attaquent les proies vivantes, les **charognards** se nourrissent de cadavres.

▶ Chez les **mammifères**, il existe aussi une relation étroite entre la forme des mâchoires et des dents et le régime alimentaire.

Ex. : Le chat a des mâchoires qui ne permettent que des mouvements verticaux ; les canines sont développées. Les prémolaires et molaires des deux mâchoires permettent de découper les proies saisies grâce aux griffes dont sont munies les pattes.

▶ On peut déterminer le régime alimentaire des animaux à partir des traces qu'ils laissent (contenus des excréments, traces laissées sur les graines).

Ex. : Chez la chouette, on peut analyser les pelotes de réjection qu'elle rejette et observer leur contenu pour déterminer son régime alimentaire.

2. Comment respirent les animaux ?

▶ Les êtres vivants pluricellulaires respirent grâce à des **organes respiratoires** adaptés au milieu (aérien ou aquatique) dans lequel ils vivent.

▶ Lors de la respiration, l'animal prélève du dioxygène (dans l'air ou dans l'eau) et rejette du dioxyde de carbone (dans l'air ou dans l'eau). Il effectue donc des échanges gazeux : ce sont des **échanges respiratoires**.

▶ Dans un milieu, on peut observer une grande diversité d'êtres vivants. Certains peuvent vivre dans l'eau et développer des comportements qui leur permettent de respirer dans l'air (remonter à la surface ou plonger avec une bulle d'air).

2-1. La respiration branchiale

▶ Certains animaux vivent et respirent dans l'eau. Pour respirer, ils possèdent des branchies : ce sont des organes baignant dans l'eau et assurant les échanges gazeux entre l'eau et le sang.

▶ Des mouvements respiratoires entretiennent un courant d'eau permanent au contact des branchies, favorisant le prélèvement de dioxygène dans l'eau.

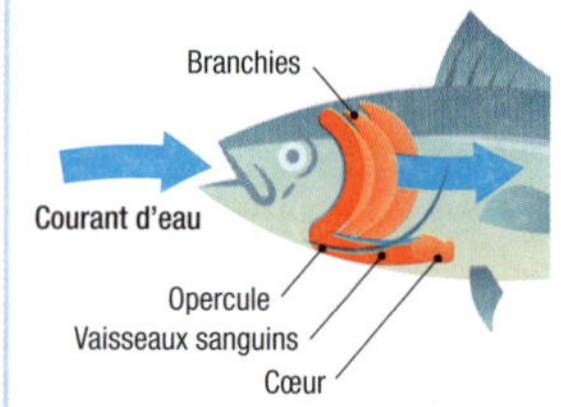

Doc. 5 Les branchies

2-2. La respiration pulmonaire

▶ D'autres animaux vivent et respirent dans l'air. Ils possèdent des organes spécialisés : les **poumons**, qui permettent les échanges gazeux entre l'air et le sang. Le dioxygène passe dans le sang et le dioxyde de carbone est rejeté dans l'air.

▶ Les mouvements respiratoires permettent l'entrée d'air à **l'inspiration** dans les organes respiratoires et la sortie d'air à **l'expiration** des organes respiratoires.

▶ Certains animaux aquatiques vivent dans l'eau mais respirent dans l'air comme le dauphin ou la baleine. Comme ils possèdent des poumons, ils doivent remonter à la surface pour respirer. Leur milieu de respiration n'est pas leur milieu de vie.

REMARQUE

Les vers de terre ont une respiration cutanée (par la peau). Le dioxygène passe de l'état gazeux à l'état dissous dans l'humidité de la peau, il passe ensuite dans le sang de l'animal.

REMARQUE

Les animaux qui changent de milieu au cours de leur développement changent également d'organes respiratoires. Chez la grenouille, les branchies du têtard sont remplacées par des poumons.

2.3. La respiration trachéenne

▶ Certains animaux vivent dans le milieu aérien (les insectes) et possèdent des **trachées** : ce sont des tubes fins conduisant directement l'air aux organes.

Ex. : Le criquet possède des trachées et des orifices qui s'ouvrent et se ferment régulièrement : les stigmates. C'est à cet endroit qu'ont lieu les échanges gazeux respiratoires.

Doc. 6 Les stigmates

C Quelles sont les fonctions de nutrition chez l'Homme ?

Les organes prélèvent en permanence dans le sang des nutriments et du dioxygène pour produire de l'énergie et, ainsi, assurer le fonctionnement de l'organisme.

1. Comment respire-t-on ?

▶ Les mouvements respiratoires (inspiration, expiration) sont assurés par la contraction de muscles (diaphragme, muscles intercostaux) :

Le **diaphragme** est un muscle qui sépare la **cage thoracique** de l'**abdomen** (Doc. 7).

– **À l'inspiration**, le diaphragme se contracte, il s'abaisse. Les côtes s'écartent, le volume de la cage thoracique augmente, les poumons se dilatent.

– **À l'expiration**, le diaphragme se relâche, la cage thoracique diminue de volume, l'air quitte les poumons qui se vident et reviennent à leur position initiale.

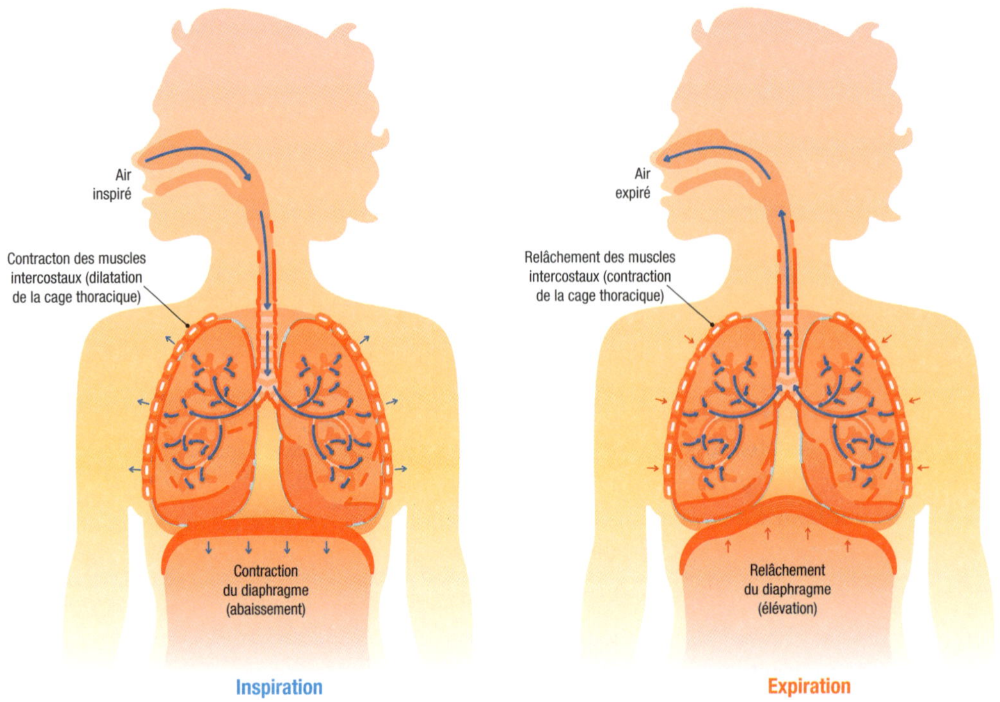

Doc. 7 Les mouvements respiratoires

▶ Au moment de l'inspiration, l'air chargé en dioxygène pénètre par la **bouche** ou le **nez**, puis descend dans la **trachée**, passe dans les **deux bronches**, puis les **bronchioles** pour finir dans les **alvéoles pulmonaires** (Doc. 8). Le dioxygène traverse alors la **paroi alvéolaire** richement vascularisée et passe ainsi dans le sang.

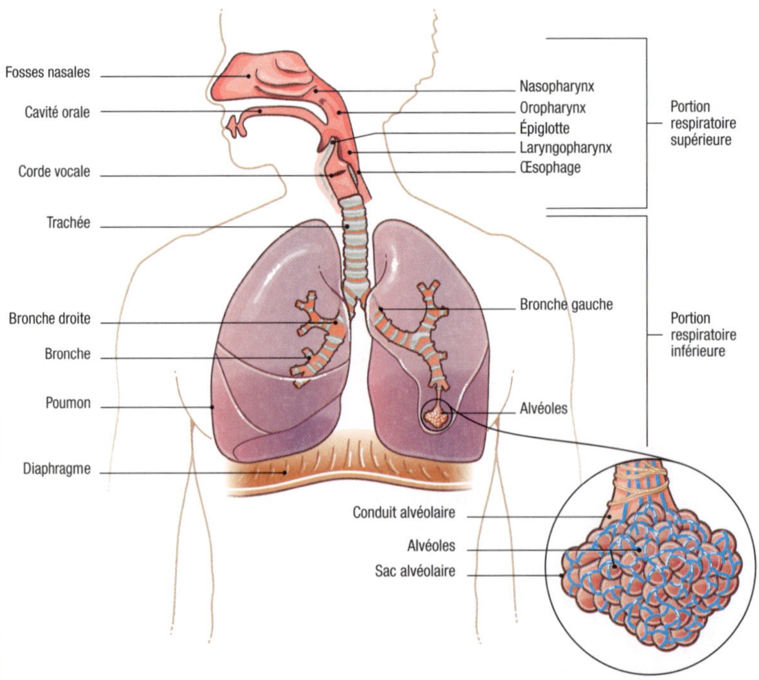

Doc. 8 L'appareil respiratoire de l'Homme

▶ Ce passage dans le sang est facilité grâce à la grande surface d'échanges entre les alvéoles très nombreuses (350 millions par poumon chez l'Homme), la finesse de la paroi alvéolaire et la multitude de vaisseaux sanguins présents.

▶ Au cours de son passage dans les poumons, le sang se recharge en dioxygène et élimine le dioxyde de carbone, un déchet qui emprunte le chemin inverse et est donc rejeté au moment de l'expiration.

! Les difficultés des élèves

Les élèves n'établissent pas de relation entre la fonction (respiration) et le support anatomique (poumon). L'intérieur du corps humain est perçu comme un sac clos.
Les élèves ne perçoivent pas le rôle important des muscles respiratoires, seuls les poumons entrent en jeu, selon eux, dans la respiration.

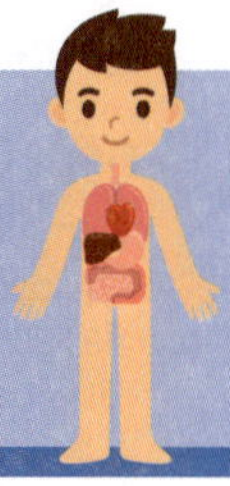

2. Comment digère-t-on ? Que deviennent les nutriments ?

▶ Pour fonctionner, les organes ont besoin des nutriments et de dioxygène qu'ils prélèvent directement dans le sang.

▶ La **digestion** est l'ensemble des processus mécaniques et chimiques subis par les aliments lors de leur trajet dans le **tube digestif**. Ces aliments sont progressivement transformés en substances directement utilisables par les organes : ce sont des **nutriments**.

▶ L'**appareil digestif** comprend le tube digestif dans lequel les aliments vont progresser et les **glandes digestives** dans lesquelles les aliments ne passent pas mais qui vont participer à la digestion de ces aliments (Doc. 9).

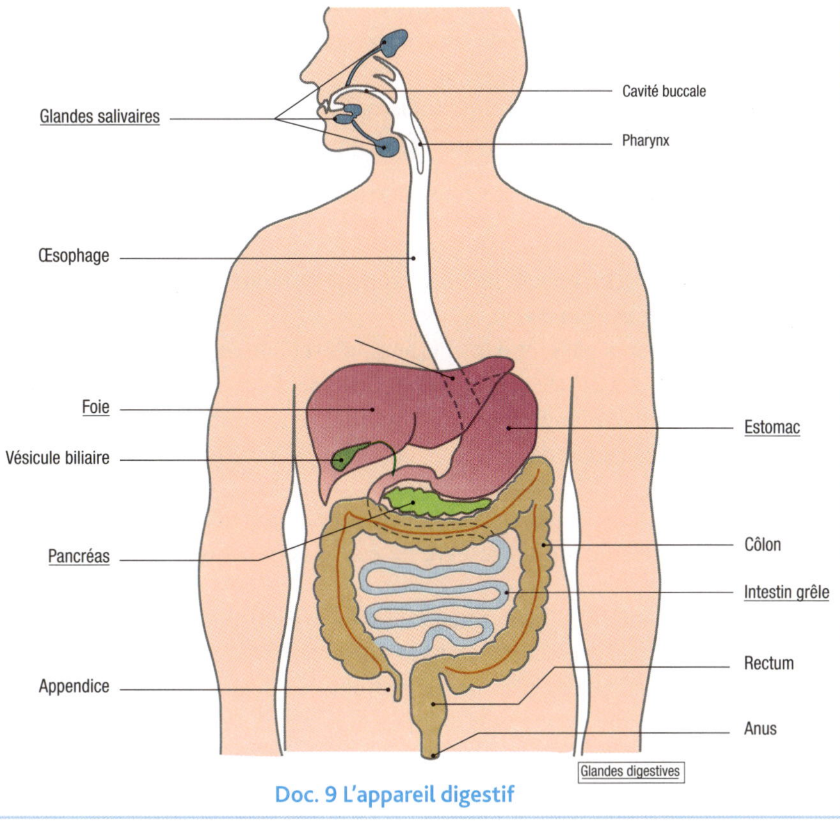

Doc. 9 L'appareil digestif

Les étapes de la digestion

Étape 1 **Dans la bouche,** les aliments sont broyés grâce aux dents (transformation mécanique) et subissent une transformation chimique grâce à une enzyme : l'**amylase salivaire**. Cette enzyme, fabriquée par les glandes salivaires, transforme l'amidon et le glycogène (des glucides complexes) en sucres simples (glucose et maltose). Ces aliments, devenus à présent le **bol alimentaire**, vont être déglutis.

REMARQUE

Une enzyme est une substance chimique fabriquée par une glande. Les enzymes sont contenues dans des liquides que l'on appelle « sucs digestifs ». Les enzymes agissent sur les aliments en les dégradant sous l'action de l'eau (on parle d'hydrolyse).
Le début du nom des enzymes donne des informations sur la molécule sur laquelle elle agit :
l'amylase agit sur l'amidon, une lipase agit sur un lipide, une protéase sur une protéine…
Le nom d'une enzyme se termine par le suffixe -ase.

Étape 2 **Dans l'œsophage** (tube de 25 cm de long), le bol alimentaire va progresser grâce à la contraction des muscles : c'est le **péristaltisme**.

▸ Le temps de passage est de quelques secondes.

Étape 3 **Dans l'estomac,** les muscles procèdent au brassage du bol alimentaire et assurent sa progression. Une enzyme gastrique, la pepsine (protéase), en présence d'acide chlorhydrique, transforme les protéines en peptides.

▸ Cette étape de la digestion dure entre 30 minutes à 8 heures.

Les produits obtenus constituent le **chyme**.

Étape 4 **Au niveau de l'intestin grêle,** les aliments subissent de nouvelles transformations mécaniques (brassage par les muscles de l'intestin) et chimiques. Les sucs pancréatiques et intestinaux contiennent des enzymes agissant sur :

- les lipides : la lipase est l'enzyme qui transforme les lipides en acides gras et glycérol ;
- les protéines : des protéases et peptidases dégradent les protéines et peptides pour les transformer en acides aminés ;
- les glucides : des enzymes agissent sur les glucides non encore dégradés et les transforment en glucose.

Le liquide ainsi obtenu et riche en nutriments s'appelle le **chyle**.

▸ Cette étape dure entre 7 et 8 heures.

Les liquides et les nutriments passent dans le sang : c'est l'**absorption intestinale**.
L'absorption intestinale est facilitée par la grande surface d'échanges présente au niveau de l'intestin grêle (4 à 6 mètres de long). La paroi intestinale étant richement vascularisée et fine, les nutriments passent facilement dans le sang et sont ainsi transportés jusqu'aux organes.

Étape 5 Les nutriments sont utilisés par les organes comme sources d'énergie, pour la construction de nouvelles molécules ou mis en réserve : c'est l'**assimilation**.

Étape 6 **Au niveau du gros intestin,** les contractions musculaires permettent la progression des matières non absorbées jusqu'au rectum. Dans le gros intestin, une importante quantité d'eau est également absorbée ainsi que du chlorure de sodium, ce qui entraîne une déshydratation de la matière fécale. Des bactéries digèrent partiellement la cellulose et produisent des vitamines et du glucose. Les produits non digérés sont éliminés dans les selles au niveau de l'anus.

▸ Cette étape dure 15 heures.

▶ Certaines glandes sont indispensables à la digestion et ne font pas partie du tube digestif (les aliments ne passent pas dans ces glandes) mais bien de l'appareil digestif, on retrouve :

Glandes	Sucs produits	Enzymes synthétisées	Substrats	Nutriments synthétisés
Glandes salivaires	Salive	**Amylase** salivaire	Amidon et glycogène	Maltose et glucose (deux glucides)
Glandes gastriques	Suc gastrique + acide chlorhydrique	**Protéase** : la pepsine	Protéines (chaînes longues)	Peptides (chaînes plus courtes)
Foie	Fabrique de la bile qui va être stockée dans la vésicule biliaire	Intervient au niveau de l'intestin grêle : émulsionne les graisses et augmente leur surface de contact avec les lipases pancréatiques		
Pancréas	Il fabrique du suc pancréatique déversé dans l'intestin grêle	**Trypsine**	Protéines et peptides	Acides aminés
		Amylase	Amidon, glycogène	Glucose
		Maltase	Maltose	Glucose
		Lipases	Graisses	Acides gras et glycérol
Glandes intestinales	Suc intestinal	**Peptidases**	Peptides	Acides aminés
		Maltase, lactase, saccharase	Maltose, lactose, saccharose	Glucose

! Les difficultés des élèves

Conception 1. Les élèves peuvent penser qu'il existe deux voies distinctes pour les liquides et les solides : celle qui transporte les liquides donnera naissance aux urines, la seconde voie aux excréments.
Conception 2. Ils peuvent aussi penser qu'il existe une seule entrée pour les liquides et les solides mais qu'il peut y avoir ensuite une bifurcation donnant naissance à deux sorties distinctes : l'une pour les urines, l'autre pour les selles.
Conception 3. Pour d'autres élèves, il existe une seule entrée et une seule sortie comme si les aliments traversaient seulement le tube digestif.

Dans toutes ces conceptions, le passage vers le sang n'est pas envisagé. Enfin, pour les élèves, la transformation est uniquement mécanique : il n'existe donc pas de transformation chimique.

3. Comment circule le sang ?

3-1. Le sang

▶ Le fonctionnement des organes nécessite des échanges de dioxygène et de nutriments avec le sang. Le sang peut aller se recharger aux poumons pour le dioxygène et à l'intestin grêle pour les nutriments. Il a donc la capacité de circuler.

▶ Notre corps est composé de **5 litres de sang** lui-même composé :

– de 55 % d'un liquide nommé **plasma** ;

– de 45 % de cellules parmi lesquelles :

- **les globules rouges** ou hématies qui contiennent de l'hémoglobine chargée de transporter le dioxygène ;

- **les globules blancs** qui interviennent dans les défenses de l'organisme ;
- **les plaquettes** qui ont un rôle majeur dans la coagulation du sang.

3-2. Le cœur

▶ Le cœur est un muscle creux (**myocarde**) séparé en deux parties par une cloison étanche. Chaque cavité est constituée d'une **oreillette** (droite et gauche) en haut et d'un **ventricule** en bas (droit et gauche). Chaque oreillette communique avec le ventricule situé du même côté (Doc. 10).
▶ L'oreillette reçoit le sang par les **veines** et le ventricule propulse le sang aux organes par les **artères**.

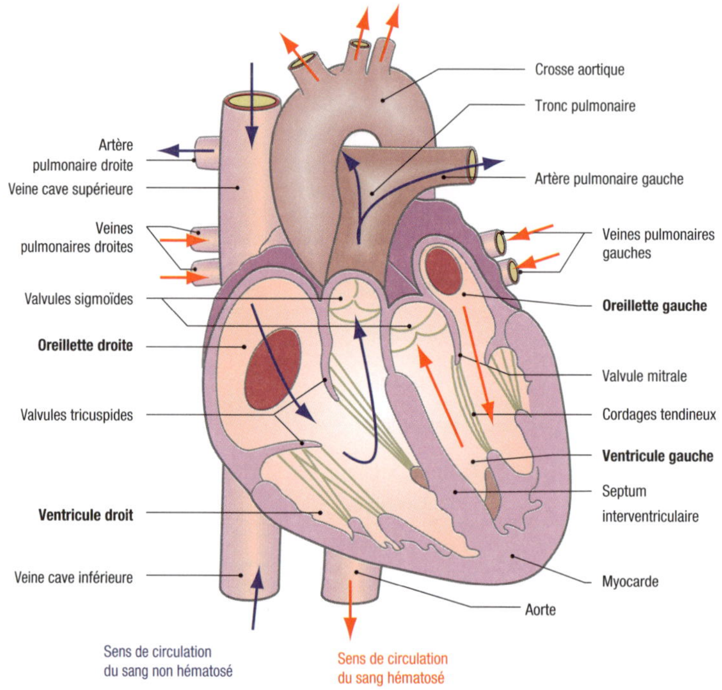

Doc. 10 Le cœur et la circulation du sang

▶ Le sang est mis en mouvement par les **contractions rythmiques** du cœur. Ce dernier se contracte pour propulser le sang vers les artères : il est assimilé à deux pompes qui fonctionnent côte à côte et en même temps.
▶ Le sang circule toujours dans le même sens au sein du circuit fermé que constitue l'**appareil circulatoire**. À l'intérieur du cœur se trouvent des **valvules** qui imposent le sens de circulation unique au sang, des oreillettes vers les ventricules.
On trouve :
– les **valvules auriculo-ventriculaires** (tricuspides et mitrale) entre chaque oreillette et ventricule ;
– les **valvules sigmoïdes** ou artérielles entre chaque ventricule et artère.

3-3. La révolution cardiaque

Le cœur fonctionne selon trois étapes :

Étape 1 la systole auriculaire

L'oreillette droite reçoit du sang pauvre en dioxygène provenant des organes tandis que l'oreillette gauche reçoit du sang enrichi en dioxygène provenant des poumons. Les deux oreillettes se contractent en même temps. Les valvules auriculo-ventriculaires s'ouvrent, le sang est chassé dans les ventricules

Étape 2 la systole ventriculaire

Les valvules auriculo-ventriculaires se ferment, les ventricules se contractent et chassent le sang dans les artères. En fin de systole, les valvules sigmoïdes se ferment.

Étape 3 la diastole générale

Repos du cœur et remplissage des oreillettes.

3-4. Les vaisseaux sanguins

▶ Le cœur est un muscle richement vascularisé. Il existe différents types de vaisseaux sanguins :
- **les artères** : vaisseaux sanguins situés en profondeur et dans lesquels le sang circule du cœur vers les organes ;
- **les veines** : vaisseaux sanguins situés sous la peau et dans lesquels le sang circule des organes vers le cœur ;
- **les capillaires sanguins** : vaisseaux sanguins de très petit diamètre. Ils permettent l'irrigation des organes et les échanges avec le sang. Ils se situent entre les systèmes artériels et veineux.

▶ Le **système circulatoire** est un système fermé (sans fuite) dont l'organisation en artères, capillaires et veines assure une circulation en sens unique.

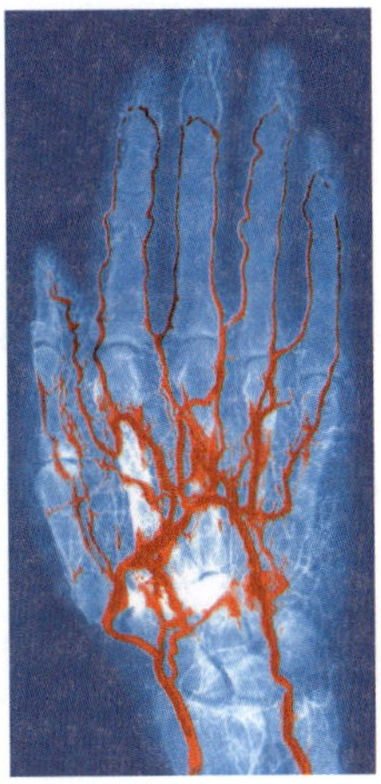

Doc. 11 L'artériographie permet de rendre les vaisseaux sanguins visibles

3-5. La circulation du sang

▶ Le réseau sanguin (Doc. 12) est constitué de deux circuits commençant et se terminant dans le cœur :
- la **circulation pulmonaire** (appelée aussi « petite circulation ») : elle permet de récupérer dans le sang le dioxygène présent dans les poumons ;
- la **circulation générale** (ou « grande circulation ») : elle assure le transport des nutriments issus de la digestion, des gaz, des déchets, des hormones… et irrigue tous les organes de l'organisme (sauf les poumons).

▶ Le **ventricule droit** assure la circulation du sang pauvre en dioxygène vers les poumons. Le **ventricule gauche** assure la circulation du sang riche en dioxygène vers les organes.

REMARQUE

Le sang qui sort de l'intestin passe d'abord dans le foie (où il est filtré) avant de regagner le cœur.

! Les difficultés des élèves

Les élèves connaissent le terme « veines », souvent perçues comme étant bleues et transportant du sang bleuté. Ils assimilent les vaisseaux sanguins aux veines, les artères et capillaires sanguins n'étant pas nommés.
Le langage courant autour du terme « cœur » génère des difficultés de compréhension de son rôle : « avoir le cœur brisé », « avoir le cœur gros », « avoir du cœur au ventre ».

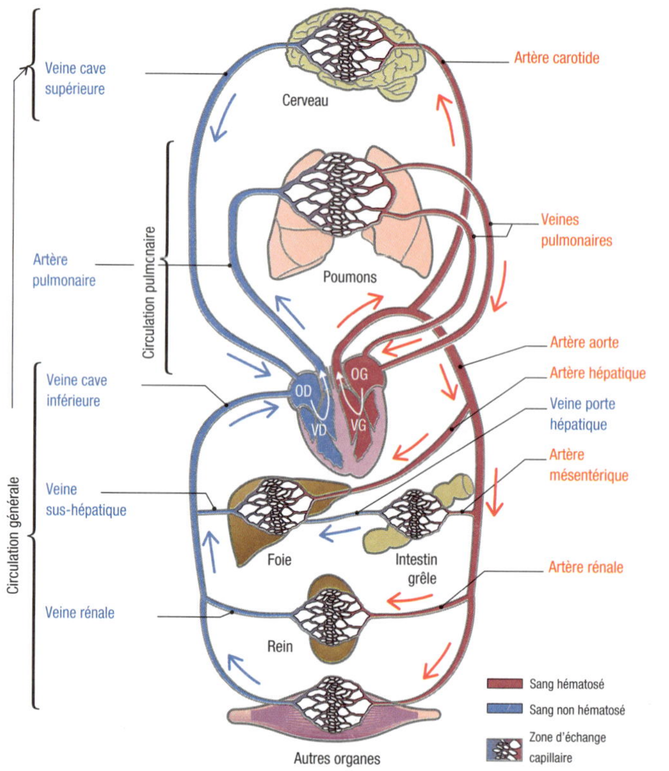

Doc. 12 L'appareil circulatoire

4. Comment élimine-t-on les déchets ?

▶ Le fonctionnement des organes utilise des nutriments et du dioxygène pour produire de l'énergie. Cette utilisation s'accompagne de la production de déchets qui sont rejetés dans le sang puis éliminés de l'organisme.

▶ Le dioxyde de carbone qui est rejeté dans le sang est éliminé au niveau des poumons dans l'air expiré.

▶ Les déchets issus de la dégradation des protéines (déchets azotés) passent dans le sang pour rejoindre le foie dans lequel ils sont transformés puis éliminés dans l'**urée** grâce au **système urinaire** et dans les **selles** grâce à la **bile** contenue dans le tube digestif.

▶ L'**appareil urinaire** (Doc. 13) est constitué :
- de deux **reins** dans lesquels sont élaborées les **urines** ; ils sont richement vascularisés (chaque rein est relié à une artère rénale et une veine rénale) et jouent un rôle capital dans la filtration du sang ;
- des **voies urinaires**.

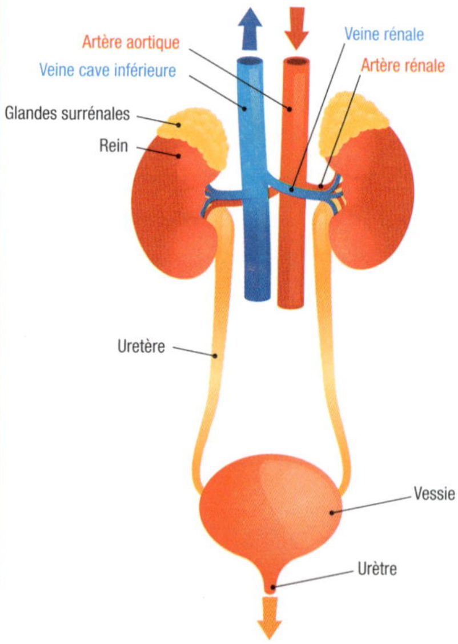

Doc. 13 L'appareil urinaire

▶ L'urine est formée à partir du sang par filtration (seules les petites molécules passent) puis par sécrétion de substances (urée, ammoniac…) et par réabsorption (eau, glucose, sel…).

▶ D'autres substances peuvent être réabsorbées et regagner la circulation générale (eau, sels minéraux, glucose) pour faire face à des besoins de l'organisme.

Se tester en 10 questions

Parmi les propositions suivantes, choisissez la bonne réponse.

1. La grenouille a une respiration :
   - a) branchiale
   - b) pulmonaire
   - c) trachéale
2. Les végétaux chlorophylliens sont :
   - a) hétérotrophes
   - b) autotrophes
   - c) eutrophes
3. La respiration des animaux aquatiques est :
   - a) est toujours branchiale
   - b) nécessite un transport des gaz par le sang
   - c) se traduit par une absorption de dioxyde de carbone et un rejet de dioxygène
4. L'eau et les sels minéraux sont prélevés par la plante au niveau :
   - a) des racines
   - b) des stomates
   - c) des poils absorbants
5. La cavité droite et la cavité gauche du cœur :
   - a) communiquent les unes avec les autres
   - b) sont séparées par une cloison
   - c) permettent de filtrer le sang

Répondez aux questions suivantes.

6. Citer les types de respiration dans le monde animal.
7. Quelles sont les différences entre un aliment et un nutriment ?
8. À quoi sert la circulation sanguine ?
9. Comment qualifier le sens de circulation du sang dans l'organisme ?
10. En quoi consiste la respiration ?

Réponses : **1.** b ; **2.** b ; **3.** b ; **4.** c ; **5.** b ;
6. Types de respirations : cutanée ; branchiale ; pulmonaire ; trachéenne.
7. Un aliment est absorbé et subit des simplifications moléculaires au cours de son trajet dans le tube digestif. Il est transformé en nutriments qui passeront dans le sang.
8. Elle permet aux organes d'être approvisionnés en dioxygène et en nutriments et de se débarrasser de leurs déchets.
9. C'est un circuit fermé à sens unique.
10. C'est une fonction qui permet d'assurer les échanges gazeux entre l'air ou l'eau et l'organisme.

Ce qu'il faut savoir selon le cycle

La nutrition des êtres vivants

Cycle 1

Connaître les besoins essentiels de quelques animaux et végétaux

Situer et nommer les différentes parties du corps humain, sur soi ou sur une représentation

Connaître et mettre en œuvre quelques règles d'hygiène corporelle et d'une vie saine

Cycle 2

Reconnaître des comportements favorables à sa santé
Mettre en œuvre et apprécier quelques règles d'hygiène de vie : variété alimentaire, catégories d'aliments, leur origine, apports spécifiques des aliments, équilibre alimentaire, hygiène bucco-dentaire

Cycle 3

Expliquer les besoins variables en aliments de l'être humain ; origine et techniques mises en œuvre pour transformer et conserver les aliments
Les fonctions de nutrition :
– apports alimentaires : qualité et quantité
– origine des aliments consommés

Relier l'approvisionnement des organes aux fonctions de nutrition : digestion, respiration, circulation

Apports discontinus de nourriture et apports continus de nutriments à l'échelle des organes

Cycle 4

Expliquer l'organisation du monde vivant, sa structure et son dynamisme à différentes échelles d'espace et de temps
Mettre en relation différents faits et établir des relations de causalité pour expliquer la nutrition des organismes
La nutrition chez les animaux : besoins nutritifs, approvisionnement en dioxygène et en nutriments, élimination des déchets

La nutrition chez les végétaux : production de matière organique à partir de matières minérales, systèmes de transport, échanges gazeux

Chez l'Homme : alimentation et digestion, système cardio-vasculaire, système respiratoire, système nerveux et hormonal

4 Le mouvement et les sens

A Comment nos membres bougent ?

1. Quels sont les organes mobilisés ?

Les mouvements du corps des vertébrés se font au niveau des articulations et grâce à l'action des muscles sur les os qui constituent le squelette.

1-1. Le squelette des membres

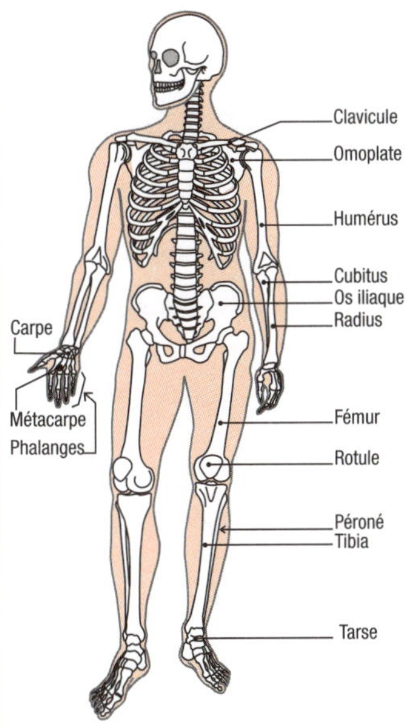

Doc. 1 Nom des os des membres

▸ Le squelette des membres est fait d'os qui sont des **organes rigides**, il existe :
– les os longs : dans les bras et les jambes ;
– les os courts : dans la cheville, le pied, le poignet et la main ;
– les os plats : comme les omoplates et l'os du bassin.

▸ Le membre antérieur est composé de trois segments :
– le bras avec l'humérus ;
– l'avant-bras avec le radius et le cubitus ;
– le poignet et la main avec les carpiens, les métacarpiens et les phalanges.

Chaque membre est fixé sur la ceinture scapulaire (omoplates et clavicules).

▸ Le membre postérieur est composé de trois segments :
– la cuisse avec le fémur ;
– la jambe avec le tibia et le péroné ;
– la cheville et le pied avec les tarsiens, les métatarsiens et les phalanges.

Chaque membre est fixé sur la ceinture pelvienne formée par les os du bassin.

1-2. Le fonctionnent des articulations

▸ Les articulations sont les zones de contact entre les os. Elles se composent d'un **cartilage articulaire** très dur et très lisse. Les os sont maintenus entre eux par des **ligaments** élastiques très résistants, cet ensemble forme une **capsule articulaire**. Un liquide y est secrété, la **synovie**, qui lubrifie et facilite le glissement des cartilages les uns sur les autres.

▸ Au niveau des coudes et des genoux, les mouvements se font dans un seul plan. Les os s'emboîtent comme les deux parties d'une charnière, une butée limite le mouvement : protubérance du cubitus (coude) et rotule au niveau du genou (Doc. 2).

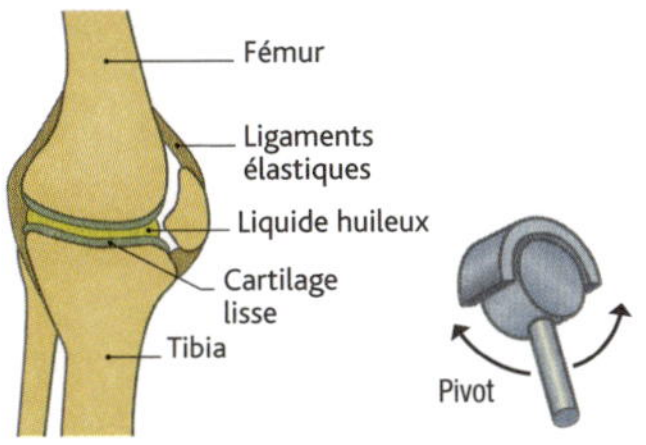

Doc. 2 Articulation charnière

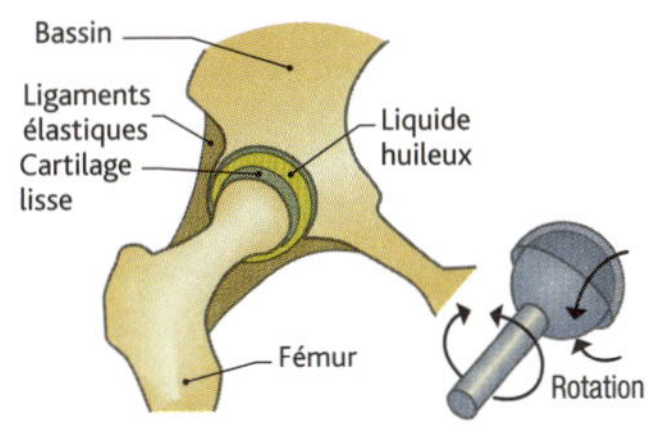

Doc. 3 Articulation pivot

▶ Au niveau des hanches et des épaules, les membres peuvent effectuer une rotation. La forme de l'articulation présente une partie sphérique qui s'emboîte dans une cavité comme une pièce mécanique appelée « **rotule** » (ou pivot) (Doc. 3).

▶ Il existe de nombreux accidents qui touchent les articulations :
– **l'entorse** qui est un accident des ligaments ;
– **la luxation** qui est un accident des ligaments et un déplacement des surfaces articulaires.

1-3. Les muscles

▶ Les muscles sont les **organes actifs** du mouvement grâce à leur propriété contractile. Les muscles responsables du mouvement sont appelés « **muscles squelettiques** » car ils s'insèrent sur le squelette. La forme des muscles est variable : elle peut être en fuseau pour ceux des membres, plat ou circulaire pour les muscles du visage.

▶ Le muscle est formé de fibres musculaires (ayant un aspect strié au microscope d'où leur nom de muscle strié) contractiles formant une partie renflée ou ventre, prolongée à ses deux extrémités par des parties effilées, blanches, très résistantes : **les tendons.**

! Les difficultés des élèves

Souvent, les enfants connaissent l'existence des muscles, mais ne les associent pas à la « viande » des animaux qu'ils peuvent consommer. En plus, ils confondent les tendons en blanc sur la viande avec les nerfs.

Lorsque l'on mange une viande dure, on parle de « viande nerveuse » ; or le blanc n'est pas lié aux nerfs.

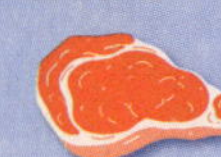

2. Comment les muscles sont-ils fixés aux os ?

▶ Les muscles sont attachés aux os grâce aux tendons au niveau de l'articulation.

▶ Les muscles responsables du mouvement peuvent avoir leur extrémité divisée en deux, trois ou quatre tendons. Leur nom est alors formé d'après le nombre de tendons qu'ils ont à une de leur extrémité. Ainsi **le biceps** aura une extrémité divisée en deux tendons, **le triceps** une extrémité divisée en trois tendons et **le quadriceps** une extrémité divisée en quatre tendons.

▶ Au niveau du membre antérieur :
Le biceps brachial (Doc. 4) se divise en deux dans sa partie supérieure avec un tendon qui s'insère sur l'humérus et un autre qui s'insère sur l'omoplate.
Le triceps brachial (Doc. 5) se divise dans sa partie supérieure en trois avec un tendon qui s'insère sur l'omoplate, et deux autres qui s'insèrent sur l'humérus.

▶ Au niveau de la cuisse :
Le biceps fémoral (Doc. 6) se termine à son extrémité supérieure par deux tendons, un qui s'insère sur le bassin l'autre qui s'insère sur le fémur.
Le quadriceps se termine dans sa partie supérieure par quatre tendons : trois tendons s'insèrent sur le fémur et le quatrième sur le bassin.

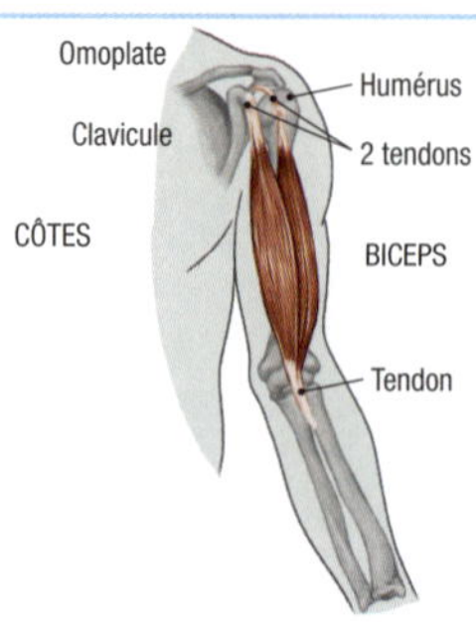

Doc. 4 Le biceps brachial

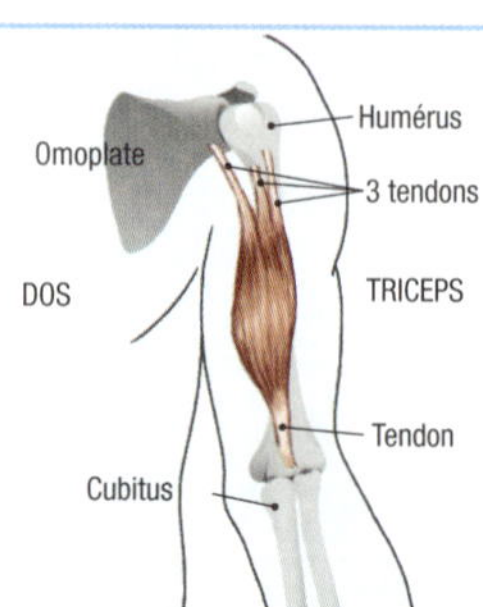

Doc. 5 Le triceps brachial

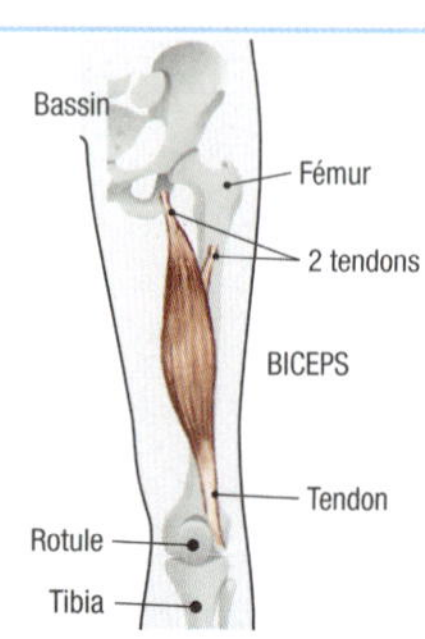

Doc. 6 Le biceps fémoral

REMARQUE

En classe les schémas sont simplifiés. Les muscles sont représentés sous forme d'un seul fuseau aux extrémités fines qui s'attachent sur les os.

Cette simplification de l'extrémité des muscles réduite à un seul tendon, alors qu'il peut y en avoir deux ou trois, génère des confusions dans la dénomination des muscles.

! Les difficultés des élèves

Les élèves dessinent souvent les os d'une manière stéréotypée ; leur nombre et leur position dans un membre ne permettraient pas la réalisation de mouvements. Ils ne représentent pas les muscles et les attaches qui permettraient de réaliser des mouvements : les élèves pensent même souvent que le squelette est mobile par lui-même comme dans les dessins animés.

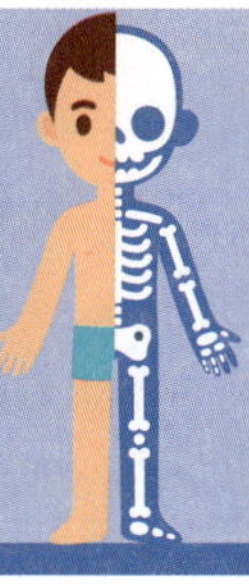

3. Que se passe-t-il lors du mouvement ?

▶ Lors de la contraction, le raccourcissement des muscles déplace les os.

▶ Dans un membre, lorsque les muscles rapprochent les deux parties d'un membre, ils sont dits **fléchisseurs** et lorsqu'ils les éloignent, ils sont qualifiés **d'extenseurs.**

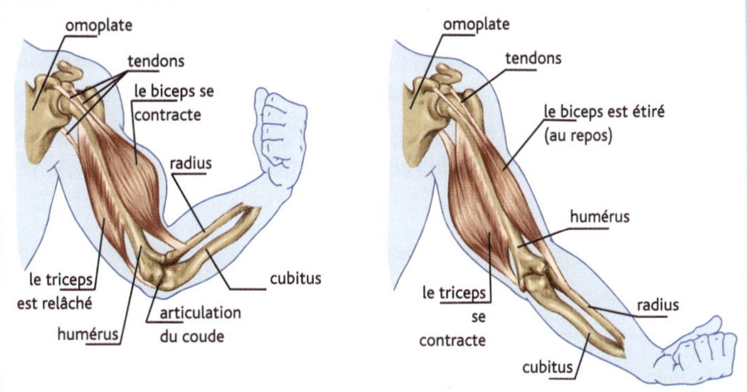

Doc. 7 Mouvement de flexion

Doc. 8 Mouvement d'extention

▶ Lors de la flexion du bras (Doc. 7), le biceps se contracte et tire sur le radius qui se déplace ; en même temps le triceps se relâche. Pour l'extension du bras (Doc. 8), c'est l'inverse : le triceps se contracte, il tire sur l'extrémité du cubitus, ce qui tend le bras, et en même temps le biceps se relâche. Des muscles qui travaillent en opposition comme les muscles fléchisseurs et les muscles extenseurs sont dits **antagonistes.**
La marche, la course, le saut... résultent de la combinaison de plusieurs mouvements de flexion et d'extension élémentaires.

4. Quel est le rôle du système nerveux ?

▶ La contraction des muscles se fait grâce aux **nerfs moteurs.** Ils sont issus de la moelle épinière. La commande d'un mouvement est très complexe, elle résulte de la contraction et du relâchement de nombreux muscles en même temps. Des boucles de rétrocontrôles (informant les centres nerveux du degré de contraction de tous les muscles) interviennent pour une efficacité plus grande.

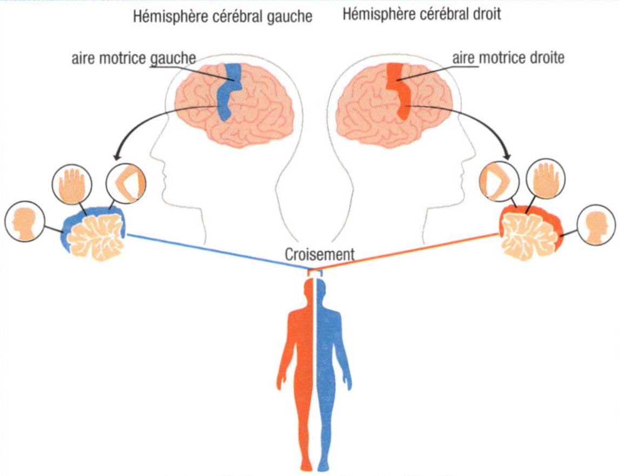

Doc. 9 Commande cérébrale

▶ La commande nerveuse part de zones très localisées dans chaque hémisphère cérébral appelées « aires motrices ». Une cartographie des hémisphères cérébraux montre que chaque hémisphère commande la moitié de la musculature d'un corps. L'hémisphère droit commande la moitié gauche du corps et inversement.

B Comment perçoit-on le monde ?

1. Que sont les récepteurs sensoriels ?

▶ Les caractéristiques de l'environnement qui nous entoure (lumière, température, bruits, etc.) mais aussi celles concernant notre corps lui-même (taux de sucre, de sel, température, etc.) vont être captées par des récepteurs et transmises à notre cerveau : ce sont des **stimuli**.

▶ Les récepteurs sont classés en fonction de la localisation du stimulus qui doit être détecté (à l'extérieur du corps, ce sont les extérocepteurs ; et à l'intérieur du corps, ce sont les intérocepteurs) et de la nature du stimulus qu'ils détectent. On trouve des :
– **photorécepteurs** sensibles à la lumière, aux couleurs ;
– **chémorécepteurs** sensibles à la nature chimique du signal ;
– **mécanorécepteurs** sensibles aux déformations mécaniques, aux vibrations ;
– **thermorécepteurs** sensibles aux variations de température ;
– **nocicepteurs** ou récepteurs de douleur qui vont être sollicités si un stimulus devient anormal.
Ces différents récepteurs peuvent être localisés dans un organe des sens ou disséminés dans différentes parties du corps.

Localisation des récepteurs		Types de récepteur	Organes
Extérocepteurs Ils nous renseignent sur notre environnement.	**Télérécepteurs** Récepteurs de stimuli éloignés	Récepteurs visuels : photorécepteurs (cônes et batônnets)	**Œil**
		Récepteurs olfactifs : chémorécepteurs	Fosses nasales : **nez**
		Récepteurs auditifs : mécanorécepteurs	Cochlée : **oreille**
	Récepteurs de contact	Récepteurs gustatifs : mécanorécepteurs, chémorécepteurs, thermorécepteurs	**Langue**
		Récepteurs du toucher : mécanorécepteurs, thermorécepteurs	**Peau**
Intérocepteurs Ils nous renseignent sur notre organisme.	**Propriocepteurs**	Mécanorécepteurs	Oreille interne Fibres musculaires et tendons Articulations
	Viscérocepteurs	Souvent inconscients : chémorécepteurs, mécanorécepteurs, thermorécepteurs	Vaisseaux sanguins Intestins
	Nocicepteurs	Réagissent par sensation douloureuse	Dans tout le corps et au niveau de la peau

2. Quel organe pour quel sens ?

2-1. L'œil et la vision

▶ Les photorécepteurs tapissent le fond d'un organe complexe : l'œil. Cet organe présente des parties qui vont faire converger les rayons lumineux vers la rétine où sont disposés les récepteurs. Dans la rétine centrale, il y a essentiellement des photorécepteurs appelés « cônes », qui sont sensibles aux couleurs ; dans la rétine périphérique, on trouve des photorécepteurs appelés « batônnets » qui sont sensibles à la luminosité.

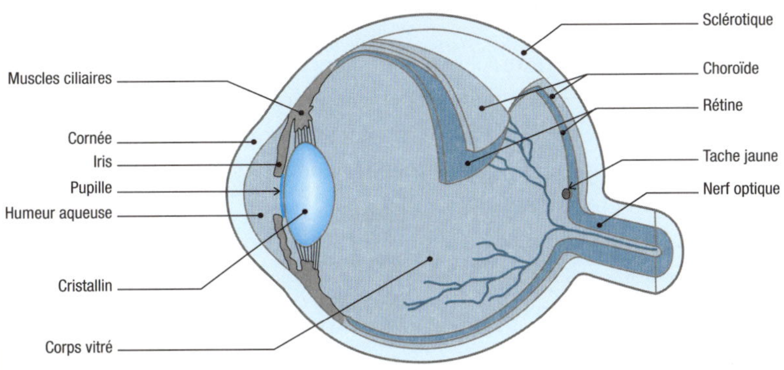

Doc. 10 Coupe de l'œil

▶ La vision réalisée par les deux yeux permet la perception de relief et de profondeur : c'est la **vision stéréoscopique**.

2-2. L'oreille et l'ouïe

▶ Les mécanorécepteurs sensibles aux vibrations (comme le son) sont regroupés dans un organe complexe : l'oreille. Elle est formée de plusieurs parties destinées à transmettre les vibrations en les canalisant : pavillon, conduit auditif puis membrane tympanique, chaîne d'osselets, puis membrane de la fenêtre ovale ; tout cela amplifie les vibrations qui vont faire vibrer les mécanorécepteurs de la **cochlée** (Doc. 11).

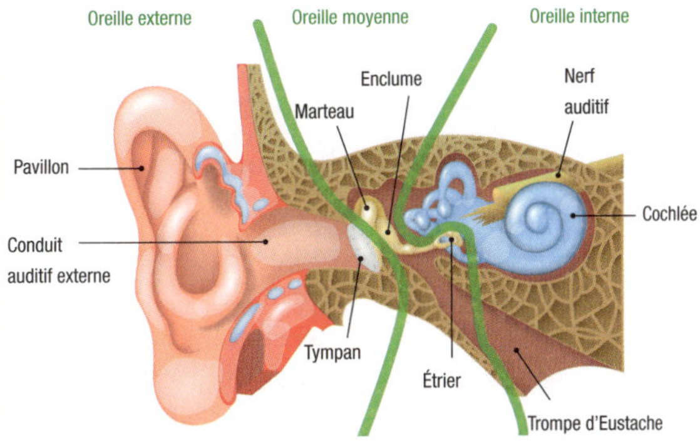

Doc. 11 Coupe de l'oreille

▶ L'audition réalisée par les deux oreilles permet une localisation précise du stimulus : c'est l'**audition stéréophonique**.

2-3. Le nez et l'odorat. La bouche, la langue et le goût

▶ Les chémorécepteurs qui tapissent les fosses nasales sont sensibles aux substances gazeuses (Doc. 12). Celles-ci atteignent les chémorécepteurs en entrant par les narines mais aussi en passant par la bouche, derrière le voile du palais.

▶ Les chémorécepteurs qui se trouvent au niveau de la langue sont sensibles aux substances liquides ou solubles : ils sont regroupés dans des **papilles gustatives**, sensibles à l'amer, le sucré, le salé et l'acide.

▶ Des mécanorécepteurs et des thermorécepteurs se trouvent sur la langue mais aussi sur les parties internes des joues.

▶ Le goût d'un aliment qui se trouve dans la bouche est donné par des récepteurs différents (chémorécepteurs, thermorécepteurs, mécanorécepteurs) de la cavité buccale mais aussi, pour son odeur, par les chémorécepteurs des fosses nasales.

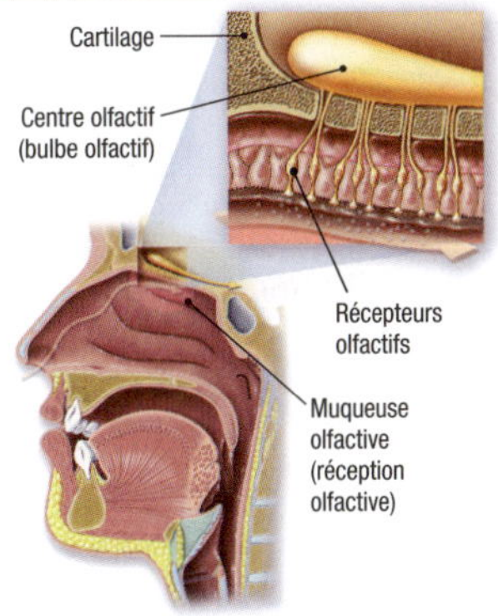

Doc. 12 Coupe du nez

2-4. La peau et le toucher. La main et le sens haptique

▶ Les mécanorécepteurs et les thermorécepteurs de la peau sont répartis de manière très inégale : très denses au niveau de la paume des mains, beaucoup plus espacés au niveau du reste du corps. On distingue cinq grandes catégories (Doc. 13) de mécanorécepteurs (sensibles à la pression forte ou faible, à la vibration, à l'étirement) qui permettent une analyse fine des stimuli.

▶ Au niveau de la main, aux mécanorécepteurs et thermorécepteurs s'ajoutent les propriocepteurs : ce sont des mécanorécepteurs qui se trouvent au niveau des articulations et des tendons. Le degré d'étirement du muscle ou le degré d'ouverture de l'articulation sont détectées, ils permettent de déterminer la forme et la consistance d'un objet : au niveau de la main, toutes ces informations captées correspondent au **sens haptique**.

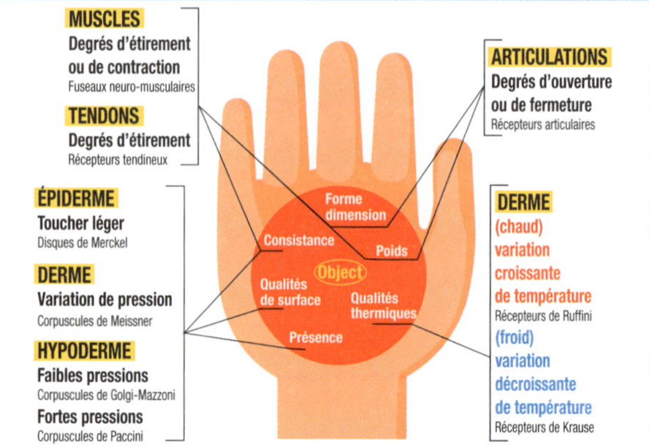

Doc. 13 Sens haptique

C Comment obtient-on des sensations et des perceptions ?

▶ Les informations sensorielles collectées par les récepteurs sont transmises aux hémisphères cérébraux par les **nerfs sensitifs**. Il y a une transmission croisée, les informations sensitives provenant de la moitié droite du corps se projetant à gauche et réciproquement.

▶ À la surface de chaque hémisphère cérébral, les informations arrivent dans des zones bien délimitées, appelées « **aires cérébrales** ». Il existe : l'aire visuelle, l'aire auditive, l'aire olfactive et gustative et l'aire de la sensibilité générale (toucher).

Les informations provenant des récepteurs sensoriels arrivent dans ces aires : on parle de sensations. Mais pour être compréhensibles et parvenir à notre conscience, ces informations doivent être traitées dans des zones voisines, les aires d'association : on parle alors de **perceptions** (Doc. 14). Les aires associatives se développent grâce à notre environnement, notre vécu, notre expérience. Chez l'adulte, toutes les informations sensorielles sont ainsi traitées.

! Les difficultés des élèves

Le toucher est couramment associé à la main alors que les récepteurs sont situés dans la peau. Leur densité est différente selon les endroits, elle atteint un maximum au niveau de la paume des mains et des doigts, ainsi qu'au niveau des lèvres.

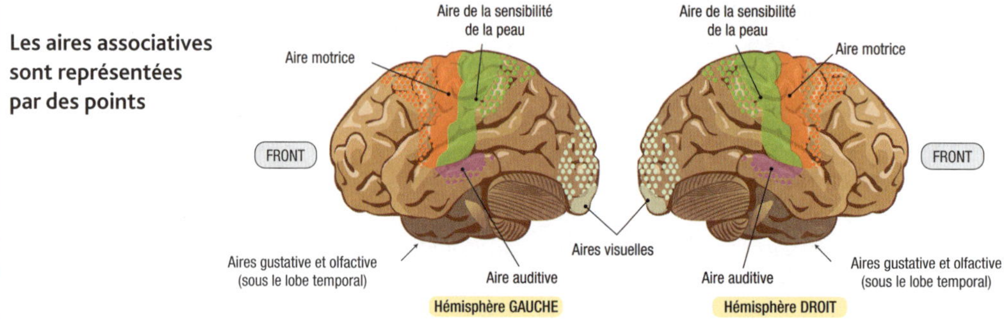

Doc. 14 Localisation des aires sensitives et motrices à la surface des hémisphères cérébraux

Se tester en 10 questions

Parmi les propositions suivantes, choisissez la bonne réponse.

1. Les tendons permettent de maintenir en place :
   - a) l'articulation
   - b) le muscle
   - c) l'os
2. Au niveau de la main, il y a :
   - a) des mécanorécepteurs et des thermorécepteurs
   - b) des mécanorécepteurs, des photorécepteurs et des thermorécepteurs
   - c) des chémorécepteurs, des photorécepteurs et des thermorécepteurs
3. La commande nerveuse de la motricité de la jambe gauche est située :
   - a) dans l'hémisphère droit
   - b) dans l'hémisphère gauche
   - c) au centre du cerveau
4. La synovie permet de lubrifier :
   - a) les muscles
   - b) les surfaces articulaires
   - c) les os
5. Le sens haptique est le nom donné aux récepteurs :
   - a) du toucher
   - b) de la main
   - c) de la peau

Répondez aux questions suivantes.

6. Donner deux exemples d'articulations charnières et d'articulations en pivot.
7. Comment les os sont-ils maintenus en place au niveau de l'articulation ?
8. Le biceps et le triceps sont qualifiés d'antagonistes, expliquer.
9. Pourquoi une rupture accidentelle de la moelle épinière peut paralyser les membres ?
10. Quelle est la différence entre sensation et perception ?

Réponses : **1.**b ; **2.**a ; **3.**a ; **4.**b ; **5.**b ;
6. Articulations charnières : coude et genou. Articulations pivots : hanche et épaule.
7. Par les ligaments.
8. Il s'agit de muscles qui fonctionnent de manière inverse lors de l'extension ou de la flexion du bras.
9. Il y a rupture de la transmission des messages nerveux des hémisphères cérébraux jusqu'aux muscles en passant par les nerfs moteurs.
10. La sensation correspond aux informations transmises au cerveau par les organes des sens ; la perception, c'est l'interprétation consciente de ces informations.

Ce qu'il faut savoir selon le cycle

Le mouvement et les sens

- **Cycle 1** — Les organes des sens et leur fonction
- **Cycle 1** — Les types de déplacement
  - **Cycle 1** — Les organes spécifiques
- **Cycle 4** — Le rôle du système nerveux dans le traitement de l'information

  Le rôle du système nerveux (des appareils respiratoires et cardiovasculaires) lors de l'effort
- **Cycle 2** — Le rôle des muscles, des os et des articulations dans le mouvement
- **Cycle 2** — Les mouvements élémentaires (flexion, extention)

  Les mécanismes (place du muscle par rapport aux os)
  - **Cycle 2** — Les muscles antagonistes
  - **Cycle 2** — La forme des articulations : le type de mouvement

5 La classification des êtres vivants

Les élèves classent très souvent les animaux selon leur régime alimentaire (« il est carnivore, herbivore »), leur milieu de vie (« vit dans la mer, dans les airs, sur terre »), le mode de reproduction (« ovipares, vivipares »), le mode de vie (« animal domestique, sauvage »), leur mode de déplacement (« vole, nage, rampe, marche »). Ils ont tendance à classer les êtres vivants selon les caractères qu'ils n'ont pas en commun. La classification scientifique a pour objectif de regrouper les organismes en fonction de caractères qu'ils partagent (« a des poils/a des plumes »).

A Comment classer les êtres vivants ?

1. Que faut-il savoir ?

Il faut bien différencier chacune des notions suivantes :

▶ **Trier :** c'est isoler des objets qui possèdent un critère défini. Les animaux peuvent être triés selon la présence de plumes (« oui ou non »). Trier permet de reconnaître une espèce.

▶ **Ranger :** c'est organiser des objets selon un ordre croissant ou décroissant à l'aide d'un critère connu, la taille par exemple. Les animaux d'une collection peuvent ainsi être rangés du plus petit au plus grand.

▶ **Classer :** c'est regrouper des éléments qui possèdent des caractéristiques communes. Les végétaux d'une collection peuvent ainsi être classés selon la forme des feuilles. Les animaux d'une collection peuvent être classés dans les groupes suivants : présence de poils, de plumes…

! Les difficultés des élèves

Les élèves croient souvent que des animaux qui se ressemblent sont de la même espèce. Ils pensent, par exemple, que la chouette est la femelle du hibou ou que la grenouille est la femelle du crapaud.

▶ **Une espèce** regroupe des êtres vivants qui peuvent se reproduire entre eux, donnant naissance à des individus pouvant à leur tour se reproduire (leur descendance doit être fertile). Des animaux qui se ressemblent ne sont pas forcément de la même espèce (cheval, âne et zèbre).

▶ **Un attribut (ou caractère) :** la classification actuelle des espèces repose sur la mise en évidence de caractères morphologiques (poils, plumes, squelette…) que les êtres vivants possèdent et que l'on appelle « attributs ». Ces attributs partagés entre deux espèces mettent en évidence l'existence d'un ancêtre commun.

REMARQUE

Les écailles (soudées) des lézards et des crocodiles ont une origine différente de celles des carpes (écailles non soudées). Elles ne peuvent donc pas être utilisées comme attribut commun.

2. Pourquoi classer les êtres vivants ?

▶ Classer les êtres vivants permet de faire l'inventaire d'un milieu donné (une forêt, un jardin) et ainsi de pouvoir identifier les différentes espèces qui y sont présentes.

▶ Pour classer, on recherche les attributs partagés entre les différents organismes : cela suppose d'observer ces organismes afin d'identifier les caractères qu'ils partagent entre eux et donc de regrouper les êtres vivants. Ce travail permet de mettre en évidence les degrés de parentés entre les êtres vivants, on parle de classification phylogénétique.

Plus un organisme possède d'attributs communs avec un autre, plus il est proche parent de lui.

▶ La classification ainsi obtenue permet aux élèves d'appréhender la notion de parenté entre les êtres vivants : les êtres vivants présents dans un même groupe sont proches parents (ils partagent un ancêtre commun). La classification permet ainsi d'approcher la notion de **biodiversité** et d'**évolution**.

3. Comment classer les êtres vivants ?

Pour classer les êtres vivants, on réalise des **groupes emboîtés** qui rendent compte d'attributs partagés entre les différents organismes d'une collection d'êtres vivants et d'attributs observables choisis (Doc. 1).

! Les difficultés des élèves

Il est difficile pour certains élèves d'identifier la présence de squelette interne, de poils, de plumes ; d'où la nécessité de proposer une collection connue des élèves. Une sortie sur le terrain et des documents complémentaires (photographies de squelettes, observation d'animaux pour mettre en évidence l'existence d'un squelette externe…) peuvent s'avérer très utiles.

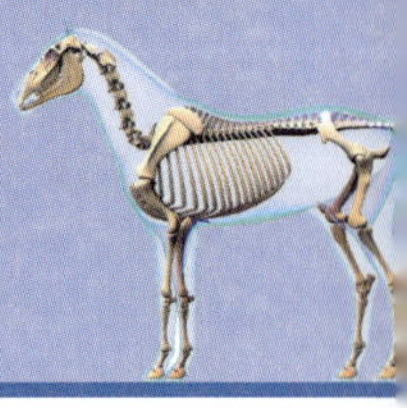

Je dispose d'une collection d'êtres vivants et d'attributs.

Exemples

Collection : Chat – souris – être humain – poule – grenouille – canard

Attributs : Peau nue – peau recouverte de poils – peau recouverte de plumes – squelette d'os

↓

Je complète le tableau d'attributs (ou je le construis à partir des attributs sélectionnés).

	Peau nue	Poils	Plumes	Squelette d'os
Chat		x		x
Souris		x		x
Être humain		x		x
Poule			x	x
Grenouille	x			x
Canard			x	x
Total	1	3	2	6

↓

Je choisis l'attribut qui a le plus grand nombre sur la dernière ligne (total). Je dessine un grand rectangle (qui correspond à une boîte) et je lui donne le nom de l'attribut correspondant. Cette boîte forme alors un groupe.

Squelette d'os

↓

Je choisis ensuite l'attribut suivant le nombre indiqué dans la case « total », puis je dessine un nouveau rectangle (nouvelle boîte) à l'intérieur de ma grande boîte. Je réitère cette opération avec les autres attributs.

Squelette d'os

poils	plumes	peau nue

↓

Je place les noms des organismes vivants dans les boîtes (je peux aussi compléter au fur et à mesure).

Squelette d'os

poils	plumes	peau nue
chat – souris – être humain	poule canard	grenouille

Doc. 1 Groupes emboîtés

! Les difficultés des élèves

Certains organes sont difficiles à appréhender par les élèves. Ils peuvent parfois confondre leurs fonctions.
Les élèves peuvent utiliser l'attribut « aile » à la fois pour caractériser les ailes des abeilles (dites membraneuses) et celles des poules (membres antérieurs ayant été transformés en ailes au cours de l'évolution).
L'attribut « antennes » est souvent confondu avec les tentacules, notamment chez l'escargot. Les poils des mammifères (pelage) avec ceux des insectes (poils de surface appelés « soies ») et même des plantes (trichomes). Ils confondent aussi les os et le cartilage.

4. Comment classer les animaux ?

▶ La science qui étudie les classifications se nomme la **systématique**. Les systématiciens classent les animaux en fonction de ce « qu'ils ont en commun » (les caractères morphologiques), et non en fonction de ce qu'ils n'ont pas, de ce qu'ils font, de là où ils vivent, de ce à quoi ils servent ou encore sur un a priori de ce qu'ils sont.

▶ Le Doc. 2 présente une classification phylogénétique simplifiée des animaux :

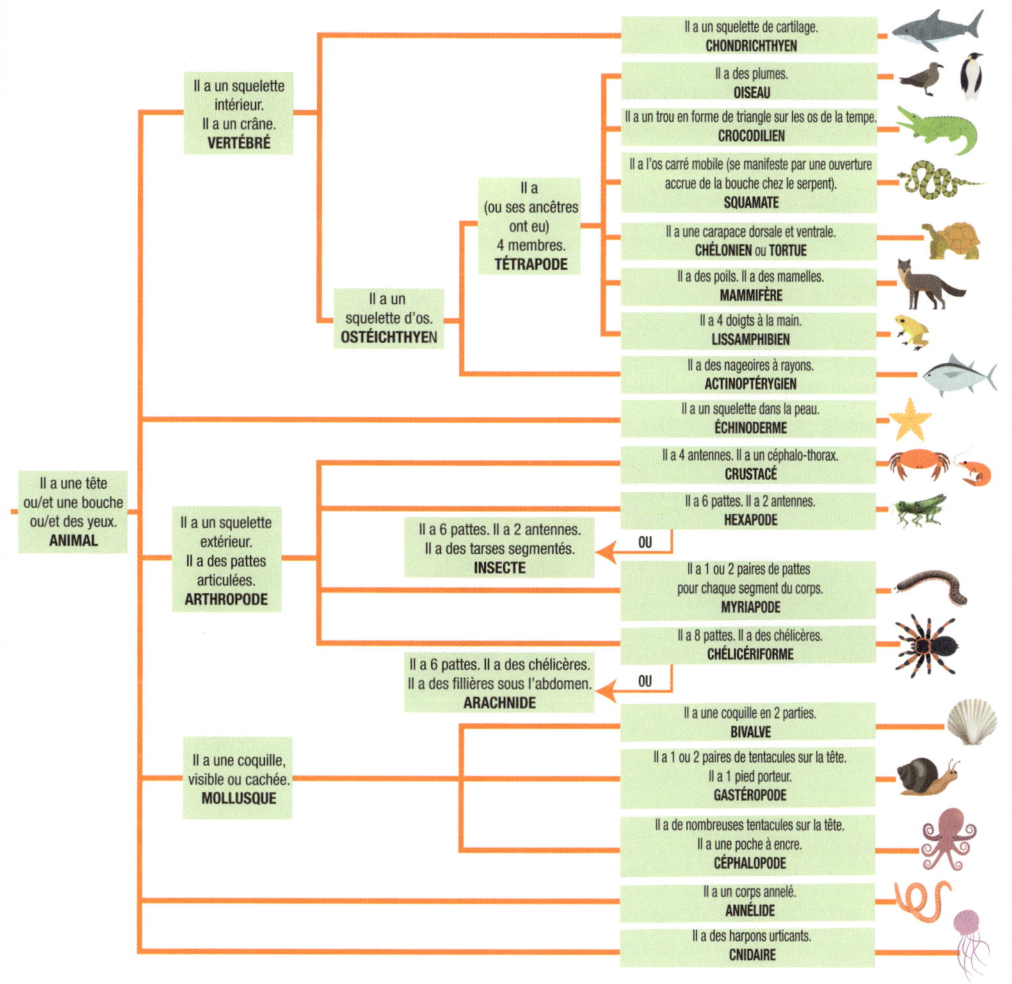

Doc. 2 Classification simplifiée

▶ Dans la classification actuelle, des groupes ont été réorganisés : certains groupes sont conservés (vertébrés, mammifères, oiseaux) mais d'autres ont disparu comme le groupe :

– des « invertébrés » dans lequel on trouvait tous ceux qui n'avaient pas de vertèbres comme le ver de terre, la méduse mais aussi les insectes ;
– des « poissons » remplacé par deux groupes : les « ostéichtyens » (poissons osseux) et les « chondrichtyens » (poissons cartilagineux) ;
– des « reptiles » remplacé par trois groupes : « les tortues », les « squamates » et les « crocodiliens ».

REMARQUE

Dans le langage courant, les nageoires désignent l'organe qui permet de nager ; mais c'est la structure qui permet de catégoriser les nageoires selon leur nombre (pair ou impair).
Ainsi, celles des dauphins n'ont pas la même structure que celles des poissons : ces deux animaux ne peuvent donc pas être placés dans le même groupe.

▶ L'Homme est un vertébré primate qui partage des attributs particuliers (ongles plats, pouces opposables) avec tous les primates et leur ancêtre commun. Pour placer l'Homme dans la classification des êtres vivants, de nombreuses recherches ont été entreprises et on a pu constater que l'Homme, le chimpanzé, les bonobos, les gorilles et les orangs-outangs partagent des attributs communs indiquant qu'ils possèdent un ancêtre commun.

5. Comment classer les végétaux ?

Classer les végétaux est plus difficile que classer les animaux car certains caractères efficients sont invisibles à l'œil nu. Néanmoins, il existe des attributs simples sont observables sur les feuilles (bords des feuilles, position les unes par rapport aux autres…)

REMARQUE

Pour plus d'information sur la classification reportez-vous à l'ouvrage *Comprendre et enseigner la classification* de G. Lecointre, Belin éducation.

5-1. Les feuillus

Ils perdent leurs feuilles en automne, on dit que ce sont des arbres à feuilles caduques. Certains ont des **feuilles simples** (érable, chêne), d'autres ont des **feuilles composées** de plusieurs petites feuilles que l'on appelle les folioles (robinier, frêne).
Chez les feuillus, les feuilles peuvent être disposées les unes en face des autres sur un rameau (érable) : elles sont opposées. Si elles sont décalées, on dit que les feuilles sont alternées.

Doc. 3 Feuilles de chêne, de frêne et rameau d'érable

5-2. Les résineux

On les appelle aussi les « conifères » car ils portent des cônes. Ils ont des feuilles d'aiguilles qu'ils gardent toute l'année : on dit que ce sont des arbres à **feuilles persistantes**.

REMARQUE

Le mélèze est un résineux à feuilles caduques, il perd ses feuilles en automne.

Certains résineux ont des aiguilles attachées seules sur le rameau (le sapin), d'autres sont attachées les unes aux autres par groupes de 2 à 5.

En classe...

Vous pouvez réaliser une sortie en forêt, récupérer quelques feuilles d'arbres remarquables choisis au préalable (érable, chêne, tilleul, châtaignier, sapin, robinier) et réaliser une classification en groupes emboîtés à partir des attributs suivants : présence de pigment vert sur les feuilles (la chlorophylle), tige, feuilles simples, feuilles composées, feuilles à lobes arrondis, feuilles à bords dentés, feuilles à bords non dentés (d'autres attributs peuvent être choisis).

Le tableau d'attributs sera alors le suivant :

	Présence d'une tige	Feuillus	Résineux	Feuillus à feuilles simples	Feuillus à feuilles composées	Feuilles simples à bords lobés	Feuilles simples à bords dentés
Chêne	X	X		X		X	
Érable	X	X		X			
Sapin	X		X				
Tilleul	X	X		X			X
Châtaignier	X	X		X			X
Robinier	X	X			X		

Et la classification en groupes emboîtés sera :

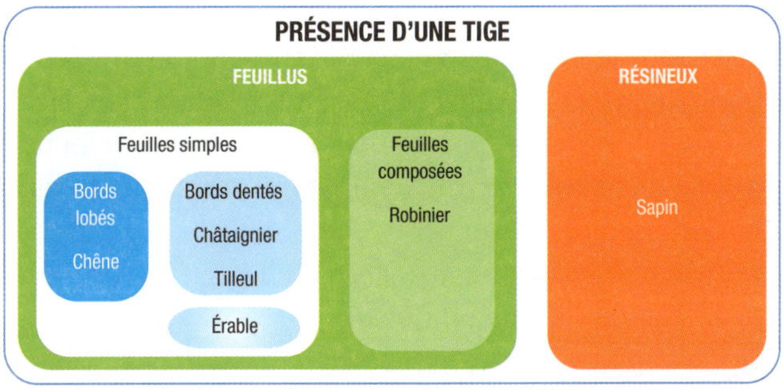

B Quelle est l'origine de la biodiversité ?

1. Quelle est l'histoire de la Terre ?

▶ La Terre se serait formée il y a environ 4,6 milliards d'années en même temps que les autres planètes du Système solaire (*Cf.* Fiche 14 Le Système solaire, p. 231).

▶ L'atmosphère primitive n'avait pas la même composition que l'atmosphère actuelle. Elle était dépourvue de dioxygène. Elle devait être constituée de :

dioxyde de carbone — vapeur d'eau — hydrogène — ammoniac — méthane

La diminution de température à la surface de la Terre aurait provoqué la condensation de la vapeur d'eau à l'origine des premières étendues d'eau à la surface de la planète.

▶ Au commencement, il n'y avait qu'un unique continent : la **Pangée**. Les mouvements des plaques tectoniques ont entraîné (et entraînent toujours) des modifications des océans et continents et sont à l'origine des continents que l'on connaît.

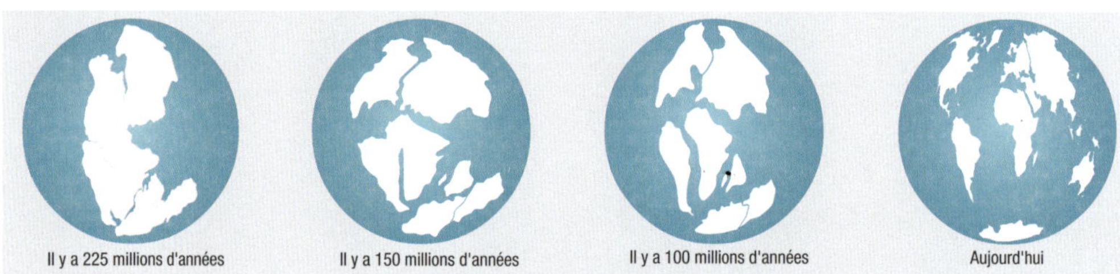

Doc. 4 Déplacement des continents

2. Quelle est l'histoire de la vie ?

▶ Les formes de vie seraient alors apparues dans les mers sous formes unicellulaires, il y a 3,6 milliards d'années ; puis sur terre, il y a 390 millions d'années.

▶ Vers – 2 800 millions d'années, des bactéries (les **cyanobactéries**) ont pu réaliser la photosynthèse et ainsi produire du dioxygène dont l'atmosphère était dépourvue. C'est grâce à cette production de dioxygène que de nouveaux êtres vivants ont pu apparaître.

▶ L'étude de fossiles a permis de comprendre que les espèces actuelles n'ont pas toujours existé. Au cours des temps géologiques, certaines espèces sont apparues tandis que d'autres ont disparu. L'existence de ressemblances entre les espèces apparues successivement suggère l'idée d'un **lien de parenté** : une nouvelle espèce possède des caractères ancestraux mais aussi des caractères nouveaux issus de la modification du caractère ancestral hérité.

▶ Différents événements au cours de l'histoire de la Terre ont modifié les conditions de vie des êtres vivants et sont à l'origine de l'évolution des êtres vivants : des groupes d'êtres vivants disparaissent (les dinosaures), certains apparaissent, d'autres se développent et se diversifient.

▶ Une **crise biologique** se manifeste par une diminution, voire une disparition massive d'êtres vivants : c'est **l'extinction**. Elle est suivie par :

– une prolifération d'espèces, **l'explosion**, ayant survécu ;

– des périodes de diversification (les mammifères).

Le renouvellement de ces espèces lié aux événements marquants de l'histoire de la Terre est à l'origine de **l'évolution de la biodiversité**.

3. Comment est apparue l'espèce humaine ?

3-1. L'évolution

▶ Le groupe des humains comprend l'Homme moderne et toutes les espèces fossiles disparues qui l'ont précédé et ont évolué au cours des temps géologiques et qui possèdent les caractères spécifiques du groupe. L'Homme actuel (*Homo sapiens sapiens*) est donc issu d'une histoire évolutive.

▶ Il partage un ancêtre commun avec les chimpanzés et ne descend donc pas des singes.

▶ L'Homme actuel fait partie des Grands Singes au sein des Primates et plus précisément des Hominidés.

▶ Les plus anciens Hominidés, les australopithèques, ont été découverts en Afrique et datent d'il y a 6 millions d'années environ.

▶ L'acquisition de la bipédie, l'évolution du cerveau, le développement du langage et la maîtrise de l'outil caractérisent l'hominisation.

▶ La seule branche d'Hominidés qui existe encore est celle qui correspond à l'espèce humaine actuelle.

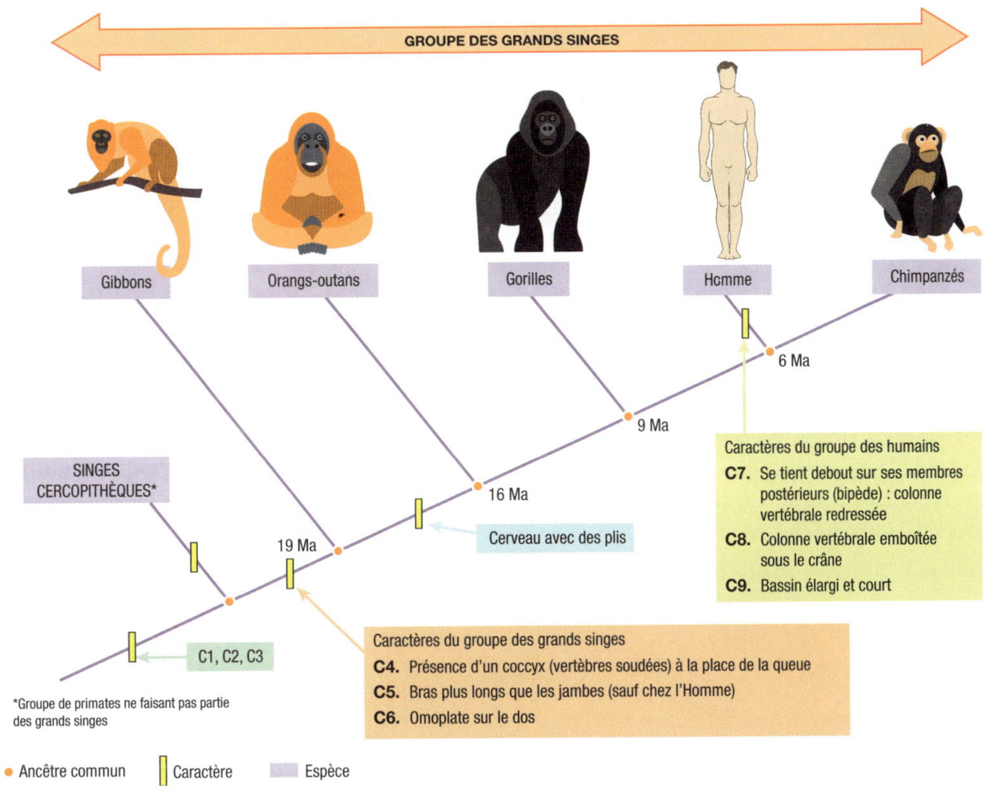

Doc. 5 Arbre de parenté de Primates

! Les difficultés des élèves

Les enfants pensent que les Hommes vivaient en même temps que les dinosaures, d'autres que les dinosaures étaient des contemporains des hommes préhistoriques.

3-2. Les théories de l'évolution

▶ En 1859, **Charles Darwin** (1809-1882), un naturaliste anglais, énonce une théorie pour expliquer la parenté entre les êtres vivants. Chaque nouvelle espèce qui apparaît présente une organisation commune et des caractères nouveaux par rapport à une espèce antérieure ou ancêtre. Selon lui, les espèces les plus aptes à s'adapter assurent leur survie. Les autres continuent à se développer jusqu'à ce que les conditions du milieu changent ou que de nouvelles espèces mieux adaptées apparaissent : c'est la **sélection naturelle**.

▶ **Georges Cuvier** (1769-1832), un grand naturaliste français, croit lui en la **fixité des espèces** : il s'appuie pour cela sur des observations d'ibis momifiés datant d'il y a 5000 ans (apportés par Bonaparte lors de son expédition en Égypte) qui sont identiques aux espèces vivant à son époque.

▶ **Jean-Baptiste de Lamarck** (1744-1829), aussi naturaliste français, croit au **transformisme** : il pense que les modifications du milieu et du climat ont amené les êtres vivants à s'adapter. Ainsi, les girafes auraient allongé leur cou pour pouvoir brouter les hautes herbes dans un milieu devenu aride. Ce caractère se serait alors transmis à la descendance.

▶ Un botaniste hollandais, **Hugo De Vries** (1848-1935), observe des modifications chez des plantes d'une même espèce et note que ces nouveaux caractères se transmettent de générations en générations. Il a ainsi mis en évidence l'existence de **mutations** au sein d'individus de mêmes espèces. Selon lui, en dehors de mutations, il existe une stabilité chez les espèces, la sélection interviendrait après et conserverait les individus mutants par rapport aux autres.

▶ Les théories actuelles prennent en compte les nouvelles découvertes scientifiques : génétique, paléontologie, systématique…

3-3. L'évolution et la génétique

Des **mutations génétiques** permettent d'expliquer l'apparition et la disparition de caractères. Si ces mutations sont favorables, alors elles seront transmises de générations en générations. Ainsi, les nouveaux caractères permettent à certaines espèces de résister aux modifications de l'environnement et donc de survivre. Ces nouveaux individus vont ainsi transmettre à leurs descendants ce patrimoine génétique leur permettant de s'adapter aux changements du milieu dans lequel ils vivent. La sélection naturelle permet ainsi de favoriser le maintien de caractères nouveaux avantageux pour l'espèce. Les individus les moins adaptés ne peuvent pas survivre, ce qui entraîne leur disparition au cours du temps.

? Se tester en 10 questions

Parmi les propositions suivantes, choisissez la bonne réponse.

1. Le cloporte, animal décomposeur vivant dans le sol, est un insecte.
   a) Vrai
   b) Faux

2. Une espèce regroupe des êtres vivants qui :
   a) se ressemblent et peuvent se reproduire
   b) ont un lien de parenté
   c) se ressemblent, peuvent se reproduire et dont la descendance est fertile

3. On classe les êtres vivants selon :
   a) leur milieu de vie
   b) leurs attributs communs
   c) leur régime alimentaire et leur ressemblance

4. Quel est l'attribut commun au groupe des oiseaux ?
   a) ils possèdent des plumes
   b) ils pondent des œufs et couvent leurs petits

5. Une clé de détermination :
   a) peut permettre de trouver le nom d'un être vivant
   b) est une méthode de classification

Répondez aux questions suivantes.

6. Le mode de déplacement est-il un critère de classification ? Donner un exemple.

7. Pourquoi affirme-t-on que certaines espèces ont un lien de parenté ?

8. Un tigre et une lionne ont été réunis dans un zoo. Après accouplement, un petit tigron est né. Le tigron grandit mais, arrivé à l'âge adulte, il ne peut pas se reproduire. Expliquer pourquoi l'existence du tigron ne remet pas en cause la notion d'espèce.

9. Expliquer l'existence de différentes espèces dans un même groupe emboîté.

10. Reformuler l'expression suivante : *L'homme descend du singe.*

Réponses : **1.** b ; **2.** c ; **3.** b ; **4.** a ; **5.** a ;
6. Non car il peut varier au cours du cycle de vie. Le mode de déplacement de la grenouille diffère suivant son stade de développement.
7. Lorsque certaines espèces partagent de nombreux attributs communs, c'est qu'ils possèdent un ancêtre commun et ont donc un lien de parenté.
8. Le tigron est stérile, il ne peut pas avoir de descendance, donc le tigre et la lionne appartiennent bien à deux espèces distinctes.
9. Des espèces dans le même groupe emboîté possèdent des liens de parenté.
10. L'homme ne descend pas du singe mais il partage avec les grands primates des attributs communs. Il existe donc un ancêtre commun à ces espèces.

Ce qu'il faut savoir selon le cycle

Classification des êtres vivants

Cycle 1

Identifier, nommer et regrouper des animaux en fonction de leurs caractéristiques :
- milieu de vie
- modes de déplacement : marche, vol, reptation, nage
- attributs : poils, plumes

Cycle 2

Connaître des caractéristiques du monde vivant :
- diversité
- interactions

Cycle 3

Unité et diversité du monde vivant :
- classification des organismes vivants en groupes emboîtés
- caractère commun, hérédité et relation de parenté
- liens de parenté entre les êtres vivants : approche évolutive et arbre phylogénétique
- biodiversité actuelle et passée
- l'unité des êtres vivants : la cellule (classe de 6e)

Cycle 4

Évolution et classification des êtres vivants :
relations de parenté entre les êtres vivants, évolution des êtres vivants et modifications du milieu

L'unité et la diversité des êtres vivants :
l'ADN, support de l'information génétique, reproduction sexuée, stabilité et diversité génétique (mutations génétiques, rôle de la fécondation)

Histoire de la vie et de la Terre au cours des temps géologiques :
parenté, évolution des espèces, adaptation, sélection naturelle et mutations
Place de l'Homme dans l'évolution

6 La reproduction des êtres vivants

Tous les êtres vivants se reproduisent et peuvent donner naissance à des individus appartenant à la même espèce.

A Comment se reproduisent les êtres vivants ?

1. Quels sont les différents modes de reproduction ?

▶ Il existe deux modes de reproduction :

Reproduction sexuée	Reproduction asexuée
– Individus issus de la fécondation entre deux cellules reproductrices (ou gamètes) – Individus génétiquement tous différents – Cas fréquent	– Individus génétiquement identiques entre eux et avec l'être vivant dont ils sont issus (clone) – Cas rare : seulement certaines espèces (surtout les végétaux)

▶ **La parthénogenèse** est un mode de reproduction sexuée spécifique. L'individu se développe à partir d'un ovule qui n'est pas fécondé par un spermatozoïde. Les ovules peuvent donner, selon les espèces, soit des individus mâles, soit des individus femelles, soit les deux.
La parthénogenèse s'observe chez :
– les pucerons : parthénogenèse et reproduction sexuée coexistent au cours de l'année ;
– les abeilles : ce mode de reproduction permet d'assurer une diversité des individus. Les œufs fécondés donnent naissance à des femelles (selon leur alimentation, elles deviendront ouvrières ou reines), les individus nés par parthénogenèse donneront des mâles (ou faux-bourdons).

1-1. La fécondation dans la reproduction sexuée

▶ La fécondation est l'union de deux cellules reproductrices, appelées « **gamètes** » ou « cellules sexuelles ». Il y a :
– la cellule mâle : les **spermatozoïdes** sont mobiles et de petite taille ;
– la cellule femelle : les **ovules** sont immobiles et de plus grande taille que les spermatozoïdes.
La **cellule-œuf** est issue de la fusion entre ces deux cellules reproductrices : c'est la toute première cellule de l'individu. Elle va se diviser plusieurs fois et son développement sera à l'origine d'un nouvel individu.
▶ Quelles que soient les espèces, un seul spermatozoïde peut féconder un ovule. Des mécanismes empêchent la pénétration d'autres spermatozoïdes dans l'ovule.
▶ On distingue deux types de fécondation :

Fécondation interne	Fécondation externe
Le mâle et la femelle s'accouplent et les cellules reproductrices mâles sont déposées dans l'appareil reproducteur de la femelle. Ex. : la poule, le chien, l'être humain…	Les cellules reproductrices sont libérées dans le milieu de vie (eau…) et l'union de celles-ci aura lieu dans le milieu de vie. Ex. : l'oursin, la truite, l'huître…

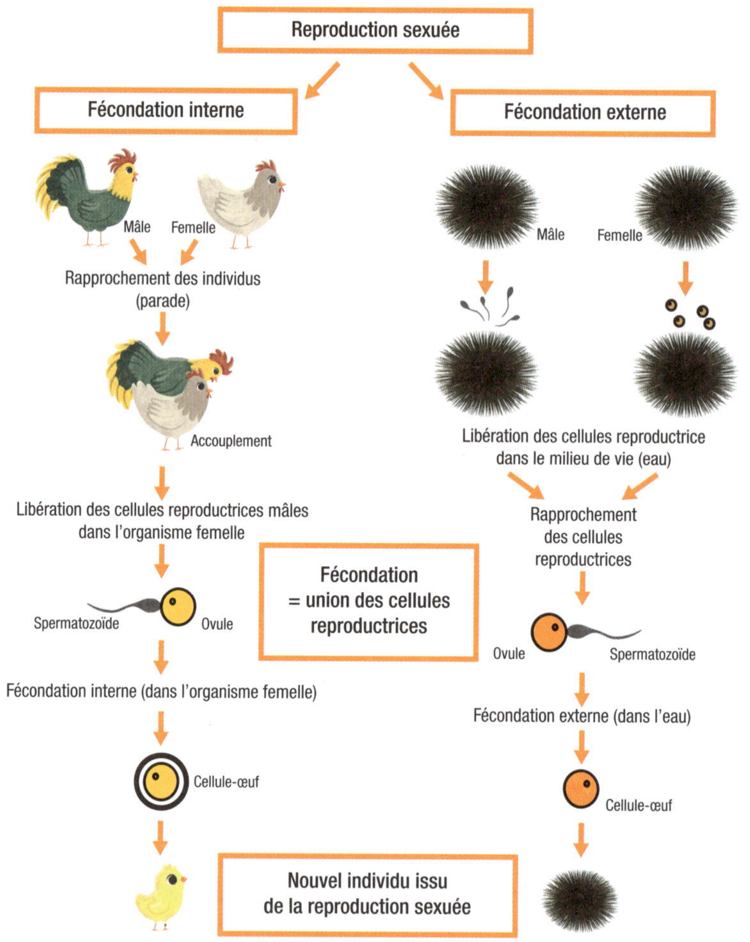

Doc. 1 La reproduction sexuée

! Les difficultés des élèves

Le rôle du mâle dans la reproduction n'est pas perçu par les élèves, seule la femelle aurait pour rôle de faire « grandir » le petit. Cette conception est renforcée avec le cas des oiseaux en raison de la prégnance de l'œuf qui est couvé par la poule.
Par ailleurs, pour les élèves, les animaux moins connus ou petits ne se reproduiraient pas (mouche, ver de terre).

1-2. La reproduction asexuée

▶ On l'appelle aussi « reproduction multiplicative ». Dans ce type de reproduction, existant chez un certain nombre de végétaux, il n'existe pas de cellules reproductrices et donc de fécondation. Chaque individu va, au cours de ce processus, donner naissance à des individus identiques.

▶ Reproduction sexuée et asexuée peuvent exister chez une même espèce.

Ex. : La pomme de terre

On peut obtenir un plant de pomme de terre en semant une graine (issue de la reproduction sexuée) ou en plantant un tubercule (excroissance présente sur une racine, une tige ou un rhizome). Sur cette excroissance s'accumulent des réserves nutritives pour la plante. Le tubercule assure ainsi à la plante sa survie lors de périodes sèches ou hivernales.

2. Comment naissent les animaux ?

2-1. Chez les animaux ovipares

▶ Les ovipares pondent dans l'eau (grenouille, crapaud, saumon…), sur terre (tortue, escargot, certains insectes…), sur des végétaux (papillon), ou encore dans un nid (oiseaux, abeille).
▶ Certains couvent (incubent) leurs œufs pour les maintenir à température constante.
▶ Les œufs pondus en milieu aérien sont protégés de la dessiccation par une coquille imperméable à l'air.

Doc. 2 Œufs d'escargot

Doc. 3 Œufs de poule

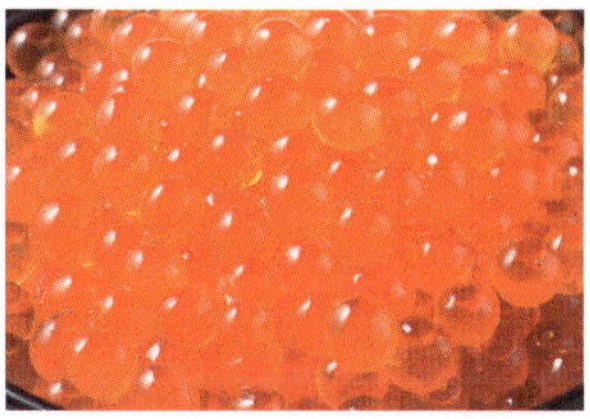
Doc. 4 Œufs de saumon

! Les difficultés des élèves

Le terme « œuf » représente à la fois la cellule-œuf issue de l'union d'un ovule et d'un spermatozoïde et l'œuf des oiseaux employé dans le langage courant. Il y a donc une rupture importante à réaliser pour l'élève avec assimilation d'un sens différent : celui d'une cellule microscopique et celui à l'origine d'un nouvel individu.

2-2. Chez les animaux vivipares

▶ Les petits se sont développés à l'intérieur du corps de la femelle. Ils se développent dans l'utérus et sont protégés à l'intérieur d'une poche contenant du liquide (liquide amniotique ou poche des eaux). Il existe des échanges entre le sang maternel et l'embryon tout au long de la grossesse grâce au placenta (apports de nutriments et de dioxygène par la mère et rejet de dioxyde de carbone et de déchets par l'embryon). Le sang maternel ne se mélange pas avec celui de l'embryon.
▶ Les femelles allaitent leurs petits.

Doc. 5 Naissance de souriceaux

3. Comment évoluent les petits ?

3-1. Le développement direct

▶ À la naissance ou lors de l'éclosion, le jeune ressemble à l'adulte. Il n'y a aucune modification significative de forme au cours de la croissance. Le développement se caractérise essentiellement par une augmentation de taille et de masse, puis par la maturité sexuelle lors du passage à l'âge adulte.
Ex. : Chat, girafe, poule, moule, escargot…
▶ Chez les mammifères, la femelle allaite son petit. Ce dernier opère les changements suivants :
– **morphologiques** : présence ou absence de poils à la naissance, yeux fermés, augmentation de la taille jusqu'à l'âge adulte ;
– **physiologiques** : acquisition de la maturité sexuelle grâce à un contrôle cérébral (qui commande la fabrication d'hormones).

3-2. Le développement indirect

▶ À la naissance, les petits sont différents des adultes : on les appelle des « **larves** ». Elles subissent différentes **métamorphoses** tout au long de leur croissance. Les métamorphoses constituent l'ensemble des transformations subies du stade juvénile au stade adulte.

Ex. : Papillon, ver de farine, oursin, grenouille…

▶ La métamorphose est dite :

– **complète** chez la plupart des insectes, des crustacés et des mollusques : les métamorphoses se réalisent au cours du stade de nymphe (chrysalide chez le papillon) ;

– **progressive** chez les amphibiens comme la grenouille : les modifications sont à la fois morphologiques et physiologiques. Le développement s'accompagne de changement de milieu, de mode de déplacement et de régime alimentaire.

Ex. : La métamorphose chez la grenouille.

Doc. 6 Les stades de développement du papillon

Stade de développement	Milieu de vie	Mode de déplacement	Nourriture	Milieu de respiration	Organes respiratoires
Têtard dépourvu de pattes	Aquatique	Nage à l'aide de sa queue	Végétaux	Eau	Branchies
Têtard pourvu de pattes	Aquatique	Nage à l'aide de ses pattes	Larves	Eau	Branchies
Grenouille	Aquatique et terrestre	Saute et nage avec ses pattes	Insectes et larves	Air	Poumon et peau

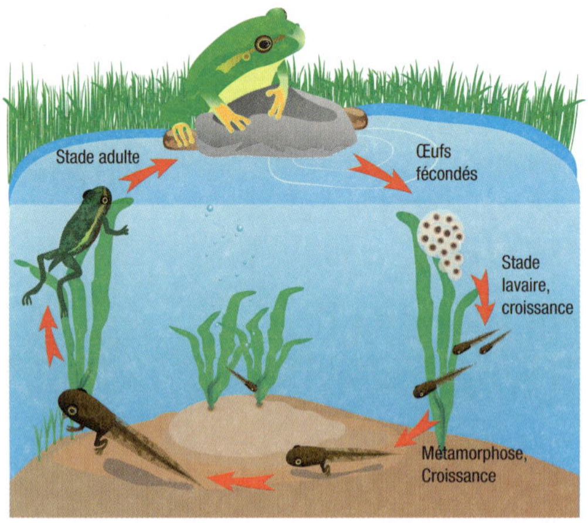

Doc. 7 Les stades de développement de la grenouille

3-3. La croissance continue

Dans ce cas, la croissance se déroule de façon continue avec une augmentation progressive de la taille. C'est le cas chez les mammifères mais aussi chez d'autres espèces (les oiseaux, les mollusques comme la moule et l'escargot).

Doc. 8 La chèvre et son chevreau

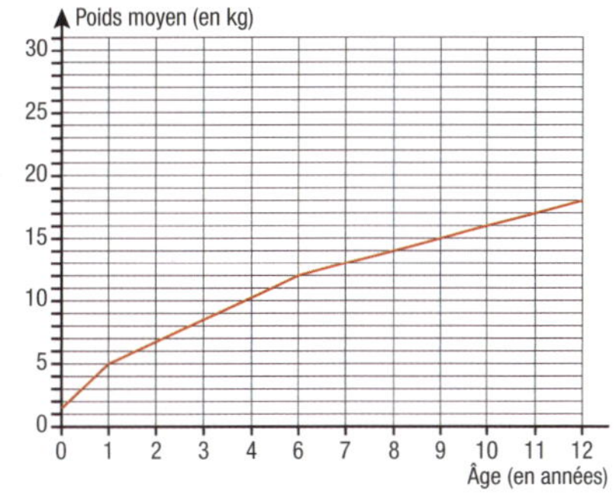

Doc. 9 La croissance continue du chevreau

3-4. La croissance discontinue

Chez les arthropodes (crustacés, arachnides, insectes, myriapodes : crabes, crevettes, araignées, fourmis, mille-pattes…), le corps est recouvert d'une carapace inextensible qui empêche la croissance. Pour s'en extraire, les jeunes doivent augmenter de volume et ainsi en former une nouvelle : on dit qu'ils **muent**.
Ces mues successives permettent une **croissance par paliers**.
Ex. : Phasme, mouche, criquet…

B Comment se reproduisent les végétaux ?

1. Comment se reproduisent les plantes à fleurs ?

1-1. Les différents éléments de la fleur

▶ Dans la fleur, on distingue différents organes :
– les pétales qui forment la corolle ;
– les sépales qui forment le calice ;
– les étamines qui contiennent le pollen ;
– le pistil qui contient les ovules.

Doc. 10 Les organes reproducteurs de la fleur

▶ Les fleurs ont chacune la même organisation et possèdent les mêmes organes (Doc. 10). Leur différence réside dans le nombre d'organes (sépales, pétales, étamines), l'organisation des pièces florales et la forme du pistil.

1-2. La fécondation et la pollinisation de la fleur

▶ Le pistil de la fleur (organe femelle) renferme les ovules qui sont les gamètes femelles. Les étamines (organes mâles) produisent du pollen qui sont les gamètes mâles.
▶ Pour qu'il y ait une rencontre entre les cellules reproductrices et donc fécondation, il faut que les grains de pollen germent sur le stigmate et qu'ils soient transportés des étamines vers le pistil. Ce transport s'appelle la **pollinisation** et diffère selon les espèces.
▶ Pour obtenir des graines, il faut que du pollen soit déposé sur le pistil. Ce dépôt peut se faire par le vent car les grains de pollen sont microscopiques et légers ou bien par des animaux comme l'abeille.
▶ Les grains de pollen fixés ainsi sur le stigmate du pistil vont germer et former un tube pollinique qui va croître, ce qui va permettre aux gamètes mâles de féconder l'ovule.
▶ Le pistil fécondé se transforme en **fruit** qui est un organe de réserve de substances organiques (qui peuvent se transformer en sucres lors du mûrissement du fruit) : c'est la **fructification**.
▶ Les ovules fécondés deviennent des graines.
▶ Les pétales sèchent et tombent le plus souvent ; le pédoncule de la fleur devient celui du fruit, les étamines sèchent et, le plus souvent, tombent ; il peut rester des traces des sépales.

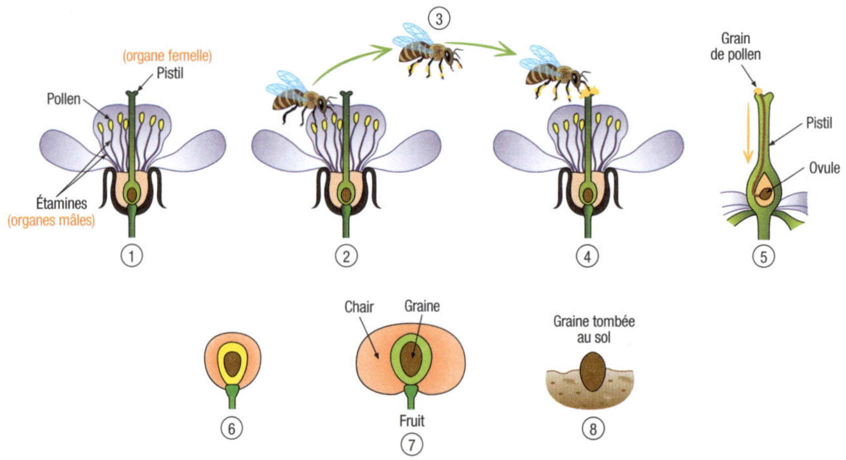

Doc. 11 Les différentes étapes de la reproduction d'une fleur

▶ Il existe différentes modalités de pollinisation :

Autopollinisation	Pollinisation par les insectes	Pollinisation par le vent
Le pollen pollinise le pistil de la même fleur. Ce cas est rare. Ex. : le pois...	La pollinisation est assurée par des insectes pollinisateurs. Lorsqu'ils butinent une fleur pour y récolter du pollen, celui-ci est transporté sur le corps des insectes et va se déposer sur une autre fleur. Le pollen sera ainsi transporté, puis déposé sur le pistil d'une autre fleur, d'où la rencontre entre les gamètes mâle et femelle. La pollinisation ne se fait que si les fleurs appartiennent à la même espèce. Ex. : fleur de cerisier, coquelicot...	Ce type de pollinisation existe lorsque les plantes ne produisent pas de nectar et n'attirent donc pas les insectes. Les étamines produites par ces fleurs sont disséminées par le vent. Ex. : sapin, noisetier...

! Les difficultés des élèves

Le fruit est assimilé à un aliment comestible, sucré et contenant du jus. La fleur, elle, est représentée avec des pétales qui entourent un « cœur », les autres organes n'étant pas identifiés. Il n'existe pas, pour les élèves, de relation entre la fleur et le fruit qui sont donc deux entités différentes, la fleur ayant un rôle esthétique et décoratif. Les enfants n'ont pas conscience de la présence successive des fleurs et des fruits sur l'arbre : ils ne peuvent en effet pas voir la transformation dans la nature. Les fruits seraient pour les élèves tous issus d'arbres fruitiers (difficile de comprendre qu'un sapin donne des fruits !). Les élèves associent le pollen au miel, aux abeilles et est responsable d'allergies : il n'a donc pas de rôle dans la fécondation.

▶ Il existe plusieurs modes de **dissémination** des graines :

– **par les animaux** : certaines graines se fixent sur les poils des animaux (bardane, aigremoine). Les graines peuvent être transportées dans l'estomac des oiseaux et des mammifères. Les graines de ces fruits se retrouvent alors dans les excréments de ces animaux et sont ainsi disséminées ; d'autres fruits peuvent être stockés par les animaux qui les consomment et peuvent germer lorsque les conditions sont favorables (noisettes, glands, noix oubliées dans la cachette des animaux).

– **par l'Homme :** les graines s'accrochent aux vêtements ou sont transportées volontairement par l'Homme pour ses besoins.

– **par l'eau :** c'est le cas des graines des plantes aquatiques comme le nénuphar, le cocotier, l'iris d'eau. Elles vont glisser sur l'eau. Ainsi transportés, elles vont germer si les conditions sont favorables.

– **par explosion :** certaines plantes, comme la balsamine, sensibles au moindre choc et au vent, vont disséminer leurs graines par « éclatement » lorsque les gousses qui les contiennent sont mûres.

2. Comment se reproduire avec des spores ?

▶ Pour se reproduire, certains végétaux utilisent des organes spécialisés sans qu'il y ait fécondation : il s'agit de la reproduction végétative (ou multiplication végétative).

▶ Certains végétaux sans fleurs assurent la conquête et le peuplement d'un nouveau milieu par des spores.

▶ Les spores sont caractérisées par leur grand nombre, leur légèreté et leur taille microscopique. Elles peuvent donc être facilement dispersées par le vent. Après germination et si les conditions sont favorables, elles donneront naissance à un nouvel individu.

▶ Chez la fougère par exemple, les spores sont contenues dans des sporanges situés sur la face intérieure de la feuille qui, arrivés à maturité, éclatent puis libèrent leurs spores.

Doc. 12 Face intérieure d'une fougère

Doc. 13 Amas de sporanges sous une fronde de fougère polypode

3. Comment se reproduire avec d'autres organes ?

▶ Les végétaux peuvent coloniser un environnement proche à l'aide d'autres organes comme les tiges, les racines ou les feuilles.

Ex. : Le fraisier colonise le milieu grâce à ses stolons, la jacinthe grâce à un bulbe et la pomme de terre avec des tubercules.

Les nouveaux pieds naissent de bourgeons qui apparaissent soit sur les parties aériennes d'une tige (cas des stolons), soit sur les parties souterraines de la tige (cas de l'iris).

Ces organes peuvent former une nouvelle plante entière qui va être génétiquement identique à la plante qui lui a donné naissance (on l'appelle aussi la « plante mère »). Ce mode de dispersion est appelé la « **multiplication végétative** ».

▶ La reproduction végétative permet de coloniser des milieux proches, contrairement à la reproduction sexuée qui permet de coloniser des milieux éloignés.

Doc. 14 Tubercules de pommes de terre qui germent

Doc. 15 Un pied d'iris qui se reproduit

Doc. 16 Un fraisier et ses stolons

ZOOM SUR…

L'anémone

L'anémone est un animal qui se reproduit de manière asexuée.

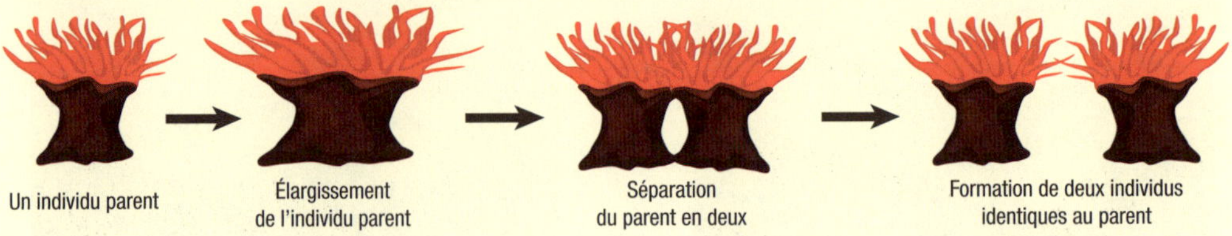

4. Quel est l'impact de l'Homme sur la reproduction des êtres vivants ?

L'Homme peut limiter la reproduction de certaines espèces végétales ou animales :

– **en utilisant des produits chimiques (insecticides)** qui détruisent les insectes ravageurs. Ces pesticides présenteraient des dangers à la fois pour l'Homme et pour la biodiversité car ils auraient des effets sur d'autres espèces animales.

L'INSERM (Institut National de la Santé et de la Recherche Médicale français) a publié en juin 2013 un bilan (basé sur la littérature scientifique internationale) sur les risques sanitaires engendrés par l'exposition aux pesticides, plus particulièrement chez les fermiers (développement de maladies). C'est l'enquête la plus complète réalisée à ce jour. Plus récemment, une autre étude a mis en évidence l'impact de certains pesticides sur les abeilles, mais aussi d'autres espèces comme les papillons, les vers de terre, les oiseaux (perturbation de l'orientation, réduction de l'espérance de vie, diminution du nombre de naissances, contamination du pollen…).

– **en introduisant des prédateurs naturels, des insectes ravageurs :** c'est une lutte biologique.

Ex. : La pyrale du maïs cause des dommages sur les plants de maïs et occasionne une perte de rendement de 7 à 30 % en moyenne. On utilise les trichogrammes, des guêpes microscopiques qui vont parasiter les larves de pyrales.

– **en modifiant génétiquement des espèces** de façon à leur permettre de résister contre des ravageurs.

Ex. : En modifiant un seul gène chez le concombre, des chercheurs ont permis à cette plante de devenir résistante à des virus.

ZOOM SUR…

Histoire du DDT

Utilisé en tant qu'insecticide à partir de 1939, le DDT a permis de lutter efficacement contre les insectes ravageurs de cultures dans les années 1940.

Dès son utilisation sont apparues des anomalies chez les femelles et les mâles de faucons pèlerins.

Les femelles contaminées pondaient moins d'œufs et les coquilles des œufs étaient tellement fragiles qu'elles se cassaient (l'épaisseur de la coquille avant l'utilisation de cet insecticide était en moyenne de 1,8 cm ; dès son utilisation, elle ne mesurait plus que 1,4 cm et son épaisseur a augmenté dès l'interdiction du DDT pour atteindre en 1990 une épaisseur normale).

Les mâles fabriquaient moins de cellules reproductrices.

Ce produit a occasionné une diminution du nombre de descendants et donc a eu un effet négatif sur la reproduction de ces rapaces. L'utilisation du DDT a été interdite à partir de 1972 dans de nombreux pays dont la France. Cette mesure a été efficace puisque avant 1970, le nombre de couples adultes diminuait (passant de 60 à environ 25 entre 1960 et 1970). Après l'interdiction du DDT, ce nombre a augmenté (passant de 25 à 175 entre 1970 et 2000).

C Comment se reproduisent les êtres humains ?

1. Qu'est-ce que la puberté ?

▶ La puberté se caractérise par des **transformations physiques, morphologiques et psychologiques** : entre 8 et 13 ans chez la fille, 10 et 14 ans chez le garçon.

▶ La puberté marque le **début du fonctionnement des organes reproducteurs** et se manifeste par les premières règles chez les filles et les premières éjaculations chez le garçon.

▶ Les caractères sexuels secondaires apparaissent, le corps change. Les caractères primaires sont mis en place à la naissance : ce sont les organes reproducteurs qui distinguent les filles des garçons.

Doc. 18 Les transformations du corps à la puberté

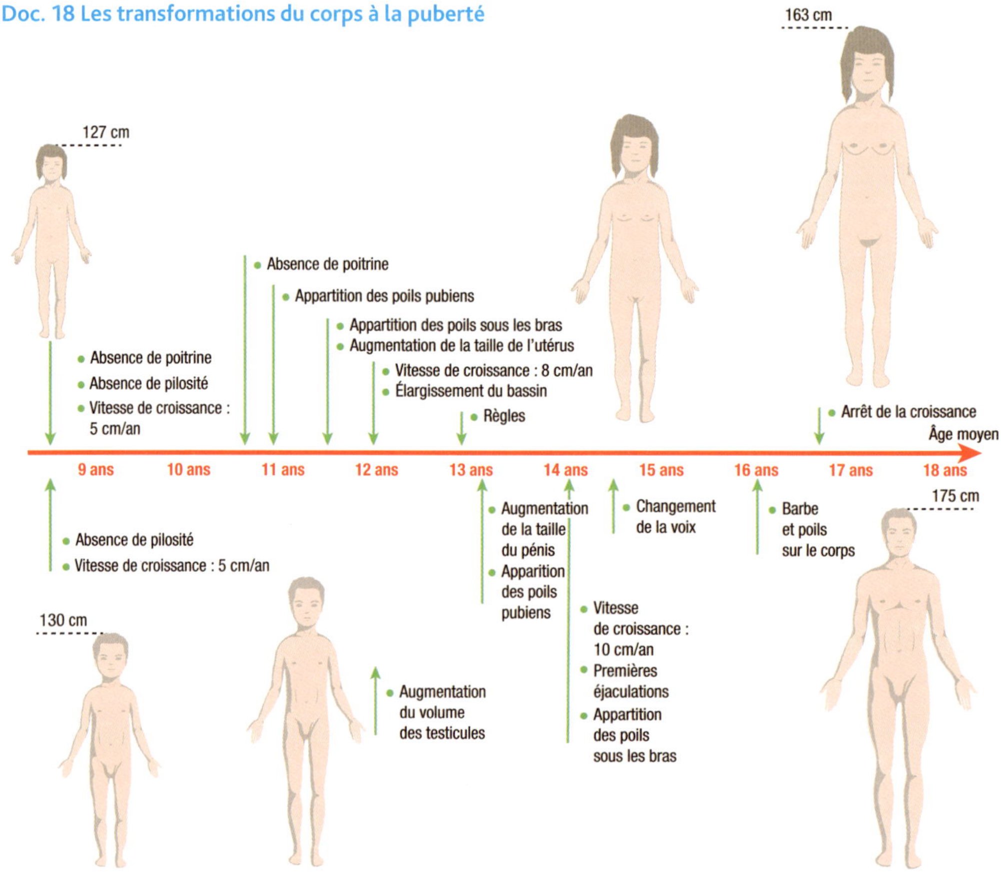

2. Comment sont organisés les appareils reproducteurs ?

2-1. Chez l'homme

▶ L'appareil reproducteur de l'homme se compose ainsi :

Le pénis	Organe mâle qui permet l'accouplement.
Les testicules	Au nombre de deux, ce sont les organes reproducteurs de l'homme. Les tubes séminifères des testicules produisent les spermatozoïdes et produisent une hormone : la **testostérone**.
L'épididyme	Partie qui surmonte le testicule où tous les tubes séminifères convergent. Les **spermatozoïdes** vont traverser ces conduits et vont acquérir tout au long de leur trajet leur mobilité. Ils y restent environ 2 semaines.
Le canal déférent	Conduisent les spermatozoïdes de l'épididyme jusqu'à l'urètre.
L'urètre	Assure à la fois le passage de l'urine et des spermatozoïdes. Lors d'une stimulation, le pénis se gonfle et se raidit : c'est **l'érection**. Le sperme est alors évacué par l'urètre au cours de l'éjaculation.
La prostate	Glande unique qui sécrète un liquide qui va permettre de rendre les spermatozoïdes actifs. L'ensemble formé par ce liquide et les spermatozoïdes forme le **sperme**.

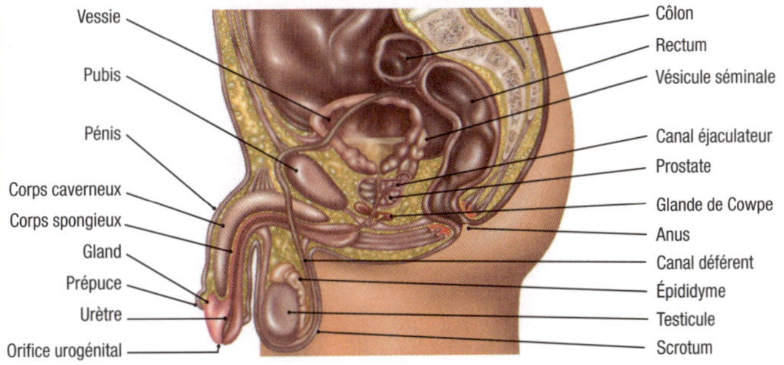

Doc. 19 Schéma de l'appareil reproducteur de l'homme

▶ À partir de la puberté, les testicules produisent en permanence des millions de spermatozoïdes chaque jour (en moyenne 260 millions) : la production est continue. Elle débute à la puberté et se produit tout au long de la vie d'un homme.

▶ Les spermatozoïdes se mélangent à un liquide nourricier : le **liquide séminal** fabriqué par la prostate (20 %) et les vésicules séminales (60-75 %). Ce mélange forme ainsi le sperme qui est évacué lors de **l'éjaculation**.

2-2. Chez la femme

▶ L'appareil reproducteur de la femme se compose ainsi :

Le vagin	Il relie l'utérus à la vulve. C'est à ce niveau qu'ont lieu les relations sexuelles. C'est aussi par cette voie que va sortir le bébé et c'est aussi là que vont s'écouler les règles.
Les ovaires	Organes reproducteurs de la femme au nombre de deux. Ils produisent les **ovules**. Chaque mois, un ovule est expulsé des ovaires. Ils produisent deux hormones : œstrogènes et progestérone.
Les trompes utérines (ou de Fallope)	Au nombre de deux. Ce sont des conduits qui communiquent avec les ovaires grâce au pavillon de la trompe de Fallope (mais ne sont pas soudés aux ovaires).
L'utérus	Il s'agit d'un muscle dont les parois sont épaisses. La muqueuse utérine (ou endomètre) est située sur sa partie interne et s'épaissit pour accueillir le futur bébé ou est détruite s'il n'y a pas de fécondation : ce sont les **règles**.

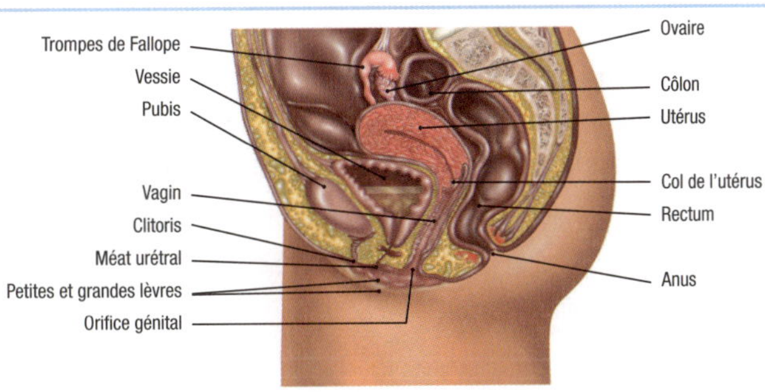

Doc. 20 Schéma de l'appareil reproducteur de la femme

▶ À la naissance, les ovaires contiennent des milliers de futurs ovules : ce sont les futurs **gamètes femelles**.

▶ Au moment de la puberté, les ovaires commencent à produire des ovules : c'est **l'ovulation**. L'activité de l'ovaire est cyclique. En effet, tous les 28 jours en moyenne, un des deux ovaires libère un ovule : c'est le **cycle ovarien**.

L'ovulation a lieu en moyenne le 14e jour après le début des règles (lorsque le cycle est de 28 jours), mais cela varie d'une femme à une autre.

Ce fonctionnement cyclique débute à la puberté et s'achève à la ménopause (entre 45 et 55 ans).

▶ L'utérus subit aussi des changements cycliques : on parle de **cycle utérin**. Au cours des 14 premiers jours du cycle, la muqueuse utérine s'épaissit progressivement pour se préparer à recevoir l'éventuel futur **œuf ou embryon**.
Ce fonctionnement cyclique se produit également chaque mois et ce, jusqu'à la **ménopause**.
S'il n'y a pas eu de fécondation, la muqueuse utérine est détruite 14 jours après l'ovulation. Cela se traduit par un écoulement de sang à l'origine des règles.

2. Comment le fonctionnement des appareils reproducteurs est-il contrôlé ?

▶ Le développement des organes reproducteurs à la puberté est déclenché par des **hormones**.
▶ Une hormone est une substance chimique produite par un organe (glande) et libérée dans le sang jusqu'à un organe « cible » dont elle va modifier le fonctionnement. Ainsi, des hormones cérébrales fabriquées par l'hypophyse (glande située à la base du cerveau) vont être libérées dans le sang et atteindre les organes reproducteurs de la femme et de l'homme.
Chez l'homme, les testicules, organes cibles, vont fabriquer de la **testostérone**, une hormone testiculaire. Cette hormone va stimuler et maintenir les caractères sexuels secondaires.

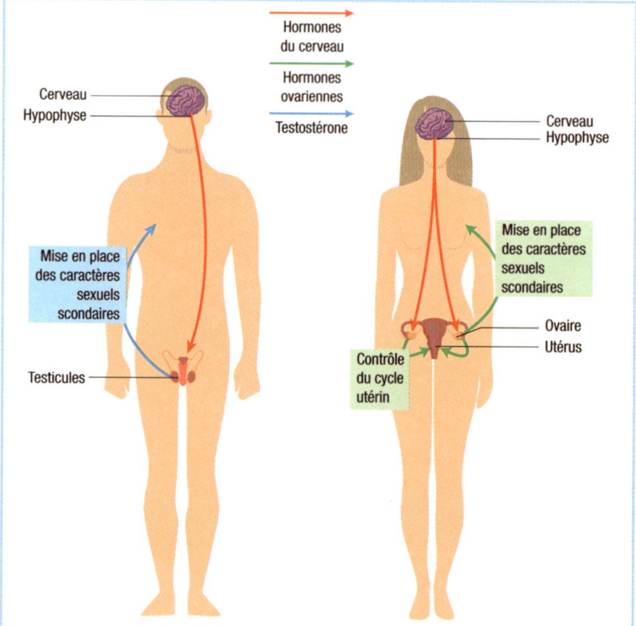

Doc. 21 Circuit des hormones chez la femme et chez l'homme

Chez la femme, les ovaires vont fabriquer deux hormones sexuelles (ou hormones ovariennes) : les **œstrogènes** et la **progestérone**. Les ovaires exercent un contrôle hormonal sur l'utérus : développement de la muqueuse utérine, déclenchement des règles et des caractères sexuels secondaires.

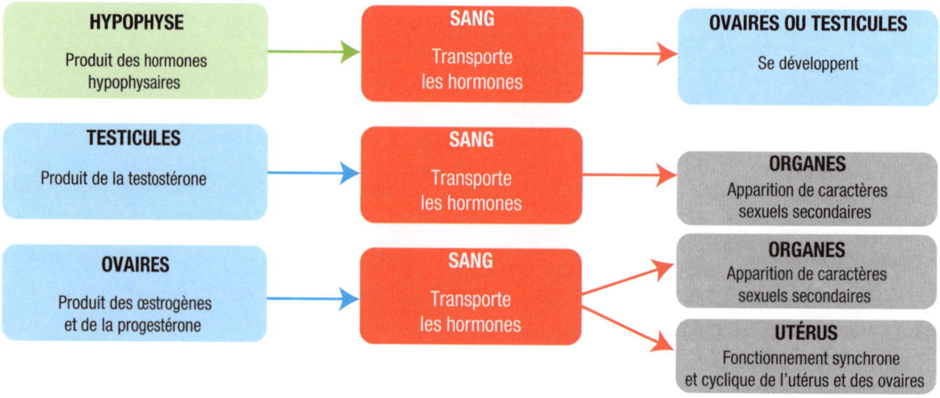

3. Que se passe-t-il de la fécondation à la naissance ?

3-1. La fécondation : rencontre entre les deux gamètes

▶ Lors de l'éjaculation, les spermatozoïdes sont déposés dans le vagin. Ils commencent alors un long trajet (Doc. 22) avant de rejoindre l'ovule dans les trompes de Fallope. Il s'agit d'une fécondation interne.

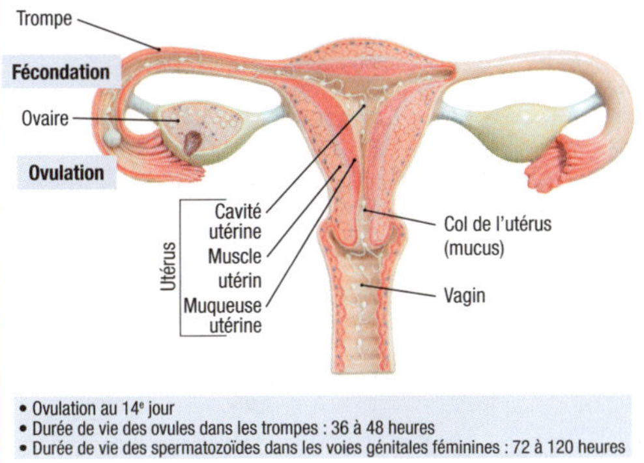

Doc. 22 Parcours des spermatozoïdes

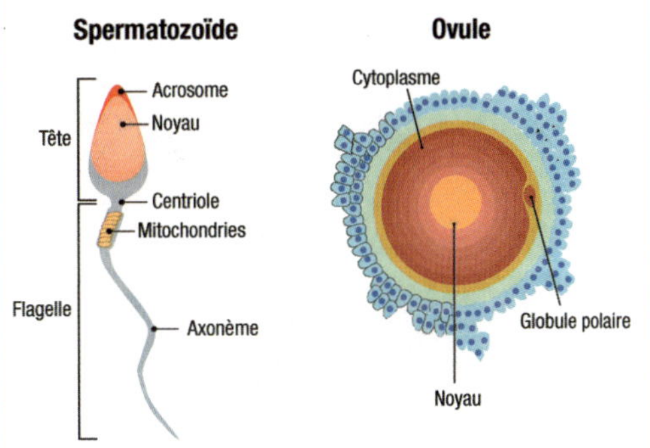

Doc. 23 Les gamètes

▶ Un seul spermatozoïde peut féconder l'ovule. De cette union naît une **cellule-œuf**, toute première cellule d'un individu.

▶ La cellule-œuf va se diviser en 2 puis 4, 8, 16… cellules : c'est la **division cellulaire** (Doc. 24). Elle va ainsi donner naissance à un embryon qui continue à se développer et va s'implanter dans la muqueuse utérine : c'est **l'implantation**. L'embryon va y rester jusqu'à la fin de la grossesse : c'est la **nidation**.

3-2. L'embryon et le fœtus

La période embryonnaire s'étend sur les 10 premières semaines de grossesse. Pendant cette période, les organes se forment. À partir du 3e mois de grossesse, les organes sont tous en place et se développent. L'embryon est devenu un fœtus (Doc. 24) : c'est la **période fœtale**.

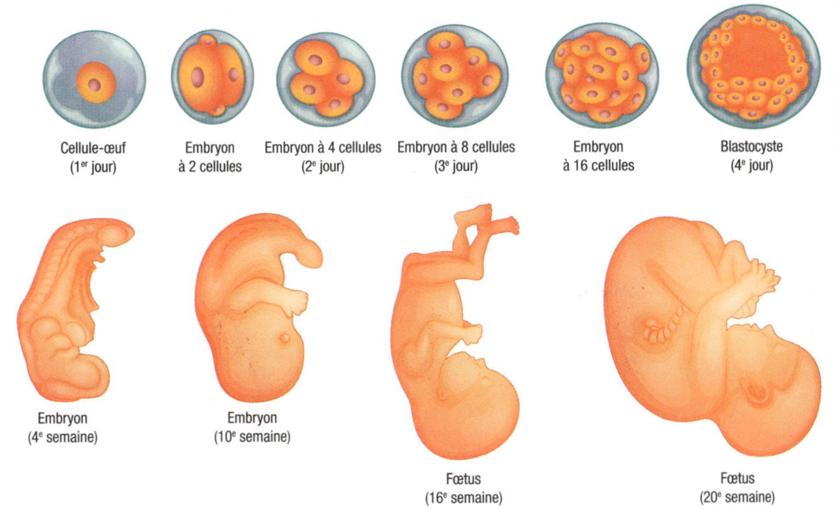

Doc. 24 Les étapes de développement de l'embryon et du fœtus pendant la grossesse

3-3. Les échanges entre la mère et le fœtus

▸ Au cours de la grossesse, des échanges entre l'organisme maternel et le fœtus s'opèrent grâce au **placenta** (Doc. 25). Celui-ci relie le fœtus et sa mère à travers une très grande surface d'échanges riche en vaisseaux sanguins (très vascularisée). À travers ce placenta, du dioxygène ainsi que des nutriments (glucides, protéines, lipides) et de l'eau passent de la mère au bébé. À l'inverse, le dioxyde de carbone et les autres déchets passent du sang fœtal au sang maternel et vont ainsi être rejetés.
▸ L'alcool, les drogues et le tabac passent aussi cette barrière placentaire, d'où le fait de déconseiller fortement aux mères de boire et de fumer pendant leur grossesse.

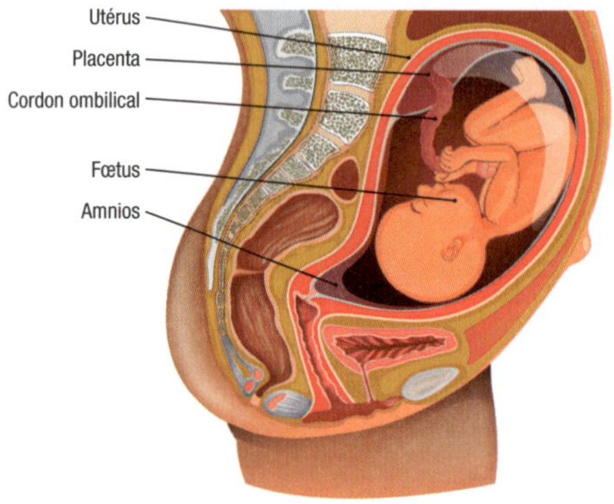

Doc. 25 Le fœtus dans l'utérus maternel

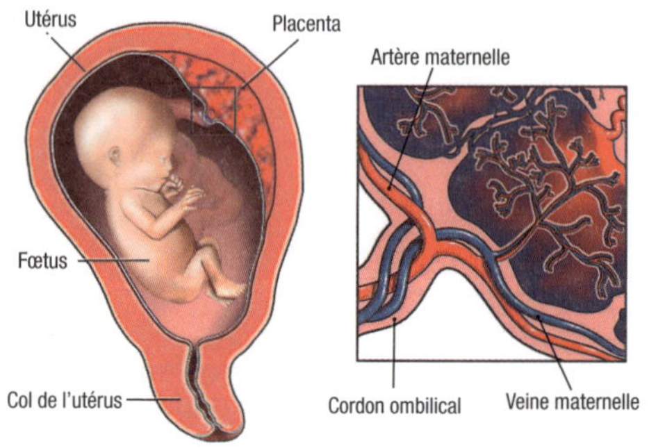

Doc. 26 Placenta entre la mère et le fœtus

3-4. L'accouchement

▸ En fin de grossesse, le fœtus, dont la tête est en bas (parfois il ne s'est pas retourné et est en position de « siège »), appuie sur le col de l'utérus. Les signes annonciateurs de l'accouchement sont les **contractions utérines** qui entraînent la dilatation progressive du col de l'utérus.
Les contractions des muscles utérins occasionnent l'ouverture progressive du col de l'utérus qui va se dilater (l'ouverture passe progressivement de 0,1 cm à 10 cm).
La poche des eaux dans laquelle baignait le fœtus se rompt : c'est la « perte des eaux ». Les muscles abdominaux se contractent également et contribuent à l'expulsion du bébé.
▸ L'accouchement par ces voies naturelles s'appelle « accouchement par **voie basse** ». Dans certaines situations, les femmes accouchent par **césarienne**. Dans ce cas, pour extraire le fœtus de la paroi abdominale, le chirurgien obstétricien procède à une intervention chirurgicale : incision de la paroi abdominale puis de l'utérus.
▸ Le bébé respire pour la toute première fois avec ses poumons : il pousse un cri.
▸ Le cordon ombilical qui reliait la mère à son enfant est coupé : la cicatrice restante formera le **nombril**.
Enfin, dans la demi-heure qui suit la naissance, le placenta est expulsé grâce à de nouvelles contractions utérines : c'est la **délivrance**.

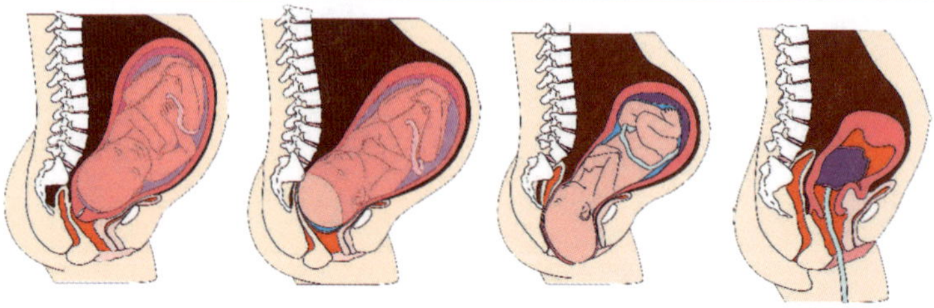

Le travail (plusieurs heures)
- dilatation du col de l'utérus
- rupture de la poche des eaux
- engagement de la tête

L'expulsion (15 à 60 minutes)
- fortes contractions
- expulsion du bébé

La délivrance
- décollement du placenta

Doc. 27 Les étapes de l'accouchement

Se tester en 10 questions

Parmi les propositions suivantes, choisissez la bonne réponse.

1. La reproduction sexuée concerne :
   - a) exclusivement les animaux et l'être humain
   - b) les plantes à fleurs, certains animaux et l'Homme
   - c) les animaux et les plantes à fleurs
2. La reproduction asexuée donne naissance à des individus :
   - a) identiques à l'individu qui leur a donné naissance
   - b) génétiquement identiques et nécessite un mâle et une femelle
   - c) génétiquement modifiés
3. La puberté :
   - a) permet de mettre en place les caractères sexuels secondaires
   - b) assure la mise en place de caractères sexuels primaires
   - c) commence autour de 12 ans
4. La viviparité est un mode de :
   - a) fécondation
   - b) reproduction
   - c) développement de l'embryon
5. Les graines peuvent être dispersées par :
   - a) l'eau et le vent
   - b) les animaux
   - c) l'eau, le vent et les animaux

Répondez aux questions suivantes.

6. Définir et donner des exemples de reproduction asexuée
7. Expliquer les caractéristiques de la fécondation externe.
8. Donner deux exemples d'animaux ayant un développement direct.
9. Citer deux actions négatives et positives de l'Homme sur la reproduction des êtres vivants.
10. D'où viennent les saignements au cours des règles ?

Réponses : **1.**b ; **2.**a ; **3.**a ; **4.**c ; **5.**c ;

6. Mode de reproduction qui ne fait intervenir ni graines ni gamètes. Ce type de reproduction donne naissance à des individus tous identiques à l'organisme vivant qui leur a donné naissance. On peut citer des exemples chez les animaux (l'anémone) et chez les végétaux (fougères et pommes de terre).

7. Chez certains organismes vivants, la rencontre entre les cellules reproductrices a lieu en dehors de l'organisme femelle. C'est le cas de la fécondation chez l'oursin : les gamètes mâles et femelles sont libérés dans l'eau, milieu de vie où ils vont fusionner pour donner naissance à un nouvel individu.

8. Chat, lapin mais aussi chez le chien, la girafe, le lion, le cerf, le rhinocéros, le dauphin.

9. Actions négatives : emploi de pesticides détruisant les insectes ravageurs mais ayant des conséquences directes ou indirectes sur la reproduction d'autres animaux ; surpêche avec captures de poissons très jeunes, les empêchant ainsi de pouvoir se reproduire. Actions positives : substitution de la lutte chimique par la lutte biologique ; création de parcs naturels permettant de favoriser la reproduction des espèces.

10. La muqueuse utérine s'épaissit pour recevoir le futur embryon mais est détruite s'il n'y a pas eu fécondation : ce sont les règles qui surviennent tous les mois sauf en cas de grossesse.

Ce qu'il faut savoir selon le cycle

La reproduction des êtres vivants

Cycle 1

Découvrir le vivant

Cycle 1

Reconnaître les principales étapes du développement d'un animal ou d'un végétal, dans une situation d'observation du réel ou sur une image

Observer les différentes manifestations de la vie animale et végétale

Découvrir le cycle que constituent la naissance, la croissance, la reproduction, le vieillissement, la mort, en assurant les soins nécessaires aux élevages et aux plantations dans la classe

Cycle 2

Caractéristiques du monde vivant : interactions et diversité

Reconnaître des comportements favorables à sa santé

Cycle 2

Développement des animaux et des végétaux

Cycle de vie de êtres vivants

Mesurer et observer la croissance de son corps

Cycle 3

Décrire comment les êtres vivants se développent et deviennent aptes à se reproduire :

– identifier et caractériser les modifications subies par un organisme (naissance, croissance, capacité à se reproduire, vieillissement, mort) au cours de sa vie
– modification de l'organisation et du fonctionnement d'une plante à fleurs ou d'un animal au cours du temps en lien avec sa nutrition et sa reproduction
– stades de développement (graines-germination ; fleur-pollinisation ; œuf-larve-adulte ; œuf-fœtus-bébé-jeune-adulte)
– différences morphologiques homme, femme, garçon, fille

Cycle 4

Thème 2 : Le vivant et son évolution
La reproduction des êtres vivants (sexuée et asexuée) et les milieux de vie, influence de l'Homme
Thème 3 : Corps humain et santé
La transmission de la vie chez l'Homme : reproduction et sexualité, comportements responsables en matière de sexualité

7 Le tri et le recyclage de la matière

A Qu'est-ce qu'un matériau ?

1. Comment sont créés les matériaux ?

▶ À partir d'une matière brute prélevée dans la nature (sable, gypse, bois), on peut fabriquer des matériaux (verre, plâtre, papier) qui peuvent être utilisés pour fabriquer des éléments comme des meubles, des ustensiles, des emballages…

▶ Les matériaux sont ainsi fabriqués à partir de matières premières naturelles extraites du sous-sol non renouvelables (pétrole, gaz, charbon, bois) ou de matière végétale ou animale renouvelable.

Ex. : Les carrières exploitées pour extraire le gypse nécessaire à la fabrication du plâtre ; les forêts exploitées pour leur bois.

▶ Les objets que nous utilisons peuvent être composés de différents matériaux qui sont sélectionnés selon leurs propriétés pour répondre à des besoins spécifiques.

ZOOM SUR…

Histoire du papier

Vers – 3000, les Égyptiens écrivaient sur du papyrus issu de feuilles de plantes présentes le long du Nil.

En 105, en Chine, de la pâte à papier est conçue à partir de vieux chiffons, d'écorces et de filets réduits en bouillie.

Au VIIe siècle, le papier est introduit au Japon.

C'est en Andalousie que naissent, au VIIIe siècle, les premiers moulins à papier en Europe. Ils apparaissent ensuite en Italie vers 1250, puis en France au XIVe siècle.

Les premiers papiers écrits en France datent du XIIIe siècle.

Le papier est aujourd'hui fabriqué à partir de fibres de cellulose contenues dans le bois.

Pour éviter de couper des arbres (un arbre coupé permet de fabriquer 35 kg de papier), on peut recycler le papier.

Dans certaines forêts, on ne coupe pas tous les arbres en même temps et on fait en sorte de remplacer ceux qui ont été coupés en replantant d'autres arbres : ce sont des forêts gérées durablement.

2. Quelles sont les familles de matériaux ?

▶ Il existe quatre grandes familles de matériaux :

	Céramiques	Organiques	Métalliques	Composites
Définition	D'origine naturelle, fabriqués à partir d'argile ou de sable.	D'origine naturelle, issus des végétaux ou des animaux ou du pétrole.	Composés de métaux (présents dans le sol sous forme de minerais) ou d'alliages de métaux.	Formés par la combinaison d'au moins deux matériaux appartenant à des familles différentes. Le but : combiner deux matériaux pour tirer des bénéfices des deux.
Exemples	Porcelaine, grès, faïence.	Matière végétale (coton, bois, lin), animale (laine, cuir, ivoire), plastiques, PVC, polystyrène.	Fer, aluminium, cuivre, bronze, étain, acier, or, fonte, laiton (alliage de zinc et de cuivre), inox (alliage d'acier et de chrome).	Béton armé (béton et barres d'acier).

LE SAVIEZ-VOUS ?

Les personnes ayant un handicap moteur peuvent pratiquer des activités sportives comme l'athlétisme grâce à des prothèses de jambes fabriquées à partir de kevlar (une fibre textile synthétique hautement résistante) et de fibre de carbone (de couleur noire). Ce matériau composite léger permet aux sportifs de réaliser de belles performances.

▶ Toutes ces ressources épuisables abritent une faune et une flore qu'il faut préserver.

B Pourquoi trier ses déchets ?

1. Quelle est la durée de vie des déchets dans la nature ?

▶ Les êtres humains produisent beaucoup de déchets. Différents matériaux finissent souvent à la poubelle ou malheureusement dans la nature et s'accumulent (Doc. 1). Cela entraîne d'innombrables dégâts sur la faune et la flore (Doc. 2). Pour limiter cet impact sur l'environnement, ces matières premières doivent être exploitées de manière raisonnée.

Doc. 1 Pollution d'une rivière

Doc. 2 Oiseau pris au piège dans les déchets

▶ Les déchets ne se dégradent pas de la même manière. Certains mettent des milliers d'années à se dégrader.

Doc. 3 Durée de vie des déchets dans la nature

2. Quels sont les intérêts du tri ?

▶ Trier puis recycler les déchets contribue à limiter la pollution et à préserver notre planète.
▶ Le tri repose sur des actions réalisées par les particuliers, ce qui permet de réduire significativement les coûts occasionnés par un tri et un traitement collectifs de tous les déchets récupérés.
▶ Des déchetteries regroupant les déchets de plusieurs collectivités assurent la récupération des déchets déposés par les particuliers directement sur place.
▶ Il y a ici un enjeu écologique car ces mesures évitent les dépôts sauvages dans la nature et économique car des économies sont réalisées sur le traitement des déchets.

C Comment valoriser les matériaux ?

1. Qu'est-ce que le recyclage ?

▶ En réutilisant ou en recyclant les matériaux, on peut leur donner une seconde vie. Depuis 2013, pour sensibiliser la population et pour garantir un recyclage plus optimal des objets, les fabricants doivent indiquer l'origine des matériaux entrant dans la composition des objets fabriqués.
▶ Les matériaux recyclés servent à fabriquer de nouveaux matériaux.
Ex. : Le verre, recyclable à l'infini, peut être utilisé pour la fabrication de nouvelles bouteilles, pots… même chose pour les matières plastiques, le papier (Doc. 4), le carton, l'aluminium et l'acier.

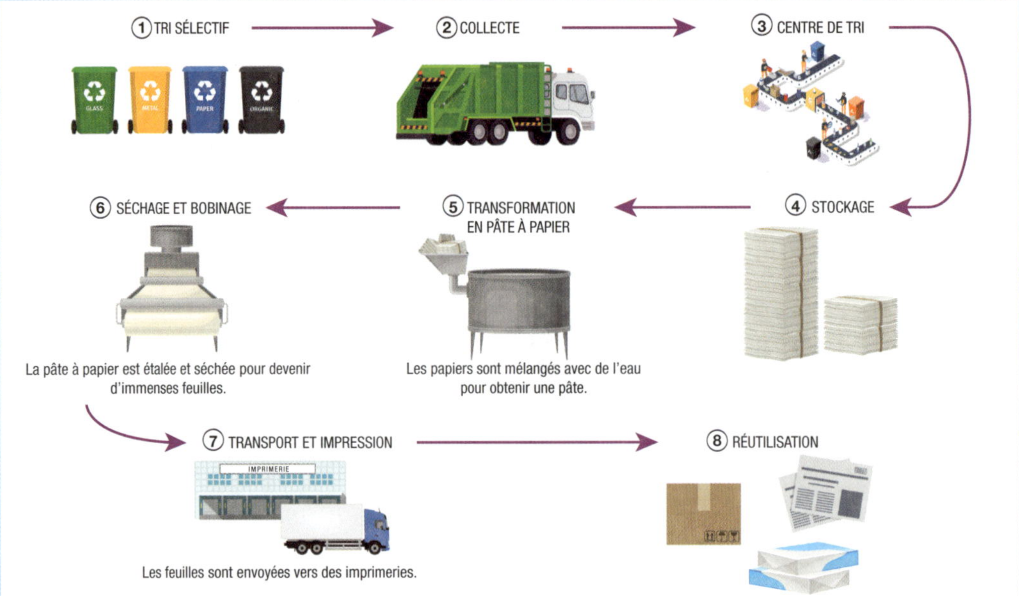

Doc. 4 Le circuit du recyclage du papier

▸ Il est plus compliqué de recycler des objets techniques complexes comme les ordinateurs ou les imprimantes compte tenu de la variété des matériaux qui les composent.
▸ Recycler les matériaux nécessite l'existence d'une filière de recyclage, d'un système de tri organisé autour de cette filière (information de la population, bacs de tri spécifiques, collecte sélective).

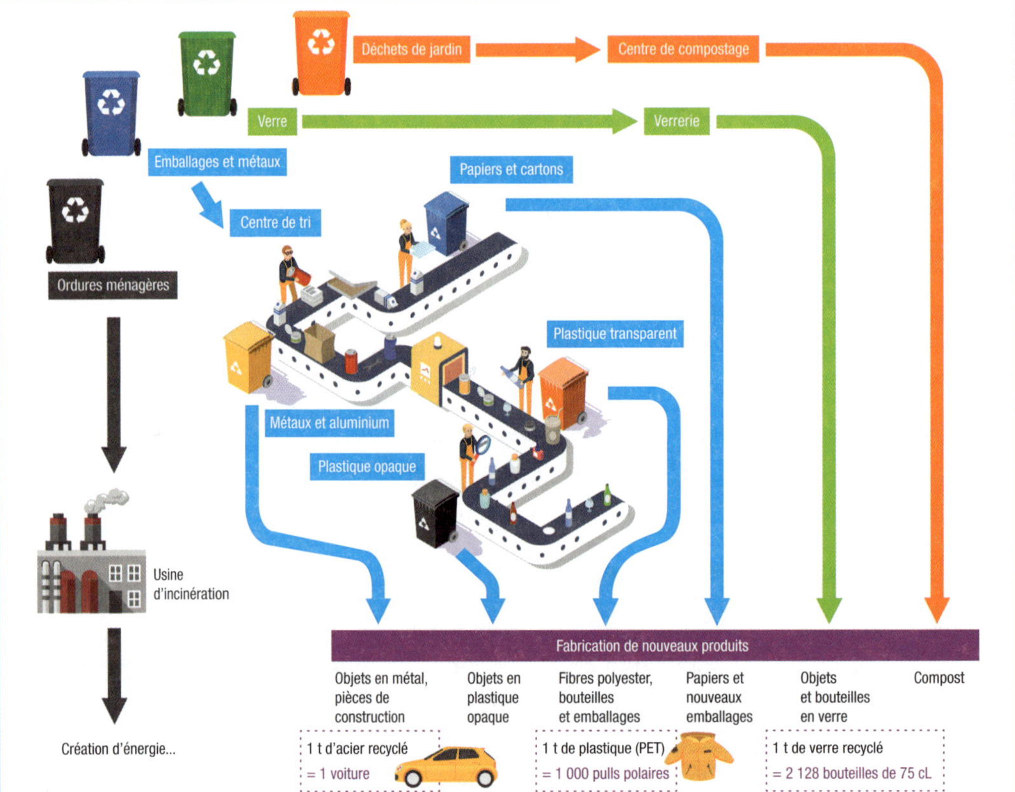

Doc. 5 Le circuit du système de tri

2. Qu'est-ce que l'incinération ?

▶ Les Déchets Ménagers (DM) sont l'ensemble des déchets générés par les particuliers (les ménages) et collectés par les collectivités. On exclut les gravats déposés à la déchetterie et les déchets des entreprises.

▶ Les matériaux ne pouvant pas être recyclés sont incinérés, c'est-à-dire brûlés (c'est le cas des déchets ménagers) : la combustion de ces matériaux génère de l'énergie électrique mais aussi de l'énergie thermique (de la chaleur) qui peut ainsi être utilisée pour chauffer.

▶ En revanche, l'incinération des déchets génère des émissions de fumées polluantes.

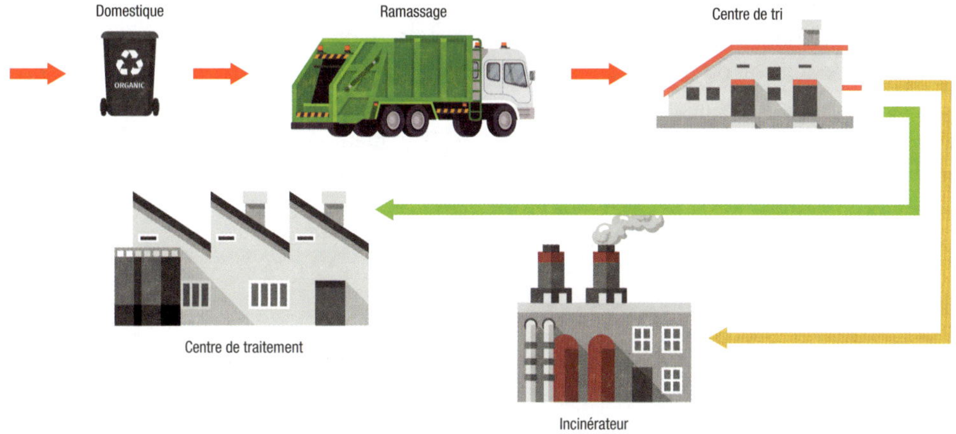

Doc. 6 Le circuit des ordures ménagères

3. Que deviennent les déchets toxiques ?

▶ Les déchets toxiques sont pris en charge par des centres spécialisés dans leur traitement.

Ex. : Piles, huiles de vidange, médicaments, peintures, bouteilles de gaz et d'extincteur...

– Les huiles de vidange sont traitées et permettent de refaire de l'huile de vidange.

– Les piles et les batteries sont transportées dans des centres de traitement : les éléments plastiques et papiers sont extraits et valorisés énergétiquement, les piles et batteries sont triées en fonction de leurs composants. Les matériaux qui les composent sont extraits puis subissent différentes techniques de recyclage en fonction des types de piles ou batteries à traiter. Ces matériaux sont ensuite valorisés (le fer est utilisé comme ferraille ou entrera dans la composition d'alliages).

4. Quelles autres actions peuvent contribuer à réduire l'impact environnemental des matériaux ?

4-1. Le recyclage des matériaux biodégradables : le compostage

▶ Le compost permet de valoriser les déchets organiques (épluchures, restes alimentaires, feuilles, coquilles d'œufs...) mais aussi d'éviter du rejet de CO_2.

▶ Les matériaux organiques peuvent ainsi être placés dans un composteur et servir comme engrais.

Ex. : Le lombricomposteur est un conteneur dans lequel on place des vers et les déchets organiques.

▶ Dans la nature, les débris végétaux et animaux sont décomposés par les décomposeurs (animaux du sol, bactéries et champignons). La matière organique composant ces différents organismes est transformée en matière minérale qui sera absorbée par la plante au niveau des racines : c'est la minéralisation de la matière organique. Cette matière organique est ainsi recyclée.

4-2. La réutilisation des matériaux : une seconde vie aux objets

▶ Réemploi, réparation, réutilisation : ils contribuent au prolongement de la durée de vie de l'objet et participent à l'économie circulaire et à la réduction des déchets produits.
▶ Il existe différents secteurs de réparations en France selon les produits (automobiles, cycles, vêtements, mobilier…) avec des acteurs variés : fabricants, distributeurs, réparateurs indépendants, associations.
▶ Des centres de récupération, valorisation et/ou réparation ont été créés : ce sont les recycleries. Les produits d'occasion ou usagés sont ainsi revendus au grand public. Ils sont d'abord contrôlés, nettoyés et réparés avant de revenir dans le circuit.
▶ La réparation d'un article permet d'accroître non seulement sa durée de vie mais aussi réduire la consommation de matières premières et d'énergie et assure ainsi la réduction des déchets.
▶ Les objets jetables peuvent être remplacés par des objets réutilisables (gourdes, sacs de courses, sacs en tissus pour les achats en vrac…).

4-3. Les circuits courts

▶ Le circuit court consiste à réduire sa distance d'achat et de consommation pour privilégier, lorsque cela est possible, un seul intermédiaire. Le consommateur achète ses produits de manière directe auprès du producteur sans intermédiaire ou de manière indirecte en faisant appel à un seul intermédiaire.
▶ Les circuits courts sont de plus en plus plébiscités par les consommateurs, soucieux de consommer local sans faire trop de kilomètres (réduction de la distance de transport entre le lieu d'exploitation et de transformation ou de consommation).

Se tester en 10 questions

Parmi les propositions suivantes, choisissez la bonne réponse.

1. Le plastique est un matériau :
   a) organique
   b) composite
   c) céramique
2. Un matériau métallique est :
   a) recyclable une seule fois
   b) non recyclable
   c) recyclable indéfiniment
3. Incinérer des déchets permet de les :
   a) valoriser
   b) réutiliser
   c) recycler
4. Le recyclage permet de :
   a) réutiliser les matériaux
   b) produire de l'énergie
   c) détruire les matériaux
5. L'or est une ressource :
   a) renouvelable
   b) non renouvelable
   c) recyclable

Répondez aux questions suivantes.

6. Indiquer les déchets pouvant être compostés.
7. Nommer les étapes de recyclage du papier.
8. Donner 2 exemples de matériaux obtenus après recyclage du métal.
9. Pourquoi est-il important de recycler les piles ?
10. Donner 3 exemples de matériaux non renouvelables.

Réponses : **1.**a ; **2.**c ; **3.**a ; **4.**a ; **5.**b ;
6. Il y a les débris de végétaux (feuilles, épluchures, fruits et légumes, herbe...), les petits cartons et le papier.
7. Collecte puis tri des papiers, stockage et transformation du papier en pâte à papier, séchage et formation de bobines de papier, impression du papier recyclé.
8. Trottinette, pièces pour voiture.
9. Car il y a des éléments toxiques et polluants dans les piles qui ont une durée de vie dans la nature de 8 000 ans.
10. Bois, métaux, pétrole.

Ce qu'il faut savoir selon le cycle

Le tri et le recyclage de la matière

Cycle 1
Découvrir le monde du vivant
Commencer à adopter une attitude responsable en matière de respect des lieux et de protection du vivant

Cycle 2
Caractéristiques du monde vivant : interactions et diversité

Cycle 1
Explorer la matière
Quelques matières ou matériaux naturels (l'eau, le bois, la terre, le sable, l'air, etc.) ou fabriqués par l'Homme (le papier, le carton, la semoule, le tissu, etc.)

Cycle 2
Suivi de ce qui entre et sort de la classe (papier, recyclage) et de la cantine (aliments, eau, devenir des déchets)

Cycle 3
Matière, mouvement, énergie, information
- diversité de la matière : métaux, minéraux, verres, plastiques, matière issue du vivant
- les ressources en énergie : exemples de ressources en énergie utilisées par les êtres humains : charbon, pétrole, bois, uranium, aliments

Cycle 4
- Comportements responsables face à l'environnement et préservation des ressources limitées de la planète
- Principaux impacts de l'action humaine, bénéfices et risques, à la surface de la planète Terre

Cycle 3
Interdépendance entre les êtres vivants dans un réseau trophique :
Devenir de la matière organique : rôle des décomposeurs

Enseignement Moral et Civique (EMC) : cycle 2
Construire une culture civique : initiation au développement durable : sensibilisation aux biens communs (ressources naturelles, biodiversité, etc.)

Cycle 3
Matériaux et objets techniques
Identifier les principales familles de matériaux : impact environnemental

THÈME 2
MATIÈRE ET ÉNERGIE

cycle 1

Explorer la matière

- **Action sur les matériaux**
- **Utilisation de matériaux naturels ou fabriqués par l'Homme**

cycle 2

Qu'est-ce que la matière ?

- **Identifier les trois états de la matière et observer des changements d'état**
- **Identifier un changement d'état de l'eau dans un phénomène de la vie quotidienne**

▶ Comparer et mesurer la température, le volume, la masse de l'eau à l'état liquide et à l'état solide.

▶ Reconnaître les états de l'eau et leur manifestation dans divers phénomènes naturels.

▶ Mettre en œuvre des expériences simples impliquant l'eau et/ou l'air :
- quelques propriétés des solides, des liquides et des gaz ;
- les changements d'état de la matière, notamment solidification, condensation et fusion ;
- les états de l'eau (liquide, glace, vapeur d'eau) ;
- existence, effet et quelques propriétés de l'air (matérialité et compressibilité de l'air).

cycle 3

Matière, mouvement, énergie, information

- **Décrire les états et la constitution de la matière à l'échelle macroscopique**

▶ Mettre en œuvre des observations et des expériences pour caractériser un échantillon de matière :
- diversité de la matière : métaux, minéraux, verres, plastiques, matière organique sous différentes formes... ;
- l'état physique d'un échantillon de matière dépend de conditions externes, notamment de sa température ;
- quelques propriétés de la matière solide ou liquide (approche qualitative) ;
- la matière à grande échelle : Terre, planètes, Univers ;
- tout objet matériel possède une masse qui lui est propre et qui peut être mesurée.

▶ Identifier à partir de ressources documentaires les différents constituants d'un mélange.

▶ Mettre en œuvre un protocole de séparation de constituants d'un mélange :
- réaliser des mélanges peut provoquer des transformations de la matière (dissolution, réaction).

▶ La matière qui nous entoure (à l'état solide, liquide ou gazeux), résultat d'un mélange de différents constituants.

• Observer et décrire différents types de mouvements

▶ Décrire un mouvement et identifier les différences entre mouvements circulaire ou rectiligne :
- mouvement d'un objet (trajectoire et vitesse : unités et ordres de grandeur) ;
- exemples de mouvements simples : rectiligne, circulaire.

▶ Élaborer et mettre en œuvre un protocole pour appréhender la notion de mouvement et de mesure de la valeur de la vitesse d'un objet.

▶ Mouvements dont la valeur de la vitesse est constante ou variable (accélération, décélération) dans un mouvement rectiligne.

• Identifier différentes sources d'énergie

▶ Identifier des formes d'énergie et des ressources en énergie… :
- l'énergie existe sous différentes formes (énergie associée à un objet en mouvement, énergie thermique, électrique, lumineuse...) ;
- exemples de ressources en énergie utilisées par les êtres humains : charbon, pétrole, bois, uranium, aliments, vent, Soleil, mers et rivières… ;
- ressources renouvelables et non renouvelables.

▶ Reconnaître les situations où l'énergie est stockée, transformée, utilisée. La fabrication et le fonctionnement d'un objet technique nécessitent de l'énergie :
- exemples de dispositifs de stockage : pile, barrage ;
- exemples de convertisseurs : lampe, éolienne, panneau solaire.

▶ Identifier quelques éléments d'une chaîne d'énergie domestique simple.

▶ Identifier quelques-uns des besoins en énergie de l'être humain pour le fonctionnement du corps et pour la vie quotidienne (se chauffer, se déplacer, s'éclairer…) :
- quelques dispositifs visant à optimiser la consommation d'énergie.

• Identifier un signal et une information

▶ Identifier différents signaux (sonores, lumineux, radio…) :
- distinction entre signal et information, dans une application simple de la vie courante ;
- transmission d'une information par un signal.

8 Les états de la matière et les changements d'état

A De quoi est composée la matière ?

1. Comment a-t-on découvert l'atome ?

▶ Contrairement à ce qu'imaginait le philosophe grec Démocrite, les atomes (mot grec signifiant « insécable »), ne sont pas des boules indestructibles.

▶ Du début du XXe siècle à nos jours, des scientifiques ont élaboré différents modèles de l'atome :

Le modèle de Thomson
En 1904, l'atome modélisé par Joseph John Thomson est une sphère remplie de substance électriquement positive et contenant des électrons chargés négativement.

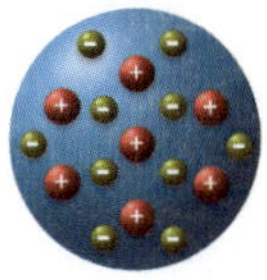

Doc. 1 Représentation de Thomson

Le modèle de Rutherford
En 1911, dans le modèle d'Ernest Rutherford, les électrons tournent autour d'un noyau très petit, comme les planètes autour du Soleil.

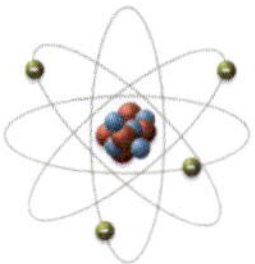

Doc. 2 Représentation de Rutherford

Le modèle de Bohr
En 1913, le modèle de Niels Bohr évoque des électrons qui se trouvent sur certaines orbites bien définies.

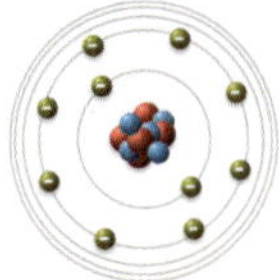

Doc. 3 Représentation de Bohr

De nos jours, dans le modèle proposé, la position des électrons ne peut pas être connue avec précision. On définit seulement des zones avec une forte probabilité de trouver les électrons autour du noyau.

Doc. 4 Représentation actuelle

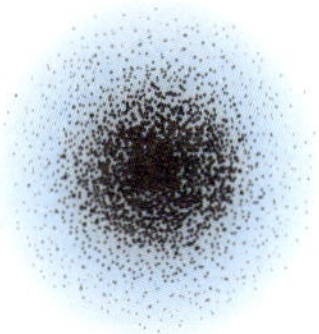

2. Qu'appelle-t-on « espèce chimique » ?

2-1. L'atome

▶ Les atomes sont des particules très petites, leurs dimensions sont de l'ordre du dixième de nanomètre, soit dix millionièmes de millimètre. Toute matière (bois, eau, plastique, êtres vivants…) est faite à partir d'atomes.

▶ Un atome est composé :
– d'un **noyau**, constitué de **protons** chargés positivement et de **neutrons** sans charge électrique ;
– d'**électrons** qui gravitent autour du noyau. Les électrons sont des particules chargées négativement, en nombre égal aux protons.

▶ L'atome est électriquement neutre et a une structure lacunaire qui signifie que entre les électrons et le noyau, c'est le vide.

▶ La masse d'un atome est quasiment contenue dans son noyau.

▶ Les atomes sont symbolisés par une ou deux lettres : H pour l'atome d'hydrogène, Au pour l'or, etc. (*Cf.* Classification périodique des éléments p. 301).

2-2. L'ion

Certains atomes ont tendance à perdre ou à gagner des électrons. La neutralité de l'ensemble noyau/électrons n'étant plus assurée, ils deviennent des particules chargées positivement ou négativement : ce sont les ions.

Un ion négatif

(ou anion) est un atome qui a gagné un ou plusieurs électrons.
Ex. : L'atome de chlore devient l'ion chlorure Cl^-.

Un ion positif

(ou cation) est un atome qui a perdu un ou plusieurs électrons.
Ex. : En perdant un électron, l'atome de sodium Na devient l'ion sodium positif Na^+.

2-3. La molécule

▶ Les molécules sont des particules formées d'atomes liés par des liaisons de covalence. Ces liaisons mettent en commun les électrons de plusieurs atomes afin de former des molécules.

Ex. : La molécule d'eau H_2O, indispensable à la vie, est formée de deux atomes d'hydrogène (H) et d'un atome d'oxygène (O).

▶ On représente et on écrit les molécules de différentes façons :

Nom dans la vie courante	Formule brute	Formule développée	Modèle moléculaire	Nom chimique
Eau	H_2O	H – Ō – H		eau
Butane	C_4H_{10}	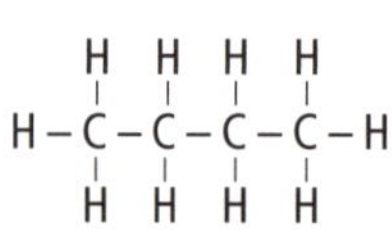		2-méthylpropane

▶ Dans la chimie organique (chimie du vivant), qui se constitue seulement des molécules « organiques » telles que carbone, hydrogène, oxygène et azote, on trouve les macromolécules. Il s'agit de molécules plus complexes comportant un grand nombre de séquences qui se répètent.

Ex. : Dans la chimie organique, on trouve des macromolécules composées d'atomes de carbone, d'hydrogène, d'oxygène et d'azote, comme les protéines.

▶ Les espèces chimiques peuvent subir des transformations pour donner d'autres espèces chimiques (Doc. 5).

L'assemblage que représente la molécule n'est pas définitif : il est susceptible de se transformer pour donner d'autres molécules. On parle alors de **réaction chimique**.

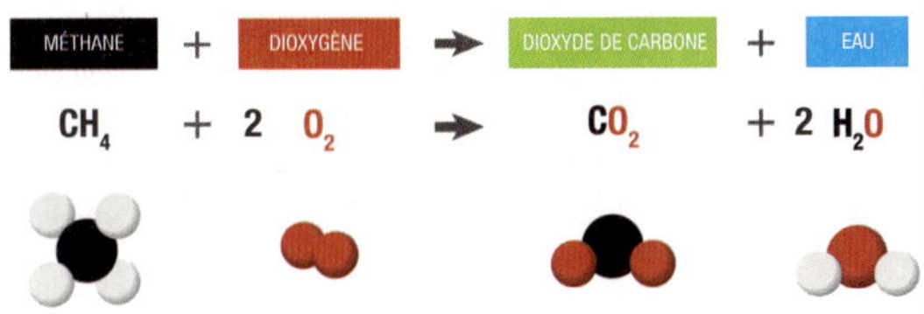

Doc. 5 Exemple de réaction chimique

La réaction chimique :
– conserve la masse et le nombre d'atomes ;
– réorganise la matière ;
– crée de nouvelles molécules à partir des atomes présents dans les molécules initiales.

« *Rien ne se perd, rien ne se crée, tout se transforme* »
(Antoine Lavoisier, 1743-1794).

B Les états de la matière

1. Qu'est-ce que la température ?

▶ Au niveau microscopique, la matière est composée d'atomes, de molécules en mouvement permanent dans toutes les directions de l'espace. Pour caractériser l'état d'un système, il est irréalisable d'étudier chacune des particules le composant. On définit alors une grandeur macroscopique dépendante de ces mouvements microscopiques : la température.

▶ La température est un **indicateur du degré d'agitation** des molécules. Plus la température est élevée plus les molécules sont agitées.

▶ Dans la plupart des pays, il se mesure en degré Celsius noté °C. Mais il existe aussi le kelvin (K) et le degré Fahrenheit (°F).

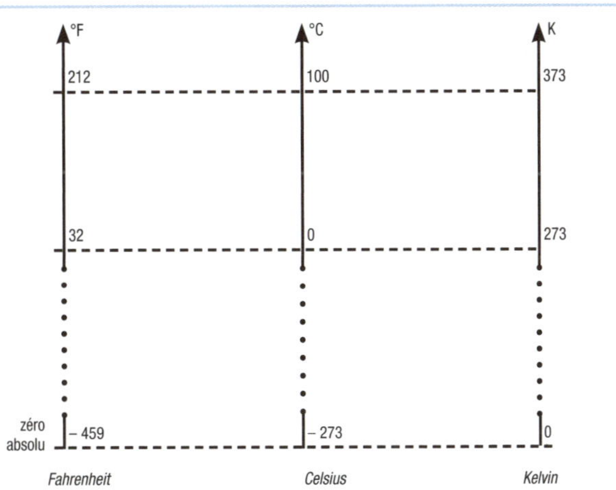

Doc. 6 Correspondance entre les trois échelles de température

▶ **Le thermomètre** est l'appareil de mesure qui permet de relever la température. Il existe différents types de thermomètres :

Thermomètre à dilatation	Thermomètre électronique	Thermomètre à infra-rouges
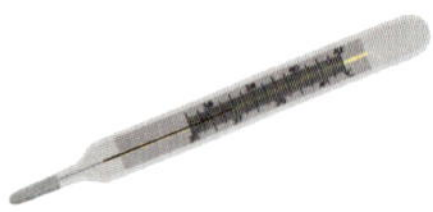	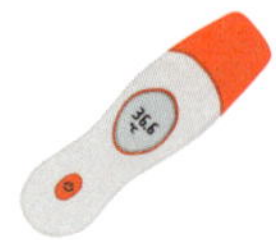	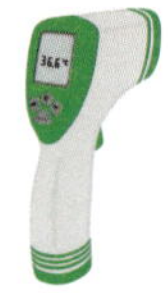
Dans le tube, le liquide se dilate (son volume augmente) lorsqu'il reçoit de la chaleur. Lors de l'utilisation, le liquide monte dans le tube effilé en fonction de la chaleur. *La vente de thermomètre à mercure a été interdite en France en 1998, il a été remplacé par des solutions à base d'alcool.*	Une résistance thermique adapte sa valeur en fonction de la température.	Un capteur mesure l'intensité du rayonnement infrarouge. Il permet de prendre la température d'un corps sans contact.

2. Qu'est-ce que la pression ?

▶ Un gaz est constitué de molécules animées d'un mouvement. Quand un gaz est enfermé dans un récipient, il vient exercer une force sur les parois. Les particules heurtent les parois et le choc des molécules sur les parois est alors à l'origine de la pression.

▶ La pression est **une grandeur physique** définie en tout point d'un fluide (gaz ou liquide), elle reflète la poussée exercée par ce dernier :
– entre ses propres particules ;
– sur les parois du récipient ;
– sur la surface d'un corps immergé.

▶ Cette force résultante par unité de surface est appelée « pression du gaz » et elle est exprimée en pascals (Pa).

▶ Elle peut être définie comme le rapport de la force de poussée exercée sur une surface par la valeur de cette surface :

$$P = \frac{F}{S}$$

où F en newtons (N) est la force exercée sur la surface S,
S en mètres carrés (m^2) est la surface sur laquelle s'exerce l'action;
P en pascals (Pa) est la pression au niveau de la surface S
(*Cf.* p. 236).

▶ La pression atmosphérique se mesure grâce à un **baromètre**.

Ex. : Au niveau de la mer, la pression est d'environ 101 300 Pa soit 1 013 hPa ou environ 1 bar. Cependant, elle peut varier et donner naissance à des hautes pressions (anticyclone) ou à des faibles pressions (dépression).

▶ Lorsqu'un gaz est enfermé dans un récipient hermétiquement clos, sa pression se mesure grâce à un **manomètre**.

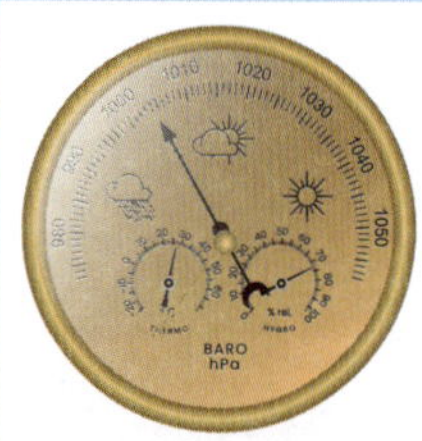

Doc. 7 Baromètre

3. Quels sont les trois états de la matière ?

3-1. L'état solide

▶ L'état solide est un état compact et ordonné de la matière.

▶ **À l'échelle microscopique**, cela se traduit par une faible mobilité des atomes ou des molécules. Des forces existent entre les particules, suffisamment fortes, pour minimiser leur mouvement et assurer la cohésion de l'ensemble.

À l'échelle macroscopique, le solide a une forme propre, car si l'on n'exerce aucune force sur eux, ils conservent la même forme.

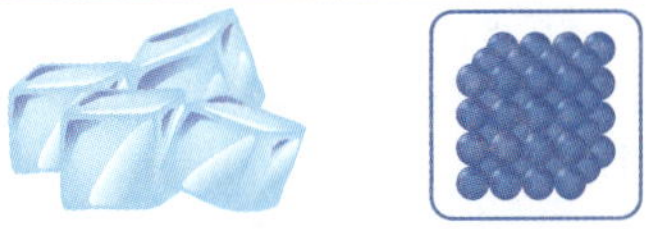

Doc. 8 L'état solide

REMARQUE

Il existe des solides à « l'état divisé » comme le sable, qui est constitué d'une multitude de grains. Chaque grain a une forme propre mais l'ensemble des grains peut s'écouler et prendre la forme du récipient qui le contient.

! Les difficultés des élèves

Pour les enfants, solide est synonyme de dur. L'écharpe, par exemple, n'est pas perçue comme solide, la neige non plus.

3-2. L'état liquide

▶ L'état liquide est un état compact et désordonné de la matière. Il se caractérise par une mobilité des molécules plus importante qu'à l'état solide. Ces particules peuvent se mouvoir librement les unes par rapport aux autres mais restent relativement proches. Cela donne au liquide une certaine fluidité.

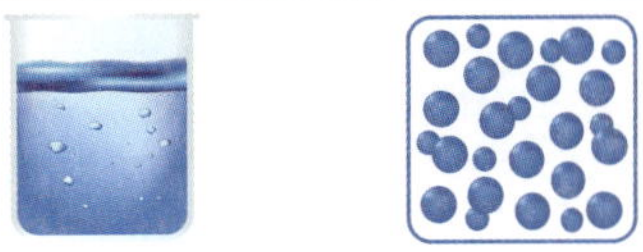

Doc. 9 L'état liquide

▶ **À l'état macroscopique**, les liquides n'ont pas de forme propre, ils prennent la forme du récipient dans lequel il se trouve. Leur surface libre au repos est plane et horizontale.

! Les difficultés des élèves

Les enfants ont beaucoup de mal à dessiner correctement le niveau de l'eau dans un récipient incliné, ils tracent en général une surface perpendiculaire aux parois du verre.

▶ Le brouillard est constitué de fines gouttelettes d'eau résultant de la condensation de la vapeur d'eau dans l'air froid au-dessus du récipient. La buée désigne également de fines gouttelettes d'eau qui se déposent sur un objet froid.

▶ La fumée comporte de fines particules solides.

3-3. L'état gazeux

▶ L'état gazeux est un état dispersé et désordonné de la matière. Il se caractérise par une mobilité des molécules très importante. Ces entités peuvent se mouvoir librement les unes par rapport aux autres et sont très éloignées. Cela lui donne des propriétés de fluidité à l'état macroscopique.

▶ Le gaz n'a pas de forme propre, il prend la forme du contenant, il occupe tout l'espace qu'on lui donne : il est compressible, expansible et se dilate facilement.

▶ La vapeur d'eau est un gaz invisible. Le nuage est de l'eau à l'état liquide. La vapeur d'eau se trouve en dessous du nuage et se condense quand la vapeur se refroidit.

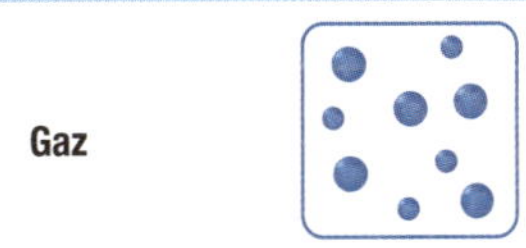

Doc. 10 L'état gazeux

REMARQUE

Lorsque l'on parle de l'« eau gazeuse », on ne désigne pas de l'eau dont l'état physique est l'état gazeux, mais de l'eau dans laquelle est dissous du dioxyde de carbone.

4. Quelles sont les caractéristiques des changements d'état ?

▶ Dans les systèmes macroscopiques, le changement d'état d'un corps pur (corps composé de molécules identiques) est une transition de phase qui concerne le passage entre deux états de la matière selon la température et la pression environnantes. Un changement d'état occasionne un transfert d'énergie et s'effectue à température constante entre la phase initiale et la phase finale.
▶ Il existe six changements d'état de la matière :

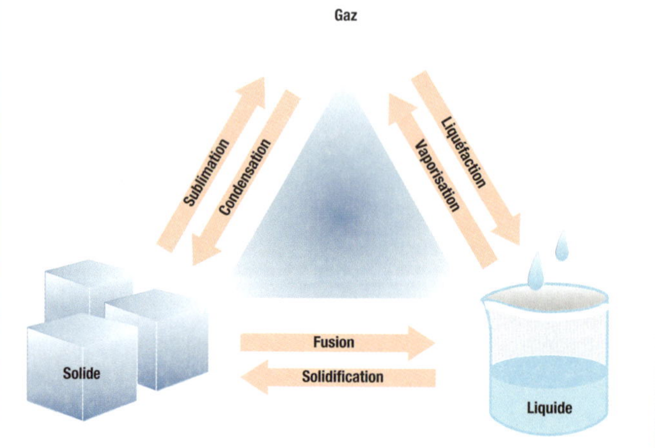

Doc. 11 Représentation des différents changements de la matière

4-1. La fusion

La fusion est le passage d'un corps de l'état solide vers l'état liquide. Pour un corps pur, la fusion s'effectue à température constante. La température de fusion de l'eau pure est 0 °C.

REMARQUE

Attention aux expressions dans le langage courant : « le sucre fond dans l'eau » au lieu de « se dissout dans l'eau ». Il ne s'agit pas ici d'un changement d'état (d'une fusion) mais d'une dissolution du sucre dans l'eau.

4-2. La solidification

La solidification est le passage de l'état liquide à l'état solide. Cela peut se faire par refroidissement de l'eau liquide. Cependant, lors du changement d'état, la température d'un corps pur reste constante et, pendant toute la durée du changement d'état, il y a coexistence de l'état liquide et de l'état solide. À la pression atmosphérique normale, la température de solidification de l'eau pure est de 0 °C.

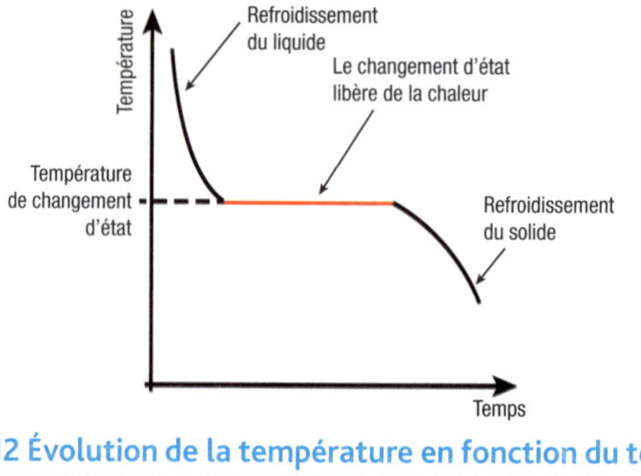

Doc. 12 Évolution de la température en fonction du temps

4-3. La vaporisation

La vaporisation est le passage de l'état liquide à l'état gazeux et demande en général un apport d'énergie de l'extérieur vers l'eau important. Elle peut prendre la forme d'une évaporation ou d'une ébullition.

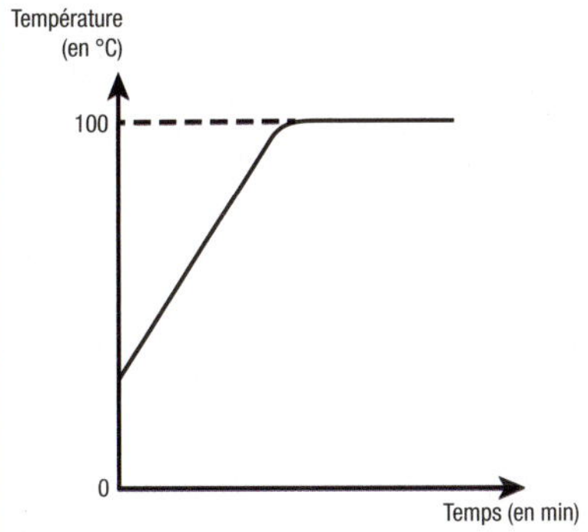

Doc. 13 Évolution de la température de l'eau chauffée jusqu'à ébullition

– **L'ébullition** est la formation de bulles lors du changement d'un corps de l'état liquide vers l'état gazeux (vapeur d'eau). Cette transformation s'effectue à température constante pour un corps pur, dans les conditions normales de pression, à 100 °C pour l'eau pure. Cette température d'ébullition évolue en fonction de la pression. En altitude, la pression de l'air diminue, donc la température d'ébullition de l'eau pure diminue.

Ex. : À une pression de 700 mbar, l'eau bout à 90 °C. À l'inverse, dans un autocuiseur, la pression augmente, alors la température d'ébullition augmente.

– **L'évaporation** est un phénomène qui se produit à la surface de l'eau. C'est un passage progressif de l'état liquide à l'état gazeux qui s'effectue à toute température comprise entre 0 °C et 100 °C. Certains facteurs peuvent influencer ce phénomène : température, surface d'échange, ventilation, taux d'humidité de l'air. L'évaporation de l'eau liquide nécessite un apport d'énergie.

Ex. : L'eau liquide sur un corps mouillé nécessite de l'énergie telle que la chaleur pour s'évaporer, cette chaleur va se transférer à l'eau liquide, ainsi le corps se refroidit.

4-4. La liquéfaction

La liquéfaction est le passage de l'état gazeux à l'état liquide. On parle parfois de « condensation liquide ».

Ex. : Lors de la formation de la buée sur une vitre (ou lors de la formation du brouillard au-dessus d'une casserole d'eau bouillante), l'eau passe de l'état gazeux à l'état liquide.

4-5. La sublimation et la condensation

La sublimation est le passage de l'état solide à l'état gazeux, sans passer par l'état liquide. Par conséquent, cette transformation se fait sans passer par une étape de fusion. La transformation inverse est la condensation solide.

Ex. : Les boules blanches de naphtaline que l'on met dans les armoires pour repousser les mites et parfumer le linge se désintègrent avec le temps, elles passent de l'état solide à l'état de gaz, c'est une sublimation.

5. Quels sont les effets lors d'un changement d'état de la matière ?

5-1. La masse

▶ La masse est une grandeur proportionnelle à la quantité de matière. Plus un objet contient de matière et plus sa masse est élevée. Sa valeur est constante et ne dépend pas du lieu où on effectue la mesure.

▶ Le poids et la masse sont deux grandeurs différentes. Le poids d'un corps est lié à l'attraction terrestre (poids = masse × gravité ; $P = mg$). Le poids est une force qui dépend du lieu où on effectue la mesure, alors que la masse est constante.

▶ La masse de la matière se conserve lors d'un changement d'état de l'eau. Lors de la fusion de la glace, la masse est constante (la quantité de matière reste identique).

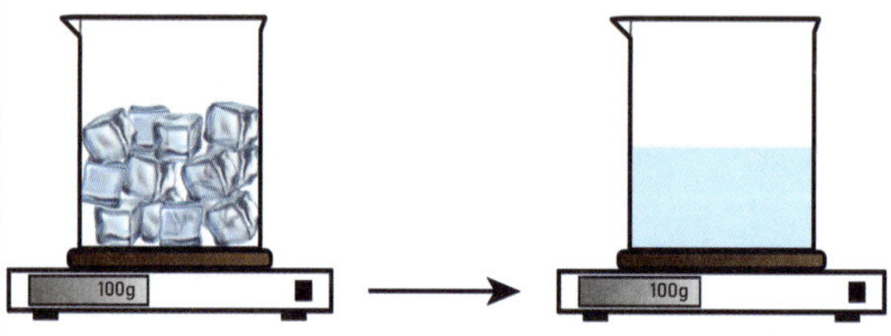

Doc. 14 Fusion de la glace : la masse est inchangée

5-2. Le volume

▶ Le volume de la matière change lorsqu'elle change d'état.

▶ Le volume est une grandeur macroscopique qui se mesure à l'aide d'un récipient gradué type éprouvette graduée. Son unité dans le système international est le mètre cube (m^3) mais le litre (L) ou le millilitre (mL) sont des unités usuelles.

▶ Le volume représente la place occupée par :
– les entités microscopiques (atomes, molécules, ions) et l'espace libre entre chacune ;
– un objet ou une substance (solide, liquide ou gazeuse).

▶ Dans le cas exceptionnel de l'eau, le volume diminue lors de la fusion. Dans la plupart des autres cas (huile, pétrole…), c'est l'inverse. L'eau, à l'état solide, au niveau microscopique, dont l'agencement prend davantage de place (volume plus important). Lors du passage à l'état liquide, cet agencement des molécules est modifié et le volume diminue.

! Les difficultés des élèves

Pour les élèves, l'air existe mais n'a pas le statut de matière. Ils conçoivent la matière comme quelque chose de visible, résistant, palpable.

Quand on dit « aller prendre l'air », on sous-entend que l'air est plutôt présent à l'extérieur. « Être dans un courant d'air » peut renforcer l'idée que l'air n'a d'existence que si l'on en perçoit sa présence.

Une bouteille, un verre ou tout autre récipient sont qualifiés de « vides » s'ils ne contiennent pas (ou plus) de substances liquides ou solides alors qu'ils sont remplis d'air.

5-3. La densité

La densité d'une espèce chimique est le rapport entre la masse d'un volume donné de l'espèce chimique sur la masse d'un même volume d'eau :

$$d = \frac{\text{masse d'un volume}}{\text{masse du même volume d'eau}} \text{ (sans unité).}$$

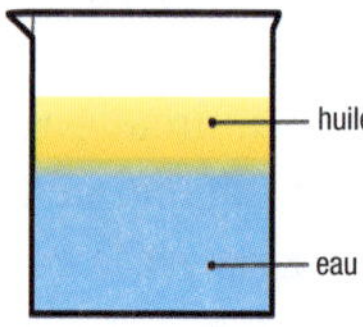

Ex. : La densité de l'eau est égale à 1. La densité de l'huile est inférieure à 1 (elle dépend de la température…). L'huile est moins dense que l'eau. Lors d'un mélange eau/huile, l'huile sera située au-dessus de l'eau.

6. Quelles sont les étapes du cycle de l'eau ?

Le cycle de l'eau est un processus naturel qui se déroule en plusieurs étapes :

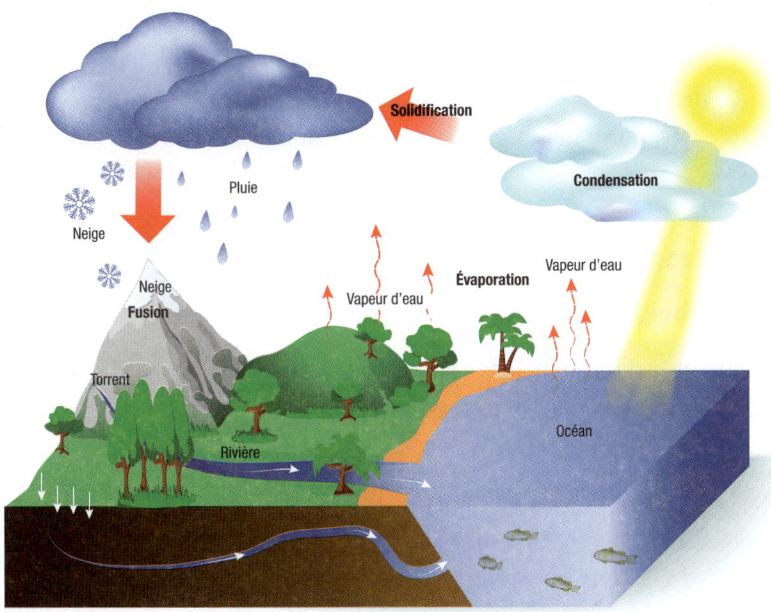

Doc. 15 Le cycle de l'eau

Étape 1 Au niveau des océans, des rivières, des lacs, etc., l'eau s'évapore : elle passe de l'état liquide à l'état gazeux (vapeur d'eau invisible).

Étape 2 Quand cette vapeur d'eau monte dans l'atmosphère (la température diminue), elle se refroidit et se condense en fines gouttelettes : c'est la formation des nuages. Lorsque les nuages sont saturés en eau, l'eau retombe sous forme de pluies, ce sont les précipitations. Si la température baisse davantage, l'eau à l'état liquide dans les nuages peut passer à l'état solide, elle tombe alors sous forme de neige. Quand la température augmente, la neige fond (fusion de l'eau).

Étape 3 L'eau qui retombe sur le sol emprunte trois voies :

– le ruissellement en suivant le relief ;
– l'infiltration, à travers les fissures naturelles des sols et des roches ;
– la percolation, en migrant lentement à travers les sols.

Si l'eau est très présente sur Terre, 97 % de cette ressource est de l'eau salée et 2 % est sous forme de glace. Il n'y a environ que 1 % d'eau douce sous forme liquide.

C Les mélanges et les solutions

1. Qu'est-ce qu'un mélange ?

Un mélange est constitué de différents corps. Un corps pur contient un seul type de molécules (l'eau pure ne contient que des molécules d'eau). Dès que l'on met en présence au moins deux substances différentes, on obtient un mélange. **Une solution** est un mélange composé d'un soluté et d'un solvant. L'eau salée est une solution : le soluté est le sel et le solvant est l'eau.

2. Quels sont les différents types de mélanges ?

2-1. Le mélange homogène

▶ Un mélange homogène est un mélange qui, après agitation, ne permet plus de distinguer au repos les différentes substances mises en jeu.
▶ L'eau peut former des mélanges homogènes avec :
– d'autres liquides (sirop, alcool, encre…), on parle de **liquides miscibles** ;
– certains solides (sel, sucre : Doc. 16), on parle de **solides solubles** ;
– certains gaz comme le dioxygène (indispensable à la vie aquatique) ou le dioxyde de carbone (gaz carbonique) présent dans les boissons gazeuses.

REMARQUE

Un **mélange saturé** est un mélange dont le constituant solide est en excès dans le constituant liquide. Il ne se dissout plus.

Doc. 16 Dissolution et cristallisation du sel

2-2. Le mélange hétérogène

▶ Un mélange est hétérogène si au moins deux de ses constituants sont visibles à l'œil nu même après agitation.
▶ Ces mélanges peuvent être constitués :
– de deux liquides (eau + huile : Doc. 17) dits **non miscibles** ;
– d'un liquide et d'un solide (eau + sable), on parle de **solide non soluble** ;
– d'un liquide et d'un gaz non soluble (présence de bulles dans le soda).

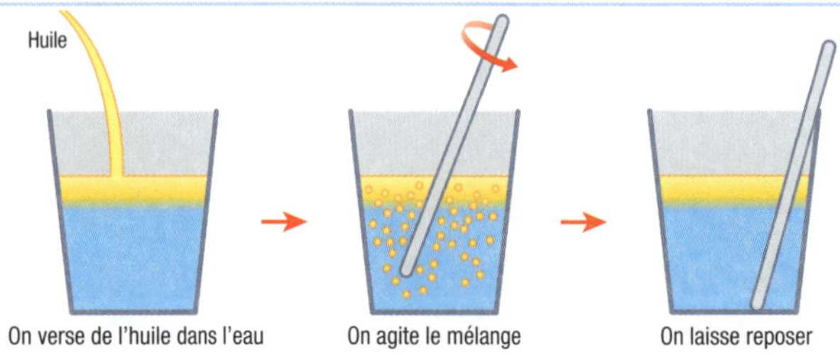

Doc. 17 Décantation d'un mélange liquide (huile) + liquide (eau)

REMARQUES

• Si on agite un mélange d'eau et d'huile, des petites goutelettes d'huile se dispersent dans l'eau : c'est une **émulsion**.
• Un mélange hétérogène d'un liquide et de particules solides est une **suspension**.

3. Comment séparer les constituants d'un mélange hétérogène ?

3-1. Par décantation

▶ Pour décanter un mélange hétérogène liquide + solide, on laisse reposer le mélange. Les constituants vont alors spontanément se séparer sous l'effet de la gravité (Doc. 18).
Les particules du constituant solide vont progressivement se déposer au fond du récipient. Le liquide devient de plus en plus limpide (clair et transparent) car il comporte de moins en moins de particules solides. Au bout d'un temps suffisamment long, le liquide est séparé de toutes les particules du solide.

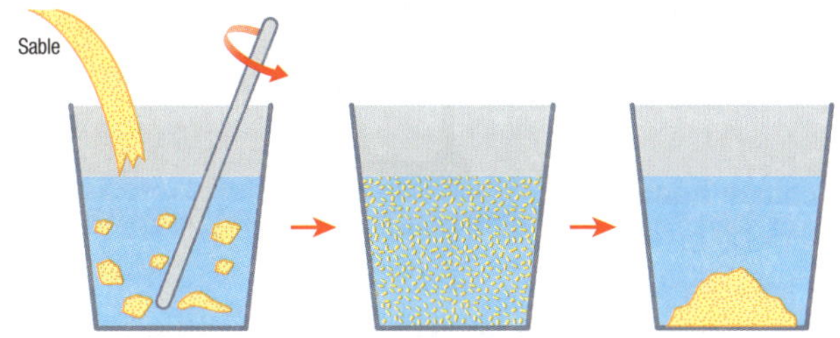

Doc. 18 Décantation d'un mélange solide (sable) + liquide (eau)

▶ Lors d'une décantation entre deux liquides, de la même façon le liquide le plus dense sera au-dessous du liquide le moins dense.

3-2. Par filtration

La filtration permet de séparer un mélange liquide + solide. Elle nécessite l'utilisation d'un filtre, celui-ci laisse passer le liquide mais retient les particules solides du mélange (Doc. 19). La filtration permet d'obtenir un liquide homogène, le **filtrat**.

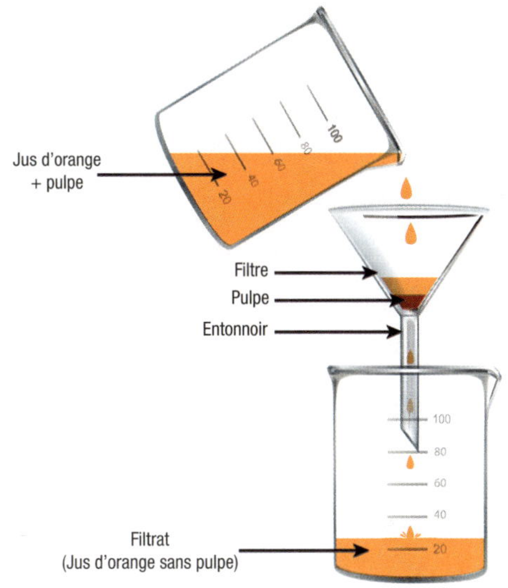

Doc. 19 Filtration d'un mélange solide + liquide

4. Comment séparer les constituants d'un mélange homogène ?

Par distillation

▶ Un mélange homogène, tel que l'eau salée, est placé dans un ballon chauffé jusqu'à ébullition. L'eau qu'il contient est alors vaporisée tandis que le sel (composé dissous) reste au fond du ballon.
La vapeur d'eau traverse un réfrigérant, elle se refroidit et se liquéfie pour former des gouttelettes qui coulent et forment le **distillat** (Doc. 20), le liquide séparé du solide.

▶ Dans le cas d'un mélange homogène de liquides (eau + alcool), la séparation s'effectue suivant les températures d'ébullition des liquides. Le liquide ayant la température d'ébullition la plus faible va se vaporiser le premier, il sera alors possible de le séparer de l'autre liquide qui se vaporisera après.

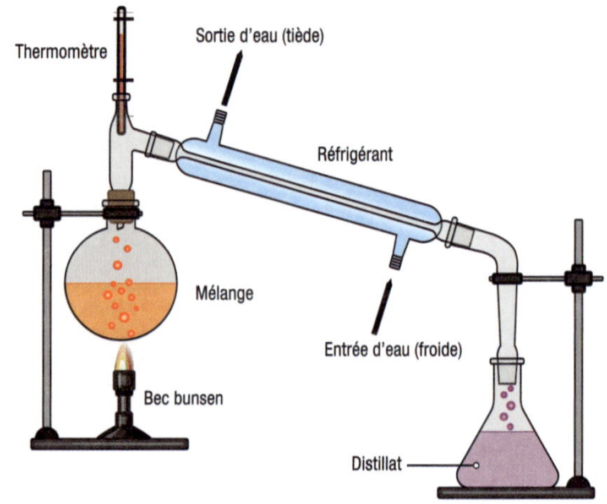

Doc. 20 Schéma du montage d'une distillation

5. Comment sont traitées les eaux du quotidien ?

Les stations d'épuration

▶ Les eaux que nous consommons proviennent de nappes souterraines, de lacs, de rivières, etc. Elles sont initialement composées d'impuretés, ce sont alors des mélanges. Afin de devenir limpides et potables, il faut que ces eaux passent dans les stations d'épuration.

▶ L'épuration nécessite une succession d'étapes (Doc. 21) de décantations, de filtration et de désinfection.

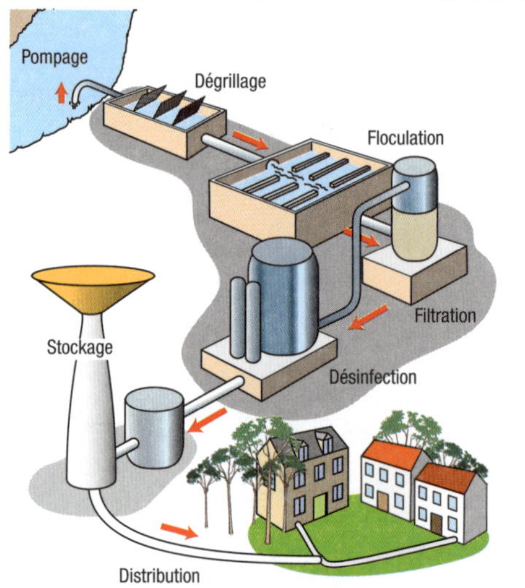

Doc. 21 Schéma d'une station d'épuration

Étape 1 **Pompage :** l'eau est puisée dans une rivière ou dans une nappe souterraine.

Étape 2 **Dégrillage/tamisage :** l'eau passe à travers des grilles qui retiennent les plus gros solides.

Étape 3 **Floculation :** à l'aide d'un floculant les impuretés trop fines pour être arrêtées lors de l'étape précédente se regroupent et forment de petits flocons plus denses que l'eau, qui tombent au fond d'un bassin.

Étape 4 **Filtration :** l'eau passe à travers une épaisse couche de sable qui retient des particules solides invisibles à l'œil nu.

Étape 5 **Désinfection :** différents traitements (ozonation, …) éliminent des bactéries qui peuvent être responsables de maladies. On ajoute aussi un peu de chlore pour éviter une nouvelle contamination pendant l'acheminement de l'eau jusqu'au robinet.

Se tester en 10 questions

Parmi les propositions suivantes, choisissez la bonne réponse.

1 Le noyau d'un atome est composé :
- a) de protons et de neutrons
- b) d'électrons
- c) d'ions

2 L'eau de mer est :
- a) un corps pur
- b) un mélange hétérogène
- c) un mélange homogène

3 Lorsque la pression augmente, la température d'ébullition de l'eau est :
- a) de 100 °C
- b) supérieure à 100 °C
- c) inférieur à 100 °C

4 Le passage de l'état liquide à l'état solide est :
- a) une fusion
- b) une solidification
- c) une sublimation

5 On peut séparer deux liquides non miscibles par :
- a) décantation
- b) filtration
- c) distillation

Répondez aux questions suivantes.

6 Qu'est-ce qu'une réaction chimique ?

7 Citer les 3 états de la matière et attribuer à chacun l'exemple qui lui correspond : neige, nuage, vapeur d'eau.

8 Qu'est-ce que la sublimation ?

9 Expliquer le principe de la distillation d'un mélange homogène.

10 Pourquoi sale-t-on les routes en hiver ? Expliquer.

Réponses : **1.a** ; **2.c** ; **3.b** ; **4.b** ; **5.a** ;

6. C'est la transformation d'espèces chimiques pour donner d'autres espèces chimiques.

7. État liquide : nuage. État solide : neige. État gazeux : vapeur d'eau.

8. C'est le passage de l'état solide à l'état gazeux, sans passer par l'état liquide.

9. Le mélange est placé dans un ballon chauffé jusqu'à ébullition. L'eau est alors vaporisée tandis que le solide reste au fond du ballon. La vapeur d'eau traverse un réfrigérant, elle se refroidit et se liquéfie et forme le distillat.

10. Le sel permet d'empêcher le verglas de se former. L'eau pure a une température de solidification et de fusion à 0 °C. Le mélange eau + sel a une température de fusion et de solidification inférieure à 0 °C.

Ce qu'il faut savoir selon le cycle

Les états de la matière et les changements d'état

Cycle 1

- Découverte (quelques propriétés de l'eau)
- Flottabilité des objets
- Différents états de l'eau de l'eau (solide et liquide)
- Fusion de l'eau
- Quelques mélanges simples avec l'eau

Cycle 2

- En CE2, vaporisation de l'eau
- Caractéristiques de l'état solide et de l'état liquide de l'eau
- La fusion et la solidification de l'eau

Cycle 3

- Caractéristiques des changements d'état de l'eau (températures, masses, volumes)
- Le cycle de l'eau
- Mélanges et solutions (mélanges hétérogènes, homogènes)
- Séparation des constituants d'un mélange (décantation, filtration, distillation)
- Traitements de l'eau (épuration…)

9 L'air

« L'air est un mélange homogène habituellement à l'état gazeux qui forme l'atmosphère terrestre ».

Bächtold & Mouahid, 2014.

1. De quoi se compose l'air ?

▶ À la surface terrestre, l'air est un **gaz** incolore et inodore. Il existe partout autour de nous, possède une masse, est compressible et se conserve. Il est constitué à :

78 % de diazote (N_2)	21 % de dioxygène (O_2)	Le reste en proportion variable de dioxyde d'hydrogène (H_2O), de dioxyde de carbone (CO_2), d'argon (Ar), etc.

▶ La matérialité de l'air peut se manifester par des effets :
– de masse : il peut être pesé (1 m^3 d'air à 20 °C a une masse de 1,2 kg) ;
– de pression : gonflage de ballon, seringue bouchée…
▶ On peut également observer son déplacement (bulle d'air) et sa conservation par :
– des effets naturels : vent ;
– l'utilisation d'instruments : pompe, seringue…

REMARQUE

Attention aux confusions courantes telles que « l'air est composé essentiellement de dioxygène » alors que le diazote y est majoritaire.
De même, le langage courant nous induit en erreur en parlant d'oxygène au lieu de dioxygène.

! Les difficultés des élèves

Les obstacles majeurs rencontrés concernent son « invisibilité » par rapport à nos sens : l'air ne se voit pas, n'a pas d'odeur, ne se touche pas.

Il s'agit de faire prendre conscience aux élèves de la matérialité de l'air tout en travaillant sur les concepts et les caractéristiques de la matière et faire prendre conscience aux enfants que l'air a des propriétés similaires à celles des liquides et des solides.

2. Quelles sont les différentes propriétés de l'air ?

2-1. L'air est de la matière

L'air a les propriétés générales de la matière :

• Il peut changer d'état.

– Il devient liquide à une température de – 190 °C (sous une pression de 1 atm), solide à – 220 °C.
– C'est un mélange (*Cf.* p. 169), il n'y a pas de palier de changement d'état.

• Il est pesant.

– La masse d'un litre d'air vaut 1,3 g.
– Un ballon gonflé a une masse plus élevé qu'un ballon vide.

2-2. L'air peut être déplacé

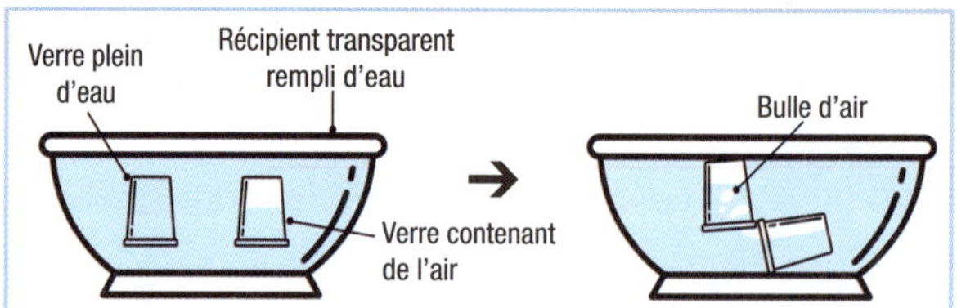

Doc. 1 Déplacement de l'air

L'expérience (Doc. 1) montre que l'air contenu dans un verre peut être transvasé dans un autre verre plein d'eau. Des bulles d'air mettent en évidence le passage de l'air d'un verre vers un autre : **l'air se déplace**.

2-3. L'air peut se mettre en mouvement

- Au niveau microscopique : plus la température augmente, plus les particules s'agitent.
- Au niveau macroscopique : le vent est de l'air en mouvement, provoqué par une différence de températures entre un lieu et un autre.

L'air se dilate.

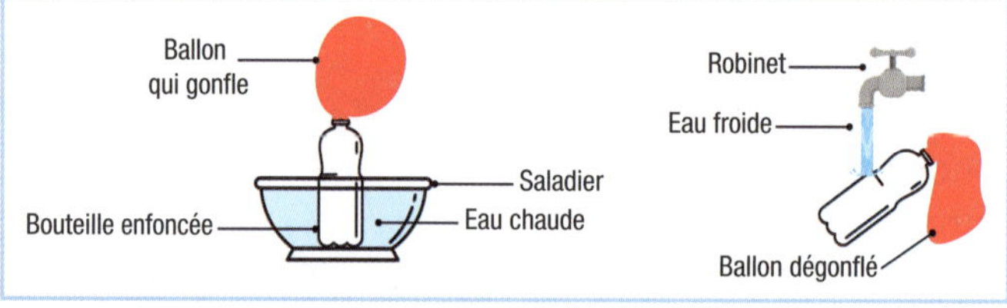

Lorsque la température de l'air augmente, son volume augmente.
Expérience : Un ballon rempli d'air, laissé au Soleil, augmente de volume.

L'air exerce des forces.

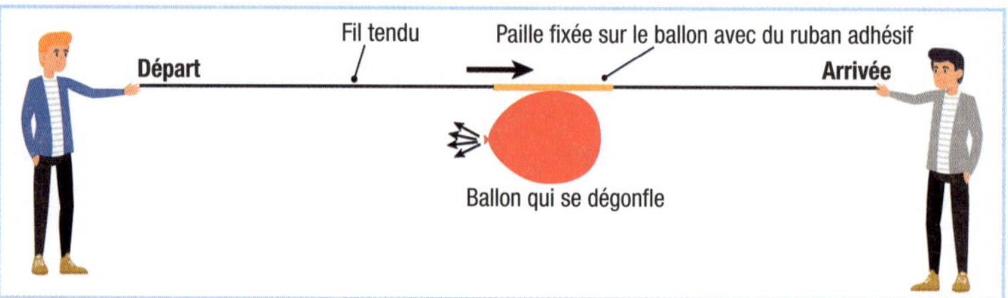

L'air entre en résistance avec d'autres objets, matériaux (tissus…). L'air n'est pas « rien », c'est une réalité, on peut le comparer à un autre matériau.
Expérience : L'air, en s'échappant du ballon, exerce une force et met en mouvement ce ballon, par propulsion.

L'air interagit avec d'autres matières.

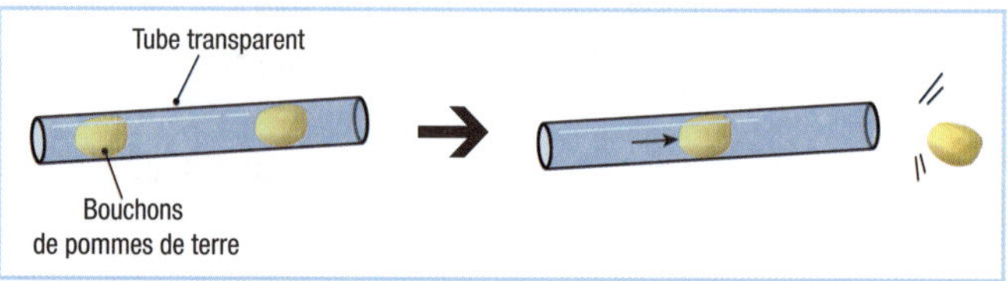

Expérience : Dans un tube, la mise en mouvement d'un bouchon induit le mouvement du deuxième bouchon par l'intermédiaire de l'air emprisonné entre les bouchons.

2-4. L'air est un gaz

Il a toutes les propriétés de l'état gazeux :

• Il n'a pas de forme propre.

– L'air prend la forme du récipient qu'il occupe.

– L'air est invisible. Cependant, un gaz coloré peut mettre en évidence le volume occupé.

• Il est compressible et expansible.

– L'air emprisonné dans un contenant peut être comprimé. Si on compresse le contenant, le volume de l'air diminue, le gaz est compressible.

– À l'inverse, on décompresse le contenant, le volume d'air augmente. On dit que le gaz est expansible.

– L'air est représenté par des particules (modèle particulaire). Les particules peuvent se rapprocher et prendre moins de place. Le gaz est alors comprimé.

• Il est élastique.

Le gaz pressé et décompressé retrouve toujours son volume initial, il est élastique.

• Il occupe tout le volume disponible.

Lorsque l'on emprisonne de l'air dans un contenant, il prend tout le volume offert.

• Il est caractérisé par sa température, son volume, sa pression et sa masse.

– Si le volume occupé par l'air diminue, la pression augmente car le nombre de molécules présentes reste identique (d'après la loi des gaz parfaits).

– À volume constant, l'augmentation du nombre de molécules, c'est-à-dire l'augmentation de la masse d'air, fera augmenter la pression.

– L'augmentation de la température augmentera l'agitation des molécules. La pression augmentera.

2-5. L'air est un gaz particulier

▶ **Il est un mélange de gaz.** L'air est un mélange de plusieurs gaz.
▶ **Il permet la respiration.** L'air contenant du dioxygène permet la respiration des organismes. L'oxydation des nutriments permet de libérer de l'énergie essentielle au fonctionnement des muscles.
▶ **Il entretient les combustions.** La combustion de divers matériaux nécessite la présence de dioxygène.

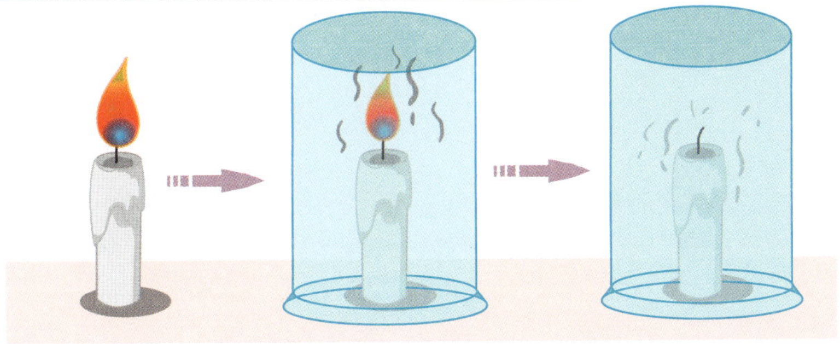

Doc. 2 L'air est utilisé lors de la combustion et, quand il n'y a plus de dioxygène, la bougie s'éteint.

▶ **Il est incolore et inodore.**

▶ **Il est isolant thermique.**

Ex. : Les plumes de l'oiseau emprisonnent l'air et permettent de l'isoler thermiquement. La perte de chaleur de l'oiseau est limitée.

3. Qu'est-ce que la pression atmosphérique ?

▶ La pression atmosphérique est la pression de l'air présent dans l'atmosphère.

▶ Elle varie en fonction de l'altitude : plus on monte, plus elle diminue car l'air, comme tout corps matériel, est affecté par la force gravitationnelle et se concentre à la surface de la Terre (dans 1 m^3, il y a environ deux fois moins d'air à 5 km d'altitude qu'à la surface).

▶ La pression atmosphérique augmente si la température augmente. Les anticyclones se forment si la pression augmente. Si elle diminue, c'est une dépression.

▶ La pression atmosphérique normale (au niveau de la mer à 20 °C, à la latitude de Paris) vaut 1 atm, c'est-à-dire 101 325 Pa.

4. Comment l'air est pollué ?

▶ L'air pollué peut avoir des effets néfastes lorsque sa composition est modifiée :
- **sur l'environnement** avec effet de serre : l'accumulation de gaz (dioxyde de carbone…) dans l'atmosphère favorise l'augmentation de la température ;
- **sur la santé** : lorsque la qualité de l'air se dégrade, on observe des déficiences respiratoires, une dégradation immunitaire, des risques de cancer…

Ces modifications peuvent être dues à des phénomènes naturels ou à des activités humaines. Des industries émettent des gaz dont l'accumulation entraîne une dégradation de la qualité de l'air respiré par les êtres vivants.

▶ Pour réduire ces pollutions, il faut utiliser des technologies moins polluantes, développer des énergies dites « propres » ou encore économiser l'énergie en réduisant nos consommations en énergies polluantes.

Ex. : Les moyens de transport sont sources de pollution lorsqu'ils utilisent des carburants comme l'essence, le gasoil…

Se tester en 10 questions

Parmi les propositions suivantes, choisissez la bonne réponse.

1. L'air se dilate :
   a) quand la température augmente
   b) quand la température diminue
   c) quand la pression augmente

2. Quand l'air emprisonné dans une seringue est comprimé :
   a) son volume augmente
   b) son volume diminue
   c) sa masse augmente

3. L'air est une matière :
   a) il est pesant
   b) il est visible
   c) il a une masse de 0,0012 kg par mètre cube

4. L'air est un mélange :
   a) de dioxygène et de vapeur d'eau
   b) de dioxygène et de diazote
   c) d'oxygène, d'azote et d'eau

5. La pression atmosphérique :
   a) augmente avec la quantité d'air
   b) augmente en altitude
   c) n'a pas d'influence sur la température d'ébullition de l'eau pure

Répondez aux questions suivantes.

6. Qu'est-ce que le vent ?
7. Pourquoi l'air est-il compressible ?
8. Comment l'oiseau se protège-t-il du froid ?
9. Pourquoi ne faut-il pas laisser un ballon gonflé au Soleil ?
10. Pourquoi les aliments mettent plus de temps à cuire en altitude ?

Réponses : **1.**a ; **2.**b ; **3.**a ; **4.**b ; **5.**a ;
6. Le vent est de l'air en mouvement. Ce mouvement est provoqué par une différence de températures entre un lieu et un autre.
7. Les molécules qui constituent l'air peuvent sous l'effet de la pression, se rapprocher les unes des autres et combler le vide.
8. Les plumes de l'oiseau emprisonnent l'air et permettent de l'isoler thermiquement. La chaleur de l'oiseau traverse difficilement cet isolant.
9. L'air du ballon se dilate au Soleil et le volume augmente.
10. En altitude, la pression atmosphérique diminue, la pression de l'air est plus faible donc la température d'ébullition diminue. Les aliments mettent plus de temps à cuire.

Ce qu'il faut savoir selon le cycle

L'air

Cycle 1

- Mettre en évidence la matérialité de l'air (quelques activités expérimentales)
- Fabriquer un objet technique fonctionnant avec du vent
- Décrire le fonctionnement d'un objet produisant du vent

Cycle 2

- Mettre en mouvement différents objets avec le vent pour prendre conscience de l'existence de l'air
- Mettre en œuvre des dispositifs simples (seringues, ballons, pompes à vélo, récipients de formes variées, etc.) visant à éprouver la matérialité de l'air

Cycle 3

- Aborder quelques mélanges gazeux à partir du cas de l'air
- Mettre en mouvement des objets en utilisant l'air comme ressource d'énergie
- Mettre en évidence que l'air est pesant
- Utiliser la résistance de l'air (construction de parachutes…)

10 L'énergie

A Qu'est-ce que l'énergie ?

1. Que veut dire « énergie » ?

▶ Dans la vie quotidienne, pour s'éclairer, on utilise différents moyens : lampe de poche, phare de la voiture, luminaire. Ces objets fonctionnent grâce à : une pile, une batterie, l'électricité produite dans une centrale, la combustion de bois ou de pétrole. Dans tous les cas, « quelque chose » est consommé : la pile s'use, la batterie se décharge…

! Les difficultés des élèves

Dans le langage courant, le mot « énergie » ou l'adjectif « énergique » se rapporte souvent au comportement humain et évoque plutôt une idée de grande puissance et de rapidité de l'action. Les élèves comprennent difficilement que les transferts d'énergie peuvent se manifester par des effets faibles : entretien du mouvement d'une montre par une pile, par exemple.

▶ Pour obtenir un effet (se déplacer, se chauffer, s'éclairer), on utilise de l'énergie fournie par différentes sources (vent, essence, Soleil…).

▶ L'énergie est ce qu'il faut fournir ou enlever à un système pour le **transformer**.

2. Quelles sont les sources d'énergie ?

▶ Les sources naturelles d'énergie dont la durée de vie est quasiment infinie sont dites « renouvelables ».

Ex. : Le Soleil qui a une durée de vie de plusieurs milliards d'années, le vent, l'eau en mouvement, la biosphère, l'eau chaude souterraine…

Elles s'exploitent de différentes façons :

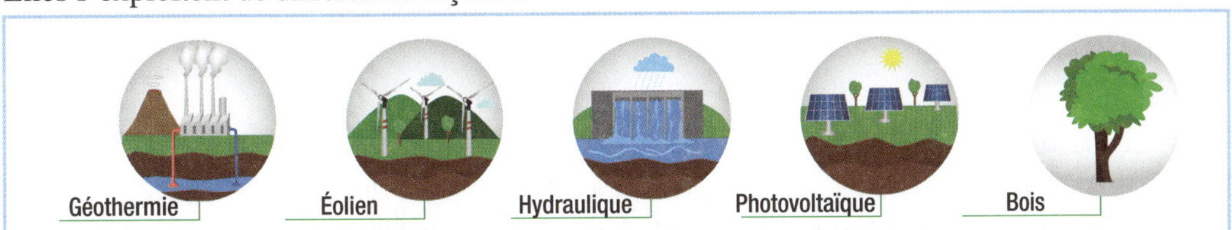

▶ Les sources qui sont stockées et dont les réserves s'épuisent sont dites « non renouvelables ». Elles s'exploitent dans les centrales électriques (combustibles fossiles : charbon, gaz, pétrole) ou les centrales nucléaires (uranium).

! Les difficultés des élèves

Les élèves pensent que le courant électrique peut être produit sans rien consommer. Ils voient seulement les prises « donnant du courant » dès qu'elles sont installées dans une pièce.

▶ On peut aussi catégoriser les sources en énergie en fonction de leur origine :
– **les sources d'énergie primaires :** on les trouve dans la nature ;
– **les sources d'énergie secondaires :** elles n'existent pas dans la nature ou n'y sont pas exploitables et doivent être produites ou fabriquées par l'homme. Le courant électrique existe dans la nature (foudre, éclairs), mais on ne sait pas encore l'utiliser.

Ex. : Les piles

3. Quelles sont les formes d'énergie ?

▶ Il existe de l'énergie sous différentes formes :

Formes d'énergie		Énergie stockée par un système qui…	Exemples
Mécanique	de niveau ou potentielle	se trouve en hauteur et peut tomber.	Eau d'un barrage
	cinétique	est en mouvement.	Courant d'eau, vent
Chimique		dégage de l'énergie lors d'une réaction chimique (combustion, oxydo-réduction).	Bois, déchets et combustibles fossiles Pile Muscles
Nucléaire		est le siège de réactions nucléaires.	Uranium
Thermique (ou interne)		est capable de fournir de la chaleur à un corps plus froid.	Eau géothermale

▶ **L'énergie cinétique.**

L'énergie cinétique $\boldsymbol{E_c}$ se calcule à partir d'un point matériel de masse m, elle est proportionnelle au carré de la vitesse de ce point : $E_c = \frac{1}{2}mv^2$ avec E_c en joules (J), m en kilogrammes (kg) et v en mètres par seconde ($m{\cdot}s^{-1}$).

Elle permet de connaître la valeur de l'énergie que possède un corps du fait de son mouvement.

Ex. : L'énergie cinétique mise en jeu lors du freinage d'un véhicule est fonction de la vitesse du véhicule. La distance de freinage d'un véhicule augmente très rapidement avec la vitesse (distance et vitesse ne sont pas proportionnelles).

! Les difficultés des élèves

Les difficultés apparaissent sur la représentation de ce qu'il se passe entre la source de courant et l'appareil électrique. L'interrupteur revêt un caractère magique.

▶ **L'énergie nucléaire.**

• Au cœur du Soleil, il y a des réactions de fusion : les noyaux de quatre atomes d'hydrogène fusionnent pour donner un nouveau noyau, celui de l'hélium. Lors de cette réaction, de la matière disparaît (la masse du nouveau noyau est plus faible que celle des quatre noyaux d'hydrogène) et devient de l'énergie. Un gramme de matière disparue correspond à la combustion de plus de 2 kg de charbon.

• Dans une centrale nucléaire, il y a des réactions de fission : les noyaux des atomes d'uranium sont cassés, produisent de nouveaux noyaux avec perte de matière et donc production d'énergie.

• Einstein établit la relation entre les réactions nucléaires et la variation de la masse (réactifs et produits) produisant de l'énergie dite nucléaire, elle s'écrit :

$E = mc^2$ avec E en joules (J), m en kilogrammes (kg) et c la vitesse de la lumière dans le vide, en mètres par seconde ($m{\cdot}s^{-1}$).

4. Quelles sont les unités de l'énergie ?

▶ Il existe plusieurs unités d'énergie suivant le domaine d'utilisation. Très souvent, il faut utiliser des multiples de ces unités tels que :

kilo (k)	méga (M)	giga (G)	téra (T)
1 k = 10^3 (mille)	1 M = 10^6 (un million)	1 G = 10^9 (un milliard)	1 T = 10^{12} (mille milliards)

▶ L'unité du système international de l'énergie est le **joule (J)**.
Ex. : 1 joule est l'énergie nécessaire pour soulever de 1 mètre une masse de 100 grammes.
• Dans le domaine de l'électricité, c'est le kilowattheure (kWh) : 1 Wh = 3 600 J.
• Dans le domaine économique, c'est la tonne équivalent pétrole (tep) : 1 tep représente la quantité d'énergie contenue dans une tonne de pétrole brut, soit 41,868 gigajoules.
• Dans le domaine de l'alimentation, c'est la kilocalorie (kcal) avec les équivalences en kilojoules (kJ).

5. Quels sont les différents transferts d'énergie ?

5-1. Le transfert thermique

La chaleur peut être transférée par **conduction**, **convection** et **rayonnement thermique**.

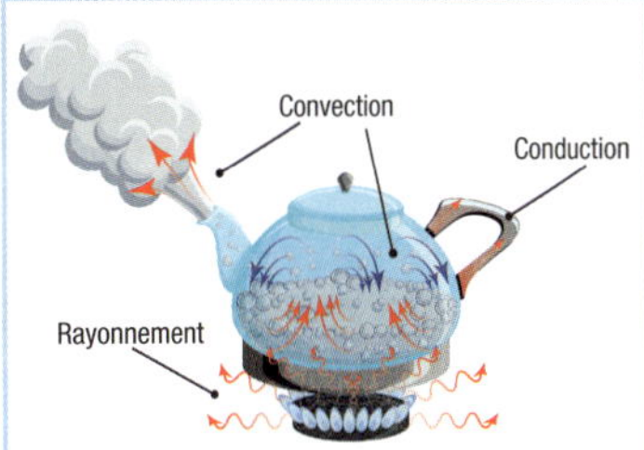

Doc. 1 Les transferts de chaleur

– **La conduction thermique** est un transfert d'énergie provoqué par une différence de température entre deux régions d'un même milieu, ou entre deux milieux en contact. La conduction se fait sans déplacement de matière. À l'échelle microscopique, elle peut s'interpréter comme la transmission de proche en proche de l'agitation thermique : un atome (ou une molécule) cède une partie de son énergie cinétique à l'atome voisin. C'est un phénomène irréversible.
Ex. : L'extrémité d'une louche en acier, oubliée dans la casserole qui chauffe, devient très chaude, cela est dû à la conduction thermique le long du métal.
– **La convection** est un transfert d'énergie provoqué par un déplacement de matière (un gaz ou un liquide).
Ex. : Durant la cuisson des pâtes, l'eau se met en mouvement spontanément : l'eau proche du fond de la casserole est chauffée, se dilate, devient moins dense et monte ; l'eau de surface, moins chaude et donc plus dense, plonge vers le fond. Ce phénomène physique très commun se produit dans de nombreux systèmes (casserole, atmosphère, océans, manteau terrestre, étoile...).
– **Le rayonnement thermique** est un rayonnement électromagnétique généré par l'agitation de particules dans la matière. Le transport de cette énergie ne nécessite aucun support matériel.

5-2. Le rayonnement

La lumière visible, l'infrarouge, l'ultraviolet, les rayons X, les ondes radio, etc., sont des rayonnements électromagnétiques émises par des sources (Soleil, corps humain, maison...) (Doc. 2). Ils transmettent des ondes (électromagnétiques) caractérisées par leur longueur dite « longueur d'onde » et leur fréquence. Le transport de cette énergie ne nécessite aucun support matériel et peut se faire sur de très longues distances.

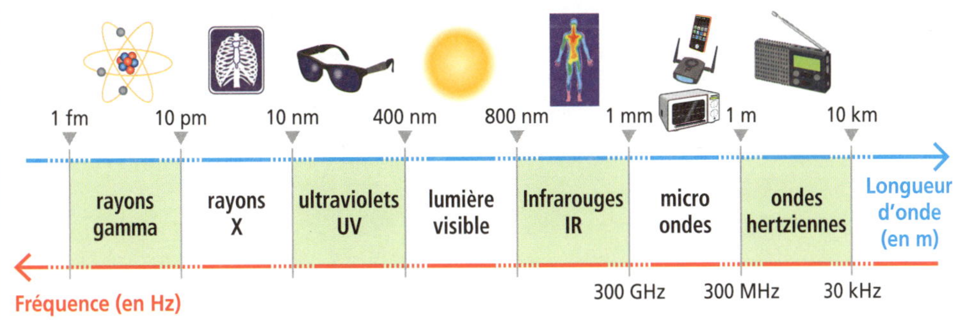

Doc. 2 Schéma des ondes électromagnétiques

5-3. Le transfert mécanique (ou le travail mécanique)

▶ Un système exerce sur un autre des forces qui provoquent son déplacement ou sa déformation, il y a transfert d'énergie du premier système au second système.
Ex. : Le vent qui fait tourner les pales de l'éolienne.
▶ En l'absence de frottement, un système peut conserver indéfiniment son mouvement sans apport d'énergie (comme la Terre qui tourne autour du Soleil).

5-4. Le transfert électrique (ou le travail électrique)

▶ Le courant électrique permet de transférer l'énergie d'un générateur à un récepteur, de la centrale électrique à l'utilisateur.
▶ **L'énergie consommée** par le récepteur (lampe, radiateur) peut être calculée par la relation : $E = P \times t$ avec E en joules (J), P la puissance du récepteur en watts (W) et t la durée de fonctionnement en secondes (s).

6. Qu'est-ce qu'une chaîne énergétique ?

▶ Une chaîne énergétique schématise la succession des transferts et des transformations de l'énergie, depuis la source jusqu'à l'utilisateur. Pour réaliser une chaîne, il faut :
❶ Identifier les sources d'énergie.
❷ Identifier les convertisseurs d'énergie : qui reçoivent et transforment l'énergie.
❸ Repérer les formes d'énergie absorbées et transférées (utile et dissipée/perdue).

Doc. 3 Modèle d'une chaîne énergétique

Ex. : La chaîne énergétique de la lampe de poche : l'énergie exploitée est l'électricité. Le convertisseur est la lampe à filament ou la lampe à LED. L'énergie utile est le rayonnement ou énergie lumineuse. L'énergie dissipée (perdue) est la chaleur qui est plus importante dans le cas de la lampe à filament que dans le cas de la lampe à LED (plus économique).

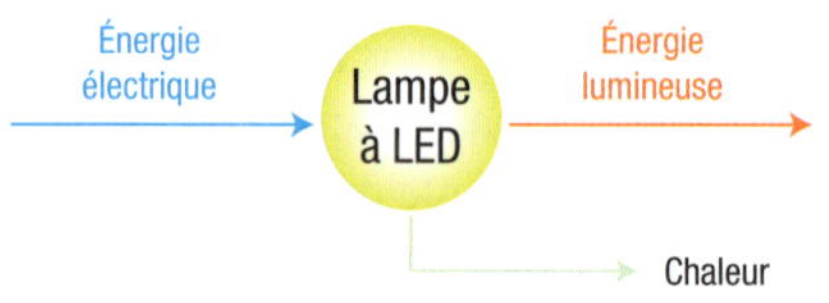

Doc. 4 Schéma de la chaîne énergétique de la lampe

▶ Cas de la représentation d'un turbo-alternateur avec deux convertisseurs :

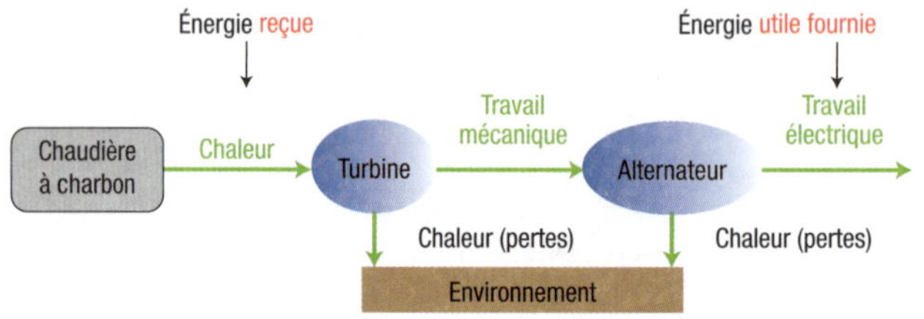

Doc. 5 Schéma de la chaîne énergétique d'une centrale thermique-turbine-alternateur

B Comment produire de l'énergie ?

1. Comment est transformée l'énergie ?

▶ Produire de l'énergie, c'est transformer une énergie en une autre. Une transformation nécessite une intervention extérieure.

▶ Dans la nature : le Soleil, en tant que source d'énergie, peut interagir avec l'eau et le gaz carbonique contenus dans l'air au niveau des cellules chlorophylliennes d'une plante verte. C'est la **photosynthèse** (Doc. 6).

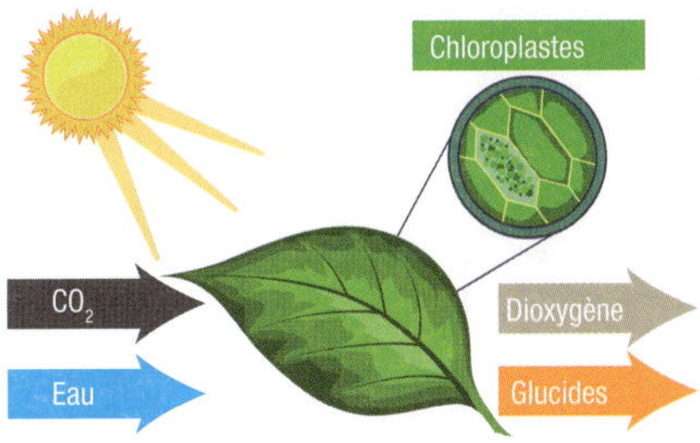

Doc. 6 Schéma de la photosynthèse

▶ Dans le monde domestique ou dans le quotidien : une pile peut transformer de l'énergie chimique en « énergie électrique ».

▶ Dans le domaine industriel : il existe plusieurs moyens pour produire de l'énergie électrique (centrale hydroélectrique, éolienne, centrale thermique, centrale nucléaire).

1-1. Le fonctionnement d'une centrale hydraulique

Le barrage hydraulique permet d'utiliser l'énergie potentielle de l'eau en hauteur transformée en énergie cinétique (l'eau en s'écoulant prend de la vitesse). L'énergie cinétique de l'eau est transférée à la turbine qui se met en rotation (énergie cinétique de la turbine). Cette énergie cinétique est convertie en énergie électrique au niveau de l'alternateur (Doc. 7).

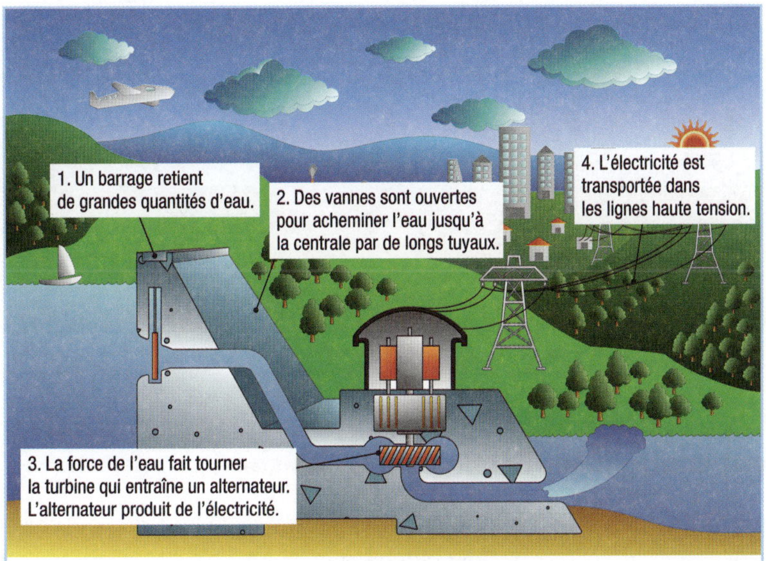

Doc. 7 Schéma de la centrale hydraulique

1-2. Le fonctionnement d'une centrale thermique

La combustion d'un combustible (charbon…) permet de chauffer de l'eau liquide (énergie thermique) qui est transformée en vapeur d'eau. Cette vapeur d'eau en mouvement provoque la rotation de la turbine (énergie cinétique). L'alternateur (convertisseur) transforme l'énergie cinétique en énergie électrique. La vapeur d'eau est condensée par refroidissement et repasse à l'état liquide (Doc. 8).

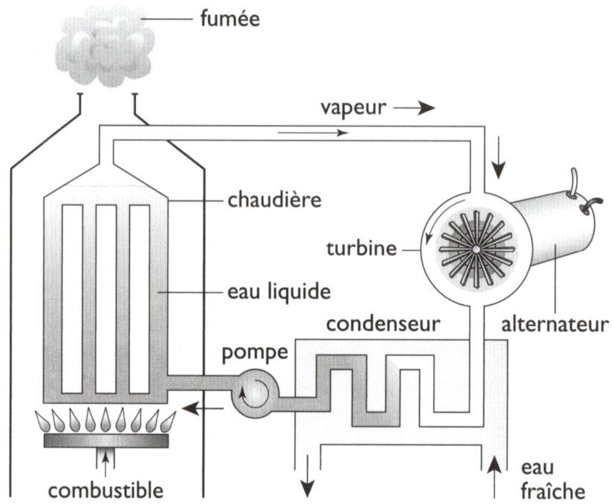

Doc. 8 Schéma de la centrale thermique

1-3. Le fonctionnement d'une centrale géothermique

La circulation d'un liquide en profondeur terrestre permet de réchauffer ce liquide qui va permettre la vaporisation de l'eau. La vapeur d'eau entraîne la turbine couplée à un alternateur (Doc. 9) selon le même fonctionnement décrit ci-dessus.

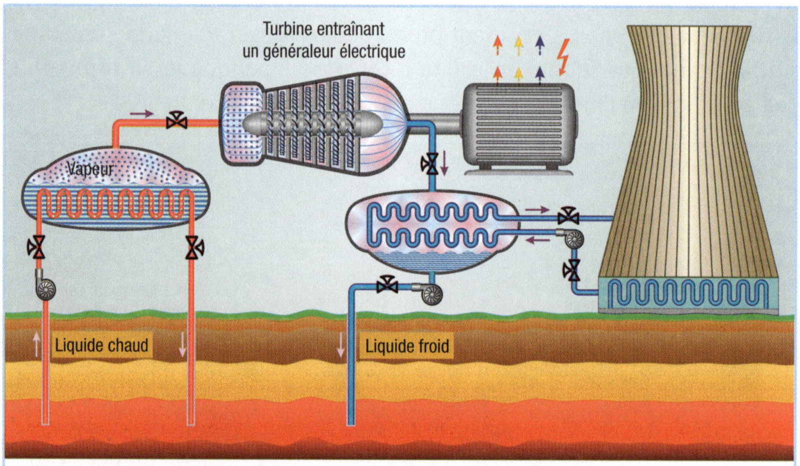

Doc. 9 Schéma de la centrale géothermique

2. Comment économiser l'énergie à la maison ?

Selon l'Ademe (l'agence de l'environnement et de la maîtrise de l'énergie), la chaleur s'échappe d'une maison mal isolée à : – 30 % par les combles et la toiture : c'est la priorité en termes d'isolation ; – 25 % par les murs ; – 10 à 15 % par les vitres et fenêtres ; – 7 à 10 % par les sols (Doc. 10).

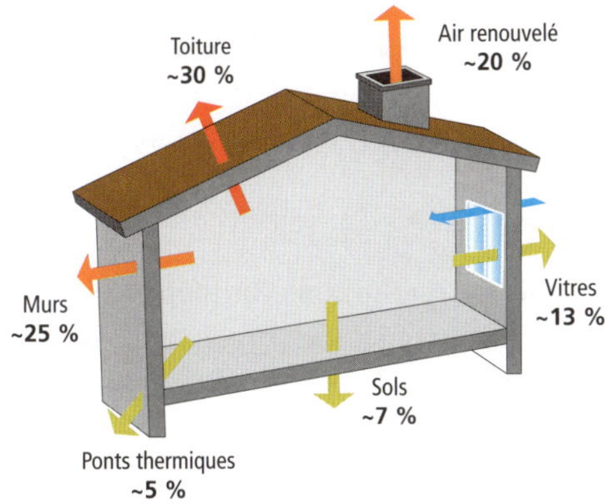

Doc. 10 Pertes de chaleur dans une habitation

2-1. Prendre en compte la conductivité thermique des matériaux

▶ La conductivité thermique correspond à la capacité d'un matériau à conduire la chaleur. C'est une grandeur physique, notée λ, qui a pour unité le watt par mètre et par kelvin ($W \cdot m^{-1} \cdot K^{-1}$).

▶ Un matériau de faible conductivité thermique est un **isolant thermique** (l'air sec, le bois).

▶ Un matériau de forte conductivité thermique est un **conducteur thermique** (le métal).

Exemples de valeurs :

Matériaux	Conductivité thermique (en $W \cdot m^{-1} \cdot K^{-1}$)
Air sec	0,026
Aluminium	230
Bois	0,2
Eau	0,6
Laine de verre	0,04
Verre	1,2

On constate que le meilleur isolant est l'air sec au repos (il faut préciser « au repos » pour éliminer le phénomène de convection).

Ex. : Une barre métallique et un morceau de bois sont dehors en hiver, à la même température. Au toucher, la barre métallique semble très froide par rapport au morceau de bois. Le métal est un bon conducteur thermique, la chaleur cédée par la main se répand dans toute la barre, le cerveau détecte une perte importante de chaleur. Au contraire, le bois est isolant, la chaleur cédée par la main ne se propage pas, le bois sous la main est vite réchauffé et le cerveau détecte une faible perte de chaleur.

REMARQUES

- L'air est un meilleur isolant que l'eau (les plumes des oiseaux emprisonnent de l'air pour s'isoler de l'extérieur). Il est plus facile de se protéger du froid quand l'air est sec que quand l'air est humide.
- Un glaçon fond plus vite dans un verre d'eau à température ambiante que dans l'air.
- Une personne immobile aura une sensation agréable dans un air à 25 °C alors qu'elle aura froid dans un bain à la même température.
- La laine est un isolant et non une source de chaleur.

En classe...

Une expérience à faire en classe : placer un glaçon sur une assiette et un autre, identique, emballé dans de la laine. Au bout de 20 minutes, le glaçon dans la laine est intact alors que l'autre a fondu. La laine est un isolant thermique.

▶ **Pour limiter les pertes de chaleur,** on peut placer de la laine de verre sous le toit, remplacer les vitres par du double vitrage (l'air situé entre les deux vitres sert d'isolant). Autrefois, dans les châteaux, les tapisseries avaient un rôle décoratif mais aussi un rôle d'isolation (doublage du mur). Les rideaux jouent le même rôle devant les fenêtres.

2-2. Utiliser un chauffe-eau solaire

Le chauffage solaire utilise une énergie gratuite et inépuisable, celle du Soleil (un système d'appoint permet de pallier les insuffisances du rayonnement). Le fluide caloporteur chauffé par le Soleil chauffe l'eau contenue dans le ballon, cette dernière est utilisée pour le chauffage et l'eau chaude sanitaire (Doc. 11).

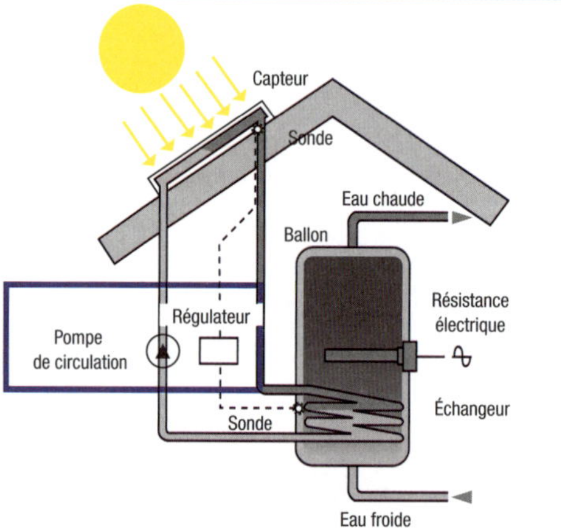

Doc. 11 Schéma du chauffe-eau solaire

Se tester en 10 questions

Parmi les propositions suivantes, choisissez la bonne réponse.

1. Une source d'énergie non renouvelable est une source d'énergie :
   a) exploitée de façon illimitée
   b) dont l'exploitation va conduire à son épuisement
   c) fabriquée par l'homme dans des industries

2. Le vent comme source d'énergie est une :
   a) source d'énergie primaire
   b) source d'énergie non renouvelable
   c) forme d'énergie : l'énergie de mouvement.

3. La lampe à LED est plus économique que la lampe à filament car :
   a) la quantité de chaleur perdue est plus importante
   b) la quantité de chaleur produite est moins importante
   c) il y a plus d'énergie perdue

4. La forme d'énergie qui se manifeste principalement lorsqu'une personne bouge est :
   a) chimique
   b) de mouvement
   c) électrique

5. La centrale nucléaire :
   a) exploite de l'énergie électrique et la convertit en énergie de mouvement et en énergie thermique
   b) convertit une partie de l'énergie chimique qu'elle exploite en énergie de mouvement
   c) dissipe de l'énergie thermique.

Répondez aux questions suivantes.

6. Expliquer d'une façon concise le fonctionnement d'une centrale hydraulique.
7. Citer trois sources d'énergies renouvelables.
8. Expliquer le rôle d'un alternateur.
9. Qu'est-ce qu'un phénomène de convection ?
10. Qu'est-ce qu'un isolant thermique ?

Réponses : **1.b ; 2.a ; 3.b ; 4.b ; 5.c ;**

6. La source d'énergie est l'eau. En hauteur, cette eau emmagasine de l'énergie mécanique (énergie potentielle). En coulant, l'eau prend de la vitesse (énergie cinétique) et entraîne une turbine qui couplée à un alternateur produit de l'énergie électrique.

7. Le Soleil, l'eau, le vent.

8. L'alternateur convertit l'énergie de mouvement en énergie électrique.

9. La convection permet le transfert de chaleur avec mouvement de matière (mouvement de l'air).

10. Un isolant thermique empêche le transfert de chaleur.

Ce qu'il faut savoir selon le cycle

L'énergie

Cycle 1

Identifier quelques sources d'énergie simples (air, eau…) pour mettre en mouvement un objet

Cycle 2

Observer et utiliser des objets techniques et identifier leur fonction (identifier des sources d'énergie de ces objets : eau, air, Soleil…)

Cycle 3

Identifier des formes d'énergie et des ressources en énergie
- L'énergie existe sous différentes formes (énergie associée à un objet en mouvement, énergie thermique, électrique, lumineuse…).
- Exemples de ressources en énergie utilisées par les êtres humains : charbon, pétrole, bois, uranium, aliments, vent, Soleil, mers et rivières…
- Ressources renouvelables et non renouvelables

Reconnaître les situations où l'énergie est stockée, transformée, utilisée. La fabrication et le fonctionnement d'un objet technique nécessitent de l'énergie.
- Exemples de dispositifs de stockage : pile, barrage
- Exemples de convertisseurs : lampe, éolienne, panneau solaire

Identifier quelques éléments d'une chaîne d'énergie domestique simple

Identifier quelques-uns des besoins en énergie de l'être humain pour le fonctionnement du corps et pour la vie quotidienne (se chauffer, se déplacer, s'éclairer…)
- Quelques dispositifs visant à optimiser la consommation d'énergie

THÈME 3
OBJETS ET ÉLECTRICITÉ

cycle 1

Utiliser, fabriquer, manipuler des objets

• Relier une action ou le choix d'un outil à l'effet désiré
Coller, enfiler, assembler, actionner, boutonner, découper, équilibrer, tenir un outil scripteur, plier, utiliser un gabarit, manipuler une souris d'ordinateur, agir sur une tablette numérique...

• Intégrer progressivement la chronologie des tâches requises et ordonner une suite d'actions

• Les montages et démontages dans le cadre des jeux de construction et de la réalisation de maquettes, la fabrication d'objets, contribuent à une première découverte du monde technique.

• Utiliser un mode d'emploi ou une fiche de construction illustrés

• Utiliser de multiples instruments et objets permettant de constater des phénomènes physiques, notamment en utilisant des instruments d'optique simples (les loupes notamment) ou en agissant avec des ressorts, des aimants, des poulies, des engrenages, des plans inclinés… Les enfants ont besoin d'agir de nombreuses fois pour constater des régularités qui sont les manifestations des phénomènes physiques qu'ils étudieront beaucoup plus tard (la gravité, l'attraction entre deux pôles aimantés, les effets de la lumière, etc.).

• Prévention des accidents domestiques

cycle 2

Les objets techniques. Qu'est-ce que c'est ? À quels besoins répondent-ils ? Comment fonctionnent-ils ?

• Comprendre la fonction et le fonctionnement d'objets fabriqués
▶ Observer et utiliser des objets techniques et identifier leur fonction.
▶ Identifier des activités de la vie quotidienne ou professionnelle faisant appel à des outils et objets techniques.

• Réaliser quelques objets et circuits électriques simples, en respectant des règles de sécurité
▶ Identifier les propriétés de la matière vis-à-vis du courant électrique.
▶ Différencier des objets selon qu'ils sont alimentés avec des piles ou avec le courant du secteur :
– constituants et fonctionnement d'un circuit électrique simple ;
– exemples de bons conducteurs et d'isolants et rôle de l'interrupteur ;
– règles élémentaires de sécurité.

• Commencer à s'approprier un environnement numérique
▶ Décrire l'architecture simple d'un dispositif informatique.
▶ Avoir acquis une familiarisation suffisante avec le traitement de texte et en faire un usage rationnel (en lien avec le français).

cycle 3

Matériaux et objets techniques

• Identifier les principales évolutions du besoin et des objets

Repérer les évolutions d'un objet dans différents contextes (historique, économique, culturel) :
- l'évolution technologique (innovation, invention, principe technique) ;
- l'évolution des besoins.

• Décrire le fonctionnement d'objets techniques, leurs fonctions et leurs constitutions

▶ Besoin, fonction d'usage et d'estime.
▶ Fonction technique, solutions techniques.
▶ Représentation du fonctionnement d'un objet technique.
▶ Comparaison de solutions techniques : constitutions, fonctions, organes.

• Identifier les principales familles de matériaux

▶ Familles de matériaux (distinction des matériaux selon les relations entre formes, fonctions et procédés).
▶ Caractéristiques et propriétés (aptitude au façonnage, valorisation).
▶ Impact environnemental.

• Concevoir et produire tout ou partie d'un objet technique en équipe pour traduire une solution technologique répondant à un besoin

▶ Concevoir :
- notion de contrainte ;
- recherche d'idées (schémas, croquis...) ;
- modélisation du réel (maquette, modèles géométrique et numérique), représentation en conception assistée par ordinateur.

▶ Produire :
- processus, planning, protocoles, procédés de réalisation (outils, machines) ;
- choix de matériaux ;
- maquette, prototype.

▶ Vérification et contrôles (dimensions, fonctionnement).

• Repérer et comprendre la communication et la gestion de l'information

▶ Environnement numérique de travail.
▶ Le stockage des données, notions d'algorithmes, les objets programmables.
▶ Usage des moyens numériques dans un réseau.
▶ Usage de logiciels usuels.

11 Les circuits électriques

1. L'histoire de l'électricité

VIe siècle av. J.-C. **Thalès** décrit l'attraction des corps légers par l'ambre frotté

XVIIIe siècle Travaux de Charles **Coulomb** sur la loi de l'électrostatique

1826 André-Marie **Ampère** écrit la « Théorie des phénomènes électrodynamiques » et aborde le sens conventionnel du courant

XVIIIe siècle La théorie d'un fluide électrique est développée par Benjamin **Franklin**

1800 Le physicien Alessandro **Volta** invente la pile électrique

1831 Michael **Faraday** découvre l'induction électromagnétique

1832 Premières machines produisant un courant électrique à l'aide d'aimants

2. Qu'est-ce qu'un circuit électrique ?

▶ Un circuit électrique simple comprend des **composants** qui possèdent deux bornes appelées « **dipôles** » (Doc. 1). C'est un assemblage fermé comprenant un générateur (pile), un ou plusieurs récepteurs (lampe…), des fils et parfois un interrupteur.

▶ Lorsque le circuit électrique est **fermé**, il est parcouru par un **courant électrique**. Tous les composants doivent être conducteurs et reliés les uns aux autres. Si le courant ne passe plus, le circuit est dit **ouvert**.

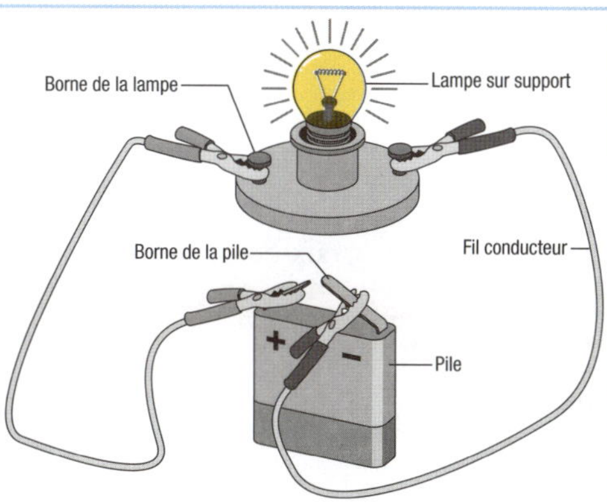

Doc. 1 Schéma d'un circuit électrique fermé

REMARQUE

Souvent, sur les schémas, les contacts entre les fils, le plot et le culot de la lampe sont invisibles. Au cycle 2, il est essentiel de montrer les contacts au niveau de la lampe.
Le fil rouge et le fil noir ont un sens pour des élèves du second degré, quand il faut mettre en évidence le pôle positif de la pile et le sens conventionnel du courant. À l'école primaire, le fil rouge et le fil noir ne sont pas nécessaires. Les élèves peuvent s'interroger sur l'intérêt des couleurs des fils et occulter l'enjeu cognitif lié au circuit électrique.

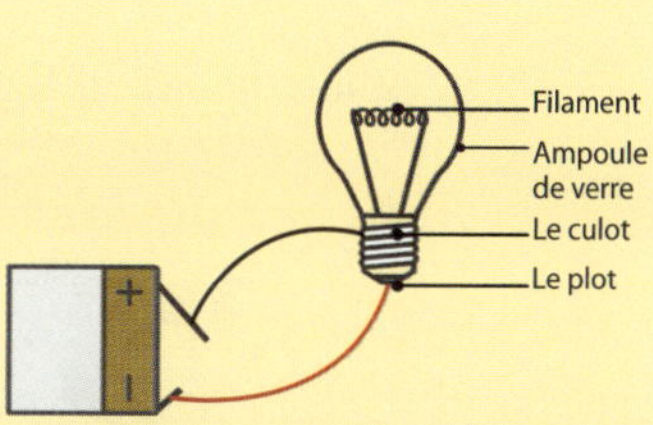

3. De quoi est composé un circuit électrique ?

3-1. Le générateur

▶ Il permet la circulation du courant dans le circuit. Une pile est un générateur qui transforme de l'énergie chimique en énergie électrique.

▶ Le générateur est caractérisé par sa tension exprimée en volts (V).

Ex. : 4,5 V pour une pile plate, 1,5 V pour une pile ronde, 230 V pour le secteur.

La pile	Schéma normalisé
	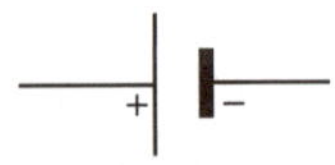 Pile 

3-2. Les récepteurs

▶ Un récepteur peut être une lampe, un moteur, une résistance, une LED… Un même circuit peut posséder un ou plusieurs récepteurs. Ces derniers sont caractérisés par leur puissance exprimée en watts (W).

Ex. : une lampe de 60 W, un radiateur de 2 000 W.

▶ Un récepteur transforme l'énergie électrique fournie par le générateur en énergie lumineuse (lampe), thermique (résistance), mécanique (moteur), etc., en fonction du besoin recherché. Certains récepteurs sont insensibles au sens du courant (lampes, résistances).

La lampe, le moteur, la résistance	Schéma normalisé
	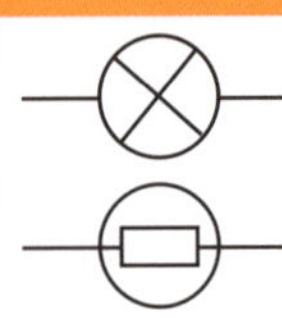 Lampe 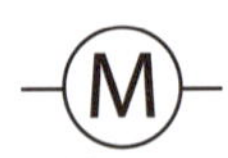 Moteur 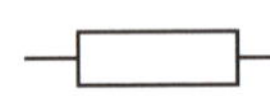 Résistance

3-3. Les fils conducteurs

Ils permettent de relier les composants entre eux et de faire circuler le courant.

Les fils	Schéma normalisé
	Fil ou contact

3-4. L'interrupteur

Il permet de rendre le circuit fermé ou ouvert à volonté.

L'interrupteur	Schéma normalisé
	 Interrupteur

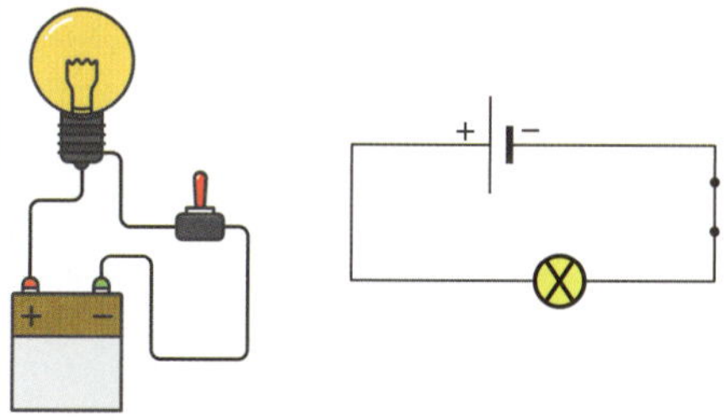

Doc. 2 Représentation illustrée et schéma normalisé d'un circuit électrique

REMARQUE

À l'école, les symboles normalisés ne sont pas au programme, les élèves feront des schémas plus proches de la réalité. Au début du cycle 2, des schémas comportant des informations inutiles (marque de la pile) seront acceptés dans la mesure où les contacts lamelle/plot et lamelle/culot sont corrects. Dans tous les cas, pour que l'élève fasse bien la distinction entre un schéma et un dessin d'observation, l'enseignant donnera des feuilles quadrillées pour que l'élève puisse représenter les fils rectilignes et suive un codage. Les feuilles blanches sont plutôt réservées pour les schémas d'observation.

3-5. La tension

▶ Les bornes d'un générateur ne possèdent pas la même charge globale, il y a une différence de potentiel entre les deux bornes appelées la « **tension** ». Elle représente la force exercée par le générateur pour mettre en mouvement les électrons dans le circuit électrique. La mise en mouvement des électrons instantanément et simultanément est le courant électrique.

REMARQUE

Lors des premières séances de manipulation, il est impératif de rappeler aux élèves que les règles sont les mêmes à la maison et à l'école : avec des piles on ne risque rien, on peut faire des montages à l'école ou changer les piles des jouets à la maison. En revanche, le courant secteur est très dangereux, il ne faut surtout pas y toucher.

▶ **Pour aller plus loin :** La différence de potentiel est définie par la relation :

$$\mathrm{d}V = \mathrm{k}\cdot\frac{\mathrm{d}q}{r}$$

(V : le potentiel, q : la charge électrique et r : la distance, k une constante).

3-6. Le courant électrique

C'est un déplacement global d'électrons (particules élémentaires porteuses d'une charge électrique négative) circulant au sein des matériaux du circuit. Il existe :

– **le courant continu :** il est produit par une pile, une batterie ou une cellule photovoltaïque et circule toujours dans le même sens (unidirectionnel), généralement d'une borne + vers une borne – (Doc. 1). Les générateurs, délivrant ce courant, ont une tension également continue (pour une pile de 4,5 V, la tension aux bornes est 4,5 V).

– **le courant alternatif :** il est issu du secteur (prise secteur), de l'alternateur. Il change de sens périodiquement. La tension aux bornes du générateur est variable.

Graphiquement, on représente la variation de la tension en fonction du temps (Doc. 3).

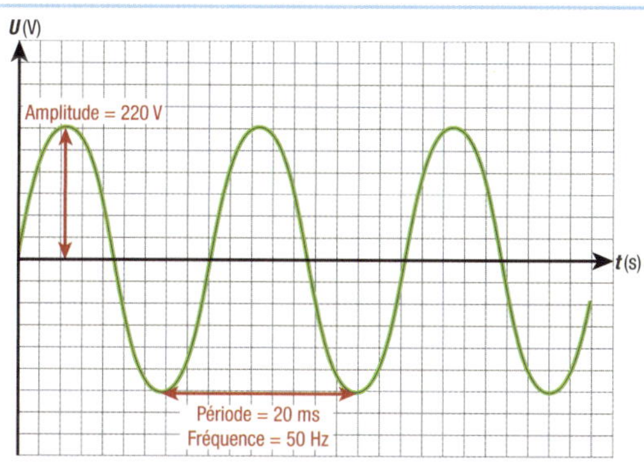

Doc. 3 Courbe du courant alternatif sinusoïdal

▶ **Pour aller plus loin :** la fréquence f (vitesse du courant) est le nombre de périodes T (en secondes) sur 1 seconde. Elle se calcule avec la relation :

$$f = \frac{1}{T} \text{ (en Hertz).}$$

REMARQUE

Une prise secteur est composée de trois fils :
- un fil de phase
- un fil neutre
- un fil relié à la terre

4. Quels sont les différents montages de circuits ?

4-1. Les montages en série

▶ **Association de deux lampes.** Dans un montage en série, les lampes sont branchées les unes à la suite des autres en formant une boucle simple (Doc. 4).

• **L'intensité *I*** (en ampères) du courant est la même en tout point du circuit :

$$I_1 = I_2 = I_3$$

Plus on ajoute de lampes dans le circuit, plus celles-ci éclairent faiblement (il faudra utiliser un générateur plus puissant).

• **La tension *U*** (en volts) aux bornes de la pile est égale à la somme des tensions aux bornes de chaque lampe. Cela entraîne que chaque lampe est soumise à une tension 2 fois plus faible que la tension de la pile :

$$U_1 = U_2 + U_3$$

Ex. : Pour une pile de 4,5 V, chaque lampe a une tension de 2,25 V à ses bornes.

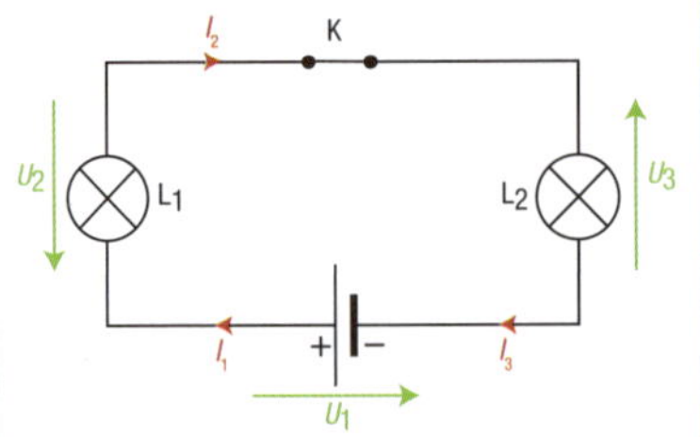

Doc. 4 Montage en série

Lorsque l'on dévisse une des lampes, les autres s'arrêtent de briller, elles ne reçoivent plus de courant électrique. La lampe dévissée empêche le courant de passer quelle que soit sa position dans le circuit. Si un des appareils tombe en panne, les autres s'arrêtent de fonctionner. Le mouvement d'ensemble des électrons n'est plus possible car le circuit est ouvert : le courant ne circule pas.

▶ **Association de piles.** On trouve cette association dans les lampes torches, dans lesquelles on ne doit pas mettre les piles dans n'importe quel sens. Il faut relier la borne + de l'une avec la borne – de l'autre (Doc. 5). L'association de piles permet d'augmenter la tension dans le circuit

Ex. : Trois piles rondes, de 1,5 V chacune, montées correctement en série, équivalent à une pile de 4,5 V puisque les tensions s'ajoutent.

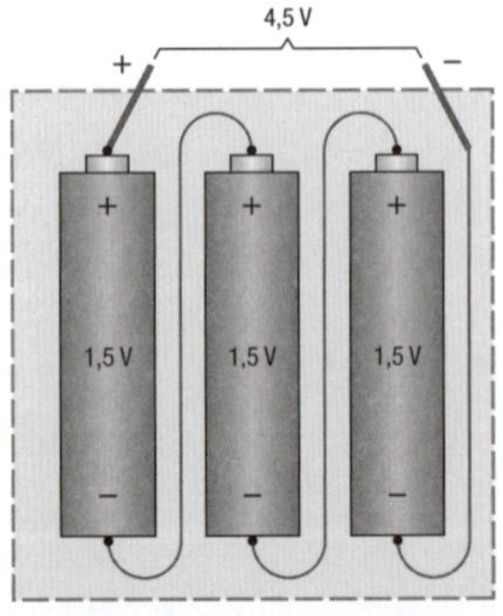

Doc. 5 Trois piles rondes associées

4-2. Les montages en dérivation

▶ **Association de deux lampes.** Dans un montage en dérivation, chaque lampe est placée sur une branche différente (Doc. 6). Les deux lampes identiques brillent de la même façon, elles sont traversées par le même courant. Avec un seul générateur, on arrive à faire briller normalement les lampes.

• **L'intensité *I*** (en ampères) du courant de la branche contenant la pile est égale à la somme des intensités de toutes les autres branches du circuit :

$I_1 = I_2 + I_3$ (loi d'additivité des intensités)

• **La tension *U*** (en volts) est la même entre les bornes de chaque dipôle :

$U_1 = U_2 = U_3$

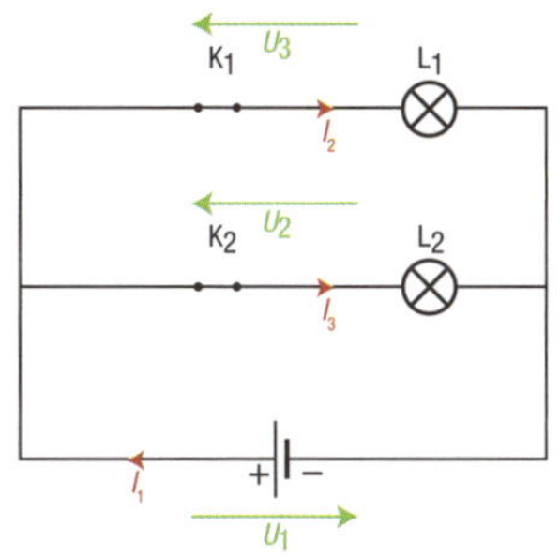

Doc. 6 Montage en dérivation

Si on dévisse une des lampes, on observe que les autres lampes continuent de briller. Cela signifie qu'elles reçoivent toujours du courant électrique. Les deux lampes sont indépendantes. Si un des dipôles branchés en dérivation tombe en panne, les autres continuent à fonctionner.

▶ **Association de piles.** Il faut relier les bornes de même signe entre elles. La tension n'est pas modifiée mais la réserve d'énergie est multipliée par le nombre de piles.

5. Que sont les matériaux conducteurs et les matériaux isolants ?

▶ Certains matériaux laissent plus ou moins facilement circuler les électrons : ils opposent une résistance mesurée en ohms (Ω). Les matériaux qui laissent circuler les électrons sont les **conducteurs**.

Ex. : Cuivre, argent, fer, l'eau salée (grâce aux ions)...

Les matériaux à travers lesquels les électrons ne peuvent pas être mis en mouvement de façon globale sont les **isolants**, ils s'opposent au passage du courant.

Ex. : Tissus, verre, bois, plastiques...

REMARQUE

En cycle 2, les élèves peuvent faire le montage pour allumer une lampe loin de la pile, ils remplacent un fil électrique par divers objets et observent si la lampe brille ou non. On peut répartir des objets de matières différentes (fourchette en plastique ; fourchette en acier) dans les groupes, les élèves découvrent ainsi que la conductivité est une propriété des matériaux et non des objets : les métaux (acier, aluminium, cuivre, or, argent...) sont conducteurs de l'électricité. Le bois, le plastique, le verre, sont des matériaux isolants.

▶ Cas de l'eau (Doc. 7) : si on teste l'eau, la lampe ne s'allume pas. On sait bien pourtant que l'eau du robinet est conductrice. En réalité, il y a bien du courant qui passe mais il n'est pas assez intense pour faire briller la lampe. Pour montrer que l'eau est conductrice, il faut utiliser une LED (lampe témoin dix fois plus sensible). La patte longue de la LED doit être reliée à la borne + de la pile (lamelle courte de la pile). La LED éclairera mais sera malgré tout très faible.

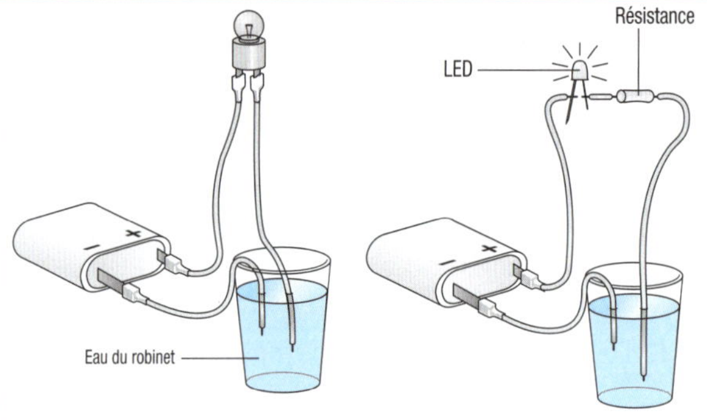

Doc. 7 Circuit où l'eau laisse passer le courant

6. Qu'est-ce qu'un court-circuit ?

▶ **On parle de court-circuit d'un dipôle** (générateur ou récepteur) lorsque ses deux bornes (+ et –) sont reliées entre elles par un élément conducteur (fil électrique…). Le courant électrique passe par le chemin le plus facile (faible résistance) et n'alimente plus le reste du circuit.

▶ Cas de trois lampes identiques de tensions 1,5 V pour une pile de 4,5 V, montées en série :

Doc. 8 Schéma du court-circuit pour un montage en série

La lampe L_1 est court-circuitée, ses bornes sont reliées par un fil électrique. La lampe L_1 est éteinte et les deux autres lampes continuent de fonctionner. Les lampes L_2 et L_3 brillent plus que pour les trois lampes montées en série.

▶ Cas de trois lampes montées en dérivation :

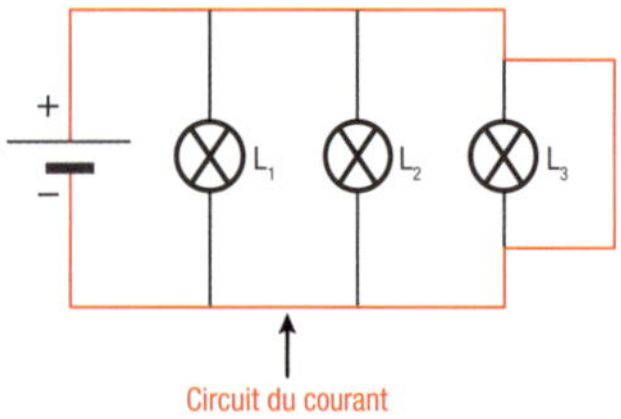

Doc. 9 Schéma du court-circuit pour un montage en dérivation

REMARQUE

Le court-circuit est abordé dès le cycle 2. Les élèves de l'école réalisent souvent des montages avec un court-circuit. Le professeur des écoles doit avertir les élèves que si la pile chauffe, il faut la débrancher.

Ce montage comporte quatre boucles, une pour chaque lampe mais aussi une boucle ne comportant que la pile et le fil électrique. La pile est bien court-circuitée, le courant ne passe que par le fil du court-circuit. Les trois lampes sont éteintes. Si on laisse le fil branché, la pile commence à chauffer, c'est le signe que la pile est en court-circuit.

7. Comment fonctionne l'électricité domestique ?

7-1. L'installation électrique à la maison

▶ Dans les habitations, l'électricité est directement utilisable à partir des prises du secteur. Celles-ci maintiennent entre leurs bornes une tension égale à 230 V et sont alimentées par un compteur où arrive le courant produit par la centrale.

▶ La tension du secteur est une tension alternative : le courant change 50 fois par seconde. Une prise est constituée de deux bornes femelles (la phase et le neutre) et d'une borne mâle (la fiche de terre).

▶ À la maison, tous les appareils sont montés en dérivation. Entre la phase et le neutre, la tension est de 230 V. Entre la phase et la fiche de terre, la tension est de 230 V. Entre le neutre et la fiche de terre, la tension est de 0 V.

▶ À l'entrée de la maison se trouvent le compteur et le disjoncteur différentiel général (Doc. 10). Plusieurs fusibles ou disjoncteurs (éventuellement différentiels) protègent les divers circuits. Le compteur rend compte de la consommation d'énergie exprimée en kilowattheures (kWh).

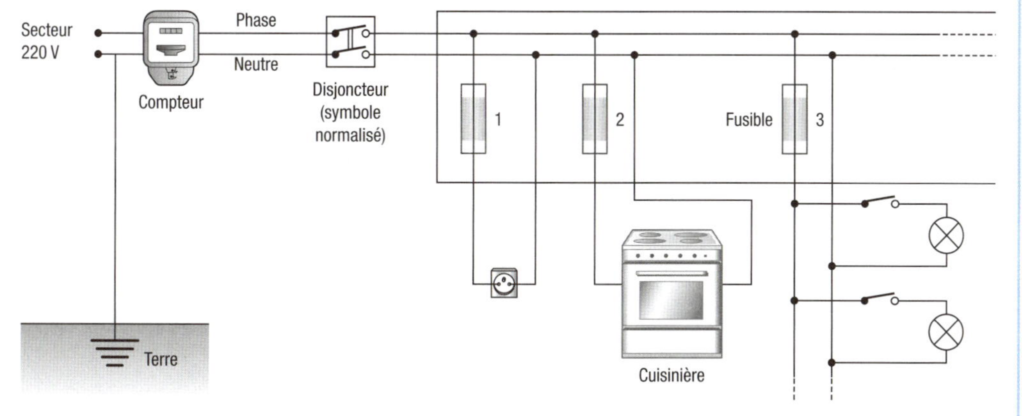

Doc. 10 Installation domestique

7-2. La protection des personnes et des installations

Le passage d'un courant électrique provoque toujours un dégagement de chaleur, dégagement d'autant plus important que l'intensité du courant est forte. Une surchauffe dans les fils électriques peut entraîner un incendie, il faut donc des dispositifs pour repérer une surintensité et couper l'alimentation. Pour protéger à la fois les personnes et les équipements, il existe différents systèmes :

- **les fusibles :** fils métalliques branchés en série avec les fils de phase. Ils fondent dès que l'intensité dépasse son seuil maximal ;
- **le disjoncteur principal :** sert d'interrupteur général et limite les surintensités dans l'installation de façon à protéger les biens et les personnes. Le disjoncteur saute. Le disjoncteur différentiel mesure la différence entre le courant entrant et le courant sortant d'un circuit ;
- **la prise/fil de terre :** tous les appareils métalliques ont un fil de terre. Ce fil est raccordé à la carcasse de la machine et il est relié à un pieu métallique fiché dans le sol. Il sera utile en cas de fuite de courant. Sans fil de terre, l'usager risque l'électrocution : le courant de fuite passe par la machine, le corps de l'usager et le sol (le sol est à 0 V comme le neutre, le circuit électrique est bien fermé). Avec le fil de terre : le courant de fuite passe par le chemin le plus facile (voir le paragraphe sur le court-circuit), donc par le fil de terre et pas par l'usager qui est ainsi protégé.

7-3. Les effets du courant électrique sur le corps

Lorsqu'un courant électrique traverse notre corps, les effets dépendent de l'intensité du courant (Doc. 11). Une électrisation se produit quand le corps humain est un élément du circuit. En reliant le fil de phase et le fil neutre d'une prise électrique, le corps humain ferme le circuit et il peut s'électrocuter. Il risque aussi de s'électrocuter en touchant le fil de phase et en fermant le circuit par contact avec le sol. Le corps humain est un conducteur électrique.

REMARQUE

Lorsque le courant électrique traverse le corps humain, c'est une électrisation. L'électrocution peut être la conséquence d'une électrisation. On parle d'électrocution lorsque ce courant électrique provoque la mort de la personne.

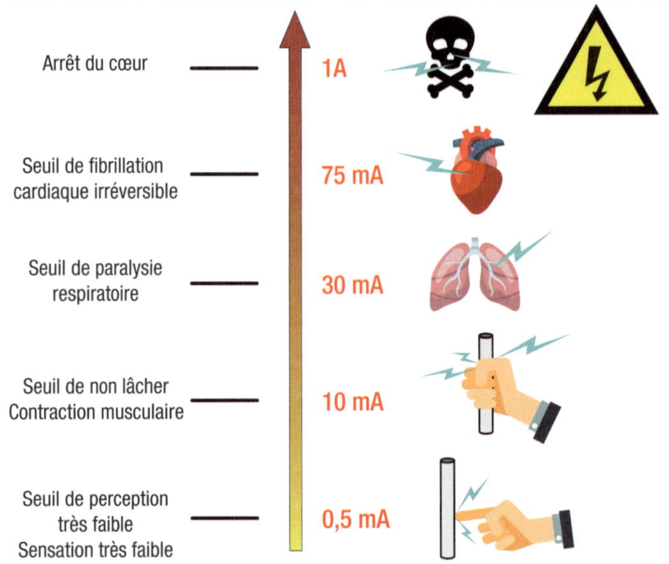

Doc. 11 Les seuils de danger de l'électrisation

Se tester en 10 questions

Parmi les propositions suivantes, choisissez la bonne réponse.

1. Un générateur peut être :
   - a) une pile
   - b) une lampe
   - c) un moteur

2. L'intensité du courant électrique s'exprime en :
   - a) volts
   - b) ampères
   - c) watts

3. Dans un circuit en série, trois lampes identiques :
   - a) brillent de la même façon et faiblement
   - b) ne brillent pas de la même façon
   - c) brillent normalement

4. Dans un circuit en dérivation comportant deux lampes identiques et une pile :
   - a) les lampes ne brillent pas de la même façon
   - b) les lampes brillent de la même façon et faiblement
   - c) les lampes brillent normalement

5. Un fusible :
   - a) saute en cas de surintensité dans les installations
   - b) saute régulièrement
   - c) ne protège pas les installations et les personnes

Répondez aux questions suivantes.

6. Comment sont branchés les appareils électriques dans une installation domestique ?
7. Qu'est-ce qu'un isolant électrique ?
8. Citer trois dispositifs pour protéger les personnes à la maison.
9. Qu'est-ce qu'une surintensité ?
10. Qu'est-ce qu'une électrisation ?

Réponses : **1.a ; 2.b ; 3.a ; 4.c ; 5.a ;**
6. Les appareils électriques sont branchés en dérivation entre le fil de phase et le fil neutre.
7. Un isolant électrique ne laisse pas circuler le courant électrique (ex : le bois…).
8. Trois dispositifs de protection sont le disjoncteur différentiel, le fusible, la prise de terre.
9. Lorsque trop d'appareils électriques sont branchés/allumés, l'intensité du courant est très élevée et peut produire un phénomène de surintensité.
10. Lorsque le corps humain relie le fil de phase et le fil neutre d'une prise électrique, le circuit est fermé et le courant électrique traverse le corps.

Ce qu'il faut savoir selon le cycle

Les circuits électriques

Cycle 1

- Décrire les éléments d'une lampe de poche
- Identifier des objets techniques fonctionnant à l'électricité

Cycle 2

- Réaliser des objets techniques par association d'éléments existants en suivant un schéma de montage
- Identifier les propriétés de la matière vis-à-vis du courant électrique
- Différencier des objets selon qu'ils sont alimentés avec des piles ou avec le courant du secteur
- Constituants et fonctionnement d'un circuit électrique simple
- Différencier les conducteurs et les isolants (rôle de l'interrupteur)
- Connaître les règles élémentaires de sécurité

Cycle 3

- Construire des objets techniques utilisant un circuit en série, un circuit en dérivation

12 Environnement numérique et initiation à la programmation

A Comment transmettre un signal ?

1. Quel chemin parcourt une information ?

Une information circule à partir de trois composantes :

1 **L'émetteur :** produit un message et envoie le signal. Il peut être de différentes natures (sonore, visuel…).

Ex. : Émission d'un signal sonore. Le message sonore est l'information à transmettre.

2 **Le signal :** permet la transmission du message, c'est le porteur de l'information. Ce signal peut être de différentes natures et transmis selon différents moyens.

Ex. : Un signal sonore (musique…) peut se transmettre par une fibre optique (l'intermédiaire est dans ce cas un faisceau lumineux).

3 **Le récepteur :** reçoit le signal.

Ex. : L'œil est un récepteur qui reçoit un signal lumineux. L'information est transmise au cerveau par l'intermédiaire du nerf optique.

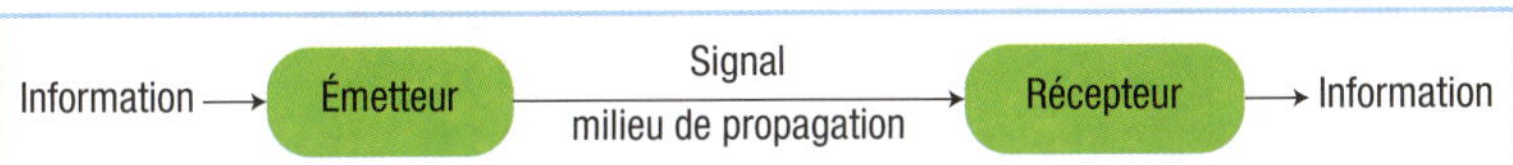

Doc. 1 La chaîne de transmission de l'information

REMARQUE

Les éléments d'une chaîne d'informations sont : Acquérir, Traiter et Communiquer.

2. Quels sont les différents types de signaux ?

2-1. Les signaux reçus par un être humain

▶ Ils peuvent être de différentes natures :
- sonore : voix, buzzer, sirène… ;
- tactile : main… ;
- olfactif : odeur d'un aliment…
- visuel : lampe, geste… ;
- gustatif : goût acide… ;

▶ Les signaux perçus sont détectés par nos cinq sens.

2-2. Les signaux entre objets

▶ Un signal est une grandeur physique mesurable. On observe les signaux suivants :

– **le signal électrique** caractérisé le plus souvent par une tension (en volts). L'information est généralement transmise par câble électrique ;

Ex. : Un haut-parleur restitue un message sonore par l'intermédiaire d'un signal électrique.

– **le signal sonore** caractérisé par une intensité (mesurée en décibels) ainsi que par une fréquence (mesurée en hertz). Le signal se propage par onde dans le milieu environnant (air, eau, parois diverses…), il y a déplacement de la matière ;

Ex. : Un instrument de musique ou d'une voix est transmis par l'intermédiaire de l'air.

– **le signal lumineux** sa fréquence ou sa bande de fréquences correspond à une couleur ;

Ex. : Cas des informations transmises par fibre optique.

– **le signal électromagnétique** se propage par onde sans transport de matière ;

Ex. : Ondes émises par un téléphone portable…

– **le signal numérique** : signal logique à deux valeurs « 0 » ou « 1 ».

Ex. : L'appareil photographique numérique utilise ce signal. Le capteur numérique permet de mémoriser l'image. Un filtre constitué de cellules colorées composées des couleurs primaires (rouge, bleu et vert) permet de reconstituer toutes les couleurs du spectre de la lumière.

B Qu'est-ce que l'environnement numérique ?

1. De quoi est composé l'environnement numérique ?

▶ L'environnement numérique se compose de **périphériques d'entrée** (clavier, souris…) et de **sortie** (écran, imprimantes…).

▶ Les périphériques d'entrée permettent de saisir des données et les périphériques de sortie permettent de les restituer sous différentes formes (impression, affichage à l'écran…).

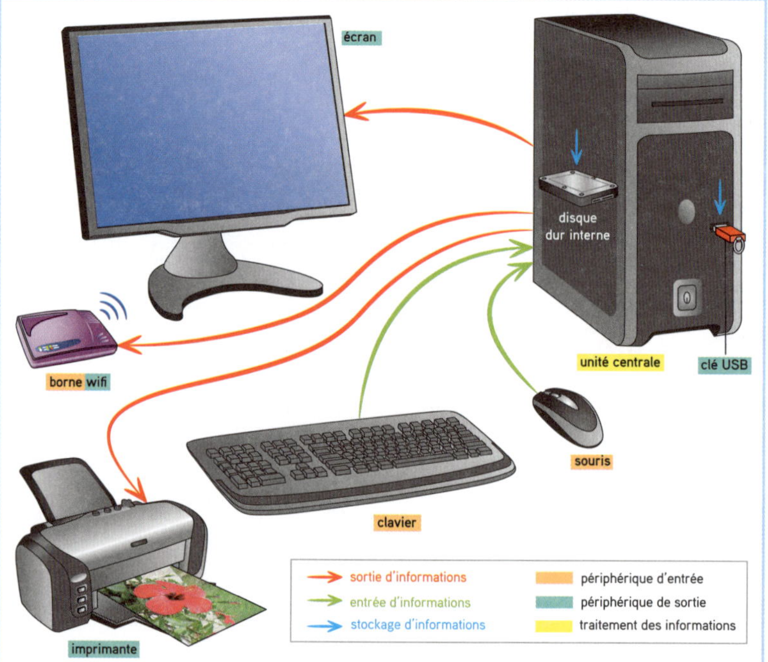

Doc. 2 La chaîne de l'information numérique

2. Qu'est-ce qu'un réseau informatique ?

▶ Le réseau informatique est un ensemble de mises en relation assurant la communication d'information entre tous les périphériques.

▶ Un réseau comprend idéalement : des émetteurs, des connecteurs, des canaux, un message, des récepteurs. Il peut être filaire (câble) ou non filaire (wifi).

▶ Le serveur est le « cerveau » d'un réseau, toutes les demandes passent par lui et sont redistribuées ensuite. L'imprimante d'un même réseau peut être utilisée par tous les ordinateurs de ce réseau.

▶ Le réseau internet permet de transmettre des photos, des documents, des messages…

Doc. 3 Exemple d'un réseau informatique

C Comment programmer un objet connecté ?

1. Qu'est-ce qu'un algorithme et un organigramme ?

▶ Un langage informatique est un moyen de communiquer, il est basé sur l'écriture d'organigrammes et d'algorithmes qui obéissent à une codification pour décrire un processus à réaliser.
▶ Un algorithme est un langage textuel. Il est composé d'instructions qui sont des opérations organisées dans un ordre précis permettant de résoudre un problème.
▶ L'organigramme est un mode de représentation graphique constitué de symboles. Il se lit par défaut du haut vers le bas.

Types de structures	Algorithme	Organigramme
Début – Fin – Commentaires	DÉBUT . . . FIN	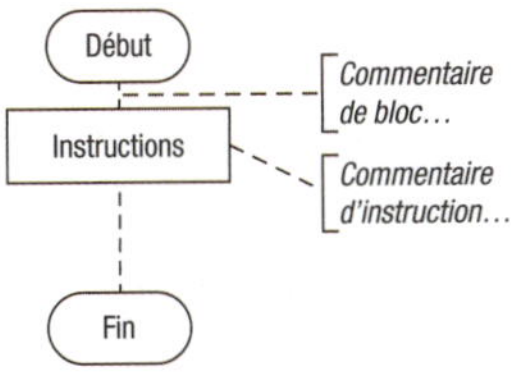
Alternative	SI (Condition) ALORS Instructions FIN SI	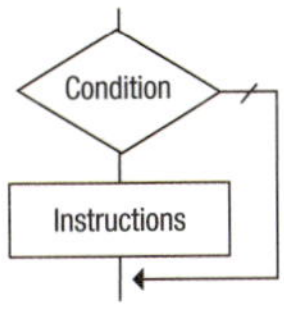
Alternative complète	SI (Condition) ALORS Instructions_1 SINON Instructions_2 FIN SI	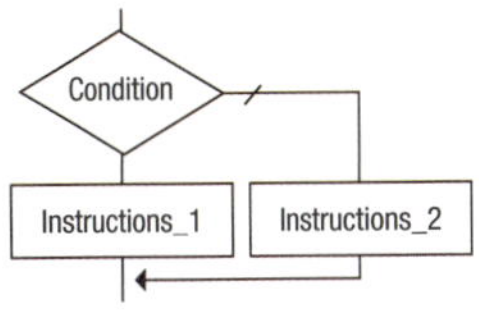

Doc. 4 Structures des algorithmes et des organigrammes

▶ Les organigrammes et les algorithmes sont étroitement liés, on peut passer de l'un à l'autre. Une fois établi, l'organigramme ou l'algorithme peut être transcrit en **langage de programmation** (Python, C, Javascript…).

REMARQUE

Au cycle 3, les termes suivants peuvent être définis : algorithme ; instruction conditionnelle ou test ; condition ; boucle.

2. Qu'est-ce qu'un langage de programmation ?

▶ Un langage de programmation permet d'écrire des programmes qui sont constitués d'instructions et qui vont être exécutés par l'ordinateur.

▶ Les logiciels Scratch (programmation en blocs) et Python (programmation textuelle) sont des exemples de langages de programmation.

▶ Scratch (*Cf.* p. 293) est adapté pour les élèves de primaire, il permet d'élaborer un programme à l'aide de blocs d'instructions.

Ex. : Dans le programme ci-dessous, l'action « avancer de 5 pas » sera exécutée dès que l'évènement « clic sur le drapeau vert » est effectué.
Il existe des blocs qui permettent de répéter une action ou de faire des tests. L'action « avancer de 5 pas » et « tourner dans le sens anti-horaire de 5 degrés » sont ici répétées indéfiniment.

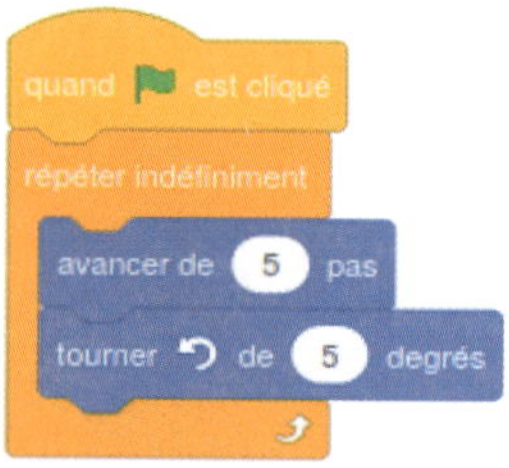

REMARQUE

Les programmes permettant de déplacer un robot utilisent fréquemment les tests (si alors ; si alors sinon ; tant que) et la boucle (répéter). Ces instructions contrôlent les actions des robots.

▶ Un programme en blocs peut être remplacé par des lignes de texte. Le code est plus concis et diversifie davantage les possibilités que les langages en blocs (logiciel MakeCode de programmation par carte micro:bit).

Ex. : Un algorithme ou suite d'instructions : « faire clignoter en continu un cœur battant ».
Le programme montre un cœur battant avec deux images. Après l'affichage de chaque image, le programme s'arrête pendant 500 ms (millisecondes), avant d'afficher l'image suivante.

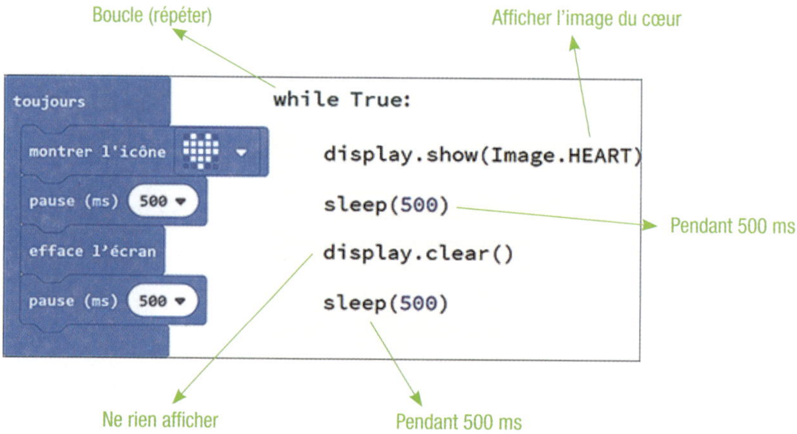

3. Comment programmer un capteur de température ?

▶ En sciences, au cycle 3, on mesure souvent des grandeurs physiques comme la température.

▶ Il existe des outils numériques qui permettent de recueillir, à partir d'un capteur, les données de température et de les étudier. Ce capteur est un dispositif qui transforme la grandeur température en une grandeur utilisable par le système informatique.

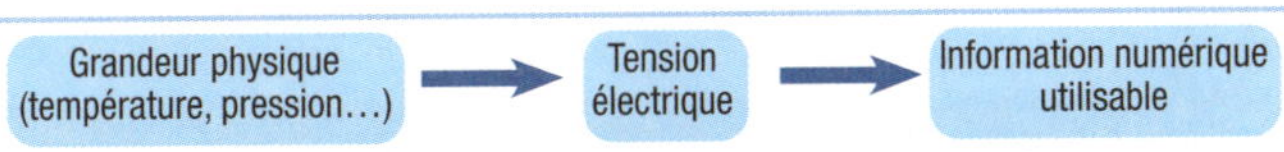

Doc. 5 Parcours de l'information numérique

En classe…

On programme un capteur de température qui permet d'allumer une LED en fonction d'une température donnée. Pour une température de 100 °C, on obtient l'algorithme suivant :

Début
Affecter la valeur du capteur de température à la variable « capteur T »
Si « capteur température » > 100 **alors**
  allumer la LED
Sinon
  éteindre la LED
Fin si
Fin

▶ Les capteurs (de température, de lumière…) sont intégrés sur des cartes programmables miniatures appelées : **microcontrôleurs** (Doc. 6).

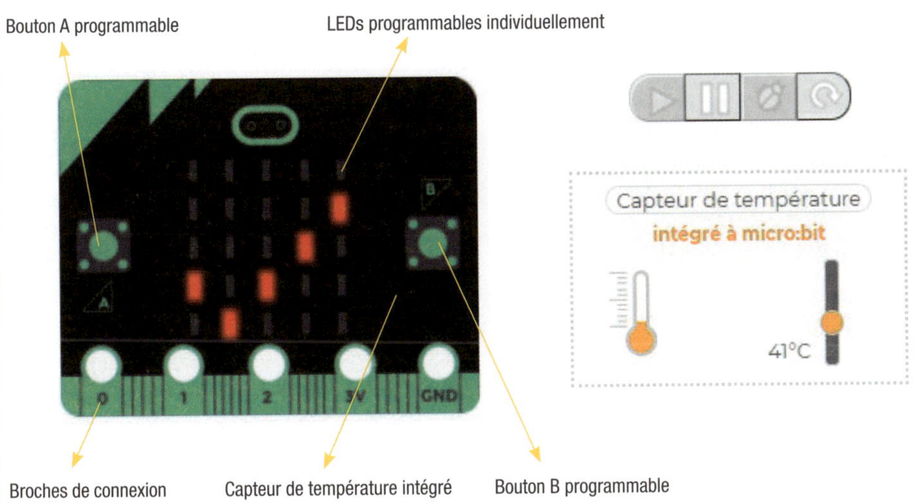

Doc. 6 Microcontrôleur

▸ Le programme en blocs associé est le suivant :

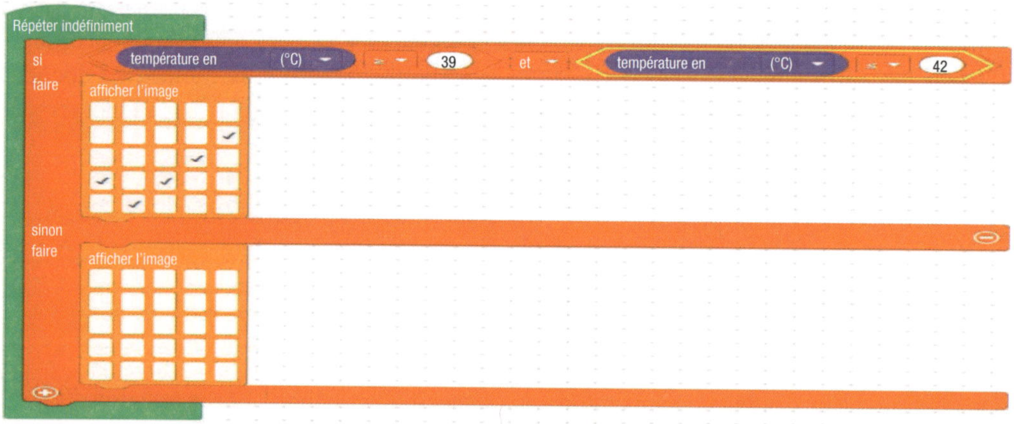

Tant que la température est comprise entre 39 °C et 42 °C, on obtient sur le microcontrôleur l'affichage ci-dessus.

REMARQUE

La découverte de la programmation à l'école primaire commence dès le cycle 2, à partir du CP, et se prolonge jusqu'en CM2. Elle consiste essentiellement à programmer les déplacements d'un robot.

Les élèves de cycle 2 commencent à coder des déplacements à l'aide de logiciels de programmation adaptés. Ils produisent des algorithmes de base.

L'initiation à la programmation s'appuie sur des activités de déplacement ou de repérage.

Se tester en 10 questions

Parmi les propositions suivantes, choisissez la bonne réponse.

1 L'émetteur :
- **a)** reçoit le message
- **b)** transmet le message
- **c)** émet le message

2 Un signal :
- **a)** est d'une seule nature électrique
- **b)** peut être de différentes natures
- **c)** n'est pas porteur d'une information

3 L'œil :
- **a)** émet un signal lumineux
- **b)** perçoit un signal sonore
- **c)** reçoit un signal lumineux

4 Un algorithme est :
- **a)** construit par l'ordinateur
- **b)** une suite d'instructions
- **c)** un ensemble de signaux électriques

5 Un capteur de température :
- **a)** transforme la grandeur température
- **b)** transmet un signal numérique
- **c)** mesure un signal numérique

Répondez aux questions suivantes.

6 Qu'est-ce qu'un signal ?

7 Quel est le principe de l'appareil photographique numérique ?

8 Qu'est-ce qu'un réseau de communication ?

9 Donner deux types d'instructions conditionnelles.

10 Comment mesurer la température avec un outil numérique ?

Réponses : **1**.c ; **2**.b ; **3**.c ; **4**.b ; **5**.a ;
6. Un signal permet la transmission d'un message, il porte l'information. Il peut être de différentes natures et transmis selon différents moyens (signal sonore par une fibre optique : l'intermédiaire est un faisceau lumineux).
7. L'appareil photographique numérique utilise un signal numérique. Le capteur numérique mémorise l'image. Un filtre constitué de cellules colorées composées des couleurs primaires (rouge, bleu et vert) reconstitue toutes les couleurs du spectre de la lumière.
8. Un ensemble de mises en relation assurant la communication d'information entre tous les périphériques. Il comprend : émetteurs, connecteurs, canaux, un message, récepteurs. Il peut être filaire ou non filaire.
9. Les instructions conditionnelles sont Si alors ; Si alors Sinon.
10. À l'aide d'un capteur de température, les données sont transformées et utilisables par le système informatique.

Ce qu'il faut savoir selon le cycle

Environnement numérique et initiation à la programmation

Cycle 1

- Rendre l'élève autonome face à l'usage de l'ordinateur
- Effectuer une première approche de l'usage d'un traitement de texte
- Apporter les premières notions technologiques : le nom des différentes parties de l'ordinateur et les liens entre ces différentes parties

Cycle 2

- Découvrir des outils numériques
- Rechercher et restituer des informations (traitements de texte…)
- Décrire l'architecture simple d'un dispositif informatique

Cycle 3

- Connaître l'environnement numérique (description du système technique : composants et relations)
- Notions d'algorithme et des objets programmables
- S'approprier les moyens numériques d'un réseau
- S'approprier les logiciels usuels

THÈME 4
TERRE, SYSTÈME SOLAIRE ET ENVIRONNEMENT

cycle 3

La planète Terre

• Situer la Terre dans le système solaire et caractériser les conditions de la vie terrestre

▶ Caractériser les conditions de vie sur Terre (atmosphère, température, présence d'eau liquide) :
- le Soleil, les planètes ;
- position de la Terre dans le système solaire et histoire de la Terre et développement de la vie.

▶ Décrire les mouvements de la Terre (rotation sur elle-même et alternance jour-nuit, autour du Soleil et cycle des saisons) :
- les mouvements de la Terre sur elle-même et autour du Soleil ;
- représentations géométriques de l'espace et des astres (cercle, sphère).

▶ Identifier les composantes biologiques et géologiques d'un paysage :
- paysages, géologie locale, interactions avec l'environnement et le peuplement.

▶ Relier certains phénomènes naturels à des risques pour les populations :
- phénomènes géologiques traduisant l'activité interne de la Terre (volcanisme, tremblements de terre...) ;
- phénomènes traduisant l'activité externe de la Terre : phénomènes météorologiques et climatiques ; évènements extrêmes (tempêtes, cyclones, inondations et sécheresses...).

cycle 3

Les êtres vivants dans leur environnement

• Identifier des enjeux liés à l'environnement : répartition des êtres vivants et peuplement des milieux

▶ Décrire un milieu de vie dans ses diverses composantes.

▶ Notions d'écosystème :
- interactions des organismes vivants entre eux et avec leur environnement ;
- relier le peuplement d'un milieu et les conditions de vie ;
- modification du peuplement en fonction des conditions physicochimiques du milieu et des saisons ;
- conséquences de la modification d'un facteur physique ou biologique sur l'écosystème ;
- la biodiversité, un réseau dynamique.

▶ Identifier les interactions entre les êtres vivants et leur importance dans le peuplement des milieux.

▶ Identifier quelques impacts humains dans un environnement (comportements, aménagement...) :
- aménagements de l'espace par les humains et contraintes naturelles ; impacts technologiques positifs et négatifs sur l'environnement.

▶ Suivre et décrire le devenir de quelques matériaux de l'environnement proche.

▶ Relier les besoins de l'être humain, l'exploitation des ressources naturelles et les impacts à prévoir et gérer (risques, rejets, valorisations, épuisement des stocks) :
- exploitation raisonnée et utilisation des ressources (eau, pétrole, charbon, minerais, biodiversité, sols, bois, roches à des fins de construction...).

13 La Terre et la Lune

Depuis l'Antiquité et dans toutes les civilisations, les hommes ont admiré le ciel, observé le mouvement du Soleil, des étoiles et des planètes et cherché à décrire ces mouvements.

A Qu'est-ce que la rotation et la révolution de la Terre ?

1. Comment s'est-on représenté l'Univers au fil des siècles ?

1-1. Le modèle géocentrique

Claude Ptolémée, savant grec, (vers 100 à 170) se représente la Terre immobile et les astres qui tournent autour d'elle.

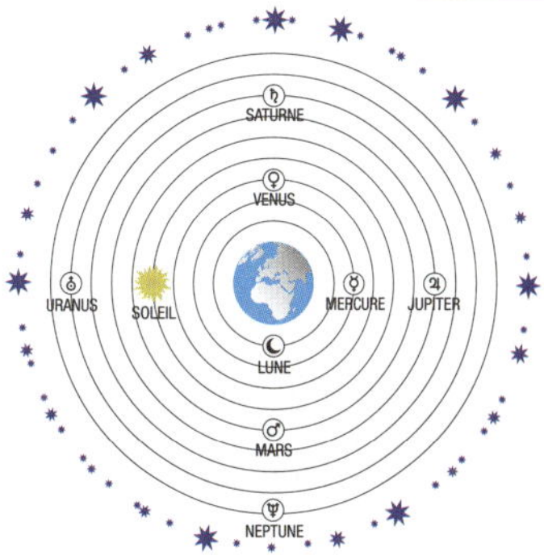

Doc. 1 Représentation géocentrique

1-2. Le modèle héliocentrique

Nicolas Copernic, astronome et mathématicien (1473-1543), propose un modèle plus simple : le Soleil est au centre et toutes les planètes, y compris la Terre, tournent autour en décrivant des cercles.
Il établit aussi que la Terre tourne sur elle-même.

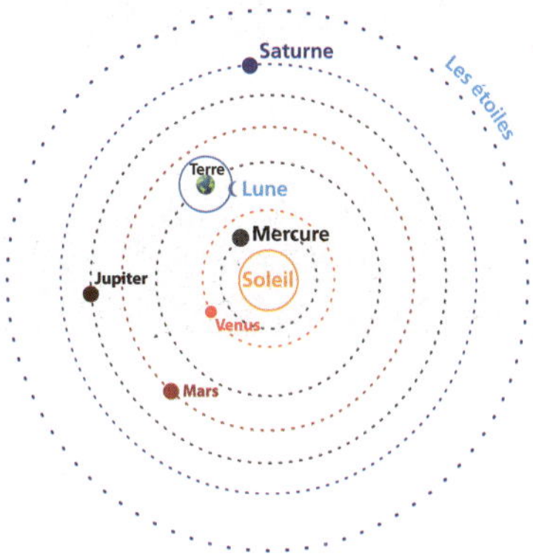

Doc. 2 Représentation héliocentrique

▶ **Galilée** (1564-1642) fait pour la première fois des observations du ciel avec un instrument d'optique, une lunette astronomique. Ses observations confirment l'intuition de Copernic, la Terre tourne sur elle-même et autour du Soleil.

▶ **Johannes Kepler** (1571-1630) comprend par le calcul que Mars a une orbite elliptique et non circulaire. La Terre et les autres planètes ont aussi une orbite elliptique.

▶ **Isaac Newton** (1643-1727) établit la loi de l'attraction des corps (théorie de la gravitation) associée aux lois du mouvement, à partir de la 3e loi de Kepler.

2. Qu'est-ce que la rotation de la Terre ?

2-1. La Terre

▶ La Terre tourne sur elle-même autour d'un **axe de rotation** imaginaire qui passe par son centre du pôle Nord au pôle Sud (Doc. 3). Cet axe est légèrement incliné par rapport à la trajectoire de la Terre, on parle de **plan de l'écliptique**. L'axe de rotation de la Terre garde une orientation fixe tout au long de l'année.

▶ Le mouvement de la Terre est imperceptible, elle effectue un tour sur elle-même en 24 heures et en sens inverse des aiguilles d'une montre.

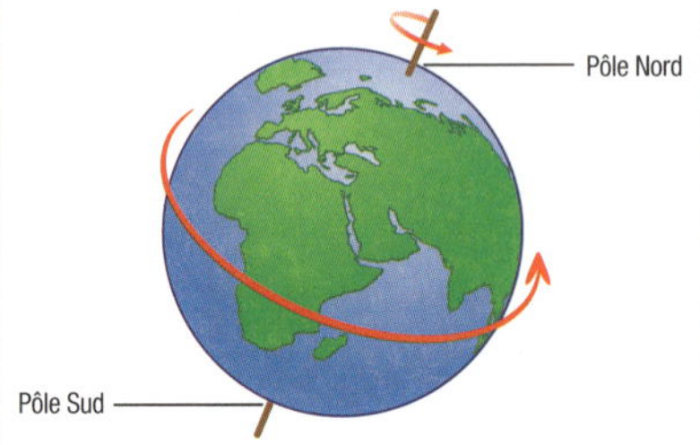

Doc. 3 La rotation de la Terre

2-2. Le mouvement apparent du Soleil

▶ Ce mouvement de rotation autour du Soleil crée les jours et les nuits.

▶ Chaque jour, le Soleil apparaît vers l'est, monte dans le ciel puis disparaît vers l'ouest (Doc. 4) : on parle de **mouvement apparent du Soleil**.

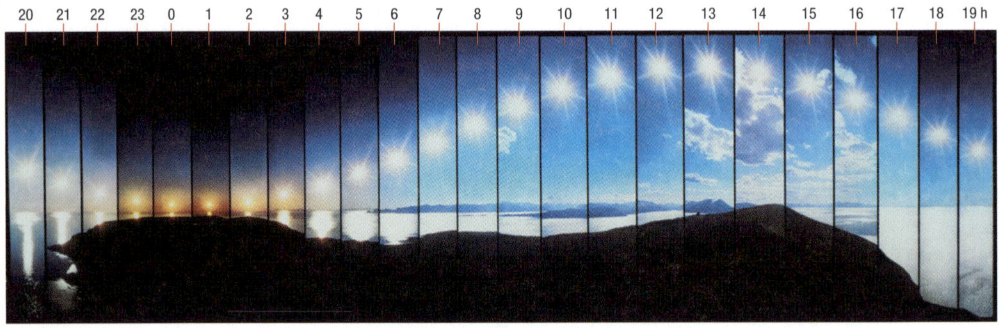

Doc. 4 Mouvement apparent du Soleil

▶ Le Soleil ne disparaît pas tous les jours dans la même direction. En effet, en France métropolitaine, il **se couche** dans la direction :

– nord-ouest le 21 juin ;

– sud-ouest le 21 décembre.

L'écart entre les deux directions forme un angle de 90°.

▶ La même observation, le matin, montre que le Soleil n'apparaît pas tous les jours dans la même direction. En France métropolitaine, il **se lève** dans la direction :

– nord-est le 21 juin ;

– sud-est le 22 décembre.

Ces deux directions forment un angle de 90°.

▶ Il ne fait pas nuit dès le coucher du Soleil : c'est le **crépuscule** ; peu de temps avant le lever : c'est l'**aube**.

▶ Tous les jours, le Soleil décrit un arc de cercle dans le ciel, dans le sens des aiguilles d'une montre. Cet arc est plus ou moins haut suivant la date mais toujours situé dans un plan perpendiculaire à l'axe de rotation de la Terre.

REMARQUE

Lorsque l'on dit que le « Soleil est à son zénith », on dit en fait que sa direction est à la verticale de l'observateur. Cette situation empêcherait de voir son ombre. En France métropolitaine, cela n'arrive jamais. Pour observer un tel phénomène, il faut aller dans des lieux situés entre les tropiques : en Guyane (sur l'équateur) le 21 septembre ou le 21 mars, au barrage d'Assouan (sur le tropique nord) le 21 juin ou à Rio de Janeiro (sur le tropique sud) le 22 décembre.

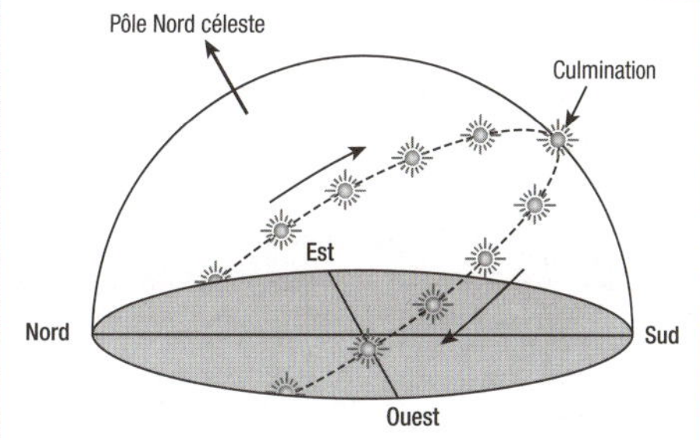

Doc. 5 Trajectoire en arc du Soleil

En classe...

Lors de votre enseignement, utilisez des maquettes pour simuler les mouvements de la Terre.
Représenter la Terre avec une boule de polystyrène piquée sur une pique à brochette.
Tracer l'équateur sur la boule.
Repérer Paris par une croix, ainsi que les points cardinaux.
– une épingle plantée sur Paris représente le bâton pour observer l'ombre,
– une lampe représente le Soleil.

Faire tourner la lampe autour de la boule dans le sens des aiguilles d'une montre,
Constater que l'ombre de l'épingle se trouve vers l'ouest le matin, vers l'est le soir.
Garder ensuite la lampe immobile en faisant tourner la boule et **montrer** l'alternance du jour et de la nuit : il fait jour sur la partie de la Terre éclairée par le Soleil et il fait nuit sur la partie non éclairée.

3. Que sont les jours et les nuits ?

▶ Une **journée** est la période entre le lever et le coucher du Soleil. Elle a une durée variable au cours de l'année, il fait nuit tard en été, très tôt en décembre. Elle a une durée :
– extrémale aux **solstices** (21 juin et 22 décembre) ;
– de 12 heures aux **équinoxes** (21 mars et 22 septembre).

REMARQUE

Étymologie : -*équinoxe* signifie que la journée et la nuit ont la même durée.
-*solstice* signifie que le Soleil s'arrête.
À partir du 21 juin, le Soleil culmine de plus en plus bas et le 22 décembre, il arrête cette descente. De même, il culmine de plus en plus haut à partir du 22 décembre et arrête cette ascension le 21 juin.

▶ **Représentation graphique :** on peut tracer des graphiques représentant l'évolution de la durée de la journée sur l'année. Avec en abscisse, les dates du 1er janvier au 31 décembre et en ordonnée, les heures de 0 à 24 h. Les courbes représentant les heures de lever et de coucher du Soleil, la journée se situe entre ces deux courbes.

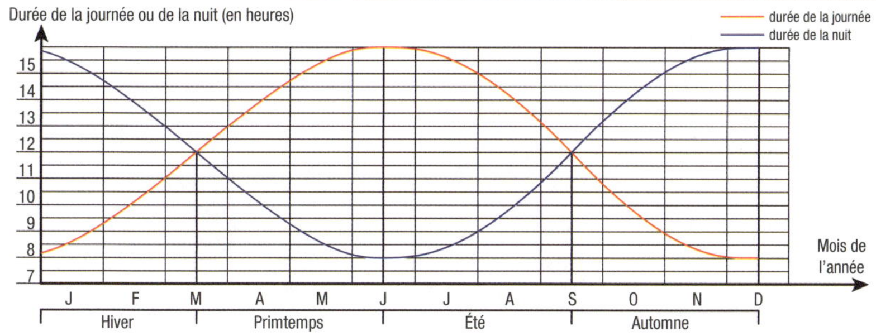

Doc. 6 Représentation graphique du jour et de la nuit tout au long de l'année

4. Comment définir les saisons ?

▶ Une **saison** est une période délimitée par **quatre dates remarquables** dans l'année. Chacune de ces dates correspond aux premiers jours de chacune des saisons.

L'équinoxe du 21 mars est le premier jour du printemps

Le solstice d'été du 21 juin est le premier jour de l'été

L'équinoxe du 21 septembre annonce le début de l'automne

Le solstice d'hiver du 21 décembre détermine le début de l'hiver

▶ Cette définition astronomique est la même en tout point du globe donc aussi dans l'hémisphère sud.

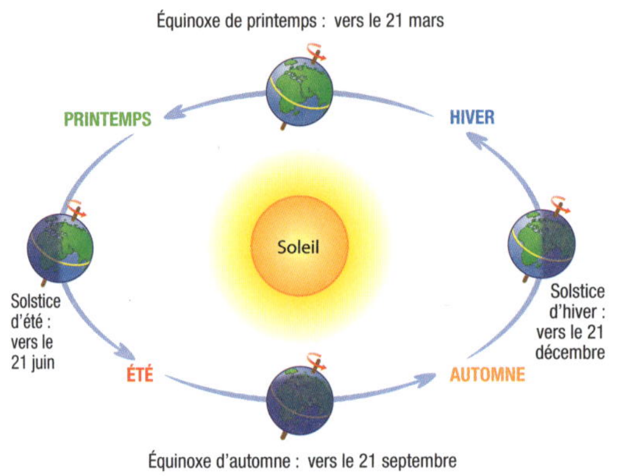

Doc. 7 Position de la Terre face au Soleil selon les saisons

5. Qu'est-ce que la révolution de la Terre ?

5-1. L'orbite

▶ La révolution de la Terre est le mouvement que cette dernière effectue autour du Soleil. Un tour complet dure en moyenne 365 jours.

▶ La Terre a une **orbite quasi circulaire (elliptique)**, soit un trajet autour du Soleil en forme d'**ellipse**. Plus l'ellipse est allongée et plus le Soleil se trouve éloigné du centre (Doc. 8).

▶ Le Soleil a toute l'année la même dimension apparente, la Terre se trouve donc toujours à peu près à la même distance de lui.

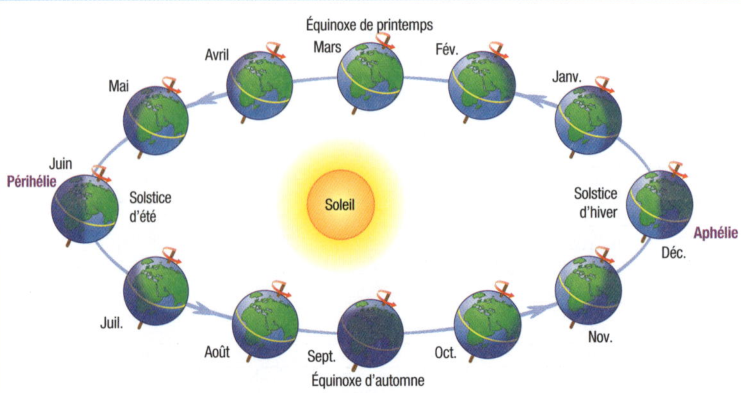

Doc. 8 Révolution de la Terre autour du Soleil

▶ Le **périhélie** est la position de la Terre lorsqu'elle est la plus proche du Soleil. Elle se trouve au plus près du Soleil le 4 juin. L'**aphélie** est la position de la Terre au plus loin du Soleil (Doc. 8).
▶ Tout comme le Soleil, les étoiles semblent tourner autour de la Terre. Une seule étoile reste immobile dans le ciel tout au long de l'année. Elle se trouve dans le prolongement de l'axe de rotation de la Terre : c'est l'**étoile polaire**.

5-2. La puissance solaire reçue

▶ La puissance du rayon solaire dépend de l'angle entre ce rayon et la surface de la Terre. La puissance reçue est maximale quand la surface éclairée est minimale.
▶ Cette puissance varie selon les saisons et selon les **latitudes** (Doc. 9).

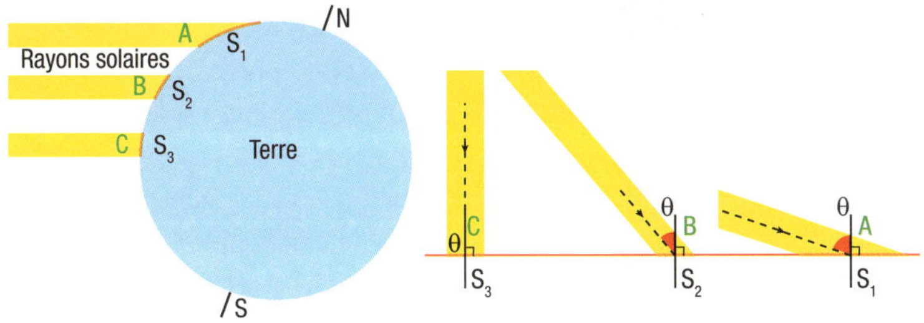

Doc. 9 Inclinaison des rayons selon la latitude

6. Pourquoi fait-il…

6-1. Plus chaud en été qu'au printemps ?

Si on considère deux dates symétriques par rapport au solstice d'été, par exemple le 1er août et le 10 mai, la journée a la même durée et le Soleil culmine à la même hauteur mais les températures ne sont pas les mêmes. Les raisons invoquées dans le paragraphe précédent ne suffisent pas à expliquer pourquoi il fait plus chaud en juillet qu'en mai. Il faut tenir compte de l'**inertie thermique** : en juillet, la quantité d'énergie reçue par la Terre dans l'hémisphère nord est supérieure à celle qui est perdue, donc la température continue à augmenter.

6-2. Plus froid en hiver qu'en automne ?

De la même façon, en hiver, bien que les jours rallongent et que le Soleil culmine plus haut qu'au solstice d'hiver, l'énergie reçue dans l'hémisphère nord est inférieure à l'énergie perdue, la température continue de baisser et il fait plus froid qu'en automne.

6-3. Plus chaud en été qu'en hiver ?

En été, la durée d'ensoleillement est plus longue qu'en hiver. Pour une même quantité d'énergie, la surface éclairée par le Soleil est plus petite qu'en hiver (inclinaison des rayons du Soleil différente), donc le sol se réchauffe plus facilement.

En classe…

Il est important d'expliquer tous ces phénomènes à l'aide de schémas.
Montrer sur un dessin par exemple que : Moscou et Paris ne sont pas sur le même méridien et les deux villes ne peuvent pas avoir le Soleil en même temps.
Montrer que la révolution de la Terre autour du Soleil se fait sur un plan de l'écliptique.
Respecter les proportions : le Soleil est plus volumineux que la Terre.
Montrer que la partie de la Terre éclairée par le Soleil est orientée vers le Soleil, elle n'est pas délimitée par l'axe Nord-Sud.

B Que sont la Lune et les éclipses ?

1. Qu'est-ce que la Lune ?

1-1. Description de la Lune

– La Lune est 50 fois plus petite que la Terre ;
– Son diamètre est de 3474 kilomètres ;
– La Lune tourne autour de la Terre sur une orbite quasi circulaire de 384000 kilomètres de rayon ;
– Sa période de révolution est d'environ 27,3 jours ;
– La Lune n'a pas d'atmosphère ;
– Les écarts de température entre le jour lunaire et la nuit sont importants ;
– Beaucoup de météorites atteignent son sol criblé d'impacts ;
– Il n'y a pas d'eau à l'état liquide ;
– Il n'y a aucune érosion (ni par le vent ni par l'eau), les traces ne s'effacent pas.

Doc. 1 La Lune

1-2. Les mouvements de la Lune

▶ La **période de rotation** de la Lune est égale à sa **période de révolution** : elle se déplace dans le sens inverse des aiguilles de la montre et tourne sur elle-même en 28 jours environ. C'est pour cela que, vue de la Terre, la Lune montre toujours la même face et a donc une face cachée.

▶ En 1959, la sonde Luna 3 a été la première à photographier la face cachée de la Lune.

REMARQUE

Pour comprendre le phénomène, il suffit de modéliser la Lune par une sphère et d'y coller un repère (gommette, punaise…). Lorsque la Lune fait un tour autour de la Terre, elle fait aussi un tour sur elle-même. Avec la sphère tenue à bout de bras, on constate que l'observateur voit toujours la gommette ou la punaise lors du mouvement de la Lune (en faisant 1/4 de tour autour de la Terre, la Lune fait aussi 1/4 de tour sur elle-même).

Doc. 2 La face cachée de la Lune

▶ L'orbite de la Lune autour de la Terre est dans un plan différent du plan de l'écliptique (plan contenant les orbites des planètes du Système solaire).

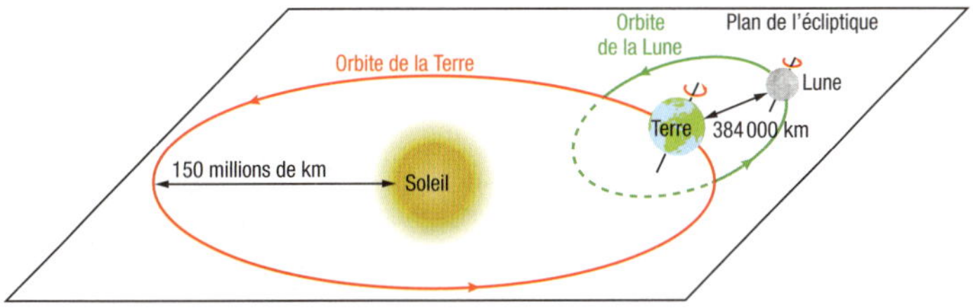

Doc. 3 Système Soleil-Terre-Lune

2. Quelles sont les phases de la Lune ?

La Lune change d'aspect (de forme) tous les jours, ce sont les **phases**. La succession des phases dure environ 28 jours, c'est la **lunaison**. Mais pour un observateur qui serait dans l'espace, la Lune est toujours éclairée de la même façon.

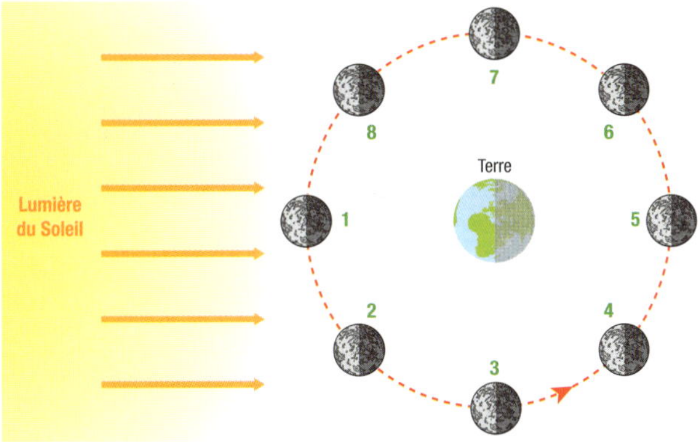

Doc. 4 Le cycle de la Lune

▶ La Lune n'émet pas de lumière propre, elle renvoie la lumière du Soleil. Depuis la Terre, on ne peut voir que la partie éclairée de la Lune.

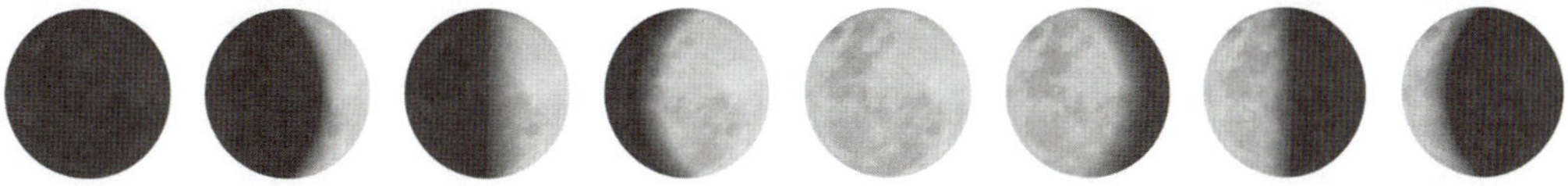

Doc. 5 Les phases de la Lune

▶ La Lune est parfois visible la nuit, parfois visible dans la journée. L'observateur terrestre lorsqu'il est dans la partie éclairée de la Terre, pourra observer le Lune en plein jour.

3. Qu'est-ce qu'une éclipse ?

▶ Il y a **éclipse totale de Lune** lorsque la Lune passe dans le cône d'ombre la Terre (Doc. 6). La Lune n'est plus éclairée par le Soleil. Comme elle n'émet pas sa propre lumière, elle n'est plus visible de la Terre. Le Soleil, la Terre et la Lune sont alors quasi alignés, ce qui correspond au moment de la pleine Lune. Il y a **éclipse partielle** si la Lune n'est pas totalement dans le cône d'ombre de la Terre.

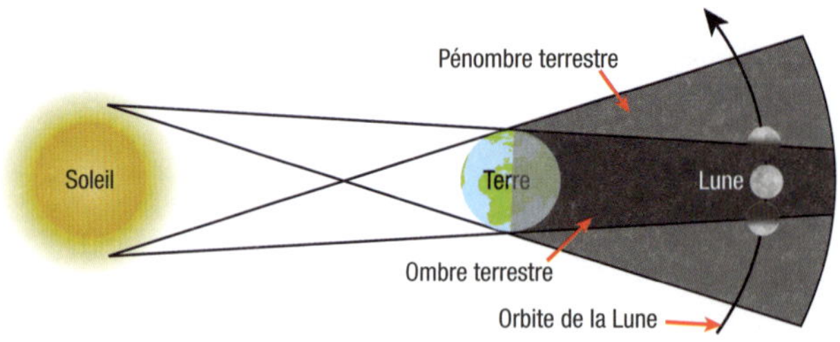

Doc. 6 L'éclipse totale de Lune

▶ Il y a **éclipse totale de Soleil** lorsque la Terre passe dans le cône d'ombre ou dans le cône de pénombre de la Lune. Le Soleil, la Lune et la Terre sont alors presque alignés. Il est très rare d'assister à une éclipse totale en France.

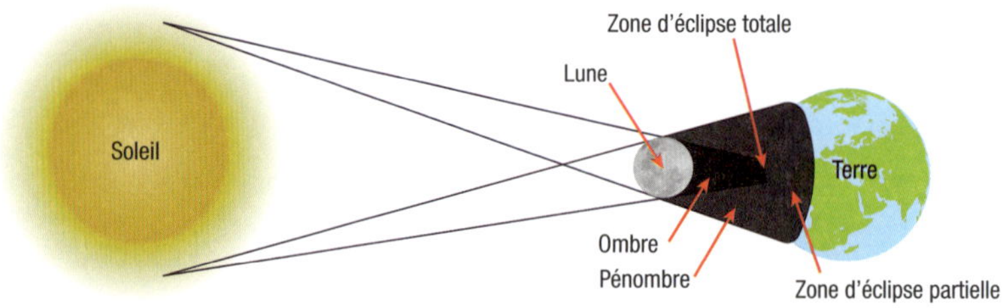

Doc. 7 L'éclipse totale de Soleil

REMARQUE

Si le plan de l'orbite de la Lune était le même que le plan de l'orbite de la Terre (écliptique), il y aurait une éclipse de Lune à chaque pleine Lune ; or le plan de l'orbite de la Lune est incliné d'environ 5° par rapport au plan de l'orbite terrestre.

Se tester en 10 questions

Parmi les propositions suivantes, choisissez la bonne réponse.

1 Le Soleil (à notre latitude) :
- **a)** se lève toujours à l'est
- **b)** se lève au nord-est en été
- **c)** se couche au nord-ouest en hiver

2 La rotation de la Terre signifie que :
- **a)** le Soleil tourne autour de la Terre
- **b)** la Terre tourne sur elle-même, autour de l'axe des pôles en un jour
- **c)** la Terre tourne sur elle-même d'est en ouest

3 Lors des équinoxes :
- **a)** la durée de la journée et de la nuit est égale
- **b)** le Soleil culmine au zénith
- **c)** le Soleil culmine au nord

4 Lors de la révolution de la Terre :
- **a)** l'orientation de l'axe des pôles de la Terre varie au cours de la révolution
- **b)** la trajectoire de la Terre est une ellipse
- **c)** la Terre se rapproche du Soleil en été

5 L'alternance des saisons est due à :
- **a)** la rotation de la Terre
- **b)** la révolution de la Terre et à l'inclinaison de l'axe Nord-Sud
- **c)** la trajectoire elliptique de la Terre

Répondez aux questions suivantes.

6 Pourquoi fait-il plus chaud en été ?

7 Comment peut-on expliquer l'alternance des journées et des nuits ?

8 Pourquoi le système solaire est-il un système héliocentrique ?

9 Pourquoi peut-on dire que la trajectoire de la Terre est quasi circulaire ?

10 Comment expliquer l'hiver ?

Réponses : **1.**b ; **2.**b ; **3.**a ; **4.**b ; **5.**b ;
6. En été, la journée est plus longue donc le Soleil réchauffe plus longtemps le sol. À midi solaire, le Soleil monte plus haut en été donc un même faisceau de lumière (et une même quantité d'énergie) réchauffera une surface de la Terre plus petite en été.
7. L'alternance des journées et des nuits peut être expliquée par la rotation de la Terre dans le sens antihoraire. Lorsque la partie de la Terre est orientée vers le Soleil, c'est la journée (la partie non éclairée représente la nuit).
8. Le Soleil est au centre du système solaire en opposition avec la conception erronée d'un système géocentrique où la Terre serait au centre.
9. La variation de la distance, au cours d'une année, entre la Terre et le Soleil est très faible et il est possible de représenter la trajectoire par un cercle.
10. Dans l'hémisphère Nord, en hiver, la partie éclairée par le Soleil est plus petite que la partie non éclairée. Lors d'une rotation de la Terre, un point situé à notre latitude reste moins longtemps éclairé, donc la durée de la journée est moins longue que la durée de la nuit.

Ce qu'il faut savoir selon le cycle

La Terre et la Lune

Cycle 1

- Produire des ombres
- Caractériser une ombre (forme, position...)
- Réaliser un théâtre d'ombres

Cycle 2

Identifier quelques phénomènes : alternance journée/nuit, les saisons
- Découvrir le cadran solaire
- Savoir que la Terre fait partie d'un univers très vaste composé de différents types d'astres
- De l'espace connu à l'espace lointain : la Terre et les astres (la Lune, le Soleil, etc.)

Cycle 3

Situer la Terre dans le Système solaire.
Caractériser les conditions de vie sur Terre (atmosphère, température, présence d'eau liquide)
- Le Soleil, les planètes
- Position de la Terre dans le Système solaire.
- Histoire de la Terre et développement de la vie.

Décrire les mouvements de la Terre (rotation sur elle-même et alternance jour-nuit, autour du Soleil et cycle des saisons)
- Les mouvements de la Terre sur elle-même et autour du Soleil
- Représentations géométriques de l'espace et des astres (cercle, sphère)

Observer les constellations, éclipses...

14 Le Système solaire

1. Comment s'est formé le Système solaire ?

Il y a environ 4,6 milliards d'années, un nuage en rotation constitué essentiellement d'hélium et d'hydrogène, la **nébuleuse solaire**, se condense en un disque plat et crée plusieurs nuages. Lors de cette phase, les parties gazeuses se sont échappées dans l'espace et les particules solides sont restées. Ces éléments grossirent de plus en plus sous l'effet de chocs et les corps s'assemblèrent, c'est ce que l'on appelle l'« **accrétion** ». Ce phénomène aboutit à la formation des **planètes** et du **Système solaire** (Doc. 1).

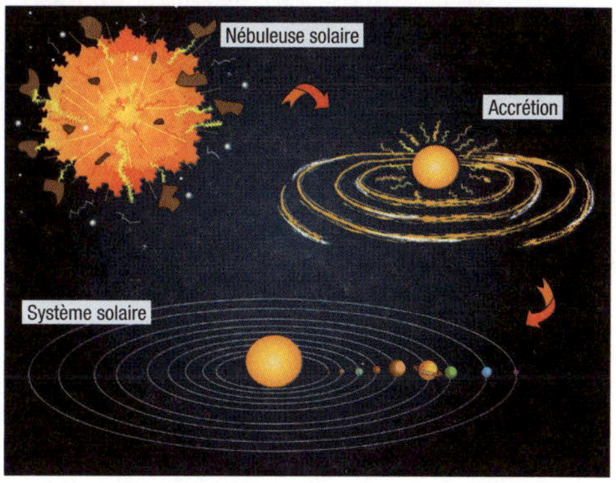

Doc. 1 Les phases de formation du Système solaire

2. Quelle est la place du Système solaire dans l'Univers ?

▶ **L'Univers** est constitué de milliards de galaxies, dont la Voie lactée qui comporte notre Système solaire, nommée aussi Galaxie (Doc. 2).

▶ **Une galaxie** est un amas d'étoiles, de gaz, de poussières et de vide. Les galaxies s'éloignent les unes des autres au cours du temps : on parle d'**expansion**.

▶ **La Voie lactée** contient 200 à 400 milliards d'étoiles et plusieurs milliards de planètes.

▶ **Les étoiles** sont des corps célestes qui produisent leur lumière. Elles sont composées essentiellement de gaz dont la température est élevée. L'étoile la plus proche de la Terre est le Soleil dont le diamètre est 109 fois celui de la Terre.

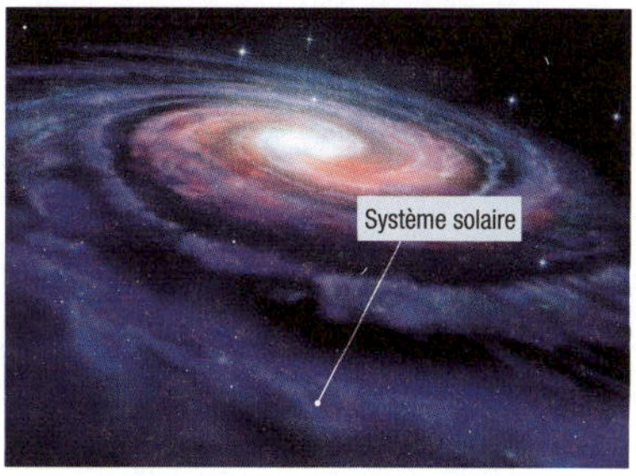

Doc. 2 Notre Système solaire dans la Voie lactée

▶ Les étoiles, pour un observateur terrestre, ont un mouvement apparent dans le ciel, soit des trajectoires circulaires.

▶ Une seule étoile apparaît immobile dans le ciel, c'est l'**étoile polaire** dont la position est dans le prolongement de l'axe de rotation de la Terre.

3. Quelle est la structure du Système solaire ?

▶ **Le Système solaire** est constitué d'une étoile centrale, le Soleil, et de huit planètes qui gravitent autour (Doc. 3). Le Soleil produit sa lumière qui éclaire les planètes.

▶ **Les planètes telluriques** sont les planètes denses, rocheuses et de diamètres relativement faibles. Elles sont les plus proches du Soleil, il s'agit de Mercure, Vénus, la Terre et Mars.

▶ **Les planètes gazeuses** sont quatre planètes géantes, plus éloignées du Soleil, composées essentiellement de gaz. Il s'agit de Jupiter, Saturne, Uranus et Neptune.

▶ **La Terre** se distingue des autres planètes par la présence des océans, par sa couche atmosphérique et par sa température qui sont propices au développement de la vie.

Doc. 3 Notre Système solaire

▶ On relève les caractéristiques de chaque planète ci-dessous :

Mercure
Distance du Soleil (en millions de km) : **58**
Diamètre (en km) : **4 900**
Durée de la rotation : **58,7 jours**
Durée de la révolution : **88 jours**
Température : **– 173/+ 427 °C**

Vénus (étoile du Berger)
Distance du Soleil (en millions de km) : **110**
Diamètre (en km) : **12 200**
Durée de la rotation : **243 jours**
Durée de la révolution : **225 jours**
Température : **+ 462 °C**

Terre
Distance du Soleil (en millions de km) : **150**
Diamètre (en km) : **12 750**
Durée de la rotation : **23,93 heures**
Durée de la révolution : **365 jours**
Température : **– 88/+ 58 °C**

Mars
Distance du Soleil (en millions de km) : **230**
Diamètre (en km) : **6 760**
Durée de la rotation : **24,6 heures**
Durée de la révolution : **687 jours**
Température : **– 87/– 5 °C**

Jupiter
Distance du Soleil (en millions de km) : **780**
Diamètre (en km) : **143 000**
Durée de la rotation : **9,93 heures**
Durée de la révolution : **4 333 jours**
Température : **– 148 °C**

Saturne
Distance du Soleil (en millions de km) : **1 400**
Diamètre (en km) : **120 000**
Durée de la rotation : **10,67 heures**
Durée de la révolution : **10 760 jours**
Température : **– 178 °C**

Uranus
Distance du Soleil (en millions de km) : **2 900**
Diamètre (en km) : **52 000**
Durée de la rotation : **17,24 heures**
Durée de la révolution : **30 600 jours**
Température : **– 216 °C**

Neptune
Distance du Soleil (en millions de km) : **4 500**
Diamètre (en km) : **49 000**
Durée de la rotation : **16,11 heures**
Durée de la révolution : **60 190 jours**
Température : **– 214 °C**

▶ Les planètes ont, la plupart du temps, des **satellites** qui gravitent autour d'elles. Le satellite de la Terre est la **Lune** (*Cf.* Fiche 13 La Terre et la Lune p. 221).

▶ Les planètes n'émettent pas de lumière mais renvoient la lumière reçue du Soleil (comme la Lune), contrairement aux étoiles.

▶ Dans notre Système solaire, des **astéroïdes** gravitent autour du Soleil. Il faut différencier :

Les astéroïdes

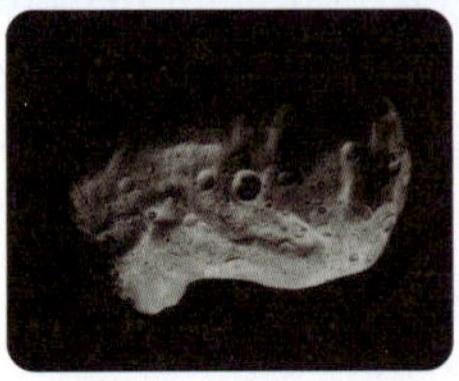

• De petites tailles, de nature rocheuse et métallique.

Les comètes

• De petites tailles, composées d'un noyau de glace et de poussières.

Se tester en 10 questions

Parmi les propositions suivantes, choisissez la bonne réponse.

1. Les astéroïdes :
   a) tournent autour des planètes
   b) sont constitués d'un noyau de glace
   c) tournent autour du Soleil
2. Le Système solaire :
   a) est composé de 9 planètes
   b) comporte uniquement des planètes solides
   c) est composé de 8 planètes
3. Une galaxie est un ensemble :
   a) de planètes
   b) d'étoiles
   c) de gaz et de poussières
4. Le diamètre du Soleil est 109 fois plus :
   a) grand que celui de la Terre
   b) grand que celui de la Lune
   c) petit que la taille de l'Univers
5. L'étoile polaire :
   a) est fixe dans le ciel
   b) a un mouvement apparent
   c) est la planète Vénus

Répondez aux questions suivantes.

6. Qu'est-ce qu'une étoile ?
7. Quelles sont les deux catégories des planètes du Système solaire ?
8. Quelle est la principale différence entre une planète et une étoile ?
9. Pourquoi la Terre se distingue-t-elle des autres planètes ?
10. Qu'est-ce qu'un satellite ?

Réponses : **1.**c ; **2.**c ; **3.**b ; **4.**a ; **5.**a ;
6. Un corps céleste qui produit de la lumière.
7. Il y a les planètes telluriques (Mercure, Terre, Mars et Vénus) solides et les planètes gazeuses (Jupiter, Saturne, Uranus et Neptune).
8. Une planète diffuse la lumière du Soleil (source secondaire de lumière) alors que les étoiles produisent de la lumière (source primaire).
9. La Terre possède des océans, une couche atmosphérique et une température propice au développement de la vie.
10. Un corps qui gravite autour des planètes.

Ce qu'il faut savoir selon le cycle

Le Système solaire

Cycle 3

Situer la Terre dans le système solaire et caractériser les conditions de la vie terrestre

Caractériser les conditions de vie sur Terre (atmosphère, température, présence d'eau liquide)
- le Soleil, les planètes
- position de la Terre dans le système solaire
- histoire de la Terre et développement de la vie

Décrire les mouvements de la Terre (rotation sur elle-même et alternance jour-nuit, autour du Soleil et cycle des saisons)
- les mouvements de la Terre sur elle-même et autour du Soleil
- représentations géométriques de l'espace et des astres (cercle, sphère)

15 Le mouvement des objets

1. Quelles sont les caractéristiques du mouvement ?

1-1. Le référentiel

▶ Pour décrire un mouvement, il faut se placer dans un référentiel. Ce dernier peut être représenté par un repère orthonormé avec O l'origine du repère et trois axes perpendiculaires deux à deux qui permettent de repérer la position de l'objet grâce aux coordonnées $(x ; y ; z)$ que l'on pourra établir (Doc. 2).

▶ Parmi les référentiels les plus utilisés, on trouve :

– **le référentiel héliocentrique** avec le Soleil comme origine des axes. Il est utilisé pour décrire le mouvement des planètes autour du Soleil ;

– **le référentiel géocentrique** avec le centre de la Terre comme origine des axes. Il est utilisé pour décrire le mouvement des satellites ;

– **le référentiel terrestre**, l'origine est alors n'importe quel point de la Terre : c'est le plus communément utilisé même s'il considère la Terre immobile.

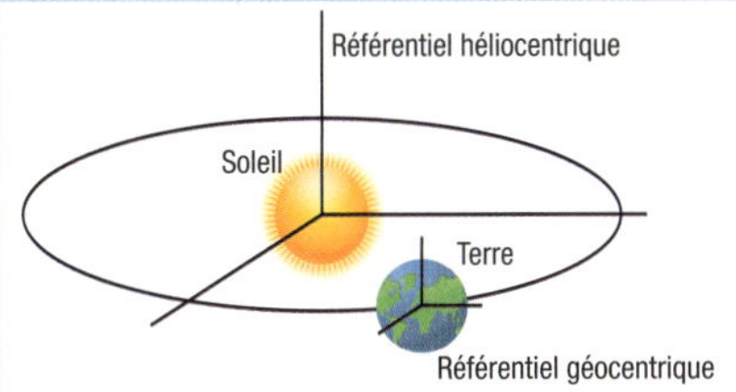

Doc. 1 Schéma des référentiels

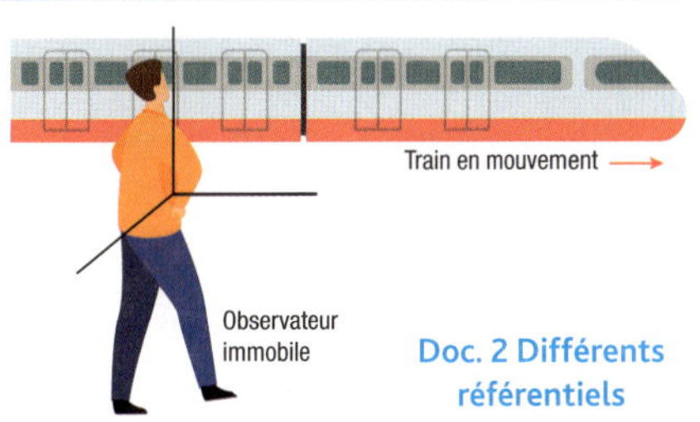

Doc. 2 Différents référentiels

Ex. : Objets étudiés dans des référentiels terrestres différents (Doc. 2)
Un train en mouvement par rapport à un observateur immobile : référentiel lié à la Terre.
Une personne, dans un wagon, voit l'observateur en mouvement : référentiel lié au train.

1-2. La trajectoire

▶ Un objet en mouvement suit une **trajectoire**. La trajectoire est l'ensemble des positions d'un objet se déplaçant.

▶ La trajectoire d'un objet peut décrire une droite (Doc. 3), le **mouvement est alors rectiligne**.

▶ La trajectoire d'un objet peut décrire un cercle ou un arc de cercle (Doc. 4), on dit alors que son **mouvement est circulaire**.

▶ Un objet qui tourne autour d'un axe réel ou imaginaire (Doc. 5) effectue un **mouvement de rotation**.

Doc. 3 Mouvement de translation rectiligne

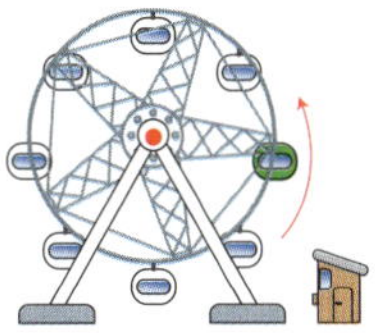
Doc. 4 Mouvement de translation circulaire des cabines

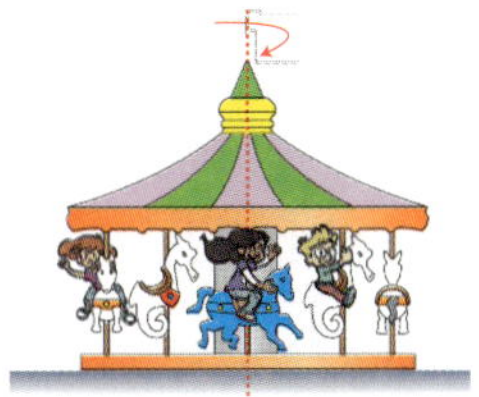
Doc. 5 Mouvement de rotation

1-3. La vitesse

▶ **La vitesse** moyenne d'un objet est le **rapport de la distance parcourue sur la durée** mise pour l'effectuer : $V = \frac{d}{t}$, V s'exprime en km/h, la distance d en kilomètres (km) et la durée t en heures (h).
▶ Lorsque la vitesse est constante, le mouvement est **uniforme**.
▶ Lorsque la vitesse augmente, le mouvement est **accéléré**.
▶ Inversement, quand la vitesse diminue, le mouvement est **ralenti**.

2. Qu'est-ce qu'une force ?

2-1. Les caractéristiques d'une force

▶ **Une force** est une grandeur physique qui correspond à une action. Elle est caractérisée par :
– **son point d'application** ;
– **sa direction** ;
– **son sens** ;
– **son intensité (ou valeur) en newtons**.
▶ Pour mettre en mouvement un objet, il faut lui appliquer au moins une force.

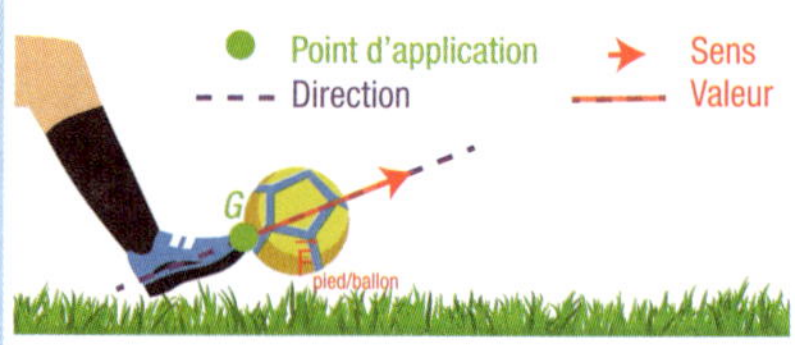

Doc.6 Représentation de la force du pied sur un ballon

2-2. Le principe d'inertie

D'après le principe d'inertie : si aucune force ne s'exerce ou si les forces se compensent alors le système est en équilibre, il est immobile.
Dans le référentiel terrestre, un livre est posé sur une table : deux forces agissent sur ce livre depuis son **centre de gravité *G*** (ou centre d'inertie G) :

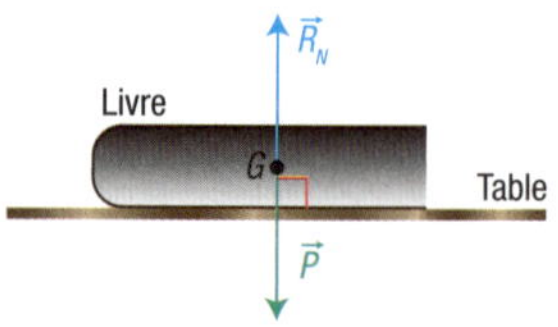

Doc. 7 Forces qui s'exercent sur un livre

1. Le poids du livre $\vec{P}$:
– Point d'application : G ;
– Direction : verticale ;
– Sens : vers le centre de la Terre ;
– Intensité : $\boldsymbol{P} = \boldsymbol{m} \times \boldsymbol{g}$, avec m la masse du livre et g l'intensité de gravitation.

2. La réaction $\vec{R}$ de la table sur le livre :
– Point d'application : G ;
– Direction : verticale ;
– Sens : de G vers le haut ;
– Intensité : $R = P$, c'est l'équilibre.

Se tester en 10 questions

Parmi les propositions suivantes, choisissez la bonne réponse.

1 Un train à l'arrêt dans une gare est immobile :
- a) dans le référentiel géocentrique
- b) dans le référentiel terrestre
- c) dans le référentiel héliocentrique

2 La trajectoire d'un ballon :
- a) ne dépend pas du temps
- b) dépend du temps
- c) est constante

3 Un mouvement circulaire :
- a) est caractérisé par des segments de droite
- b) est caractérisé par un cercle
- c) n'est pas constant

4 Le poids :
- a) est identique à la masse
- b) ne dépend pas de l'endroit où il est mesuré
- c) a un sens vers le centre de la Terre

5 La vitesse moyenne d'un objet en mouvement est égale au :
- a) produit de la distance par la durée
- b) rapport de la durée sur la distance
- c) rapport de la distance sur le temps

Répondez aux questions suivantes.

6 Qu'est-ce qu'un référentiel ?

7 Qu'est-ce qu'une force ?

8 Définir le principe d'inertie.

9 Qu'est-ce qu'un mouvement rectiligne ?

10 Définir une trajectoire.

Réponses : **1.b ; 2.a ; 3.b ; 4.c ; 5.c ;**
6. Un référentiel est un ensemble de points fixes qui permettent de repérer la position d'un objet. Il est composé d'un repère constitué d'axes (héliocentrique : Soleil comme origine des axes, géocentrique : Terre comme origine des axes).
7. Une force est une grandeur physique qui correspond à une action. Elle est caractérisée par son sens, sa direction, son intensité et son point d'application.
8. Si aucune force ne s'exerce ou si les forces se compensent alors le système est en équilibre.
9. Un objet en mouvement rectiligne décrit des segments de droite.
10. La trajectoire est l'ensemble des positions d'un objet se déplaçant.

Ce qu'il faut savoir selon le cycle

Le mouvement des objets

Cycle 1

– Observer le mouvement d'objets techniques (objets roulants, objets volants…)
– Observer les actions pour produire un mouvement d'objets (action d'un aimant, action du vent…)

Cycle 2

– Observer et utiliser des objets techniques et identifier leur fonction
– Décrire le type de mouvements (linéaires et circulaires)

Cycle 3

Décrire un mouvement et identifier les différences entre mouvements circulaire ou rectiligne
– Mouvement d'un objet (trajectoire et vitesse : unités et ordres de grandeur)
– Exemples de mouvements simples : rectiligne, circulaire
Élaborer et mettre en œuvre un protocole pour appréhender la notion de mouvement et de mesure de la valeur de la vitesse d'un objet
– Mouvements dont la valeur de la vitesse (module) est constante ou variable (accélération, décélération) dans un mouvement rectiligne
Décrire les mouvements de la Terre (rotation sur elle-même et alternance jour-nuit, autour du Soleil et cycle des saisons)
– Les mouvements de la Terre sur elle-même et autour du Soleil

16 Les risques climatiques pour les populations

A Qu'est-ce qu'un risque ?

▶ La notion de risque recouvre l'ensemble des menaces que certains phénomènes naturels font peser sur des populations, des bâtiments et des équipements.

▶ Il existe deux familles de risques dits majeurs :

– les risques naturels : inondation, séisme, tempête, cyclone, mouvement de terrain, avalanche, feu de forêt, volcanisme ;

– les risques technologiques : accident industriel, accident nucléaire, transport de matière dangereuse, rupture de barrage.

▶ Un risque majeur résulte de la combinaison de deux données :

L'aléa	L'enjeu
Évènement ou phénomène naturel plus ou moins prévisible et hors de contrôle. On le décrit par sa nature, sa localisation, sa fréquence et son intensité.	Effets néfastes prévisibles sur la population, l'activité et/ou la construction humaines face à un aléa.

Doc. 1 Aléa + enjeu = risque

Ex. : L'inondation est un phénomène naturel qui peut affecter certaines zones proches de cours d'eau. Les inondations peuvent causer de graves dommages aux maisons et routes proches de ce cours d'eau.

▶ On parle de **risque majeur** lorsque les enjeux humains, économiques et environnementaux sont importants. Il existe une échelle de gravité des risques allant de l'incident 0 (aucun blessé, dommages très faibles) à la catastrophe majeure 5 (1 000 morts ou plus, dommages matériels très élevés).

Si l'aléa survient dans une zone dépourvue d'habitations, dans laquelle il n'y a aucun enjeu, alors le risque sera nul.

En classe...

La notion de risque majeur est étudiée en liaison avec le programme de géographie (Des inégalités devant les risques). En éducation civique, l'approche est fondée sur le vécu des élèves pour s'élargir au territoire national et au monde. Les élèves devront être capables de déterminer les risques majeurs qui peuvent menacer leur environnement immédiat afin de comprendre et d'appliquer les règles de sécurité. Le rôle de l'État et des collectivités territoriales sera identifié. Cette étude doit amener les élèves à avoir une attitude responsable dans le cadre de la sécurité collective.

B Quels sont les différents risques naturels ?

1-1. L'inondation

▶ Le risque d'inondation est le premier risque naturel par l'importance des dommages qu'il provoque, l'étendue des zones inondables et les populations résidant dans ces zones.
▶ C'est un phénomène saisonnier qui découle de précipitations soutenues dans une région donnée. L'inondation peut aussi venir de la mer.
▶ On emploie l'appellation « inondation » pour définir une submersion, qu'elle soit rapide ou lente, d'origine pluviale ou marine. Les risques d'inondation sont en lien direct avec la présence d'une population au sein d'une zone considérée comme « inondable ». Il existe :

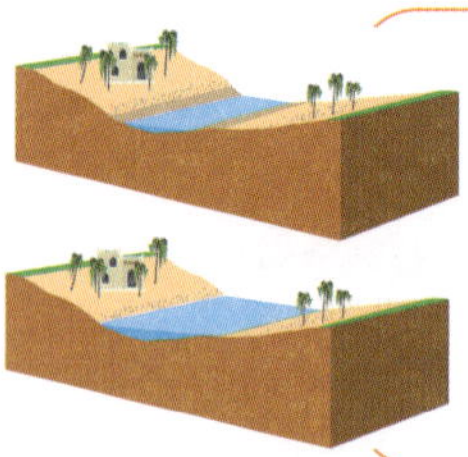

L'inondation par débordement
L'eau qui arrive dans le cours d'eau à cause de précipitations ne peut pas s'évacuer, le cours d'eau déborde, il sort de son lit. On distingue :
– le lit mineur où l'eau s'écoule en temps normal ;
– le lit majeur, ensemble des terrains pouvant être inondés lors d'une crue du cours d'eau.

Les vagues de submersion le long des côtes
Ce sont des inondations temporaires de la zone côtière par la mer lors de conditions météorologiques et océaniques défavorables.
Les vagues et la houle provoquent la submersion des zones normalement au-dessus de l'eau.

! Les difficultés des élèves

Les élèves comprennent mal que l'inondation puisse être due aux problèmes d'évacuation des eaux de pluie. Ils ont tendance à penser que cela vient de l'abondance des précipitations.

▶ La prévention du risque d'inondation et de vagues de submersion s'appuie sur : la cartographie des territoires concernés par le risque ; la maîtrise de l'urbanisation et la mise en place de mesures de réduction de la vulnérabilité (interdiction de construire dans les zones inondables) ; ainsi que sur la prévision des crues et l'occurrence des inondations passées.

1-2. Le glissement de terrain

▶ Un glissement de terrain est un déplacement, plus ou moins brutal, du sol ou du sous-sol. Selon la vitesse de déplacement, on peut distinguer :

Les mouvements lents qui entraînent une déformation progressive des terrains, pas toujours perceptible. Ce sont les affaissements, les tassements : certains sols compressibles peuvent se tasser sous l'effet de surcharges (constructions, circulation importante) ou en cas d'assèchement (après drainage des sols).
Ex. : Ce phénomène est à l'origine de l'affaissement de sept mètres de la ville de Mexico et du basculement de la tour de Pise.

Les mouvements rapides qui se propagent de manière brutale et soudaine. Ils regroupent les effondrements, les chutes de pierres et de blocs, les éboulements. Les matériaux « s'écoulent » à grande vitesse en quelques secondes.
Ex. : cas de l'écroulement du mont Granier en Savoie dont les matériaux calcaires ont parcouru une distance horizontale de 7 km, et se sont étalés sur une surface de 20 km^2 environ.

▶ **La prévention des risques de glissement de terrain** s'appuie sur : la cartographie des territoires concernés (établie par des équipes de géologues) ; la mise en place d'un système de drainage permettant de limiter les infiltrations d'eau ; la mise en place de blocs permettant de limiter le glissement et ; l'interdiction de tout terrassement susceptible de déstabiliser le terrain.

1-3. Le séisme

▶ Un séisme ou tremblement de terre est une rupture de roches en profondeur qui provoque des vibrations ou **ondes sismiques** qui se propagent à partir du point de rupture (appelé « **foyer** ») en auréoles concentriques vers la surface. On distingue plusieurs types d'ondes selon leurs vitesses de propagation et les caractéristiques de la vibration. En surface, le point situé à la verticale du foyer sera appelé « **l'épicentre** », c'est à cet endroit que le séisme aura la plus forte intensité.

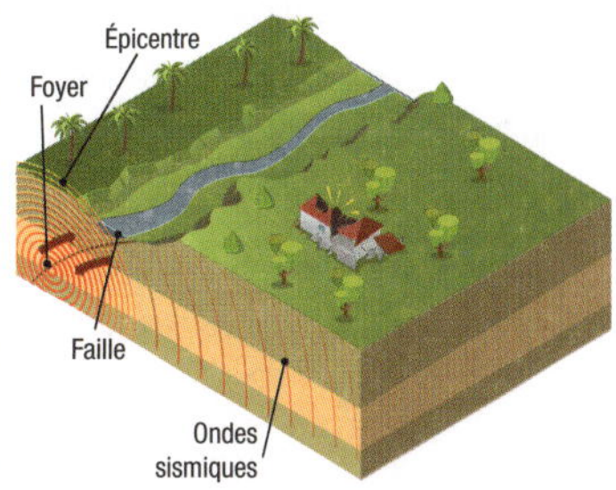

Doc. 2 Schéma d'un séisme

▶ L'observation des dégâts a permis de définir des échelles d'intensité : **l'échelle de Mercalli** et **l'échelle MSK** s'appuient sur des constats de destruction des habitations.
Les caractéristiques des vibrations sont enregistrées grâce aux **sismographes** qui permettent de tracer des cartes sismiques.
Lorsque le séisme a lieu dans une zone dépeuplée, cette échelle n'est plus fiable, on lui préfère une mesure de l'énergie libérée : la **magnitude**. **L'échelle de Richter** permet de mesurer cette magnitude. Le passage d'un degré à l'autre correspond à une énergie libérée 10 fois supérieure à celle du niveau précédent.

En classe...

À l'école, on utilise toujours les échelles d'intensité pour permettre aux élèves de construire et de lire des cartes sismiques.

▶ La prévention des séismes consiste à agir pour diminuer la vulnérabilité d'une région dans les zones répertoriées. Le respect des normes parasismiques tend à diminuer les dommages aux constructions et les pertes humaines.

REMARQUE

La France dispose depuis le 24 octobre 2010 d'une nouvelle réglementation de construction parasismique applicable aux bâtiments neufs selon leur zone de sismicité et leur catégorie d'importance.

1-4. Les volcans

▶ Un volcan (Doc. 3) est une faille par laquelle sont émis des produits solides de différentes tailles, des produits plus ou moins liquides et des produits gazeux d'origine profonde et issus du magma. C'est l'accumulation de ces produits en surface qui forme l'édifice volcanique. Dans celui-ci, les produits remontent à la surface par une **cheminée**.
▶ Le magma (ou lave lorsqu'il est émis en surface) prend naissance dans le **manteau supérieur** solide (entre 70 et 200 km de profondeur) et s'accumule dans des réservoirs magmatiques. À certains moments, il peut continuer son ascension pour arriver en surface : c'est **l'éruption**.

▶ Selon la composition du magma et la quantité de gaz dissous dans la roche en fusion (entre 700 °C et 1 200 °C), les éruptions présentent des caractères différents.

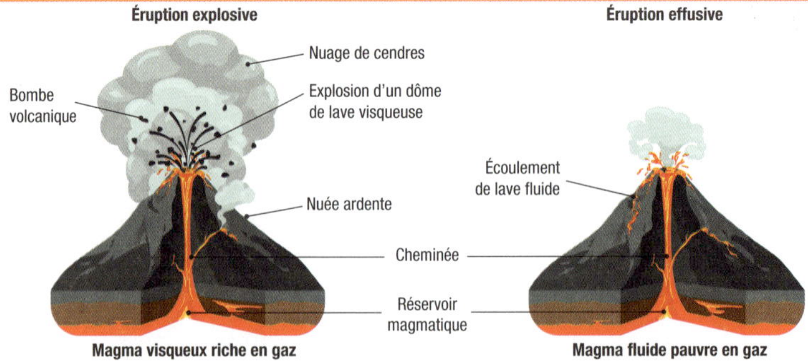

Doc 3. Les deux types de volcans

Caractéristiques	Volcans explosifs	Volcans effusifs
Produits liquides	Laves pâteuses, visqueuses qui ne font pratiquement pas de coulées et qui sont projetées violemment lors des éruptions	Laves très fluides qui dévalent les pentes du volcan et forment au niveau du cratère des fontaines
Produits solides	Panaches de cendres qui montent au-dessus du volcan (jusqu'à 50 km), projections de blocs, cendres, lapilli, nuées ardentes	Peu de produits solides
Produits gazeux	Beaucoup de vapeur d'eau, de dioxyde de carbone et de dioxyde de soufre	De la vapeur d'eau et du dioxyde de carbone
Forme de l'édifice volcanique	Souvent terminé par un dôme, une aiguille de roche dure, qui bouche le cratère	Sommet terminé par un cratère (parfois rempli d'un lac de lave)
Autre nom des volcans	Volcans « gris » : à cause des panaches de fumées et de cendres	Volcans « rouges » : à cause des fontaines de lave incandescentes
Exemples de volcans actifs sur le territoire français d'outre-mer	• La montagne **Pelée** culminant à 1395 m d'altitude, est le volcan actif situé dans le nord de l'île de la Martinique, il présente un dôme de lave au centre du cratère. • La **Soufrière** culmine à une altitude de 1467 mètres ; plus haut sommet de la Guadeloupe. Ce dôme prend la forme d'un cône tronqué. Il n'y a pas de cratère mais plusieurs bouches éruptives d'où s'échappent des vapeurs sulfureuses.	• Le **Piton de la Fournaise**, culminant à 2632 m d'altitude, est le volcan actif de l'île de La Réunion. Les coulées peuvent dévaler la pente et arriver jusqu'à la mer.

! Les difficultés des élèves

Les élèves associent souvent les séismes et le volcanisme, vraisemblablement car on les aborde ensemble. Les élèves pensent que les volcans « crachent du feu » dans une conception anthropomorphique souvent relayée par les médias (« le volcan en colère », « les fureurs de la terre ») et par la couleur de la lave incandescente associée au feu.

▶ **La prévention des risques volcaniques :** les éruptions sont généralement précédées de signes qui traduisent les modifications et réajustements de l'édifice au cours de la remontée du magma vers la surface. Il est ainsi essentiel de disposer de réseaux de surveillance autour des volcans (Observatoires volcanologiques autour des volcans actifs), afin de permettre aux scientifiques d'enregistrer des signes de réveil potentiel, et de prévenir à temps les autorités et les populations.

Face aux phénomènes généralement destructeurs et incontrôlables des éruptions, la seule solution pour préserver les populations est souvent l'évacuation préventive des zones menacées.

Se tester en 10 questions

Parmi les propositions suivantes, choisissez la bonne réponse.

1. Un risque majeur est :
   a) une catastrophe naturelle qui provoque des dégâts importants
   b) une vulnérabilité des habitations
   c) un aléa naturel

2. On parle de submersion dans le cas :
   a) d'une inondation due à la mer
   b) d'une inondation marine ou de débordement de cours d'eau
   c) d'un glissement de terrain

3. Les produits gazeux émis par un volcan effusif sont :
   a) du soufre et de la vapeur d'eau
   b) du dioxyde de carbone et de la vapeur l'eau
   c) du méthane et de la vapeur d'eau

4. Les volcans explosifs produisent :
   a) de gros blocs et des panaches de cendres
   b) des coulées de laves très visqueuses
   c) des coulées de laves fluides

5. Lors d'un séisme, le point à la surface situé à la verticale du foyer est :
   a) le noyau
   b) l'épicentre
   c) la vibration

Répondez aux questions suivantes.

6. Quelle est la différence entre le risque d'inondation et le risque de submersion ?
7. La présence dans une région d'un aléa important suffit-elle pour définir le risque ?
8. Quels sont les produits émis par un volcan explosif lors de l'éruption ?
9. Quelles mesures de prévention met-on en place pour diminuer la vulnérabilité des habitations aux risques sismiques ?
10. Le risque d'orages est-il considéré comme risque majeur ?

Réponses : **1.**a ; **2.**b ; **3.**b ; **4.**a ; **5.**b ;
6. Pas de différence, dans les deux cas l'eau déborde (eau des cours d'eau ou marine) et provoque des dégâts.
7. Non, il faut définir les enjeux liés à cet aléa.
8. Un volcan explosif projette des produits solides (cendres, blocs), des produits liquides (lave) et des produits gazeux.
9. On construit des habitations qui respectent les normes parasismiques.
10. Non, pour que le risque soit qualifié de majeur, il faut que l'aléa ait une ampleur exceptionnelle.

Ce qu'il faut savoir selon le cycle

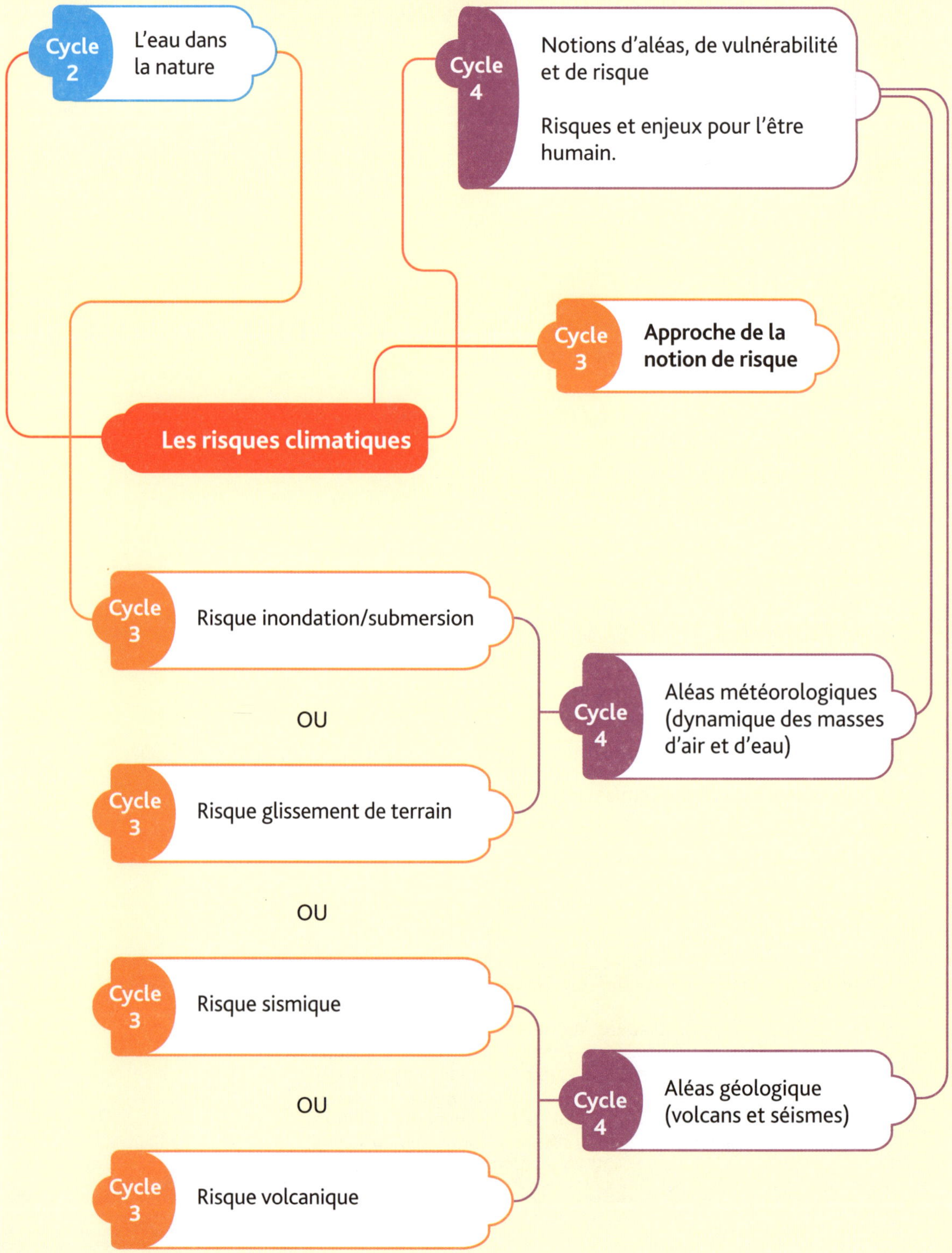

17 La place de l'Homme dans l'environnement

A L'Homme a-t-il un impact négatif sur l'environnement ?

1. Comment sont exploitées les ressources naturelles ?

1-1. L'impact de la déforestation

▶ **La déforestation** est caractérisée par un déboisement intensif et à grande échelle.

▶ Elle détruit les habitats naturels des espèces vivantes mais aussi leurs ressources alimentaires. Les ressources forestières constituent, aujourd'hui, le moyen de subsistance d'1,6 milliard d'individus et sont essentielles à la vie de 60 millions de membres de communautés autochtones.

▶ Les déforestations les plus importantes concernent les forêts tropicales, en particulier en Amazonie, en Afrique équatoriale et en Asie du Sud-Est (Indonésie).

▶ La première cause de la disparition des forêts naturelles est l'**agriculture intensive** : les terres sont utilisées pour cultiver notamment l'huile de palme (Asie du Sud-Est), le soja en Amérique latine, le cacao en Afrique. Les espaces sont également utilisés comme pâturages (élevage bovin en Amérique latine). L'élevage et la production agricole sont donc les principales causes de la déforestation à l'échelle mondiale.

▶ L'exploitation forestière servant à la fabrication du papier et à l'utilisation du bois est une des autres causes de cette disparition. Les incendies et, en faible pourcentage, l'urbanisation sont identifiés comme les autres causes.

▶ Selon Greenpeace, rien qu'en Amazonie, **1,185 milliard d'arbres ont été abattus en 2017**, soit l'équivalent de 1 000 terrains de football.

▶ Ces destructions entraînent une diminution d'absorption du dioxyde de carbone par les arbres (les végétaux verts l'utilisent au cours de la photosynthèse pour fabriquer leur matière organique), d'où des émissions plus importantes des gaz à effet de serre.

▶ L'Indonésie abrite plus d'espèces menacées ou en danger que n'importe quel autre pays. La population d'orangs-outans de Bornéo a diminué de moitié depuis 1999, avec une perte de 100 000 individus au cours des 16 dernières années.

ZOOM SUR…

L'orang-outan

Les orangs-outans ne vivent, à l'état naturel, que sur deux îles : Sumatra (Indonésie) et Bornéo (Indonésie et Malaisie). Autrefois, ils peuplaient aussi l'île de Java, la péninsule indochinoise et même la Chine méridionale.

Étant arboricoles, les orangs-outans dépendent de la forêt. Les forêts tropicales sont rasées pour être remplacées par des palmiers à huile dont on extrait l'huile de palme largement utilisée aujourd'hui pour fabriquer des produits chocolatés mais aussi des shampoings.

Ces cultures menacent cette espèce de grands singes, les forçant à quitter les forêts et à se risquer à traverser des eaux infestées de crocodiles. C'est ainsi que, chaque jour, 25 orangs-outans disparaissent…

1-2. La surpêche

▶ **La surpêche** est caractérisée par une pêche trop importante par rapport aux ressources disponibles.
▶ Les océans s'appauvrissent et certaines espèces risquent de disparaître. Les grands bateaux modernes utilisent des moyens sophistiqués comme des sonars, des radars et des GPS pour repérer les poissons.
▶ Les pêches utilisant des techniques interdites, le prélèvement d'espèces protégées et les pêches dans des espaces interdits ou en dehors des périodes légales sont considérées comme une surpêche.

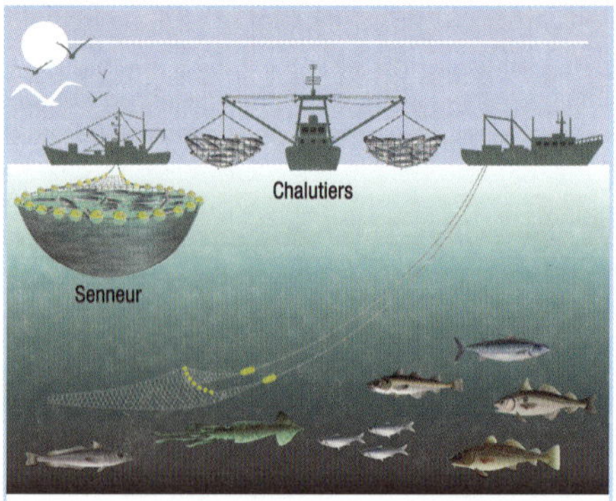

Doc. 1 La pêche industrielle

ZOOM SUR...

La morue

La morue de Terre-Neuve a été pêchée pendant cinq siècles et sa population a fortement décliné à la fin du XXe siècle. Malgré une pêche interdite depuis 20 ans, sa population a continué à décroître jusqu'à ne plus avoir de place dans l'écosystème.

1-3. L'agriculture intensive

▶ C'est un système de production visant à augmenter la productivité, caractérisé par un usage conséquent de produits.
▶ Les produits utilisés sont des engrais chimiques, des herbicides, des fongicides, des insecticides, régulateurs de croissance. Ils entraînent des déséquilibres des écosystèmes.
▶ L'agriculture intensive nécessite l'utilisation de techniques et de machines modernes (systèmes d'irrigation, d'éclairage, modalités de culture…).
▶ Elle permet d'obtenir des rendements très élevés et de diminuer les coûts de production.

2. Quelles sont les formes de pollution ?

▶ **Les pesticides** utilisés dans la lutte contre les végétaux et les animaux nuisibles sont des polluants. On utilise des **herbicides** pour détruire les herbes qui prolifèrent et nuisent à la croissance de certaines plantes, des **insecticides** contre les insectes et les **fongicides** qui agissent contre les champignons responsables de maladies chez les végétaux. Ils ont non seulement un impact sur les animaux sur lesquels ils agissent mais aussi sur les sols dans lesquels ils s'accumulent, sur la biodiversité en déséquilibrant les écosystèmes (ils détruisent certaines espèces) et sur les espèces en provoquant la mutation d'individus qui deviennent résistants aux produits chimiques. Enfin, l'Homme qui consomme ces végétaux et animaux est impacté par les pesticides qu'il a lui-même introduits. Certains pesticides sont neurotoxiques et des études sont en cours pour mettre en évidence leur responsabilité sur l'apparition de cancers, notamment chez les agriculteurs.

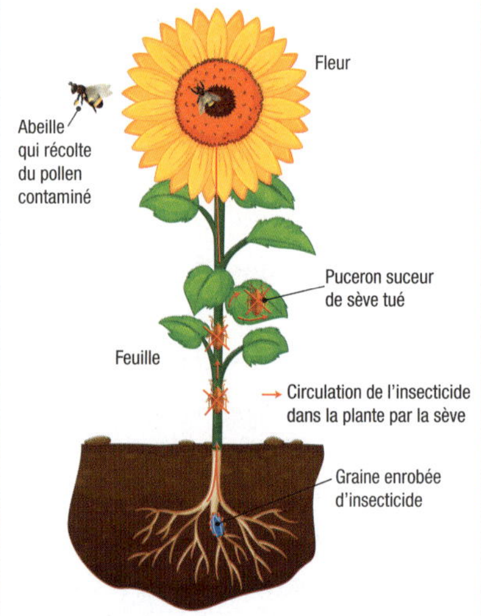

Doc. 2 Insecticide qui se diffuse dans toute la plante à partir de la germination d'une graine enrobée d'insecticide

▶ **Les hydrocarbures** déversés dans les mers et océans par les navires représentent une des causes les plus spectaculaires de pollution. Cette pollution est accidentelle mais également liée à des rejets volontaires.

▶ Les particuliers et entreprises rejettent également des déchets polluants : détergents, gaz, eaux polluées par des produits chimiques, dépôts sauvages de déchets dans la nature, huiles de vidange…

3. Comment les écosystèmes sont-ils perturbés par l'introduction de nouvelles espèces ?

▶ L'Homme a introduit volontairement certaines espèces dans des milieux qui n'en étaient pas pourvus.

Ex. : L'introduction du lapin de Garenne en Australie en 1859. Sans prédateur naturel, les lapins se sont rapidement reproduits et ont ravagé toute la végétation, mettant ainsi en péril la survie des marsupiaux avec lesquels ils sont entrés en compétition. Depuis, les autorités ont mis en place différentes stratégies pour lutter contre ce ravageur (pose de pièges, grillages, introduction de renards devenus invasifs, lutte virale).

▶ Dans certains cas, l'introduction est accidentelle : c'est le cas du ballastage. On estime que plus des deux tiers des introductions d'espèces dans les zones marines côtières sont dues aux eaux de ballast. Les bateaux et leurs marchandises transportent des larves et organismes dans l'eau. Arrivés à destination, ils déchargent leurs marchandises et vident l'eau contenant toutes les espèces transportées.

Ex. : La méduse à peignes venant des États-Unis a ravagé des stocks de poissons en mer Noire.
En 2004, l'Organisation maritime internationale a invité les pays à signer la Convention internationale pour le contrôle et la gestion de l'eau de lest des bateaux. Cette convention exige que les bateaux procèdent à un nettoyage avant d'entrer dans les ports.

▶ Des espèces sont déplacées en raison d'une modification de leur milieu (construction du canal de Panama pour relier les océans Atlantique et Pacifique).

▶ Certaines espèces ont été introduites également pour être cultivées, élevées ou comme animaux de compagnie (les NAC : Nouveaux Animaux de Compagnie).

Ex. : Le faisan de Colchide, espèce élevée et introduite pour la chasse.

▶ Les invasions peuvent être naturelles et non liées à l'Homme : il s'agit d'une invasion biologique spontanée.

Ex. : Le criquet pèlerin qui, solitaire, va attirer ses congénères lorsque les conditions sont favorables (la pluie stimule la ponte). Au contact des autres criquets pèlerins, ils passent de solitaires à grégaires. Ainsi rassemblés, ils sont de redoutables destructeurs des récoltes. Un kilomètre carré peut contenir 80 millions d'adultes voraces (en une journée, ils consomment la même quantité de nourriture que 35 000 personnes). Les autorités ont recours, entre autres, aux insecticides par épandage aérien pour lutter contre cette invasion.

▶ Toute espèce introduite n'est pas forcément invasive : on estime que seulement 10 % des espèces introduites se développent et génèrent des perturbations majeures. Néanmoins, ce pourcentage est à nuancer car le devenir des espèces nécessite un suivi à long terme pour évaluer leurs impacts écologiques.

B L'Homme a-t-il un impact positif sur l'environnement ?

1. Pourquoi une pêche durable ?

▶ La **pêche durable** assure à l'être humain de satisfaire ses besoins tout en veillant à préserver les océans pour les générations futures.

▶ Éviter la consommation des espèces les plus menacées (thon rouge, requin, flétan) et limiter la consommation de grands prédateurs comme le cabillaud permettent de contribuer à pérenniser ces espèces.

▶ Les espèces les moins menacées doivent être consommées en dehors des périodes de reproduction.

Ex. : Le bar sauvage se regroupe en banc pour frayer mais, en dehors des périodes de reproduction, il est solitaire et échappe plus facilement à la pêche.

▶ Des mesures collectives doivent être appliquées avec prise en compte des avis scientifiques (quantité de poissons à pêcher, durée de la saison de pêche, taille et âge des poissons…), de méthodes de pêche moins destructrices (pêche à la ligne et artisanale, développement de circuits courts), une traçabilité de la zone de capture jusqu'au point de vente et la création de réserves marines.

▶ Le consommateur peut contribuer à réduire la pêche en variant ses menus (le saumon et le cabillaud représentent 50 % de la consommation française).

2. Comment lutter contre la déforestation ?

▶ Des opérations de reforestation permettent de lutter contre les gaz à effet de serre. Cette stratégie a été mise en œuvre en Éthiopie où, en une seule journée, 353 millions d'arbres ont été plantés. En Belgique, un arbre est planté pour chaque naissance à Bruxelles.

▶ En France, la Stratégie nationale de lutte contre la déforestation importée (SNDI) a pour objectif de modifier les comportements et de diminuer les impacts sur la forêt. Elle vise, dans un premier temps, les matières agricoles qui contribuent le plus à la déforestation importée : le soja, l'huile de palme, le bœuf et ses co-produits, le cacao, l'hévéa, ainsi que le bois et ses produits dérivés.

3. Comment obtenir une agriculture durable ?

▶ L'agriculture intensive épuise les sols et pollue l'environnement. Pour maintenir les rendements, de plus grandes quantités d'eau, de pesticides et de fertilisants sont à chaque fois utilisés. La prise de conscience récente des limites des ressources naturelles et de la pollution des sols, de l'air et de l'eau, amène une nouvelle agriculture : l'**agriculture durable**.

▶ C'est une agriculture qui réussit à protéger, améliorer le mode de vie en milieu rural et le bien-être social avec une protection des ressources naturelles. Elle est basée sur les principes du développement durable. Trois dimensions sont importantes : **écologique, sociale et économique**. Elle utilise un système circulaire : préservation des ressources, recyclage des déchets, protection des semences et des espèces vivantes.

▶ Le recyclage des déchets végétaux et animaux permet de fertiliser et maintenir la qualité des sols (compost et fumier), l'utilisation des déchets verts crée de l'énergie (biomasse). On peut aussi limiter les gaz à effet de serre, avoir recours aux **circuits courts, limiter les engrais et pesticides, utiliser et maintenir des prédateurs et pollinisateurs naturels**, respecter des conditions de travail des travailleurs et habitants et le bien-être animal.

▶ Une agriculture durable permet de maintenir les écosystèmes et le patrimoine génétique des espèces endémiques.

Se tester en 10 questions

Parmi les propositions suivantes, choisissez la bonne réponse.

1. Le développement durable, c'est :
   - a) avant tout, protéger la biodiversité et l'environnement
   - b) répondre aux besoins actuels en préservant les ressources pour les générations futures
   - c) vivre avec la nature sans polluer et en se nourrissant localement

2. Les trois piliers du développement durable sont :
   - a) le progrès économique allié au bien-être social et à l'écologie
   - b) la sauvegarde des espèces en voie de disparition, l'agriculture biologique et le climat
   - c) la protection des écosystèmes, la richesse culturelle et l'éducation

3. L'agriculture intensive a provoqué la disparition d'espèces végétales et animales par :
   - a) l'introduction d'organismes génétiquement modifiés
   - b) l'utilisation à grande échelle des pesticides
   - c) l'arrosage intensif des cultures

4. L'agriculture biologique est un exemple d'agriculture durable car elle :
   - a) impose aux éleveurs de laisser leurs animaux en plein air
   - b) garantit que les produits ne contiennent pas de produits chimiques
   - c) contribue à réduire la faim dans le monde en étant garante des revenus des paysans

5. Les ressources des océans diminuent en raison de :
   - a) la surpêche
   - b) l'élévation de la température des océans
   - c) l'augmentation du niveau des océans

Répondez aux questions suivantes.

6. Citer deux initiatives individuelles permettant de consommer responsable.
7. Citer deux actions collectives visant à préserver les forêts.
8. Nommer une action positive de l'Homme visant à la protection des espèces.
9. Indiquer ce qu'est un pesticide.
10. Citer deux espèces d'animaux marins menacés par la surpêche.

Réponses : **1.**b ; **2.**a ; **3.**b ; **4.**b ; **5.**a ;
6. Il faut varier les espèces de poissons consommés en tenant compte des stocks disponibles, manger bio, privilégier les circuits courts.
7. La reforestation, l'interdiction de l'importation de produits issus de la déforestation, la mise en place de labels peuvent préserver les forêts.
8. La création de parcs et de réserves permet de protéger les espèces.
9. Un pesticide est un produit chimique utilisé dans les cultures et existant sous forme d'insecticides, d'herbicides et de fongicides ayant un mode d'action spécifique.
10. Le requin, le thon rouge… sont des espèces menacées.

Ce qu'il faut savoir selon le cycle

Éducation au developpement durable

Cycle 1

Découvrir le monde du vivant : commencer à adopter une attitude responsable en matière de respect des lieux et de protection du vivant

Cycle 2

Caractéristiques du monde vivant : interactions et diversité

Cycle 2

Suivi de ce qui entre et sort de la classe (papier, recyclage) et de la cantine (aliments, eau, devenir des déchets)

Cycle 3

La planète Terre. Les êtres vivants dans leur environnement
Identifier des enjeux liés à l'environnement

Répartition des êtres vivants et peuplement des milieux : notion d'écosystème, interactions des organismes vivants entre eux et avec leur environnement, conséquences de la modification d'un facteur physique ou biologique sur l'écosystème

Identifier quelques impacts humains dans un environnement (comportements, aménagements, impacts de certaines technologies...), aménagements de l'espace par les humains et contraintes naturelles ; impacts technologiques positifs et négatifs sur l'environnement

Relier les besoins de l'être humain, l'exploitation des ressources naturelles et les impacts à prévoir et gérer (risques, rejets, valorisations, épuisement des stocks)

Enseignement Moral et Civique (EMC) : cycle 2
Construire une culture civique : initiation au développement durable : sensibilisation aux biens communs (ressources naturelles, biodiversité, etc.)

Enseignement Moral et Civique (EMC) : cycle 3
Construire une culture civique : la solidarité individuelle et collective nationale ou internationale (face aux défis environnementaux...), la responsabilité de l'individu et du citoyen dans le domaine de la santé, du changement climatique, de la biodiversité et du développement durable.

Cycle 3

Matériaux et objets techniques
Identifier les principales familles de matériaux et leur impact environnemental

Cycle 3

Interdépendance entre les êtres vivants dans un réseau trophique
Devenir de la matière organique : rôle des décomposeurs

Cycle 4

Comportements responsables face à l'environnement et préservation des ressources limitées de la planète
Principaux impacts de l'action humaine, bénéfices et risques, à la surface de la planète Terre

Entraînement 1 Le vivant, cycle 1

→ Corrigés p. 264

1. À partir du Document 1, donner les obstacles à la construction du concept de vivant chez les enfants.

2. D'après le Document 2, quelles sont les conceptions des élèves sur le vivant ? (animisme, mouvement, manifestation sensorielle, anthropomorphisme, nutrition…)

3. En vous appuyant sur le Document 3, indiquer si la démarche proposée est en adéquation avec les programmes officiels.

4. Proposer une situation d'apprentissage réalisable en maternelle pour approcher la notion de vivant avec le lapin comme objet d'étude.

Document 1 : « Apports de travaux antérieurs sur les conceptions d'élèves de 5-7 ans »

Aspects psychologiques. Piaget a consacré une partie de ses travaux à caractériser les modes de fonctionnement de pensée des enfants en fonction de leur âge.
Il a étudié la construction de la notion de vie (1947) et a dégagé plusieurs stades […] :

- Stade 0 : vers 5 ans, refus et incompréhension du concept de vie ;
- Stade 1 : vers 7 ans, la vie est attribuée à tout ce qui a un mouvement, une utilité ou des aspects anthropomorphiques ;
- Stade 2 : vers 8-9 ans, la vie est liée à tout ce qui a un mouvement propre ;
- Stade 3 : vers 9-10 ans, la vie est réservée aux animaux, ou aux animaux et aux plantes.

[…]
Des travaux américains en 1985 ont repris les études précédentes et mettent en garde sur les écarts entre la notion de vie pour des enfants et le concept scientifique de vie reconnu par les adultes, en particulier du fait de confusions sémantiques possibles lorsqu'on demande à des enfants ce qui est vivant (l'enfant n'attribue pas nécessairement la même signification au mot « vivant » que celle de l'adulte à cause de l'usage « dans la vie de tous les jours » qu'il peut en avoir). Cela étant, ces travaux nous éclairent sur les modes de fonctionnement de pensée des enfants […].

Aspects didactiques.
Une étude réalisée […] en 2001 donne à voir les idées des élèves à propos du vivant.
Avant 6 ans, les critères retenus par les élèves […] sont principalement le mouvement, les échanges nutritifs et les manifestations sensorielles. Les élèves ont de fortes conceptions anthropomorphiques. Pour eux, est vivant ce qui bouge, ce qui mange et boit... Les critères de reproduction et d'irréversibilité de la mort n'apparaissent pas […].
Entre 6 et 8 ans, les critères retenus par les élèves […] sont le mouvement, l'évolution ou la transformation (pour les végétaux notamment) et les échanges nutritifs. Les critères de reproduction et d'irréversibilité de la mort n'apparaissent quasiment pas […] : conceptions anthropomorphiques et animistes.
Chez eux, néanmoins, la notion de vie en ce qui concerne le monde animal semble être acquise (le chat qui dort est vivant). Par contre, la vie est encore attribuée aux objets mobiles, aux éléments naturels (lune, soleil) mais peu au monde végétal (arbre en hiver).

(d'après *Grand N* - n° 94, 2014)

Document 2 : Réponses des élèves

Au cours d'une première séance consacrée au vivant en maternelle, un enseignant a demandé à ses élèves de Moyenne Section de placer des éléments dans deux boîtes différentes : l'une doit contenir les éléments vivants et l'autre ceux que les élèves considèrent comme « non vivants ». Les élèves sont amenés à justifier leurs choix.
Les résultats figurent dans le tableau ci-dessous :

Vivant	Le doudou : « il me fait des câlins le soir » La voiture : « elle fait du bruit, vroum, vroum et elle va vite » L'escargot de la classe : « Il bouge et il mange la salade » Le caillou : « il m'a fait mal » L'aspirateur : « il fait du bruit et bouge. Il fait f… » Le poisson : « il a une bouche » Le chat : « il mange, il boit et il saute, il fait miaou… » Le Soleil : « il se lève, il va se coucher »
Non vivant	La poupée : « elle ne parle pas » La clémentine : « Elle ne bouge pas, on la mange » L'arbre : « il ne bouge pas et ne mange pas » La graine de haricot : « elle est dure, elle ne bouge pas »

Document 3 : L'escargot en maternelle

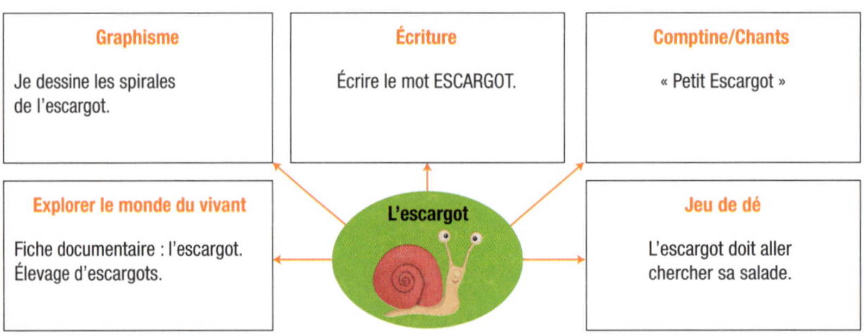

Entraînement 2 Les relations entre les êtres vivants, cycle 2

→ *Corrigés p. 266*

1. Le Document 1 présente un extrait de fiche de préparation de séquence élaborée par un enseignant de CM2. Compléter le tableau du Document 2.

2. La démarche d'enseignement en sciences préconisée par les Instructions Officielles a-t-elle été mise en œuvre dans cette séance ? Justifier.

3. Quelle amélioration peut-on proposer ? Proposer une séance en faisant figurer : compétence(s) visée(s), étapes de la démarche d'investigation, phases et modalités de travail, traces écrites.

Document 1 : Séance sur les chaînes alimentaires au cycle 2

Questionner le monde du vivant : les chaînes alimentaires		Cycle 2/CE1
Compétence visée (*BO* juillet 2020)	Identifier les interactions des êtres humains entre eux et avec leur milieu. Relation alimentaire entre les organismes vivants	
Numéro de la séance	**Déroulement proposé**	**Préparation matérielle**
	Phase 1 : rappel de la séance précédente et présentation d'une image (oral collectif) – rappel sur les régimes alimentaires : végétarien, carnivore, omnivore – sur le Tableau Numérique Interactif, photographie d'une forêt avec différents animaux – faire décrire la photographie – noter les noms des animaux nommés par les élèves	Photographie
	Phase 2 : recherche (travail en binôme) Photographies d'animaux et de végétaux que les élèves doivent associer : « qui mange qui ? »	Photographies d'animaux et de végétaux Cahier
	Phase 3 : mise en commun collective – chaque groupe présente ses choix. La classe valide. – introduction des flèches et de leur signification : « est mangé par »	Tableau et marqueurs
	Phase 4 : synthèse – associer les 2 photographies (un végétal et un animal) – lecture par l'enseignant de la synthèse distribuée aux élèves – à l'aide du texte lu, former une chaîne à 3 maillons	Leçon à coller

Document 2 : Analyse de la séance sur les chaînes alimentaires

Phases de la séance	Temps accordé à chaque phase	Quelles sont les étapes de la démarche d'investigation mises en œuvre ?	Quels sont les supports choisis ?	Quelles sont les modalités de travail envisagées ?	Quelles sont les traces écrites envisagées ? Comment sont-elles construites ?	Comment sont évaluées les réussites et difficultés des élèves pendant la séance ?
1						
2						
3						
4						

Entraînement 3 La nutrition et l'alimentation, cycles 2 et 3

→ Corrigés p. 268

1. En vous appuyant sur le Document 1 et vos connaissances, indiquer ce qui a été mis en évidence par Ibn Al-Nafis au XIIIe siècle.

2. En vous appuyant sur le Document 2, indiquer le concept que Spallanzani étudie, l'hypothèse émise, et expliquer pourquoi les flacons ont été placés sous ses aisselles.

3. Le Document 3 présente trois productions d'élèves de cycles 2, 3 et 4 en réponse à la question : « Quel est le trajet du sang dans ton corps ? ».

4. Quelle analyse portez-vous sur ces productions (réussites, erreurs) ? Comment expliquer les similitudes entre ces travaux d'élèves ?

Document 1 : texte historique

Ibn Al-Nafis (1210-1288), médecin et anatomiste syrien, écrivit : « quand le sang a été raffiné dans le ventricule droit, il lui faut passer dans le ventricule gauche où se forme l'esprit vital. Cependant, il n'existe, entre ces deux cavités, aucun passage. À ce niveau, la substance du cœur est particulièrement solide et il n'existe ni passage visible ni passage invisible pouvant permettre le transit de ce sang comme l'a cru Galien. Donc ce sang, après avoir été raffiné, doit nécessairement passer dans la veine artérieuse, aller ainsi jusqu'aux poumons… s'y mélanger avec l'air […] »

© Medarus.org

Document 2 : texte historique

Lazzaro Spallanzani (1729-1799) est un biologiste italien qui a réalisé en 1780 des expériences sur les chouettes.

Voici un extrait de son compte-rendu d'expérience : « *Quand je leur faisais avaler des tubes (petits tubes métalliques grillagés) à jeun, elles les vomissaient quelques heures après, regorgeant de suc gastrique… Je plongeais ensuite dans ce suc gastrique les aliments dont je les nourrissais.* »

Spallanzani place ce mélange gastrique (aliments et suc gastrique) dans des tubes à essai qu'il garde pendant deux jours sous ses aisselles. Il observe : « *les aliments avaient été entièrement dissous par le suc gastrique* ».

© Medarus.org

Document 3 : Productions d'élèves sur la circulation sanguine

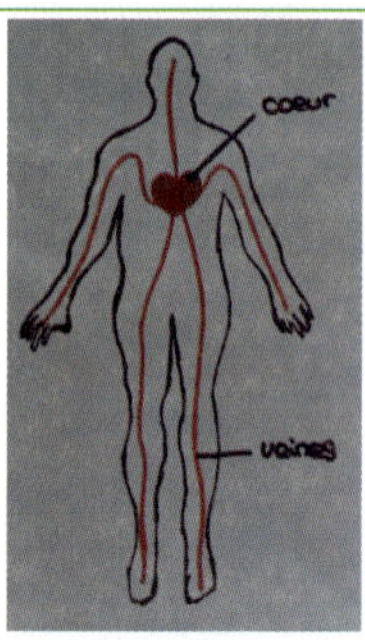

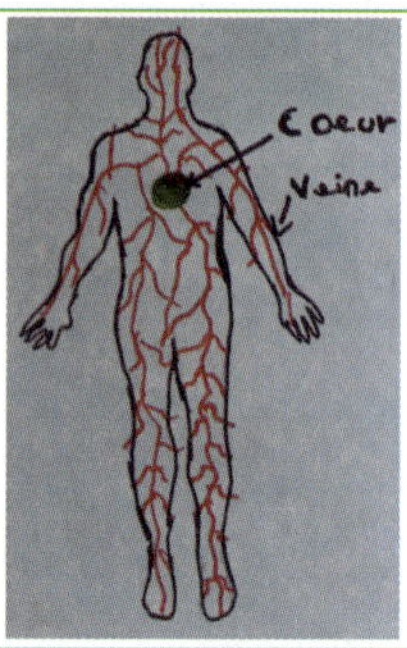

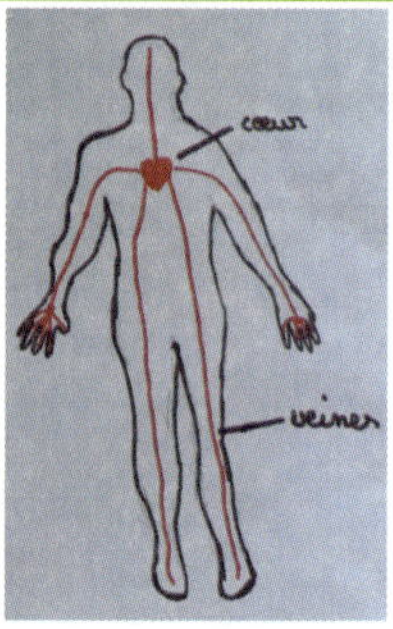

Élève A (cycle 4)	Élève B (cycle 2)	Élève C (cycle 3)
Pour moi, le sang provient du cœur, le cœur le distribue à tous les organes.	Le cœur est le centre des veines donc il y en a partout.	Le cœur envoie le sang partout dans le corps (dans les veines).

Entraînement 4 Le mouvement, cycle 2

→ Corrigés p. 268

1. Dans les membres, on trouve des muscles appelés biceps, triceps, quadriceps. Expliquer pourquoi ils sont appelés ainsi.

2. Analyser les Documents 1 et 2 de façon à faire apparaître les obstacles que vous préciserez.

3. Insérer le Document 3 dans une démarche d'investigation par modélisation. Préciser les consignes que vous donnerez et les attendus en une dizaine de lignes.

Document 1

Conception initiale relevée après la consigne : représente ce qu'il y a, à l'intérieur du bras, qui permet le mouvement de l'avant-bras.

Document 2

Conception initiale relevée après la consigne : représente ce qu'il y a à l'intérieur de ta jambe.

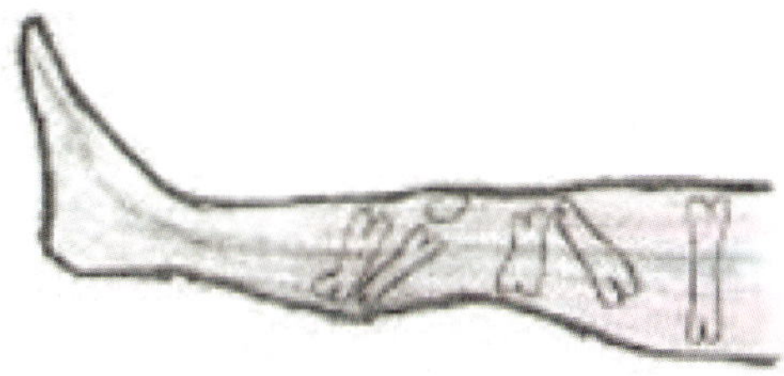

Document 3 : Consignes pour réaliser une maquette du jambe

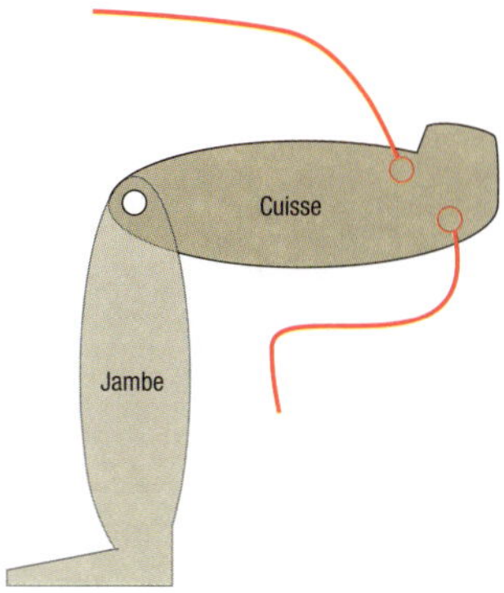

Maquette de jambe :

– Assembler la cuisse et la jambe à l'aide d'une attache parisienne dans le trou prévu.

– Fixer les deux ficelles rouges vers le haut de la cuisse dans les deux trous rouges prévus à cet effet.

Entraînement 5 Les états de la matière, cycle 3

→ Corrigés p. 269

D'après le Document 1 :

1. Au bout de combien de temps commence la solidification de l'eau pure ? Combien de temps dure le changement d'état ? Préciser l'état physique des espèces pendant le changement d'état.

2. Que peut-on conclure concernant le cyclohexane ?

3. Quelles informations apportent la courbe n° 3 ?

D'après le Document 2 et vos connaissances :

4. Quand dit-on que l'eau est en surfusion ?

5. Quels moyens sont utilisés pour lutter contre le verglas ?

6. Comment se forme la couche de glace qui fait grossir le grêlon ?

7. À partir des informations des Documents 1 et 2, décrire quel phénomène « parasite » peut survenir au cours d'une activité expérimentale concernant la solidification de l'eau.

8. À partir du Document 3, que peut-on conclure ? Peut-on généraliser cette conclusion à d'autres liquides ? Justifier.

Document 1 : Courbes de solidification obtenues en suivant l'évolution de la température en fonction du temps pour 3 liquides (eau pure, cyclohexane, eau salée)

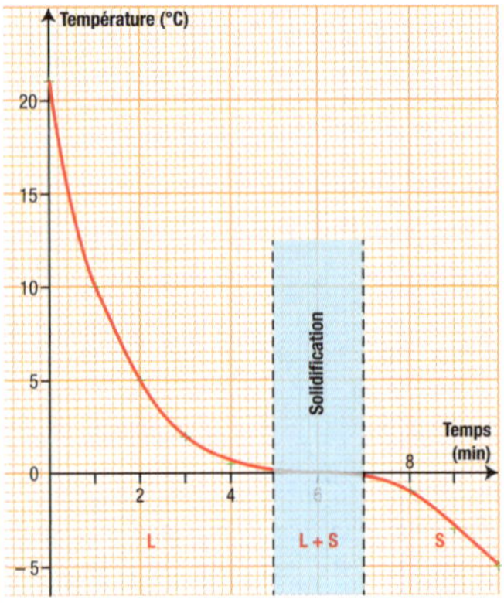

Courbe n° 1 : **eau pure**

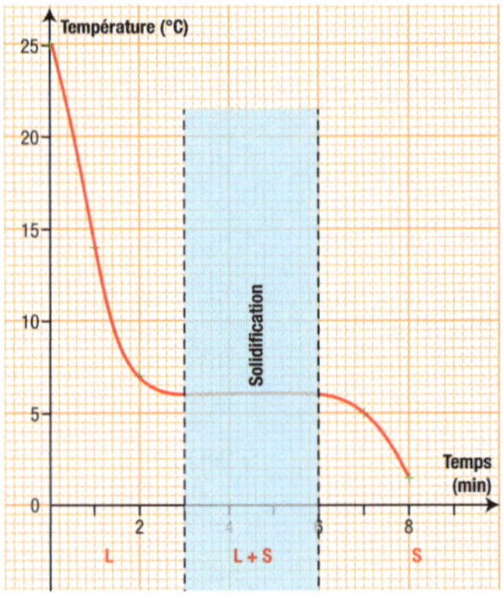

Courbe n° 2 : **cyclohexane**

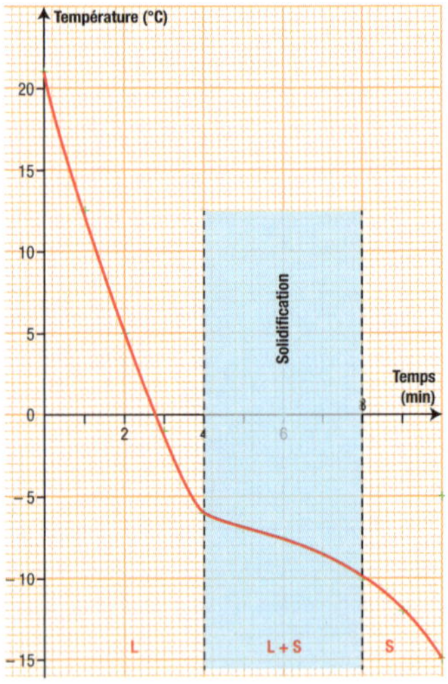

Courbe n° 3 : **eau salée**

(L = liquide, S = solide)

Document 2 : La surfusion

Le phénomène de surfusion se produit quand on refroidit un liquide et qu'il reste à l'état liquide en dessous de sa température de solidification. La solidification ne s'est pas faite : c'est un état instable qui cesse par agitation, par choc ou par introduction de petits cristaux de solide.

Ainsi, dans l'atmosphère, il arrive que de l'eau reste liquide même à des températures inférieures à 0 °C. On dit que l'eau est en état de surfusion. S'il pleut, il tombe alors de la « pluie gelée » mais ce n'est pas de la glace. Dès qu'une goutte de cette eau touche un obstacle (le sol, un mur, une voiture…), la surfusion cesse et la goutte s'étale instantanément en une petite couche de glace. Les gouttes s'écrasent les unes sur les autres, formant une couche de glace transparente, le verglas.

On confond souvent verglas et glace au sol. Celle-ci se produit lorsqu'il pleut sur un sol gelé : l'eau se transforme alors en glace. La glace peut aussi se former, la nuit, par solidification de l'eau ou de la neige fondue.

De même, des gouttelettes en surfusion dans les nuages d'orages sont à l'origine de grêle. Emportées par de violents mouvements ascendants et tourbillonnaires, elles rencontrent des particules de glace dans les nuages situés à haute altitude et se solidifient, devenant des grêlons.

Ceux-ci, en tombant, rencontrent d'autres gouttelettes dont ils font cesser la surfusion. Ainsi le grêlon grossit de plus en plus. Il peut être repris par des courants ascendants ou continuer sa chute vers le sol.

Verglas sur des branches

Des grêlons

Document 3

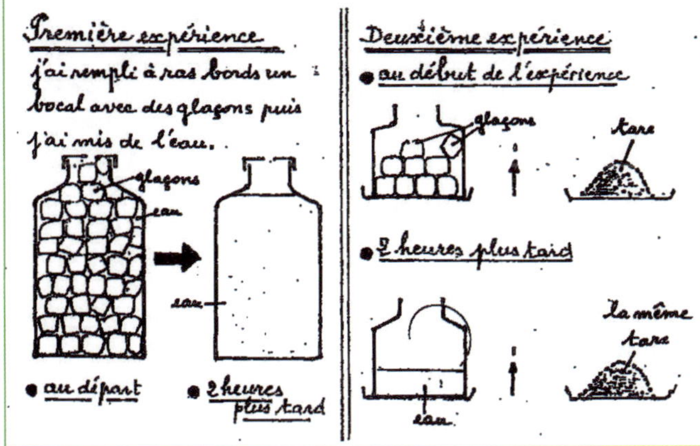

Entraînement 6 L'électricité, cycles 2 et 3

→ Corrigés p. 270

1. Pourquoi un oiseau ne s'électrocute-t-il pas sur un fil électrique ? (répondre en 3 lignes)

2. À l'aide du Document 1 et de vos connaissances, expliquer le fonctionnement d'un disjoncteur différentiel et citer un autre dispositif de protection.

3. À partir du Document 2 et de vos connaissances, répondre aux questions :
Que souhaitons-nous savoir en effectuant ce montage ?
Quelle(s) observation(s) doit-on obtenir pour pouvoir conclure ?
Comment s'appelle ce circuit ?

Document 1 : Distribution domestique et protection différentielle

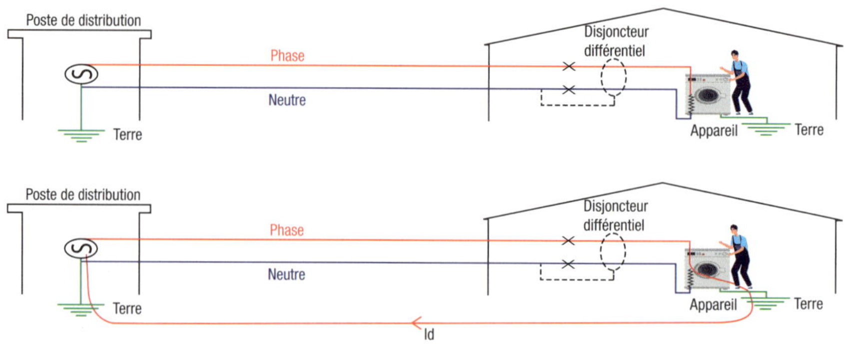

Document 2 : schéma expérimental

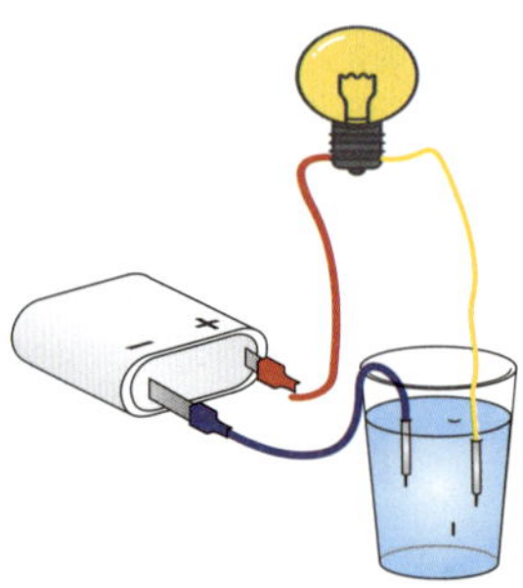

Entraînement 7 L'environnement, cycle 3

→ Corrigés p. 270

1. À partir de vos connaissances et des Documents 1 et 2, expliquer l'intérêt d'un travail sur le développement durable à l'école.

2. Le Document 3 présente un extrait de guide pédagogique et de manuel scolaire. À quel cycle les activités peuvent-elles être envisagées ? Justifier.

3. Que peut-on proposer à la suite de cette séance ? Compléter le tableau figurant sur le Document 4.

Document 1 : BO Du MEN N°31 du 29 août 2019

Nouvelle phase de généralisation de l'éducation au développement durable - EDD 2030

La lutte contre le réchauffement climatique ainsi que la protection de l'environnement et de la biodiversité constituent un enjeu majeur des prochaines décennies. Elles impliquent une mobilisation forte, efficace et pérenne de l'ensemble de notre société, et des évolutions profondes des comportements individuels et collectifs, dans la perspective des objectifs de développement durable de l'Agenda 2030 des Nations unies. Le ministère de l'Éducation nationale et de la Jeunesse est un acteur privilégié de la transition écologique dans ces deux dimensions : d'une part, il assure l'éducation de tous les élèves au développement durable et au respect de l'environnement [...]. L'école est en effet à la fois un lieu où s'apprend l'engagement en la matière, et un lieu qui se doit d'être exemplaire en matière de protection de l'environnement. C'est dans ce contexte que le ministre de l'Éducation nationale et de la Jeunesse, après deux mois de travaux, notamment avec les lycéens, a lancé un plan d'actions autour de 8 axes, dont la présente circulaire détaille les modalités de mise en œuvre. Ce plan doit associer un fort investissement pédagogique et, dans chaque école ou établissement, des actions concrètes et adaptées aux réalités territoriales.

1. Les écoles et établissements doivent devenir, de manière systématique, des lieux exemplaires en matière de protection de l'environnement et de la biodiversité

1.1 Mener, au sein de chaque école ou établissement au cours de l'année scolaire 2019-2020, une action pérenne en faveur de la biodiversité : Il vous est demandé de veiller à ce que, dans chaque école ou établissement, avant la fin de l'année 2019, soit installé un équipement ou mené un projet pérenne contribuant à la protection de la biodiversité (nichoirs à oiseaux, ruches, « hôtels à insectes », plantations d'arbres, jardins ou potagers bio, plates-bandes fleuries en fonction des potentialités locales). En un an, ce sont ainsi 60 000 actions concrètes d'envergure qui seront conduites sur tout le territoire national. Les élèves doivent être pleinement associés à ces démarches, et leur mise en œuvre doit intervenir en lien avec les collectivités locales et, aussi souvent que possible, avec des associations locales de protection de l'environnement dont les bénévoles pourront être utilement sollicités [...]

1.3 S'assurer, en lien avec les collectivités, du caractère systématique du tri des déchets et y sensibiliser les élèves : Très majoritairement répandu, le tri des déchets doit être mis en œuvre de manière systématique dans l'ensemble des espaces scolaires. Les élèves doivent être sensibilisés à l'importance du tri sélectif, à la fois à l'école et en dehors de celle-ci. L'installation de composteurs doit également être privilégiée, notamment lorsque les écoles ou établissements bénéficient d'espaces verts et y implantent des projets pédagogiques (potagers, etc.).

1.4 Lutter contre le gaspillage alimentaire dans les cantines scolaires : La protection de l'environnement passe également par la lutte contre le gaspillage dans les cantines scolaires. Dans le cadre d'un travail étroit avec les collectivités territoriales, il est demandé aux écoles et établissements de mobiliser l'ensemble des bonnes pratiques identifiées pour réduire le gaspillage alimentaire [...]

1.5 Tirer les conséquences de ces initiatives en généralisant leur reconnaissance dans le cadre du label E3D : Le label « École ou établissement en démarche globale de développement durable » (E3D) est délivré par les académies à partir d'un cahier des charges national. Il vous est demandé, autant que possible et en lien avec les collectivités territoriales, de généraliser ce label à

▶▶▶

l'ensemble des écoles et des établissements scolaires [...].

1.6 Un concours annuel École verte destiné à récompenser les meilleurs initiatives en matière de protection de l'environnement : Un appel à projets pédagogiques national sera lancé, dès septembre 2019, à destination de l'école primaire, du collège et du lycée général, technologique et professionnel et des structures spécialisées. Il aura trait aux enjeux de lutte contre le changement climatique, de préservation de la biodiversité, par le biais de projets portant, entre autres, sur les économies d'énergie et la lutte contre le gaspillage (...)

2. Un renforcement des thématiques de la protection de l'environnement et de la biodiversité dans les programmes et les diplômes (...)

3.1 L'EDD, une éducation transversale renforcée dans les programmes : L'EDD est une éducation transversale. Elle doit permettre aux élèves de s'approprier les enjeux de la lutte contre le changement climatique et de la préservation de la biodiversité, de façon scientifique, pédagogique et civique. Elle permet d'appréhender l'ensemble des dimensions environnementales, sociales, économiques et civiques du développement durable.Ainsi, elle s'inscrit dans le prolongement de l'agenda 2030 des Nations unies. Elle relève de contenus et de démarches s'inscrivant dans les enseignements disciplinaires généraux, technologiques et professionnels, et dans les enseignements et dispositifs interdisciplinaires. Elle constitue un élément important de l'enseignement moral et civique, et de l'éducation à la citoyenneté.Les enjeux du développement durable sont intégrés aux programmes d'enseignement dès le niveau primaire jusqu'au lycée (...).

4. Dimension européenne et internationale
Si l'EDD 2030 et les actions concrètes locales sont déterminantes, elles s'inscrivent dans la perspective de la coopération européenne et internationale en matière de lutte contre le réchauffement climatique et de protection de la biodiversité (...) »

Document 2 : En quoi la biodiversité est-elle menacée ?

« Environ 1,8 million d'espèces différentes ont été décrites sur notre planète, dont 280000 dans les mers et les océans. Les spécialistes estiment que 5 à 100 millions d'espèces peuplent notre planète alors qu'ils décrivent, chaque année, de l'ordre de 15 000 espèces nouvelles. Le travail de recensement est donc loin d'être terminé.
Or, dans le même temps, les experts indiquent que la moitié des espèces vivantes pourrait disparaître d'ici un siècle, compte tenu du rythme actuel de leur disparition, 100 à 1000 fois supérieur au taux naturel d'extinction. Certains scientifiques parlent d'ailleurs d'un processus en cours vers une sixième extinction de masse des espèces, la dernière en date étant celle des dinosaures, il y a 65 millions d'années. Mais la crise actuelle est beaucoup plus rapide (l'extinction des dinosaures s'est étalée sur plusieurs centaines de milliers d'années) et elle est quasi exclusivement liée aux activités humaines. L'Union internationale pour la conservation de la nature (UICN) propose un inventaire mondial de l'état de conservation des espèces, la Liste rouge mondiale des espèces menacées. En 2018, 28 % des 96 951 espèces étudiées sont menacées, dont 40 % des amphibiens, 25 % des mammifères, 14 % des oiseaux, 31 % des requins et raies, 34 % des conifères...
Les milieux naturels sont également fragilisés ou détruits par les activités humaines : par exemple, plus de 35 % des milieux humides littoraux et continentaux ont disparu depuis 1970 dans le monde. Autre illustration : au rythme actuel de la déforestation, les forêts tropicales pourraient disparaître d'ici 50 à 70 ans.

En France métropolitaine, 14 % des mammifères, 24 % des reptiles, 23 % des amphibiens et 32 % des oiseaux nicheurs sont menacés de disparition du territoire. Tout comme 19 % des poissons d'eau douce et 28 % des crustacés d'eau douce. Pour la flore, 15 % des espèces d'orchidées sont menacées.
En outre-mer, plus d'un tiers des espèces d'oiseaux de La Réunion sont menacées ou ont déjà disparu. Les trois reptiles terrestres sont menacés, ainsi que 14 % des papillons de jour, 21 % des libellules et demoiselles et 33% des poissons d'eau douce de l'île. En Guyane, 13 % des oiseaux et des poissons sont menacés, 10 % des reptiles terrestres et 16 % des mammifères marins. En Martinique, ce sont 47 % des reptiles, 28 % des mollusques et 21 % des oiseaux qui sont menacés. 15 % des coraux constructeurs de La Réunion sont également menacés ou quasi-menacés, tout comme 12 % de ceux présents à Mayotte et 6 % dans les îles Éparses. Pour la flore, les menaces de disparition concernent par exemple 15 % des plantes vasculaires indigènes de Guadeloupe et 30 % à La Réunion.

© La liste rouge des espèces menacées en France – uicn.fr/liste-rouge-france/

Document 3 : Extrait d'une page de manuel de l'élève et du guide du maître correspondant

Vers l'EMC

Étudier une affiche contre le gaspillage alimentaire

1. Quel est le slogan de cette affiche ?
2. Décris l'image au centre de l'affiche.
3. Qui est l'auteur de cette affiche ?
4. Où y a-t-il des rimes dans cette affiche ? À ton avis, à quoi cela sert-il ?
5. Quelle quantité d'aliments chaque Français jette-t-il par an à la poubelle ?
6. Et toi, que proposes-tu pour lutter contre le gaspillage alimentaire ?

155

Vers l'EMC

Étudier une affiche contre le gaspillage alimentaire

Manuel page 155

Objectifs principaux de la séance

- **En termes de connaissances :**
  - Première définition du développement durable.
  - Identifier les enjeux et les répercussions du gaspillage alimentaire à la maison, au restaurant scolaire.
- **En termes de compétences :**
  - Prendre des responsabilités en faveur de l'environnement immédiat.
  - Savoir gérer des déchets (ceux de la maison ou de la restauration scolaire).
  - Élaborer et mettre en place un plan d'action : gestes simples et habitudes à changer.

Présentation

Le document est une affiche du ministère de l'Agriculture, destinée à lutter contre le gaspillage alimentaire. Le slogan, accompagné d'une illustration humoristique, s'adresse à un jeune public pour l'inciter à ne pas gaspiller la nourriture.
Le gaspillage alimentaire est défini comme étant toute nourriture destinée à la consommation humaine qui, à une étape de la chaîne alimentaire, est perdue, jetée ou dégradée. Dans le monde, le tiers des aliments destinés à la consommation humaine est gaspillé.

Exploitation pédagogique

Cette affiche va permettre d'engager le débat sur le gaspillage alimentaire.
Inviter les élèves à lire l'affiche et à la commenter. Poser des questions : « Que voyez-vous en premier ? Quel est le conseil ? Pourquoi est-il demandé de finir son assiette ? Qu'est-il écrit dans le panneau rouge ? dans la flèche verte ? Pour chaque Français, quelle quantité d'aliments va à la poubelle chaque année ? »
Cette séance sera également l'occasion d'étudier les différents éléments qui composent une affiche : le slogan, l'auteur, l'image centrale... Avant de poser la question 1, définir le mot *slogan* avec les élèves : « message court qui est fait pour frapper le lecteur, pour accrocher son regard » quand il s'agit d'affiche comme ici. Faire rechercher d'autres exemples par les élèves.

Réponses aux questions

- **Question 1 :** Le slogan est « N'en perds pas une miette, finis ton assiette ! ».
- **Question 2 :** L'image montre une assiette verte contenant des fruits et légumes. Les fruits et légumes sont disposés de façon à représenter un visage : les haricots verts correspondent aux cheveux ; les concombres, les tomates-cerises et les petits pois correspondent aux yeux ; le piment forme la bouche ou une moustache ; la carotte dessine les dents.
- **Question 3 :** Le commanditaire de cette affiche est le ministère de l'Agriculture, de l'Agroalimentaire et de la Forêt (l'auteur étant le dessinateur, ou le graphiste, ou une agence de publicité). *Si le logo du ministère, très petit sur l'affiche, est difficile à lire, on pourra repérer le nom du site Internet www.alimentation.gouv.fr écrit en rouge.*
- **Question 4 :** Le mot *miette* rime avec *assiette* ; le mot *bien* rime avec *craint*. Les rimes peuvent servir à faire rire, à interpeller, à marquer la personne qui regarde l'affiche.
- **Question 5 :** Chaque Français jette à la poubelle 20 kg d'aliments répartis de cette façon : 13 kg de restes de repas et 7 kg d'aliments encore emballés.
- **Question 6 :** *Plusieurs réponses sont possibles, à la maison ou à la cantine. Exemples :* « Je me sers des petites portions à table ; je ne jette pas de pain : je fais du pain perdu, du pudding ou des croûtons pour la soupe avec le pain rassis… »

Prolongements possibles

- En arts plastiques, les élèves pourront réaliser une affiche publicitaire.
- En français, demander aux élèves de choisir un aliment et de rédiger un slogan pour inciter à le choisir.

Pour en savoir plus

- Lutter contre le gaspillage alimentaire veut dire « mieux consommer, mieux manger et moins dépenser ». Pour cela, on peut adopter des gestes simples à la maison et à la cantine :
  - veiller à la bonne conservation des aliments, bien décoder les étiquettes pour moins jeter ;
  - apprendre à choisir son alimentation en fonction de ce qui correspond le mieux à son réel appétit (ne pas remplir son assiette, ne pas prendre trop de pain, etc.) ;
  - manger des fruits et des légumes même s'ils ont des petits défauts ;
  - trouver des recettes pour se servir des restes.

On pourra consulter : *Guide pratique : réduire le gaspillage alimentaire en restauration collective*, Ademe 2017, http://www.ademe.fr/reduire-gaspillage-alimentaire-restauration-collective
- La Journée nationale de lutte contre le gaspillage alimentaire a lieu le 16 octobre.
- La loi du 11 février 2016 relative à la lutte contre le gaspillage alimentaire précise que celle-ci fera partie de l'éducation à l'alimentation durant le parcours scolaire : http://www.legifrance.gouv.fr

Document 4 : tableau à compléter

Titre de la séance	Durée	Objectif de la séance	Compétences mobilisées	Déroulement	Préparation matérielle

Entraînement 8 Le tri et le recyclage, cycle 2

→ Corrigés p. 272

1. En vous aidant du Document 1 et de vos connaissances, expliquer les problématiques liées aux déchets plastiques.

2. Un enseignant a proposé une séance sur la pollution. Le Document 2 présente une activité proposée aux élèves. À quel cycle cette activité a-t-elle pu être proposée ? Justifier la réponse.

3. Le Document 3 a été distribué aux élèves. Quel est le statut de ce document ?

Document 1 : Le 7e continent

Qu'est-ce que le 7e continent ?

On appelle les zones d'accumulation de plastique le septième continent. Cette appellation vient de l'étendue de ces zones, de la taille d'un continent, et non du fait que l'on peut marcher dessus. En fait, le 7e continent ressemblerait plutôt à une soupe de plastique.
Les déchets plastiques déversés dans la mer entament une longue dérive. Sous l'effet de la rotation de la Terre, les courants marins créent ce que l'on appelle des gyres océaniques. Ces énormes tourbillons tournent dans le sens des aiguilles d'une montre dans l'hémisphère Nord, et en sens inverse dans l'hémisphère Sud. Tôt ou tard, les déchets plastiques se retrouvent piégés dans ces gyres.
Les 5 principaux gyres se trouvent dans l'Atlantique Nord et Sud, le Pacifique Nord et Sud et dans l'océan Indien. On y retrouve surtout des morceaux de plastique de 1 à 2 mm (nommés microplastiques).

Le plastique que l'on retrouve à la surface des océans est surtout du polyéthylène (de 80 à 90 %) et aussi un peu de polypropylène.
Le polyéthylène (PE) est beaucoup utilisé dans le secteur de l'emballage.
Lorsqu'il est rigide (HDPE) il sert à fabriquer des flacons (détergents, cosmétiques, etc.), des boîtes type Tupperware®, des jerricans, des réservoirs de carburant d'automobiles mais aussi lorsqu'il est plus souple (LDPE) le polyéthylène sert à faire des sacs, des films, des sachets, des sacs poubelles et des récipients souples (ketchup, crèmes hydratantes).
Par action du rayonnement solaire et abrasion par les vagues, tous ces objets de taille diverses se fragmentent pour finir dans les gyres sous forme de paillettes de quelques millimètres, les microplastiques.

Malgré un intérêt croissant de la communauté scientifique sur cette problématique, l'impact de cette pollution sur l'équilibre des écosystèmes marins n'est pas encore pleinement évalué. Pour amener des éléments de compréhension nous menons une approche pluridisciplinaire. Chimistes, biologistes, physiciens, mathématiciens collaborent dans le cadre de ce projet.

Comprendre et réduire la pollution plastique pour une planète préservée.

Près de 80% de la pollution en mer provient des continents. L'océan est impacté par la présence massive de plastiques. 10% des plastiques fabriqués annuellement se retrouvent déversés dans l'océan. Nous fabriquons 300 millions de tonnes par an. Selon une étude publiée dans le journal scientifique Plos One en 2015, on estime à 270 000 tonnes la pollution plastique présente à la surface de l'océan. Les plastiques peuvent persister dans l'environnement marin pendant des décennies, voire des siècles. La pollution plastique dans le milieu marin est reconnue comme une menace globale pour l'environnement. L'impact des débris de plastique sur la faune marine et la santé humaine n'est pas encore complètement évalué. De la même taille que certains organismes planctoniques, les micro-particules de plastique sont ingérées par les poissons et ▶▶▶

mammifères marins se nourrissant de plancton. Les effets indirects sur la faune marine et la chaîne alimentaire demandent à être mieux décrits. Une pollution chimique peut être associée à la pollution plastique, soit parce qu'initialement les plastiques contiennent des additifs potentiellement toxiques, soit parce qu'ils absorbent des polluants organiques persistants (POP) et métaux lourds pendant leur parcours dans l'environnement. Comme les plastiques vieillissent et se décomposent dans l'eau de mer, la libération des substances les plus polluantes devient possible. Ainsi, les plastiques pourraient amener des polluants chimiques dans des zones qui seraient a priori sans impact anthropique. Les débris de plastique constituent des vecteurs de transport d'espèces nouvelles et potentiellement nuisibles au sein de ce qui a été appelé la « plastisphère » (…).

D'après septiemecontinent.com

Document 2 : Extrait d'ouvrage scolaire de CM2

Observe ce dessin représentant un estuaire pollué et relève 5 situations de pollution de l'environnement.

Document 3 : Extrait d'ouvrage scolaire de Sciences et technologie, CM2

Exercice 2 **Rechercher.**

• Recherche les conséquences de ces situations. Pour cela, complète le tableau ci-dessous : décris les 5 situations de pollution de l'environnement observées précédemment et indique leurs conséquences.

Situation de pollution	Conséquence(s)
Utilisation de pesticides dans un champ	Contamination des eaux

• Propose des solutions pour limiter ces situations de pollution.

Conclure D'après ces documents et tes réponses, explique quel est l'impact des activités humaines sur l'environnement.

47

CORRIGÉS

Entraînement 1

1. Il existe, d'après les auteurs de l'article, deux aspects à prendre en compte :

– **le point de vue psychologique :** les travaux mettent en évidence une pensée anthropomorphique (idée de mouvement pour caractériser le vivant) chez les enfants et qui évolue avec l'âge ;

– **l'aspect didactique :** prédominance de l'anthropomorphisme : les êtres vivants sont ceux qui se nourrissent, bougent et boivent. Les enfants ne considèrent pas le vivant comme étant capable de se reproduire et de mourir. L'animisme est également présent chez les élèves. On notera également que la capacité à se « transformer » est un critère retenu par les élèves. Le vivant est également plus facile à concevoir chez les animaux que les végétaux. Les éléments naturels comme le Soleil et la Lune sont considérés comme vivants, contrairement à un arbre par exemple.

Enfin, il est à noter que l'unité des êtres vivants est une notion difficile à concevoir pour les élèves.

2.

Vivant	Le doudou : animisme/anthropomorphisme La voiture : mouvement, manifestation sensorielle (émet un son) L'escargot de la classe : mouvement et nutrition Le caillou : animisme L'aspirateur : mouvement et manifestation sensorielle (émet un son) Le poisson : élément d'ordre anatomique (attribut de la classification) Le chat : mouvement, nutrition et manifestation sensorielle (émet un son) Le Soleil : anthropomorphisme (se réveille et dort)
Non vivant	La poupée : anthropomorphisme (langage) La clémentine : mouvement + obstacle lié à la notion de réseau trophique L'arbre : mouvement et nutrition (anthropomorphisme) La graine de haricot : mouvement

3. Les Instructions Officielles de 2020 précisent que : « Pour les aider à découvrir, organiser et comprendre le monde qui les entoure, l'enseignant propose des activités qui amènent les enfants à observer, formuler des interrogations plus rationnelles, construire des relations entre les phénomènes observés, prévoir des conséquences, identifier des caractéristiques susceptibles d'être catégorisées. Les enfants commencent à comprendre ce qui distingue le vivant du non-vivant ».

Les enseignants doivent proposer des situations permettant aux élèves d'identifier les différentes manifestations de la vie végétale et animale à partir d'observations tout en ayant la possibilité de mettre en place des élevages.

Les attendus de fin de cycle sont les suivants :

– reconnaître les principales étapes du développement d'un animal ou d'un végétal, dans une situation d'observation du réel ou sur une image ;

– connaître les besoins essentiels de quelques animaux et végétaux.

Le dispositif présenté dans ce document est une approche par thème et ne permet pas à l'enseignant de proposer une situation d'apprentissage dans le domaine concerné (explorer le monde du vivant). Les activités proposées ici sont liées à d'autres disciplines et ne contribuent pas à l'acquisition des compétences attendues en fin de cycle dans ce domaine (jeu de dé, apprentissage d'un geste graphique).

La mise en place d'un élevage est bien proposée mais aucune autre information ne permet d'identifier la mise en œuvre (Quelle démarche ? Quels sont les besoins des escargots et comment les mettre en évidence ?).

4. Au coin regroupement : le maître a caché le lapin dans un panier ou un chapeau et le pose devant les élèves. Un lapin en sort.

Il propose aux élèves de le nommer, le toucher, le caresser en faisant très attention de ne pas le blesser. Les élèves sont invités à citer les différentes parties du corps de l'animal.

Questionnement **:** Où installer notre lapin dans la classe et comment ?

Émission d'hypothèses par les élèves **:** dans le coin poupée, dans un lit, sous le banc, on va lui construire une maison en buchettes de bois…

Mise à l'épreuve des hypothèses **:** le maître essaie avec les élèves les différentes propositions. Des photographies sont prises. Les élèves constatent que les choix opérés ne permettent pas de répondre au problème posé. L'idée d'une cage est proposée avec si besoin une affiche ou un magazine montrant des cages pour lapins.
Installation du lapin.

Nouveau problème **:** Que doit manger notre lapin pour être et rester en bonne santé ?
Émission d'hypothèses **:** des carottes, de la salade, du pain, des biscuits…
Mise à l'épreuve des hypothèses par observation directe et en petits groupe

Élaboration d'une trace écrite collective.
Travail sur l'anatomie du lapin **:** tête, yeux, bouche, oreilles, 4 pattes. Présence de poils (approche de la classification des animaux). Réalisation d'un dessin d'observation légendé (dictée à l'adulte pour les légendes).
On peut aussi travailler sur le mode de déplacement du lapin.
La mise en place de responsabilités au sein de la classe sera également proposée aux élèves : soin, hygiène…

Séance 1 Où placer le lapin dans la classe ? (à réaliser la même journée en deux fois compte tenu de la spécificité de la séance)	**Étapes de la démarche :** ① Présentation du lapin ② Émission d'hypothèses par les élèves sur le lieu où l'animal peut être placé (réalisation d'une affiche) ③ L'enseignant propose de faire des recherches ④ Lecture documentaire (affiche illustrée réalisée par l'enseignant) **Phase d'institutionnalisation** – Mise à l'épreuve des hypothèses par « l'expérimentation » (on teste les différents lieux proposés par les élèves : construire une maison en kaplas, dans le berceau des bébés, sous un banc… L'enseignant prend des photographies des essais réalisés – Mise en commun des résultats et conclusion – Installation du lapin dans la classe – On peut aussi lui donner un nom bien sûr…
Séance 2 Que doit-on donner à manger au lapin ?	– Énoncé du problème – Émission d'hypothèses – Modalité d'investigation : recherche documentaire – Phase d'institutionnalisation : affichage collectif illustré – Mise en place de responsabilités dans la classe
Séance 3 Comment est organisé le corps du lapin ?	– Réalisation de dessins d'observation – Repérage des différents organes avec l'enseignant/prise de photographies – Nouveaux dessins d'observation légendés
Séance 4 Comment se déplace notre lapin ?	– Observation directe – Verbes d'actions nommés avec observation des mouvements des pattes associés
Séance 5 Évaluation sommative/ formative (tout au long de la séquence)	Compétences langagières (savoir nommer et reconnaître différentes parties du corps, savoir réutiliser le vocabulaire appris) Identification des besoins essentiels (soins aux animaux, hygiène, régime alimentaire)

Entraînement 2

1.

Phases de la séance	Temps accordé à chaque phase	Quelles sont les étapes de la démarche d'investigation mises en œuvre ?	Quels sont les supports choisis ?	Quelles sont les modalités de travail envisagées ?	Quelles sont les traces écrites envisagées ? Comment sont-elles construites ?	Comment sont évaluées les réussites et difficultés des élèves pendant la séance ?
1	–	Absence d'étapes de la démarche d'investigation (énoncé du problème, hypothèses)	Image / photographie (à noter que les deux sont confondues). Tableau Numérique Interactif (TNI)	Oral collectif	Écriture des noms des animaux identifiés par les élèves sur la photographie	–
2	–	Émission d'hypothèses à partir du problème énoncé (« qui mange qui ? »)	Photographies d'animaux et de végétaux	Recherche en binôme	–	–
3	–	Mise en commun des hypothèses Pas de modalité d'investigation : validation par les élèves (une recherche documentaire permettrait de valider ou invalider les hypothèses émises)	Tableau et marqueurs	Mise en commun collective	Écriture des flèches signifiant « est mangé par… »	–
4	–	Synthèse (leçon déjà prête et distribuée par l'enseignant)	Document photocopié	Oral collectif	Leçon à coller	–

2. Les Instructions préconisent la mise en œuvre d'une démarche d'investigation en sciences avec différentes étapes : énoncé d'un problème, émission d'hypothèses qui devront être validées ou non par une modalité d'investigation appropriée (recherche documentaire, expérience, modélisation, rencontre avec un professionnel…).
Les élèves vont ensuite pouvoir, avec l'aide de leur enseignant, énoncer les résultats obtenus puis élaborer ensemble une trace écrite.
Dans la séance présentée, **la démarche d'investigation** n'est donc pas mise en œuvre : énoncé du problème, absence d'investigation menée par les élèves, leçon distribuée par l'enseignant.

3. **Proposition de séance :**

Compétence visée (*BO* juillet 2020)		Durée : 40 minutes
Préparation matérielle	– photographies de quelques animaux de la forêt (prévoir de grands formats pour l'affichage au tableau) – photographies des animaux (petit format) à coller dans les cahiers des élèves – vidéo sur les animaux de la forêt – affiches et marqueurs (pour les travaux de groupes) – pâte à fixe (pouvoir décoller les photographies) – cahier de sciences, colle (pour la trace écrite individuelle)	
Présentation de l'objectif de la séance	**Phase 1 (collectif) :** présentation de l'objectif de la séance Durée : 5 minutes **Énoncé de l'objectif visé :** « Nous allons comprendre les relations alimentaires qui existent entre les animaux de la forêt, c'est-à-dire qui est mangé par qui ». **Questionnement :** « Connaissez-vous quelques animaux de la forêt ? Lesquels ? » – les réponses des élèves sont notées au tableau – validation par une vidéo – trace écrite sous la forme de carte mentale ou d'affiche collective avec photographies des animaux (renard, lapin, chouette, écureuil)	
Énoncé du problème	**Phase 2 (collectif) :** énoncé du problème Durée : 1 minute **Problème posé :** « Dans la forêt, les animaux trouvent de quoi se nourrir. Que mangent les animaux qui figurent sur les photographies ? »	
Énoncé de la consigne	**Phase 3 (collectif) :** consigne de travail Durée : 2 minutes **Énoncé de la consigne :** « Je vais vous distribuer les photographies des animaux qui vivent dans la forêt ainsi que d'autres photographies (noisettes, herbe, glands). Vous allez devoir associer deux photographies qui selon vous vont ensemble car un être vivant en mange un autre. Vous devrez indiquer sur l'affiche qui est mangé par qui. **Un exemple est donné :** « Si je pense que l'écureuil est mangé par le lapin, alors je les mets ensemble et j'utilise des mots ou un signe qui permettent de comprendre qui est mangé par qui ».	
Hypothèses	**Phase 4 (travail de groupes) :** émission des hypothèses Durée : 10 minutes Les élèves associent les photographies. L'enseignant repère les classements opérés et écoute les différents échanges entre élèves. Il note les questions des élèves et leurs remarques.	
Mise en commun des hypothèses	**Phase 5 (collectif) :** Durée : 5 minutes Mise en commun collective des classements opérés et discussion autour des ressemblances et différences entre les groupes.	
Investigation : recherche documentaire	**Phase 6 (individuel) :** recherche documentaire Durée : 5 minutes Validation ou invalidation des hypothèses par la lecture individuelle de textes documentaires courts indiquant le régime alimentaire des animaux rencontrés.	
Amélioration des productions	**Phase 7 (travail de groupes) :** Durée : 2 minutes Reprise des travaux de groupes pour modification des associations.	
Institutionnalisation : élaboration d'une trace écrite collective	**Phase 8 (collectif) :** mise en commun Durée : 5 minutes Discussion autour de la validité des hypothèses et réalisation d'un affichage collectif. Introduction par l'enseignant de la flèche signifiant « est mangé par ».	
Trace écrite individuelle	**Phase 9 (individuel) :** trace écrite Durée : 5 minutes **Trace écrite :** photographies collées sur le cahier de sciences avec écriture de la flèche entre chaque être vivant et sa signification.	

Entraînement 3

1. Ibn Al-Nafis a mis en évidence l'existence de deux ventricules qualifiés de « cavités » séparés par une cloison étanche. Il n'existe pas de mélange de sang entre les deux ventricules.
Le sang présent dans le cœur est transporté jusqu'aux poumons (où le sang s'enrichit en air) : il découvre ainsi l'existence de la circulation pulmonaire (petite circulation).

2. Lazzaro Spallanzani travaille sur la digestion. Il pense que les aliments subissent une transformation chimique au cours de leur passage dans l'estomac grâce à l'action du suc gastrique : les aliments seraient rendus liquides grâce à des substances chimiques sécrétées par les organes.
Il conserve les tubes à essai sous ses aisselles pour reproduire les conditions de température de l'organisme, convaincu de l'importance de la température sur la digestion.

3. Dans ces trois productions d'élèves, il existe des similitudes :
– position du cœur dans l'organisme ;
– rôle important du cœur distribuant le sang aux organes (idée de circulation générale) ;
– lien existant entre le cœur et les vaisseaux sanguins assimilés aux veines ;
– méconnaissance du rôle du sang comme système de transport.
Les élèves ont mémorisé un schéma de la circulation générale avec un réseau de capillaires (qu'ils nomment « veines »). On peut émettre l'hypothèse que l'élève B (cycle 2) a déjà vu un schéma de la circulation sanguine qu'il a mémorisé, ce qui peut ne pas être le cas des deux autres élèves. Par ailleurs, les productions d'élèves de différents cycles montrent des conceptions similaires erronées qui persistent parfois même à l'âge adulte. Les chercheurs en didactique ont mis en évidence que ces conceptions sont ancrées et difficiles à faire évoluer. Il en résulte qu'un concept ne se construit pas en une seule fois mais qu'il s'affine progressivement.

4.

	Réussites	Erreurs
Élève A (cycle 4)	Position du cœur dans l'organisme Rôle du cœur et lien avec les veines	Vaisseaux sanguins assimilés aux veines Origine du sang Absence de lien entre le cœur et les organes Représentation très simpliste des vaisseaux sanguins Absence du rôle du sang
Élève B (cycle 2)	Position du cœur dans l'organisme Rôle du cœur et lien avec les veines Rôle central du cœur Représentation plus précise des vaisseaux sanguins dans l'organisme présents « partout » Idée de circulation générale	Vaisseaux sanguins assimilés aux veines Absence de lien entre le cœur et les organes Absence du rôle du sang
Élève C (cycle 3)	Position du cœur dans l'organisme Rôle du cœur et lien avec les veines et les organes (« le corps ») Rôle central du cœur Idée de circulation générale	Vaisseaux sanguins assimilés aux veines Absence du rôle du sang

Entraînement 4

1. Les préfixes « bi- », « tri- », « quadri- » renvoient au nombre de tendons présents sur une extrémité du muscle : deux tendons à une extrémité pour le biceps, trois tendons à une extrémité pour le triceps et quatre pour le quadriceps.

2. Points positifs : présence d'os, muscle avec tendon pour l'un ;
Points négatifs : insertion non fonctionnelle des tendons pour l'un et position, nombre et forme des os erronés.
Les obstacles décelés sont : pour le Document 1 la position des tendons et pour le Document 2 le nombre et la forme des os.

3. Activité de modélisation :
Le recueil des conceptions initiales du Document 1 permet de dégager un obstacle : les points d'insertion des tendons ne permettent pas le mouvement.
Problème : comment sont attachés les tendons du muscle pour permettre le mouvement de la jambe ?
Les attendus :
Construire la maquette.
Décrire la maquette de façon à préciser les parties modélisées
Placer les ficelles qui représentent le muscle et les tendons à ses extrémités pour que la jambe puisse bouger.
Par tâtonnement, les élèves vont positionner correctement les tendons.
Consignes : « Explique ce que tu as fait pour que la jambe bouge ».
L'élève va verbaliser comment il a actionné la jambe en insistant sur les tendons.
« Fais une phrase répondant au problème posé. »
Les tendons d'un muscle se fixent sur des os différents de part et d'autre de l'articulation, pour permettre le mouvement.

Entraînement 5

1. La solidification commence à environ 5 min, c'est-à-dire au début du palier de température. Le changement d'état dure de t_1 = 5 min à t_2 = 7 min, soit une durée de 2 min. Pendant toute la durée du changement d'état (solidification de l'eau pure), la température reste constante et égale à 0 °C.
Lors de la solidification de l'eau pure, le mélange est constitué d'eau à l'état solide et d'eau à l'état liquide.

2. Le graphique de l'évolution de la température en fonction du temps montre un palier de température à 6 °C. Le cyclohexane est donc un corps pur, mais sa température de solidification est différente de celle de l'eau pure.

3. La courbe n° 3 montre qu'il n'y a pas de palier de température lors de la solidification de l'eau salée : ce n'est pas un corps pur mais un mélange.

4. L'eau est en surfusion lorsque la température est inférieure à 0°C et qu'elle reste à l'état liquide.

5. Pour lutter contre le verglas en hiver, on utilise du sel ou du sable. Le sel empêche la solidification de l'eau jusqu'à des températures, aux environs, de – 10 °C (c'est une température moyenne dépendant aussi de la quantité de sel). Pour des températures comprises entre – 6 °C et – 10 °C, l'eau salée commence à se solidifier mais reste en partie liquide. À des températures voisines de – 30 °C, le sel n'a aucune action car le mélange est à l'état solide. Le sable empêche de glisser, il est insoluble dans l'eau.

6. En tombant, le grêlon entre en contact avec les gouttes d'eau en surfusion. Ces gouttes d'eau passent rapidement à l'état solide et font grossir le grêlon.

7. En classe, lors de la solidification de l'eau pure, il peut arriver que la température indiquée par le thermomètre soit inférieure à 0 °C et que l'eau reste à l'état liquide, c'est une surfusion. En général, lors de la solidification de l'eau pure, la température reste constante et égale à 0 °C pendant toute la durée du changement d'état. Pour éviter la surfusion, il suffit d'agiter légèrement le thermomètre ou le tube à essai pour que l'eau passe instantanément de l'état liquide à l'état solide.

8. Lors de la fusion de l'eau pure le volume diminue (lors de la solidification, il augmente). Les molécules d'eau à l'état solide s'associent suivant un modèle qui occupe davantage d'espace (forme hexagonale).

Il n'y a pas conservation du volume lors d'un changement d'état. La deuxième expérience montre qu'il y a conservation de la masse lors de la fusion ou de la solidification. Lors des changements d'état des corps purs, il y a conservation de la masse. Cependant, la solidification s'accompagne en général d'une diminution du volume, l'eau est une exception en ce qui concerne sa cristallisation (et son augmentation de volume).

Entraînement 6

1. L'oiseau est conducteur, mais il n'est pas un élément d'un circuit fermé. L'oiseau touche un fil avec ses deux pattes, le courant qui traverse l'oiseau est nul (la tension entre les deux pattes est quasiment nulle).

2. Dans le cas d'un circuit normal, il y a égalité entre l'intensité du courant entrant et du courant sortant (égalité entre le courant du fil de phase et l'intensité du fil neutre). Quand il y a une fuite de courant, l'intensité du fil de phase est supérieure à l'intensité du fil neutre. Le disjoncteur ouvre alors le circuit.
Autres dispositifs de protection : un fusible, une prise de terre.

3. On cherche à montrer que l'eau salée est conductrice.
L'eau est légèrement conductrice avec une pile de 4,5 V. La lampe ne s'allume pas. Avec l'eau salée, la lampe s'allume, l'eau salée est conductrice.
Ce dispositif est un circuit en série.

Entraînement 7

1. Le développement durable a été défini pour la première fois en 1987 (Mme Gro Harlem Brundtland, Premier Ministre norvégien) comme « un développement qui répond aux besoins du présent sans compromettre la capacité des générations futures à répondre aux leurs ».
En 1992, le Sommet de la Terre à Rio, tenu sous l'égide des Nations unies, officialise la notion de développement durable et celle des trois piliers : un développement économiquement efficace, socialement équitable et écologiquement soutenable.
La lutte contre le réchauffement climatique ainsi que la protection de l'environnement et de la biodiversité sont au cœur des préoccupations internationales.
On estime en effet que la moitié des espèces vivantes pourrait disparaître d'ici un siècle et la crise de la biodiversité que nous vivons est exclusivement liée aux activités humaines (pollution de l'air et de l'eau, gaz à effet de serre, déforestation, surpêche, agriculture intensive, utilisation de produits chimiques).
En 2018, 28 % des 96 951 espèces étudiées sont menacées dont 40 % des amphibiens, 25 % des mammifères, 14 % des oiseaux, 31 % des requins et raies, 34 % des conifères…
Par ailleurs, les milieux naturels sont également fragilisés par les activités humaines et, depuis 1970, ce sont plus de 35 % des milieux humides littoraux et continentaux qui ont disparu à l'échelle mondiale.
En France, les différentes espèces vivantes sont menacées sachant qu'en Outre-Mer plus d'un tiers des espèces d'oiseaux de La Réunion sont menacées ou ont disparu.
Ces quelques données nous amènent à comprendre l'enjeu d'une Éducation au Développement Durable dès le plus jeune âge.
Cette EDD s'inscrit dans le « prolongement de l'agenda 2030 des Nations Unies ». Elle vise à amener les élèves à saisir les enjeux de la lutte contre le changement climatique et la préservation de la biodiversité. Différentes disciplines concourent à cette éducation transversale : sciences ; Éducation Morale et Civique, géographie…
Comme le souligne le MEN, « L'école est en effet à la fois un lieu où s'apprend l'engagement en la matière, et un lieu qui se doit d'être exemplaire en matière de protection de l'environnement ».
Des actions concrètes doivent ainsi être mises en place de l'école primaire au lycée avec des élèves qui seront les citoyens de demain.

2. Ces activités relèvent du cycle 2. En effet, d'après le *BO* du 20 juillet 2020, les connaissances et compétences associées sont : « identifier les interactions des êtres vivants entre eux et avec leur milieu : identifier quelques interactions dans l'école ». Parmi les activités à proposer, il est indiqué : « suivi de ce qui entre et sort de la classe (papier, recyclage), de la cantine (aliments, devenir des déchets, eau) ».
Enfin, parmi les compétences travaillées dans le socle commun relatives à « adopter un comportement éthique et responsable », sont les suivantes : « mettre en pratique les premières notions de gestion responsable de l'environnement par des actions simples individuelles ou collectives (éco-gestes) : gestion des déchets, du papier, économies d'eau et d'énergie ».

Par ailleurs, plusieurs indices présents dans les documents nous donnent des indications sur le cycle concerné :
Extrait de manuel : Longueur et complexité des questions posées (les réponses figurent sur l'affiche), type de document proposé.
Guide pédagogique : il s'agit ici d'une « première définition du développement durable » avec une élaboration de « gestes simples et habitudes à changer ».
De plus, l'exploitation pédagogique proposée avec un travail réalisé à l'oral convient à des élèves de cycle 2 (les élèves de cycle 3 auraient été invités à lire seuls) avec une approche d'un type d'écrit : l'affiche (« l'occasion d'étudier les différents éléments qui composent une affiche »).

3.

Titre de la séance	Durée	Objectif de la séance	Compétences mobilisées	Déroulement	Préparation matérielle
Comment éviter de gaspiller à la cantine ?	30 à 40 min	Proposer une première approche à l'EDD à travers un geste simple : réduire le gaspillage à la cantine.	Identifier quelques interactions dans l'école : réflexion sur le devenir des repas non consommés à la cantine. Mettre en pratique les premières notions de gestion responsable de l'environnement par des actions simples individuelles ou collectives (« éco-gestes ») : gestion des déchets de la cantine.	**Phase 1 :** Rappel de la séance précédente **Phase 2 :** Présentation de l'objectif de la séance : faire des propositions à l'école (peut s'intégrer dans les missions des délégués de l'école) pour réduire le gaspillage alimentaire **Phase 3 :** Rédaction de propositions en groupes **Phase 4 :** Mise en commun et discussion sur la pertinence des propositions **Phase 5 :** Présentation des propositions retenues aux membres de la communauté éducative (mairie, parents, élèves, enseignants) et lors du conseil d'école. Construction d'affichages pour la cantine (production d'écrits)	– affiches A3 – marqueurs et feutres – aimants pour affichage des productions

Entraînement 8

1. Les déchets plastiques finissent dans les mers et océans et sont constitués de microplastiques. Ils constituent une pollution marine importante (l'équivalent d'un continent) et ont des conséquences sur les écosystèmes. Par ailleurs, des animaux marins comme les tortues avalent certains plastiques qui obstruent leurs voies digestives et sont responsables de leur mort. On retrouve également des déchets plastiques et même des pailles dans les estomacs des baleines et oiseaux. Enfin, les plastiques contiennent des substances toxiques qui sont responsables de la pollution marine.

2. Cette activité a pu être proposée à des élèves de cycle 2. Les élèves doivent acquérir les compétences suivantes (programmes de cycle 2 : Questionner le monde : adopter un comportement éthique et responsable). Développer un comportement responsable vis-à-vis de l'environnement et de la santé grâce à une attitude raisonnée fondée sur la connaissance [...]. Mettre en pratique les premières notions de gestion responsable de l'environnement par des actions simples individuelles ou collectives (« éco-gestes ») : gestion de déchets, du papier...

3. Il s'agit d'une évaluation diagnostique proposée en début de séquence d'apprentissage. L'enseignant cherche à évaluer les pratiques des élèves de sa classe sur l'utilisation du papier.

SUJET 1

Sciences et technologie

3 heures

Partie 1 : La jussie

Document 1 La jussie

La jussie, ou *Ludwigia*, est une plante aquatique envahissante provenant d'Amérique du Sud ou du sud des États-Unis et qui fut introduite en France entre 1820 et 1830 pour décorer les bassins et les aquariums.

La première observation en milieu naturel date de 1830 à Montpellier dans le fleuve Lez. C'est là que la colonisation a commencé dans le Midi méditerranéen.

D'autres foyers sont apparus par la suite et la dispersion de cette plante a été accélérée par sa commercialisation en France et son introduction volontaire ou non dans le milieu naturel.
Depuis 2007, un arrêté ministériel interdit sa commercialisation en France, son utilisation comme plante d'ornement et son introduction dans le milieu naturel.

Elle se développe dans les eaux stagnantes ou à faible courant : plans d'eau jusqu'à 3 mètres de profondeur, fossés et zones humides. Elle colonise les lieux bien éclairés et l'absence de végétation sur les berges d'un cours d'eau favorise son implantation et son développement.
Elle possède des fleurs jaunes de 2 à 3 cm, les tiges peuvent atteindre 6 m de long et se développer jusqu'à 3 m de profondeur et atteindre 80 cm au-dessus de la surface de l'eau.
Cette plante amphibie à vie fixée peut avoir une densité de 1 m^3/m^2.

La jussie ne possède pas ou peu de prédateurs, de compétiteurs ou de parasites en France.
Un insecte (le salicaire) ainsi que le ragondin se nourriraient des parties végétatives.
Entre mars et avril, les tiges de la jussie sont immergées et peu ramifiées. De nouvelles tiges se forment grâce aux rhizomes et aux bourgeons. En atteignant la surface de l'eau, des petites feuilles rondes forment des rosettes.

Au début de l'été, les tiges se ramifient et se développent horizontalement pour donner naissance à des éléments flottants qui s'étendent de façon importante.
Entre juin et octobre, les organes reproducteurs se développent sur les rameaux.
En automne, la production de fruits (les capsules) est importante.
À partir des premières gelées, la jussie entre en dormance. Les tiges se dessèchent mais les parties submergées persistent.

© La Jussie, futura-sciences.com

Document 2 Les conséquences du développement intempestif de la jussie

- L'écoulement de l'eau est ralenti.
- Les sédiments viennent combler les fonds.
- Elle n'a pas de prédateurs ou de parasites qui limitent sa croissance.
- La navigation, l'irrigation, la pêche, etc., sont perturbées.
- Lorsque cette masse de végétaux se décompose apparaît un déficit en oxygène sévère.
- L'envasement ferme le milieu.
- Le milieu aquatique perd sa diversité.
- Elle entraîne donc un gros déséquilibre de l'écosystème.

Le pouvoir invasif de la jussie est d'autant plus redoutable qu'il est presque impossible de l'éliminer et cela pour plusieurs raisons :

- ses racines peuvent s'enfoncer jusqu'à 3 mètres dans le sol.
- il suffit d'une petite partie de rhizome pour que la plante survive.
- la plante se multiplie facilement par bouturage naturel.
- les animaux herbivores dédaignent cette plante.
- les essais de désherbage chimique ne sont pas concluants.

Document 3 Les deux espèces de jussie envahissantes existant en France

En France on distingue 2 espèces de jussie envahissantes

> Ludwigia peploïdes
(petites fleurs)

- Feuilles ovales allongées de 8 à 10 cm de longueur
- Fleurs de 2 à 3 cm de diamètre avec pétales non joints.

> Ludwigia grandiflora
(grandes fleurs)

- Feuilles allongées plus ou moins poilues d'environ 2 cm de large et 10 cm de long
- Les fleurs atteignent un diamètre de 3 à 6 cm avec des pétales qui se chevauchent.

© mauldre.fr

Document 4 Lutter contre la prolifération de la jussie

La jussie empêche les autres plantes de se développer en doublant sa masse rapidement (elle peut doubler en l'espace de deux semaines) et en produisant des herbiers denses et très ancrés au sol. Le souci, c'est que les autres espèces servent d'abri aux animaux mais aussi d'aliments à certains poissons. N'ayant pas de prédateurs, sa prolifération n'est ainsi pas limitée, d'autant plus qu'elle ralentit l'écoulement de l'eau. L'Homme essaie ainsi de lutter contre sa prolifération.
La fauche et le pâturage sont des méthodes ayant un impact immédiat sur la hauteur de la jussie, qui est sectionnée à 10 ou 20 cm au-dessus du sol, et par conséquent, sur son recouvrement. Si la fauche est effectuée au début de la floraison, elle peut empêcher la reproduction sexuée donc retarder le cycle reproducteur de la jussie et ainsi limiter son envahissement.
Malheureusement, à long terme, ces techniques ne sont pas efficaces car la jussie acquiert une résistance et devient rampante d'où la formation de nouvelles tiges.
L'arrachage manuel est une autre méthode qui présente l'avantage de sensibiliser le public tout en permettant une sélection des plantes lors des arrachages.

▶▶▶

On a également utilisé la salinisation pour réduire le recouvrement et ainsi empêcher la floraison. La quantité de sel utilisable nationalement pour les expérimentations contre la jussie (en Brière et dans le Marais poitevin) est limitée par un arrêté préfectoral de février 2016. L'homologation du sel en tant que phytocide permettrait de lever cette restriction mais la procédure d'autorisation nécessiterait alors une autorisation de distribution pour expérimentation, à acquérir auprès de l'ANSES. Concernant les essais menés en 2014, le déchaumage et le décapage se sont avérés peu efficaces à long terme.

Document 5 **Le glyphosate, un herbicide**

Qu'est-ce que le glyphosate ?

Le glyphosate est un désherbant utilisé pour détruire ce que l'on appelle communément les mauvaises herbes. Il s'agit d'un herbicide total. Utilisé depuis plus de 40 ans, il est commercialisé pour la première fois pour les particuliers et les professionnels par l'entreprise Monsanto sous le nom commercial de « *Round Up* ». Depuis les années 2000, le glyphosate est fabriqué par un grand nombre de sociétés qui commercialisent de nombreux produits contenant cette substance. Chaque année, ce sont ainsi 700 000 tonnes de matière active de glyphosate qui sont vendues dans le monde dont 9 100 tonnes en France (chiffre 2016).
En analysant ses seuls aspects économiques et agronomiques, le glyphosate combine de nombreux atouts que l'on peut résumer à une palette élargie d'efficacité, alliée à un faible coût et une facilité certaine d'utilisation. Des atouts mis à profit dans de nombreuses situations où le glyphosate a permis d'intervenir dans des terrains difficiles, s'est substitué à du travail manuel pénible, a permis de dévitaliser les plantes vivaces et pérennes en fin de cycle, a remplacé du travail mécanique visant à garantir un bon désherbage. Le glyphosate a ainsi accompagné au cours du XXe siècle les développements d'une partie importante de l'agriculture.
Le souci du glyphosate, c'est qu'il agit sur tous les plants de façon non sélective et donc également sur la faune aquatique. Il a donc un impact important sur le milieu.

Le glyphosate est-il nocif pour la santé et l'environnement ?

Le 10 mars 2015, le Centre international de recherche sur le cancer (CIRC), placé auprès de l'Organisation mondiale de la santé, a déclaré que le glyphosate devait désormais être classé cancérogène probable pour l'homme. L'agence estime qu'il existe des preuves démontrant une association entre l'exposition au glyphosate et le développement de cancers tels que le lymphome non hodgkinien et le cancer du poumon.
L'évaluation menée par les agences européennes (Autorité européenne de sécurité des aliments et Agence européenne des produits chimiques) a conclu pour sa part à l'absence de caractère cancérogène ou perturbateur endocrinien du glyphosate.
Sur la base des avis des agences européennes, la Commission européenne a proposé en 2017 de renouveler l'autorisation du glyphosate dans l'Union européenne pour une durée de 10 ans. La France s'est prononcée contre cette proposition, avec d'autres États membres. Sous l'impulsion de la France, la durée de renouvellement a été réduite à 5 ans.

Questions :

1. Légender la fleur de jussie à grandes feuilles ci-dessous.

La jussie à grandes feuilles

2. À l'aide des informations contenues dans le Document 1 et de vos connaissances, indiquer le mode de reproduction de cette plante et représenter son cycle de vie.

3. Justifier le fait que cette plante soit interdite à la commercialisation depuis 2007.

4. Expliquer les avantages et inconvénients du glyphosate.

5. À l'aide du tableau ci-après, construire un graphique représentant l'évolution de la longueur des canaux occupés par la jussie en fonction du temps.

Présence de jussie sur les canaux du marais de la Grande Brière

Années	1995	1996	1998	1999	2000	2001	2002	2003	2004	2005	2006	2007	2008
Longueur de canaux occupés (en km)	0	0	2	12	17	22	3	21	31	33	42	28	20

6. En déduire les périodes correspondant à un arrachage de cette plante.

Partie 2 : La lutte biologique

Document 6 **La lutte biologique**

La Coccinelle *Rodolia cardinalis* fut prélevée en Australie, où est son habitat naturel, et installée en Californie où les agrumes dépérissaient sous l'action de la Cochenille *Icerya purchasi* (elle-même soupçonnée de provenir d'Australie). Les coccinelles, génération après génération, ont croqué les cochenilles.

À l'époque, l'ingéniosité devait bien pallier l'absence d'insecticides chimiques, dont on a abusé depuis.

Un exemple plus récent : pour lutter contre la Pyrale du maïs – une chenille que l'agriculteur redoute –, on envoie des vagues successives de millions de micro-Hyménoptères, des Trichogrammes (qu'on a élevés sur des œufs d'un autre papillon), pondre dans les œufs de la Pyrale, leur larve tuant le ravageur. Une méthode efficace, si elle est bien appliquée, et respectueuse de l'environnement.

En dépit des travaux effectués et en cours, il n'y a pas – et de loin – d'arme disponible contre chaque insecte impliqué comme ravageur ou vecteur de maladie, et il demeure rare que la lutte biologique élimine les plantes indésirables. Et les éventuels effets indésirables de la Lutte Biologique (sur la faune locale) sont examinés avec grand soin.

© inra.fr/opie-insectes/luttebio.htm

Document 7 « J'ai réduit de 60 % les traitements phytosanitaires sur mes pommes »

Charlie Gautier, pomiculteur, travaille depuis de nombreuses années avec la grande distribution pour réduire l'utilisation des produits phytosanitaires. Ils ont élaboré ensemble des cahiers des charges de plus en plus rigoureux pour respecter l'environnement et la qualité des pommes.
« Ma production de 60 hectares est principalement destinée aux grandes et moyennes surfaces. Les cahiers des charges sont de plus en plus exigeants en termes d'utilisation des produits chimiques. En collaboration avec une grande enseigne française, depuis 3 ans, le contrat nous engage à ne plus utiliser de traitements chimiques de la fleuraison jusqu'au fruit sur une partie du verger », explique Charlie Gautier.
Dans quelques mois, Reinette du Canada, Chantecler, Golden, Goldrush, Gala, Granny, mais encore Delisdor ou Choupette produites sur l'exploitation seront estampillées d'un label « sans pesticides de synthèse dès la fleuraison ».
Pour protéger ses Vergers des Vaux du Loir (Pays de la Loire) contre les maladies et les herbes indésirables, Charlie Gautier s'est tourné peu à peu vers des solutions de biocontrôle. Ces techniques alternatives lui permettent de réduire les traitements classiques, par exemple il recourt au cuivre ou au souffre pour éviter l'apparition de tavelures. « Il est primordial de soigner le verger des tavelures car elles peuvent conduire à sa perte. Nous utilisons dorénavant des Simulateurs de Défense des Plantes (SDP), comme des préparations à base de prêles ou d'orties, qui permettent aux pommiers de se protéger d'eux-mêmes des différentes infections. Nous remplaçons également peu à peu le désherbage chimique par un binage que nous effectuons autour des pieds des pommiers », conclut-il.
C'est dans ce souci de rentabilité et de réponse au consommateur que Charlie Gautier a réduit de 60 % en 15 ans l'utilisation des produits phytosanitaires de synthèse dans ses vergers.

© agriculture.gouv.fr/jai-reduit-de-60-les-traitements-phytosanitaires-sur-mes-pommes

Document 8 Faire un lâcher d'insectes...

Guy Bernard, directeur d'exploitation du lycée de Castelnau-le-Lez (Hérault), privilégie le lâcher d'insectes comme outil pédagogique. Depuis 15 ans, son projet de protection biologique intégrée permet de réduire l'utilisation de produits phytosanitaires dans l'établissement. Cette technique agro-écologique consiste à protéger les végétaux grâce aux interactions qui existent déjà dans la nature entre les plantes, les insectes et les champignons.
Les plantes ornementales cultivées sur les 2400 m² de surface (en serre et en pots extérieurs), cohabitent avec différents insectes introduits avec soin dans la plantation. Géraniums, bégonias, pétunias, chrysanthèmes, cyclamens, chèvrefeuilles, alstroemerias, lavande, romarin, poinsettias, gazanias, et bien d'autres, bénéficient de la protection de 8 auxiliaires « de vie » pour lutter contre leurs acolytes nuisibles, « les ravageurs ».
« La plupart des plantations sont hors-sol. L'environnement en serre ou en pot sur toile hors-sol limite la prolifération des herbes indésirables, alors rapidement nous avons retiré le glyphosate des placards, pour laisser place au désherbage à la main. Aujourd'hui, nous envisageons d'installer des disques de paille dans les pots, pour asphyxier les herbes nuisibles et réduire cette tâche manuelle. »
« Faire un lâcher d'insectes, c'est plus pédagogique que d'expliquer comment faire un traitement. C'est tout un enseignement écologique, car on leur apprend comment diminuer la population d'un ravageur par un autre insecte, tout en cherchant un équilibre entre les deux. »
Chaque espèce d'insecte a une fonction bien particulière, par exemple l'*Amblyseius Swirskii*, un acarien prédateur, va être utilisé pour lutter contre le Thrips, un insecte qui fait des ravages dans les serres. « Auparavant, il aurait fallu traiter avec un insecticide toutes les 6 semaines pour éviter sa multiplication. »

© agriculture.gouv.fr/faire-un-lacher-dinsectes-cest-plus-pedagogique-que-dexpliquer-comment-faire-un-traitement

Questions :

7. Définir la lutte biologique en vous aidant des Documents 6, 7 et 8.

8. À l'aide du Document 6 proposer deux chaînes alimentaires.

9. Proposer, à l'aide de vos connaissances, un autre exemple de lutte biologique.

Partie 3 : Les conséquences des pesticides sur l'eau

Pour construire une séance sur la pollution de l'eau par les pesticides, un enseignantde cycle 3 a à sa disposition les documents suivants :

Document 9 Vidéo : C'est quoi les pesticides ? (lumni.fr)

Document 10 Des gestes simples pour réduire la pollution de l'eau et protéger sa santé

À la maison : limiter l'usage des pesticides contre les insectes comme le fourmis et privilégier les produits naturels.
Après avoir fait les courses au supermarché ou au marché : laver, essuyer, éplucher les fruits et légumes pour éliminer les résidus de pesticides.
Si vous avez un jardin : ayez recours à la lutte biologique en prenant conseil auprès de personnes ressources qui pourront vous conseiller sur des produits naturels (ex : la coccinelle est utile pour lutter contre les pucerons).

Document 11 Article de presse

8 Haute Gironde — Haute Gironde, Vendredi 27 septembre 2019

Pesticides : 5 associations demandent des mesures concrètes

ENVIRONNEMENT. Par voie de communiqué, cinq associations girondines engagées dans la lutte contre les pesticides ont défini des actions qu'elles souhaiteraient voir reprises par les pouvoir publics afin de mieux protéger les populations

Les associations militantes anti-pesticides s'étaient réunies en mars 2018 à Blaye pour demander la mise en place d'une distance de 200 mètres sans traitement autour des écoles Photo Archives

Elles s'appellent Alerte pesticides Haute-Gironde, Alerte aux toxiques, Collectif Infos Médoc pesticides, Générations Futures Bordeaux, Collectif Alerte pesticides de Léognan et FCPE 33 et demandaient déjà en 2018 au préfet, d'établir une distance de 200 m sans pesticide autour des écoles pour protéger les enfants. En plein débat sur la distance de non-traitement la plus opportune à adopter, lancée par le Gouvernement, ces associations locales reviennent à la charge. Elles ont conjointement signé un communiqué élaborant des propositions pour réduire la présence des pesticides au contact des habitants. Aussi, autour des habitations, elles ne demandent pas des zones de non-traitement « inenvisageable dans un territoire à l'habitat dispersé » mais « des zones de traitement aménagées de 200 m autour des établissements sensibles et plus généralement de toutes les habitations et que les produits les plus dangereux (cancérigènes, mutagènes, reprotoxiques, perturbateurs endocriniens, SDHI) soient interdits. Ainsi, l'exploitation agricole resterait possible comme le montrent les vignobles de Rauzan ou Tutiac qui se sont déjà engagés dans l'abandon des CMR. »

Accompagner financièrement le bio

Selon ces associations, les chartes départementales doivent définir des mesures précises et contrôlables, soit la mise en agriculture biologique, les seules donnant lieu à une certification, autour des 160 établissements sensibles très proches des exploitations agricoles, répertoriés dans 128 communes. « Des dispositions d'urgence doivent être prises par les pouvoirs publics pour un accompagnement financier pour une transition d'ici trois ans », écrivent ces associations.

Installation de manches à air

« L'arrêté interministériel de 2017 actuellement suspendu interdit les épandages lorsque la vitesse du vent est supérieure à 3 Beaufort mais aucun dispositif de contrôle de cette mesure n'existe. Nous demandons l'installation d'une manche à air dans toutes les communes concernées. »

Fanions au coin des vignes

Elles réclament également que des fanions soient disposés aux angles des parcelles traitées et que soient signalés le nom et les caractéristiques des produits épandus. Ce pour alerter les promeneurs et les habitants (certains produits imposent en effet de ne pas entrer dans les vignes dans les 48 h suivant l'épandage).
Elles souhaitent une généralisation de l'envoi de SMS aux riverains des horaires de traitement comme cela se fait sur certaines propriétés viticoles, ce avec l'appui logistique des mairies.
Enfin, « les mesures préfectorales d'interdiction de traitement durant les tranches horaires de fonctionnement des écoles et établissements sensibles doivent être reconduites et améliorées », concluent-elles.

Aude Gaboriau

Document 12 Affiche de sensibilisation

© ecophyto-pro.fr, CapAtlantique

Questions :

10. Quel document pourrait être utilisé comme situation déclenchante ?

11. À quel moment introduiriez-vous la vidéo ? Dans quel but ?

12. Proposer une production réalisable par des élèves de cycle 3 pour amener leurs camarades à comprendre ce qu'est une agriculture sans pesticides.

Partie 4 : Éducation à l'environnement à l'école primaire

13. Indiquer ce que l'enseignant a pu travailler avant cette séance.

14. Quel est l'objectif visé par le Document 13 ?

15. Proposer, sous la forme de consignes, une exploitation pédagogique possible au cycle 3.

16. Quelles difficultés peuvent se présenter aux élèves qui doivent réaliser les exercices du manuel ?

17. Citer des albums de littérature de jeunesse pouvant être utilisés à l'école primaire sur cette thématique.

Document 13 Extrait de manuel de CM2

5 Quel est l'impact des activités humaines sur l'environnement ?

→ Manuel pp. 140-141 – *Séance 1 : Quel est l'impact des activités humaines sur l'environnement ?*

Exercice 1 Observer.

• Observe ce dessin représentant un estuaire pollué et relève 5 situations de pollution de l'environnement.

1. ....
2. ....
3. ....
4. ....
5. ....

Exercice 2 Rechercher.

• Recherche les conséquences de ces situations. Pour cela, complète le tableau ci-dessous : décris les 5 situations de pollution de l'environnement observées précédemment et indique leurs conséquences.

Situation de pollution	Conséquence(s)
Utilisation de pesticides dans un champ	Contamination des eaux

• Propose des solutions pour limiter ces situations de pollution.

....

Conclure D'après ces documents et tes réponses, explique quel est l'impact des activités humaines sur l'environnement.

....

CORRIGÉ SUJET 1

Partie 1 : La jussie

1.

2. La plante se reproduit essentiellement grâce à la multiplication végétative (présence de rhizomes). La dispersion est rendue très efficace car un seul fragment de tige peut se fixer et donner naissance à un nouvel herbier de Jussie.

Le cycle de vie est présenté ci-dessous :

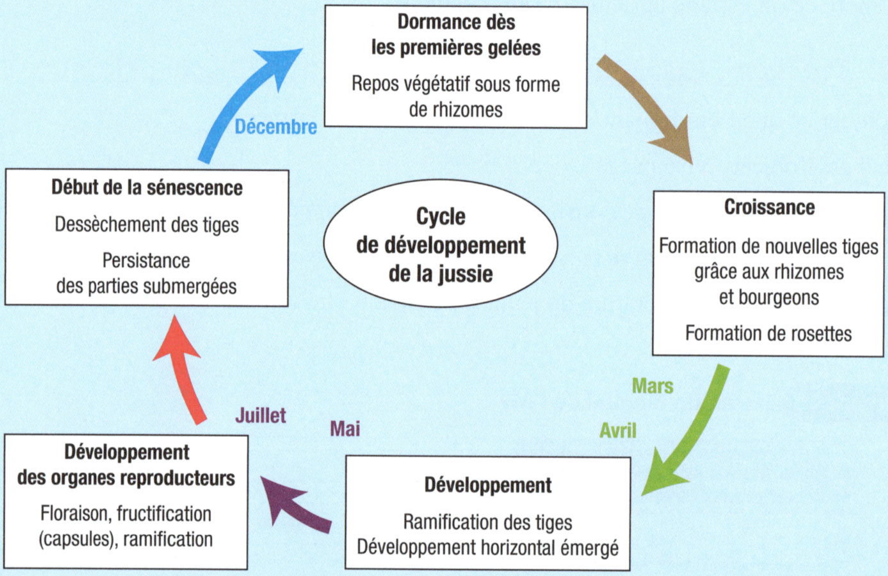

3. Quand la jussie se développe, elle entre en compétition avec les espèces présentes et prend leur place. De plus, comme elle s'étend à la surface de l'eau, elle provoque la mortalité de la faune et de la flore aquatiques et est ainsi à l'origine d'une diminution de la biodiversité. La superficie occupée par cette plante envahissante exerce également une perturbation de l'écoulement de l'eau, donc de la qualité des cours d'eau. Enfin, les activités humaines comme la pêche et les activités nautiques sont impactées par cette plante.

4.

Les avantages du glyphosate	Les inconvénients du glyphosate
• Faible coût et facilité d'utilisation. • Il permet d'intervenir sur des milieux difficiles d'accès et remplace le travail mécanique.	• Il affecte l'environnement et la santé humaine (est soupçonné d'être cancérogène). • Son efficacité est limitée à long terme. • C'est un traitement non sélectif.

5. Évolution de la longueur des canaux occupés par la jussie en fonction du temps :

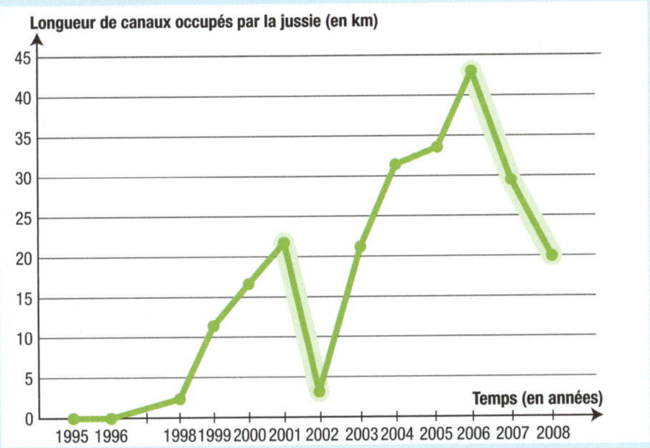

6. Entre 2001 et 2002, on note une baisse significative de la longueur des canaux occupés par la jussie (passe de 22 à 3 km) puis entre 2006 et 2008 (entre 2006 et 2008, ce sont 20 km de moins qui sont colonisés par la jussie), ce qui correspond aux années au cours desquelles la jussie a été arrachée mécaniquement.

L'arrachage mécanique réalisé au cours de ces années a donc eu une répercussion sur le développement de la jussie sur les canaux du marais de la Grande Brière.

Partie 2 : La lutte biologique

7. La lutte biologique est un moyen de réduire le nombre d'individus d'une espèce vivante (animal ou plante) qui perturbe le développement des autres espèces et nuit de façon directe ou indirecte à l'Homme (à ses cultures par exemple) sans recours aux produits phytosanitaires. Grâce à ces méthodes, on parvient à réduire les effectifs de cette espèce en la faisant dévorer par un ennemi naturel.

On peut utiliser des micro-organismes pour détruire des insectes ravageurs et vecteurs de maladies. On utilise souvent les insectes comme « auxiliaires » et prédateurs ou parasites d'autres organismes vivants (insectes ravageurs, plantes envahissantes).

8. Deux chaînes alimentaires

Agrumes ➜ Cochenille *Icerya purchasi* ➜ Coccinelle *Rodolia cardinalis*

Pyrale du maïs ➜ Trichogrammes

9. Le hanneton, appelé aussi « ver blanc », est responsable de pertes de productions dans les pépinières. En effet, les adultes mangent les feuilles, les larves les racines. On utilise alors des nématodes qui pénètrent à l'intérieur des larves de hannetons (on les introduit dans les eaux d'arrosage). La larve contaminée meurt, la nématode prolifère à l'intérieur de la larve, ce qui conduit à la mort de celle-ci.

Les nématodes constituent donc un moyen de lutte biologique contre ces ravageurs de pépinières.

Partie 3 : Les conséquences des pesticides sur l'eau

10. Le Document 12 permet d'introduire la séance : observation par les élèves de l'affiche, ses éléments constitutifs, son organisation, le but recherché et émission d'hypothèses sur ce qu'est un pesticide.

11. La vidéo viendrait en deuxième temps comme modalité d'investigation qui servirait alors à valider ou invalider les hypothèses émises sur les pesticides.

12. Pour amener leurs camarades à comprendre ce qu'est une agriculture sans pesticide, les élèves de cycle 3 pourraient réaliser une exposition avec différentes productions : maquettes, affiches, cartes mentales, jeux du type questions/réponses, dessins, photographies…

Partie 4 : Éducation à l'environnement à l'école primaire

13. Un travail préalable a pu être mené sur le tri des déchets et leur intérêt. L'enseignant a pu également aborder le recyclage des déchets et leur devenir lorsqu'ils sont rejetés dans la nature.

14. L'objectif visé par le Document 13 est d'appréhender l'impact de l'Homme sur l'environnement et en particulier, ici, sur l'eau et les sols.

15. Une exploitation pédagogique possible au cycle 3 :

Phase 1 : rappel de la séance précédente et présentation de l'objectif de la séance du jour.

Phase 2 : recueil des conceptions initiales sur la pollution (l'enseignant note sur une affiche toutes les propositions des élèves après un travail individuel) : définition, exemples.

Phase 3 : présentation d'une photographie présentant une situation de pollution de l'eau et discussion collective (causes, conséquences…) et texte documentaire.

Phase 4 : élaboration d'une trace écrite collective sur l'impact des activités humaines sur la pollution.

Phase 5 : exercices d'application (extrait du manuel).

16. Des difficultés peuvent se présenter aux élèves :

Vocabulaire : estuaire, pesticides.

Consigne : la consigne de l'exercice 2 est longue. Les élèves doivent rechercher les conséquences, puis une nouvelle consigne est énoncée avec les étapes à suivre.

Solutions à proposer : en l'absence d'un travail amorcé sur les actions à proposer, les élèves ne peuvent pas réaliser cette tâche seuls. Cela suppose des connaissances que les élèves n'ont pas forcément.

Support utilisé : les tracteurs utilisés arrosent-ils les plantes avec de l'eau ou s'agit-il de pesticides ? S'intéresse-t-on à la pollution de l'air, de l'eau et des sols ou seulement à la pollution de l'eau et des sols ? Les élevages porcins et la pollution des usines doivent-ils être pris en compte ?
Par ailleurs, les égouts qui se déversent dans l'eau peuvent faire penser aux élèves que les eaux sales sont rejetées dans les fleuves et rivières.

Formulation des réponses : l'absence de vocabulaire spécifique pour identifier une situation peut être un frein à l'exécution de la tâche.

17. De nombreux albums jeunesse peuvent être utilisés à l'école primaire sur l'éducation à l'environnement. Il en existe tout un panel parmi lesquels :

– *Voyage à Poubelle-Plage* (Élisabeth Brami),
– *10 choses à faire pour protéger ma planète* (Melanie Walsh),
– *Voyage au pays du recyclage* (Élisabeth de Lambilly),
– *Qui a pillé les poubelles ?* (Luan Alban et Grégoire Mabire),
– *Gare au gaspi* (Estelle Meens et Geneviève Rousseau),
– *Tout pourrit !* (Hirotaka Nakano)…

SUJET 2

Sciences et technologie

3 heures

Mission Persévérance

Partie 1

A. Les états de l'eau sur les planètes du système solaire

Introduction

L'eau, bien sûr, est présente sur Terre. Elle est présente sous forme de glace dans les cratères polaires de la Lune et de Mercure, et d'un peu de vapeur d'eau dans l'atmosphère de Vénus. Mars possède de la vapeur d'eau atmosphérique, deux calottes polaires, et de la glace d'eau dans son sous-sol ; de l'eau liquide y coulait à la surface dans un passé lointain. Les comètes, Pluton, les satellites des planètes externes sont majoritairement constitués de glace. Sept de ces corps lointains possèdent des océans sous-glaciaires, dont ceux d'Europe et d'Encelade qui ont des conditions qui y permettraient la vie.

Document 1 Diagramme de phases de l'eau

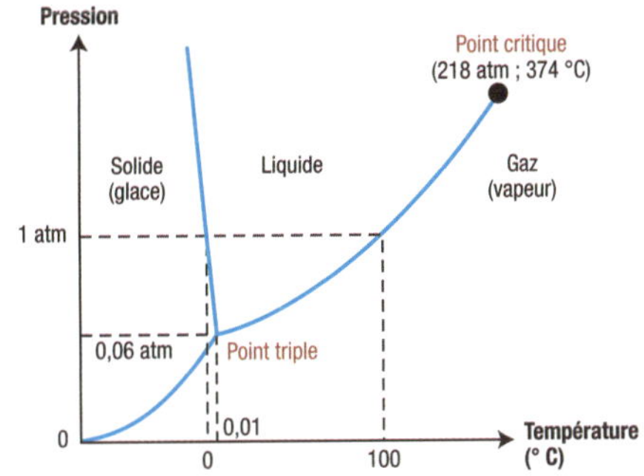

(1 atmosphère = 1,013 25 bar)

Document 2 Comparaison des planètes du Système solaire

	Mercure	Vénus	Terre	Mars	Jupiter	Saturne	Uranus	Neptune
Composition chimique	Fe, Ni, silicates	Fe, Ni, silicates	Fe, Ni, silicates	Fe, S, silicates	hydrogène hélium	hydrogène hélium	glaces d'eau, silicates	glaces d'eau, silicates
Diamètre équatorial (km)	4 878	12 104	12 756	6 794	142 800	120 000	51 120	49 528
Masse (Terre = 1)	0,06	0,82	1	0,11	317,87	95,14	14,56	17,21
Masse volumique réelle (g/cm²)	5,44	5,24	5,5	3,94	1,31	0,7	1,3	1,66
Gravité (N/kg)	3,72	8,85	9,81	3,72	24,8	10,5	9	11
Atmosphère (composition)	–	96 % CO_2 3,5 N_2	78 % N_2 21 % O_2	95 % CO_2 3 % N_2 2 % Ar	78 % H_2 20 % He 2 % CH_4	88 % H_2 10 % He 2 % CH_4	H_2 He CH_4	H_2 He CH_4
Pression atmosphérique (bars)	0	90	1	0,008	200 à 2000	1400	1200	6 10^5
Distance moyenne au Soleil (10^6 km)	58	108	150	228	778	1 427	2 870	4 497
Distance moyenne au Soleil (UA)	0,39	0,72	1	1,52	5,20	9,54	19,18	30,06
Température moyenne (°C)	167	477	15	– 40	– 110*	– 180*	– 221*	– 230*
Présence d'eau liquide	non	non	oui	non	non	non	non	non

* Température des nuages les plus hauts

Source : *https://planet-terre.ens-lyon.fr/ – Article Comparer et classer les objets du système solaire*

Pression : 1 bar = 10^5 Pa

Écart de température : Mercure : – 183 °C et 427 °C
Vénus : 446 °C et 490 °C
Mars : – 143 °C et 35 °C

B. Les changements d'état de l'eau

Document 3 Évolution de la température de l'eau en fonction du temps

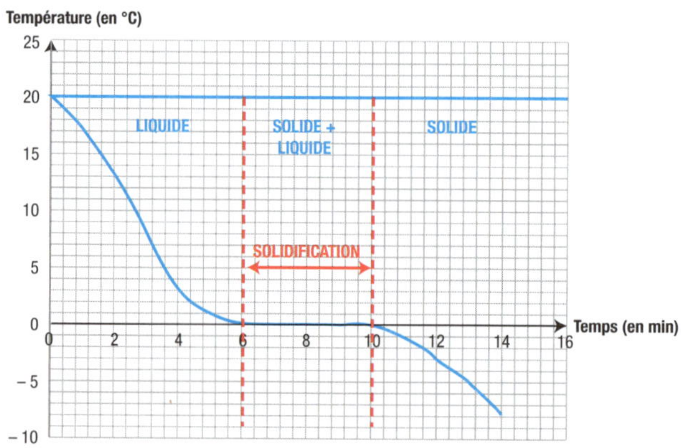

Document 4 L'atmosphère de Mars

La planète Mars a un diamètre de 6800 kilomètres. Elle possède une atmosphère très ténue avec une pression inférieure à un pour cent de la valeur terrestre. L'atmosphère est constituée de gaz carbonique à plus de 95 pour cent, d'un peu d'azote, d'argon et d'oxygène, et de traces d'autres gaz. Il y a également un peu de vapeur d'eau, en quantité suffisante pour donner naissance à des nuages de glace ou du brouillard.

▶▶▶

Les images prises depuis la surface montrent que le ciel apparaît orange, ce qui est vraisemblablement dû à de fines particules de poussière présentes dans l'atmosphère.
La température à la surface de Mars est très variable, entre un minimum d'environ -140 degrés Celsius la nuit et un maximum diurne de 0 degré l'hiver et de 20 degrés l'été.
L'atmosphère de Mars est parfois animée de formidables tempêtes qui englobent toute la planète et peuvent durer plusieurs mois. La surface est alors entièrement cachée par les poussières soulevées par le vent. Cela s'est par exemple produit au début de la mission Mariner 9, la sonde ayant été dans l'impossibilité d'observer la surface pendant plusieurs semaines.

© astronomes.com

Document 5 Dessins d'élèves

Élève A

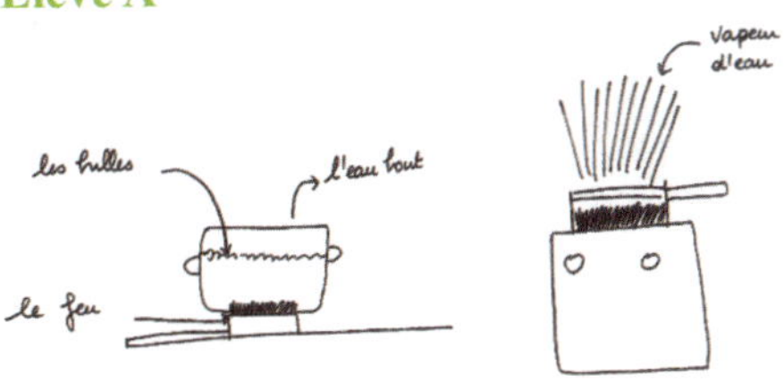

Élève B

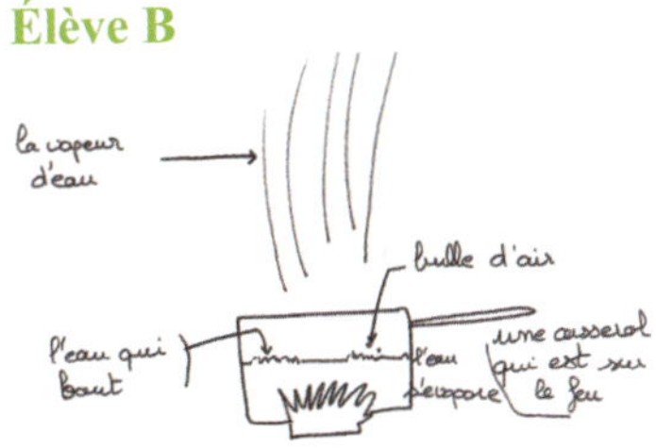

Élève C

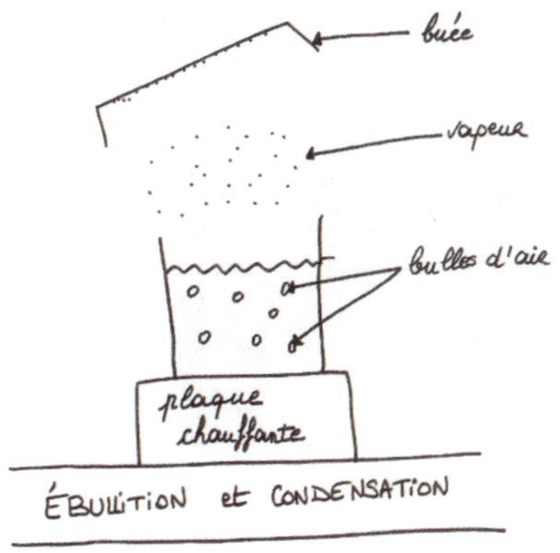

Questions :

Documents 1 et 2 :

1. L'état de l'eau dépend de deux facteurs. Lesquels ?
2. Dans quel état l'eau est-elle sur Vénus ? Sur Mercure ? Sur Mars ? Justifier.
3. Sur Uranus et Neptune, l'eau existe sous forme de glace. Justifier.

Document 3 :

4. Quelles sont les caractéristiques de la solidification de l'eau ?
5. Proposer un protocole expérimental pour étudier la solidification de l'eau.

Document 4 :

6. Expliquer la formation de la vapeur d'eau atmosphérique sur Mars.

Document 5 :

7. Identifier les difficultés des élèves.
8. Proposer quelques remarques permettant de faire évoluer les réponses des élèves.

Partie 2

Document 6 Quelques caractéristiques de Mars

Après la Terre, nous trouvons Mars, à une distance moyenne d'environ 1,5 unité astronomique du Soleil, soit 230 millions de kilomètres. Contrairement aux autres planètes, Mars a une période de rotation très proche de celle de la Terre, l'alternance entre le jour et la nuit se fait donc au même rythme que sur notre planète.

L'inclinaison de l'axe de rotation par rapport au plan de l'orbite a également une valeur similaire, ce qui conduit la planète à être soumise à un cycle de saisons semblable à celui de la Terre, légèrement plus lent car l'année martienne est plus longue que la nôtre.

La planète rouge

Vue de la Terre, la planète apparaît généralement rougeâtre, avec quelques zones foncées et des régions polaires blanchâtres. Avec l'alternance des saisons, son aspect change beaucoup. En été, les zones polaires rapetissent et les zones foncées s'étendent. En hiver, la couverture blanche sur les pôles est très marquée et les zones foncées se font plus discrètes.

Ces zones foncées sont des régions de roches plus sombres et leur changement d'aspect est probablement dû à une couche de poussière d'épaisseur variable avec les saisons. L'aspect rouge de la planète est quant à lui dû à la présence d'oxyde de fer.

Document 7 Image de représentation du jour et de la nuit

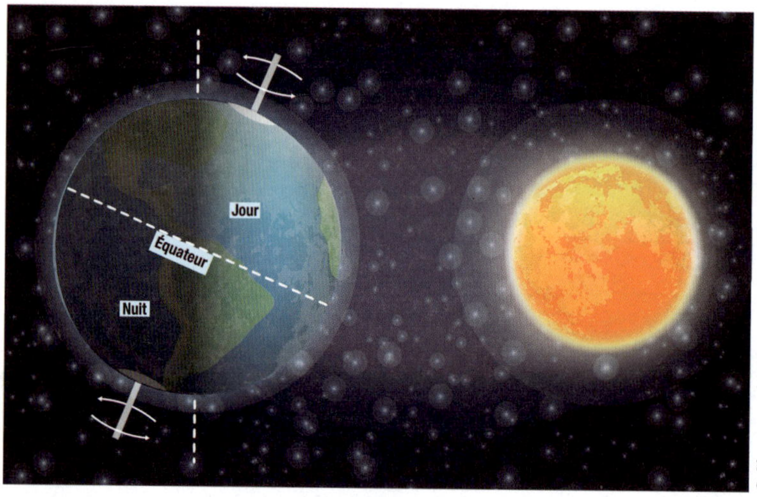

Questions :

À partir du Document 6 :

9. Que peut-on dire à propos de la période de rotation de Mars ? Qu'en est-il de l'inclinaison de l'axe de rotation de Mars par rapport au plan de l'écliptique ?

10. Comparer le phénomène d'alternance journée/nuit sur Mars et sur Terre. Qu'en est-il du phénomène des saisons sur Mars ?

11. En utilisant le Document 7, proposer une mise en œuvre d'une activité, en précisant les étapes du déroulement de cette activité, les consignes, la nature des tâches à effectuer et la production écrite finale attendue (en une dizaine de lignes).

Partie 3

Introduction

Pour explorer la planète Mars, il est possible d'utiliser l'hélicoptère martien Ingenuity. Cet objet technique a besoin d'énergie pour fonctionner et accomplir sa mission d'exploration de la surface de la planète.

Document 8 **Hélicoptère martien Ingenuity (schéma et spécifications techniques)**

© Shutterstock/Evgeniyqw

Hélicoptère martien Ingenuity.

Légendes :

1. Antenne de l'émetteur-récepteur radio bande UHF.

2. Cellules solaires fournissant l'énergie qui alimente la batterie.

3. Rotors conçus pour pouvoir voler dans l'atmosphère ténue de Mars.

4. Fuselage isolé thermiquement contenant principalement les batteries, l'avionique et les processeurs.

5. Caméra couleur haute résolution permettant de réaliser des photos des sites survolés.

6. Pied du train d'atterrissage souple.

Spécifications techniques :
- Masse : 1,8 kg sur Terre ; 0,675 kg sur Mars.
- Longueur totale des rotors : 1,2 mètre de bout en bout.
- Puissance : le panneau solaire charge les batteries au lithium-ion, pour un vol de 90 secondes par jour martien (≈ 350 watts de puissance moyenne pendant le vol).
- Envergure des pales : 1,2 mètre. Gamme de vol : jusqu'à 980 pieds (300 mètres).
- Altitude de vol : jusqu'à 15 pieds (5 mètres).
- Environnement de vol : atmosphère ténue, moins de 1 % de celle de la Terre.

Document 9 **Principe de fonctionnement d'une cellule photovoltaïque**

Les cellules photovoltaïques exploitent l'effet photoélectrique pour produire du courant continu par absorption du rayonnement solaire. Cet effet permet aux cellules de convertir directement l'énergie lumineuse des photons en électricité par le biais d'un matériau semi-conducteur transportant les charges électriques.

Une cellule photovoltaïque est composée de deux types de matériaux semi-conducteurs, l'une présentant un excès d'électrons et l'autre un déficit d'électrons. Ces deux parties sont respectivement dites « dopées » de type n et de type p. Le dopage des cristaux de silicium consiste à leur ajouter d'autres atomes pour améliorer la conductivité du matériau.

Un atome de silicium compte 4 électrons périphériques. L'une des couches de la cellule est dopée avec des atomes de phosphore qui, eux, comptent 5 électrons (soit 1 de plus que le silicium). On parle de dopage de type *n* comme négatif, car les électrons (de charge négative) sont excédentaires. L'autre couche est dopée avec des atomes de bore qui ont 3 électrons (1 de moins que le silicium). On parle de dopage de type *p* comme positif en raison du déficit d'électrons ainsi créé. Lorsque la première est mise en contact avec la seconde, les électrons en excès dans le matériau n diffusent dans le matériau *p*.

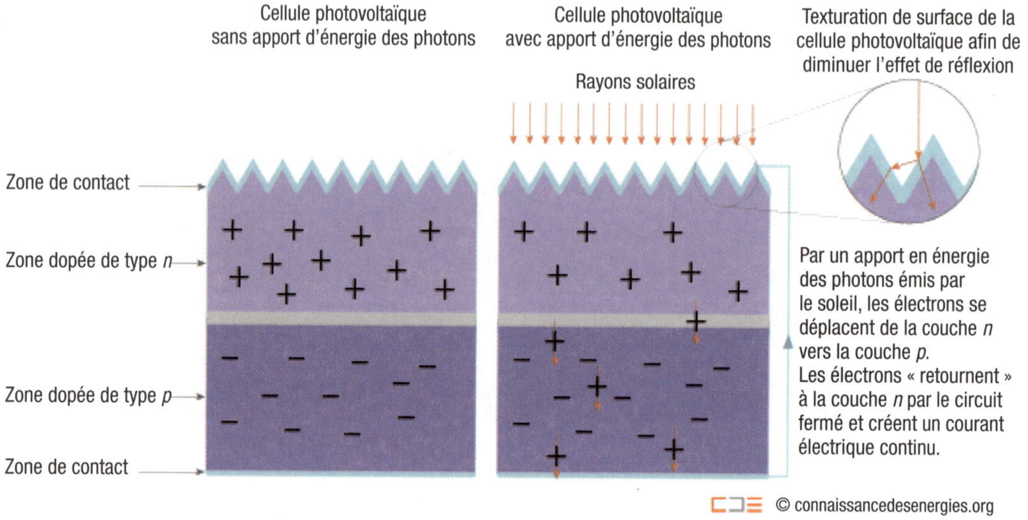

Constitution d'une cellule photovoltaïque (Connaissance des Énergies, d'après CEA)

En traversant la cellule photovoltaïque, les photons arrachent des électrons aux atomes de silicium des deux couches *n* et *p*. Les électrons libérés se déplacent alors dans toutes les directions. Après avoir quitté la couche *p*, les électrons empruntent ensuite un circuit pour retourner à la couche *n*. Ce déplacement d'électrons n'est autre que de l'électricité.

© connaissancedesenergies.org/fiche-pedagogique/solaire-photovoltaique

Questions :

12. Quelle est la ressource d'énergie permettant le fonctionnement des cellules solaires ?

13. Expliquer, de façon synthétique, le fonctionnement d'une cellule solaire d'après le Document 9 (en trois lignes maximum).

14. Comment sont protégées les batteries ?

15. Proposer, sous la forme de consignes, une exploitation pédagogique du Document 8 et formuler une conclusion d'une séquence pédagogique de cycle 3 concernant l'énergie.

Partie 4

Introduction

Il est possible de programmer des robots pouvant se déplacer à la surface de Mars.

Document 10

Un algorithme est une suite d'opérations simples permettant de résoudre un problème. Pour monter un meuble en kit ou réaliser une recette, nous suivons une suite d'instructions simples dans un ordre précis. En cela, l'algorithme peut être décrit comme une méthode qui permet de ▶▶▶

parvenir à un résultat en réalisant une somme d'actions dans un ordre bien précis.
Il est possible d'écrire un algorithme :

Si la voiture rencontre un obstacle à moins de 2 cm, alors la voiture s'arrête, *sinon la voiture avance.*

Questions :

16. Qu'est-ce qu'un algorithme ? Compléter l'organigramme avec les informations du Document 10.

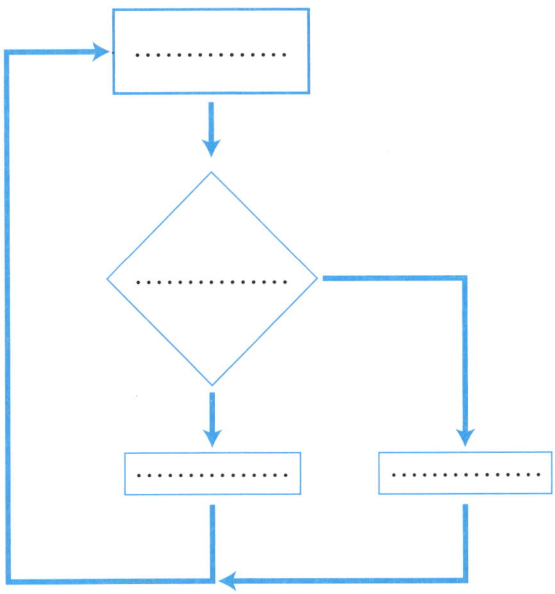

17. Programmation d'un robot véhicule : placer au bon endroit les éléments du programme suivant :

– Sinon les deux moteurs de la voiture avancent à une vitesse de 100 dans le sens des aiguilles d'une montre
– Le programme est répété indéfiniment
– Si le capteur détecte que la voiture est à moins de 2 centimètres de l'obstacle…
– Démarrer le programme
– Alors les deux moteurs freinent…

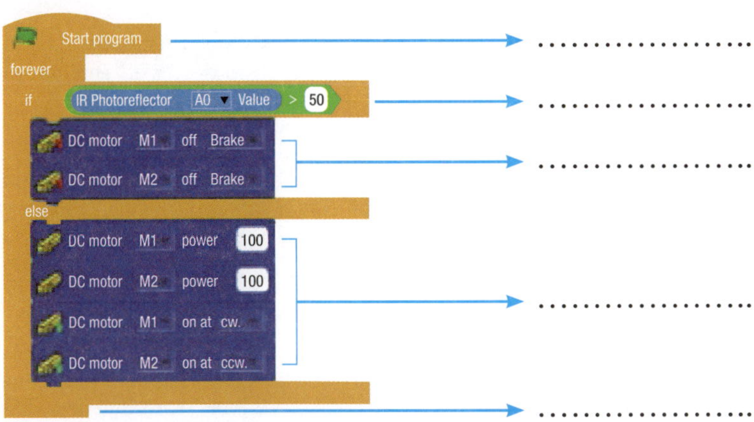

Partie 1

1. D'après le Document 1, les états de l'eau dépendent de la température (axe des abscisses) et de la pression (axe des ordonnées). Ce diagramme de phases présente la pression en fonction de la température et permet de connaître l'état de l'eau à chaque stade.

2. Sur Vénus, la pression est de 90 bars (90×10^5 Pa ; 9×10^6 Pa) et la température moyenne est 477 °C (variation de 446 à 490 °C). L'eau sur Vénus est uniquement à l'état de gaz. Si on tient compte de la valeur la plus faible, 446 °C, le point de coordonnées (446 ; 90) est situé dans le domaine gaz.
Sur Mercure, la pression est nulle et la température moyenne est de 167 °C. Elle varie de – 183 °C à 427 °C, donc d'après le diagramme l'eau peut être à l'état solide et à l'état de gaz.
Sur Mars, la pression est d'environ 0,008 bar et la température varie de – 143 °C à 35 °C, donc l'eau peut être à l'état solide et à l'état de gaz.

3. Sur Neptune et Uranus, la pression est très élevée (supérieure à 1 000 bars) et la température moyenne très faible (inférieure à – 200 °C), donc l'eau est à l'état solide.

4. D'après le Document 3, la solidification de l'eau pure s'effectue à 0 °C et, pendant toute la durée du changement d'état, il y a un mélange d'eau liquide et d'eau solide. La température reste constante pendant le changement d'état et égale à 0 °C.

5. Protocole expérimental :
Matériel : tube à essai, thermomètre.
- Mettre de l'eau liquide dans le tube à essai.
- Plonger un thermomètre dans un mélange réfrigérant composé de glace et de sel.
- Toutes les minutes, effectuer un relevé de température et noter les observations de l'eau pure dans le tube à essai.

Il est possible de recueillir les mesures, ainsi que les observations dans un tableau.

6. La pression à la surface de Mars est très faible (pression inférieure à 1 % de la valeur terrestre) et favorise la formation de vapeur d'eau. En altitude, la vapeur d'eau se refroidit et repasse à l'état liquide ce qui entraîne la formation de nuages de glace et de brouillard.

7. Les difficultés des élèves :
Élève A : il représente la vapeur d'eau visible alors que celle-ci est invisible. Cet obstacle est courant car il est possible d'observer de minuscules gouttelettes d'eau (comme dans le brouillard et les nuages, l'eau est à l'état liquide). On remarque aussi que, lors de l'ébullition, il y a présence de bulles, elles contiennent de la vapeur d'eau et non de l'air.
Élève B : il confirme les premières difficultés liées à l'invisibilité de la vapeur d'eau et la présence de bulles. À 100 °C, les bulles contiennent de la vapeur d'eau et pas de l'air (ce ne sont pas des bulles d'air).
Élève C : il évoque les mêmes difficultés au niveau de la vapeur d'eau et des bulles de vapeur d'eau. Le passage de la vapeur d'eau à l'eau liquide est une liquéfaction (ou condensation liquide). La formation de buée permet de traiter un phénomène naturel.

8. Pour faire évoluer les réponses de ces trois élèves, il est possible de dire que la vapeur d'eau est un gaz invisible comme l'air. C'est une matière qu'on ne peut pas observer à l'état gazeux. Cependant, on peut observer la liquéfaction de l'eau (ou condensation liquide), c'est-à-dire que la vapeur d'eau en se refroidissant passe à l'état liquide (brouillard, nuage…).
Il est nécessaire de construire des phrases pour construire un raisonnement de cause à effet. Lorsque la température est à 100 °C, l'eau liquide passe à l'état de gaz (vapeur d'eau). Quand on diminue la température (inférieure à 100 °C), l'eau repasse à l'état liquide. L'explication de phénomènes en sciences nécessite une élaboration de phrases pour établir des liens de causalité.

Partie 2

9. La période de rotation de Mars est très proche de celle de la Terre (un tour sur elle-même en 24 h).
L'inclinaison de l'axe Nord-Sud de Mars, par rapport au plan de l'écliptique (plan contenant les orbites des planètes du système solaire) est similaire à l'inclinaison de l'axe Nord-Sud de la Terre.

10. Concernant l'alternance des journées et des nuits, on observe une évolution des durées semblable à celle de la Terre. L'inclinaison de l'axe de rotation de la Terre et celui de Mars sont comparables, donc on constate sur Mars quatre saisons.

11. Une activité possible est l'explication du phénomène d'alternance des journées et des nuits.

Questionnement : Comment expliquer l'alternance des journées et des nuits ?

Phase 1 : Recueil des conceptions initiales, état des connaissances des élèves.
Il est possible de faire un état des connaissances des élèves à propos du phénomène. Les élèves sont amenés à proposer une explication de l'alternance journée/nuit, à l'aide d'un dessin, d'un texte, de questions…

Consigne : « À l'aide d'un dessin et de quelques phrases, expliquez l'alternance des journées et des nuits. »

Phase 2 : Les élèves rappellent la question posée : Comment expliquer l'alternance des journées et des nuits ?
Les élèves sont amenés à formuler des hypothèses (sur le cahier du chercheur…) : « la Terre tourne autour du Soleil », « le Soleil tourne autour de la Terre », « la Terre tourne sur elle-même »…

Phase 3 : Modélisation du phénomène.
À l'aide de lampes de poche (de sources lumineuses), de boules (de polystyrène, de globes terrestres…), les élèves vont essayer de modéliser l'alternance journée/nuit pour expliquer le phénomène. La source lumineuse représente le Soleil et la boule la Terre.

Consigne : « À l'aide du matériel proposé, vous allez vérifier vos hypothèses. »
Les propositions des élèves sont testées, concernant le mouvement apparent du Soleil, la rotation de la Terre sur elle-même… (les essais sont notés sur le cahier du chercheur).

Phase 4 : Mise en commun des recherches des élèves.
Les activités montrent que la modélisation ne permet pas de conclure et que l'alternance des journées et des nuits peut être expliquée aussi par le mouvement du Soleil.
Lors de cette phase, il est indispensable de montrer, à l'aide de simulateurs, de vidéos, le mouvement réel de la Terre. Les satellites ont permis de produire des vidéos montrant clairement l'éclairement de la Terre vu de l'espace, ainsi que son mouvement. Il est possible d'utiliser des documents (photographies prises en altitude, des textes historiques…) évoquant les mouvements de la Terre.

Phase 5 : La structuration des connaissances amène à la construction d'une trace écrite. L'alternance des journées et des nuits est due à la rotation de la Terre en 24 heures dans le sens inverse des aiguilles d'une montre ou d'ouest en est. La Terre tourne aussi autour du Soleil et cette révolution s'effectue en une année.

Phase 6 : Prolongements possibles.
Il sera possible d'étudier ensuite la révolution de la Terre et l'explication du phénomène des saisons.

Partie 3

12. La ressource d'énergie des cellules photovoltaïques est le Soleil. Le rayonnement du Soleil (transfert d'énergie) permet le fonctionnement du convertisseur d'énergie qu'est la cellule.

13. Le rayonnement lumineux du Soleil contient des photons qui vont arracher des électrons aux atomes de silicium. Ces électrons vont circuler de la couche p à la couche n des cellules et ce mouvement d'électrons est un courant électrique.

14. Les batteries sont protégées par un isolant thermique qui limite le transfert de chaleur de l'extérieur vers l'intérieur de ces batteries. Sans isolant thermique, l'augmentation excessive de la température pourrait les détériorer.

15. Consigne 1 : D'après le Document 8, prélevez les informations permettant d'identifier la ressource d'énergie de l'hélicoptère, la forme d'énergie permettant le fonctionnement et la forme d'énergie finale, après transformation.

Consigne 2 : D'après les spécifications techniques, identifiez l'objet qui est une réserve d'énergie et les moyens de protection de cet objet.

Consigne 3 : Construisez une chaîne énergétique concernant le fonctionnement du rotor, après avoir explicité sa fonction.
En conclusion : La ressource d'énergie de l'hélicoptère Ingenuity est le Soleil. Le rayonnement lumineux est la forme d'énergie initiale de l'objet qui va être transformée en énergie mécanique (de mouvement). Les batteries sont des convertisseurs d'énergie qui transforment l'énergie chimique en « énergie électrique ». Elles sont protégées d'un excès de chaleur par un isolant thermique. Cette énergie électrique alimente le rotor, un autre convertisseur qui va produire de l'énergie mécanique (mouvement des pales).

Partie 4

16. Un algorithme est une suite d'instructions permettant de résoudre un problème.

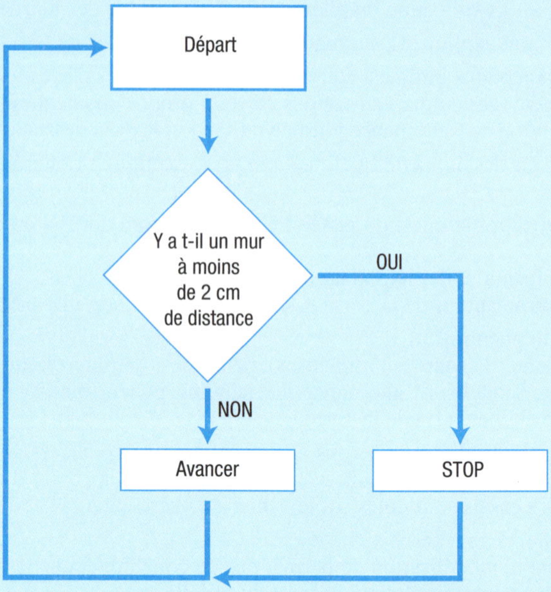

17.

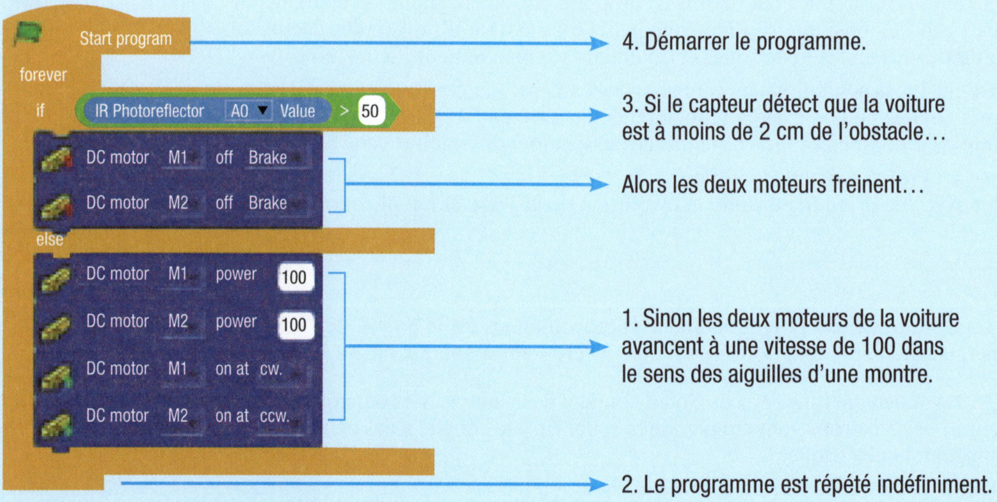

LES TUTOS PRATIQUES

Des exercices nécessitant de connaître l'environnement Scratch sont présents dans de nombreux sujets du CRPE. Deux aspects du logiciel sont à envisager : les algorithmes de calcul et les algorithmes de tracés de figures (géométriques).

L'environnement de Scratch

- Scratch est utilisable en ligne à l'adresse suivante : https://scratch.mit.edu/.
- Cliquer sur l'onglet « Créer » pour ouvrir l'interface (puis fermer le tutoriel qui est proposé). On obtient alors à l'écran l'environnement suivant :

Commandes les plus utilisées (au CRPE) dans Scratch

Catégorie de commandes « Mouvement »

- **Avancer** d'une certaine longueur (mesurée en pas) :

  `avancer de (10) pas`

- **Tourner** dans un sens ou dans l'autre d'un certain angle (mesuré en degrés) :

  `tourner ↻ de (15) degrés`

  `tourner ↺ de (15) degrés`

- **Se placer** au point de coordonnées (*x* ; *y*) :

  `aller à x: (0) y: (0)`

- **S'orienter** dans une certaine direction :

  `s'orienter à (90)`

– s'orienter vers la droite : 90 (degrés)
– s'orienter vers le bas : 180 (degrés)
– s'orienter vers la gauche : -90 (degrés)
– s'orienter vers le haut : 0 (degré)

Catégorie de commandes « Contrôle »

- **Faire une pause** :

  `attendre (1) secondes`

- **Répéter des commandes** :

– **Répéter plusieurs fois** :

  `répéter (10) fois`

– **Répéter jusqu'à** ce qu'une condition soit réalisée :

  `répéter jusqu'à ce que < >`

– **Donner une condition** à l'éxécution des commandes :

  `si < > alors`

  `si < > alors` / `sinon`

Catégorie de commandes « Apparence »

- **Faire parler** « le lutin » :

  `dire (Bonjour !) pendant (2) secondes`   `dire (Bonjour !)`

- **Rendre visible/invisible** « le lutin » :

  `montrer`   `cacher`

Catégorie de commandes « Événements »

Déclencher un script :

`quand 🏴 est cliqué`

Catégorie de commandes « Capteurs »

Poser une question et **récupérer la réponse** :

`demander (Quel est ton nom ?) et attendre`

`(réponse)`

Catégorie de commandes « Opérateurs »

- Utiliser **les quatre opérations** :

  `( ) + ( )`   `( ) + ( )`   `( ) + ( )`   `( ) + ( )`

- **Combiner les opérations** pour effectuer un calcul plus complexe :

  `(4) + (5) * (réponse)`

- **Tester** si une égalité (ou inégalité) est vraie ou fausse :

  `< ( ) > (50) >`   `< ( ) < (50) >`

  `< ( ) = (50) >`

- **Associer** des conditions :

  `< > et < >`   `< > ou < >`

- Obtenir un **nombre entier aléatoire** :

  `nombre aléatoire entre (1) et (10)`

- **Regrouper** des mots et/ou des variables les uns à côté des autres :

  `regrouper (pomme) et (banane)`

- **Effectuer des calculs** :

  `racine ▾ de ( )`   `( ) modulo ( )`

Catégorie de commandes « Variables »

- **Variable déjà existante** :

- **Créer** d'autres variables :

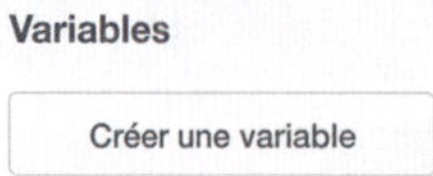

- **Donner une valeur** à une variable :

- **Ajouter un nombre** à une variable :

- **Montrer ou cacher** une variable :

- **Créer une liste** :

- **Ajouter un élément** à la liste (Exemple) :

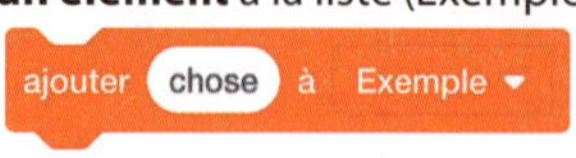

- **Supprimer l'élément** numéro 1 d'une liste :

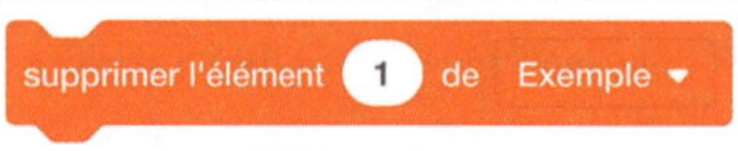

- **Supprimer tous les éléments** d'une liste :

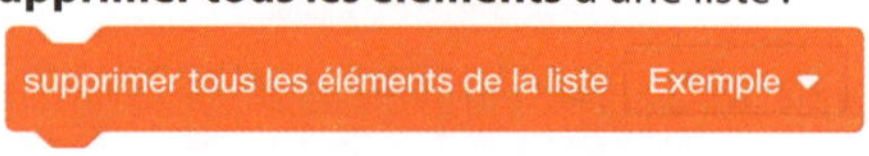

- **Montrer ou cacher** une liste :

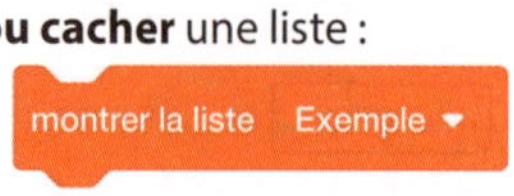

Catégorie de commandes « Stylo »

Ajouter une extension :

- Extension « **Stylo** » :

- **Effacer** tous les anciens tracés :

- **Faire un tracé** en se déplaçant :

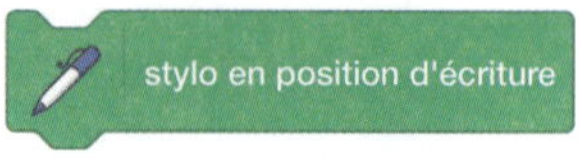

- **Se déplacer sans faire de tracé** :

- **Attribuer une couleur** au stylo :

- **Choisir l'épaisseur** de trait :

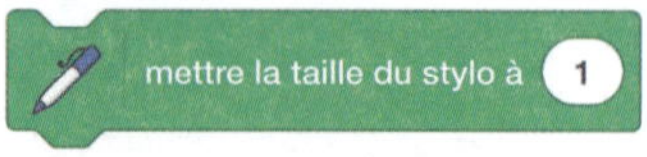

- **Augmenter l'épaisseur** de trait :

Créer un bloc

Catégorie de commandes « Mes blocs »

Après avoir cliqué sur « Créer un bloc » et avoir choisi un nom pour ce bloc (par exemple le bloc « Triangle équilatéral », on peut assembler des commandes pour constituer une partie de script qui pourra être insérée dans le script principal, simplement en nommant le bloc ainsi constitué.

Ce bloc, nommé « Triangle équilatéral » permet de tracer un triangle équilatéral dont les côtés mesurent 50 pas.

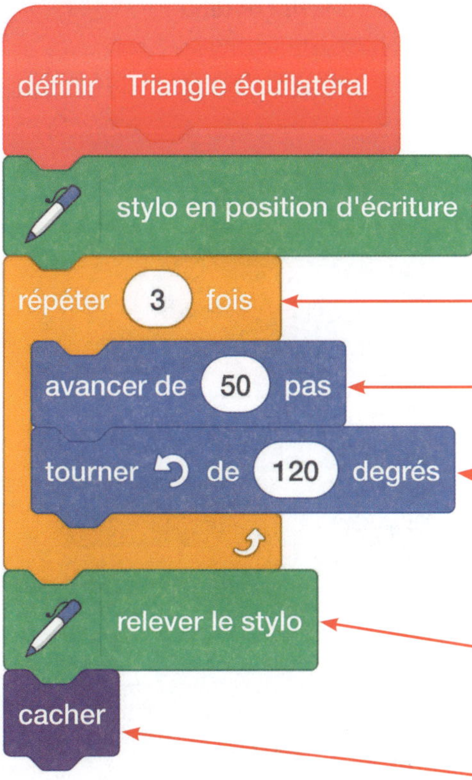

On met le stylo en position d'écriture pour que le lutin trace la figure sur la scène.

On utilise une boucle « répéter 3 fois » pour que le programme trace les trois côtés du triangle (sans avoir à répéter trois fois les mêmes instructions).

On avance de 50 pas (en ligne droite) pour tracer un segment de 50 pas de long.

On tourne le lutin de 120°, pour réaliser un angle de 60° à chaque sommet.

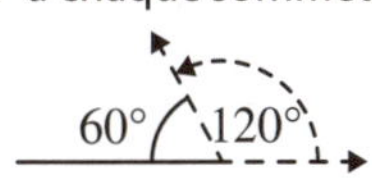

On relève le stylo pour éviter au lutin de tracer d'autres segments si on le déplace (après ce bloc) dans le script principal.

On cache le lutin pour qu'il ne masque pas le triangle équilatéral obtenu.

Enregistrer ou récupérer ses scripts

- Quand un script est écrit, on peut l'enregistrer dans son ordinateur en cliquant sur « Fichier », puis « Sauvegarder sur votre ordinateur ».
- Si on veut ouvrir un script sauvegardé dans son ordinateur, on clique sur « Fichier », puis sur « Importer depuis votre ordinateur ».

Exemples de programmes de tracés de figures géométriques

Tracer un hexagone régulier

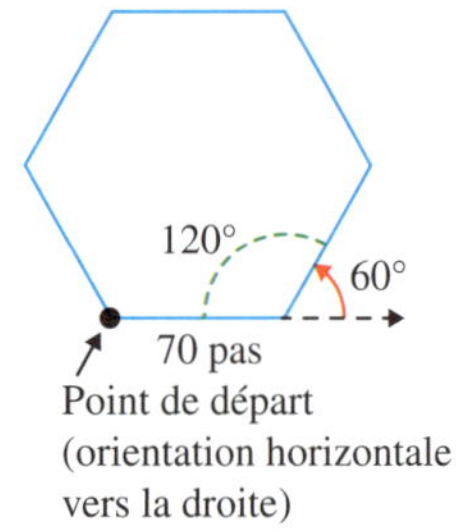

On souhaite tracer un hexagone régulier dont la longueur des côtés mesure 70 pas.
Pour cela, nous allons utiliser une boucle « répéter 6 fois » pour tracer les 6 côtés sans avoir à répéter 6 fois les mêmes instructions ; on tracera un segment de 70 pas de long, puis on tournera de 60° pour former un angle de 120° à chaque sommet de l'hexagone régulier.

Commandes utilisées

- Pour indiquer le début du programme :

- Pour positionner le lutin au centre de la scène :

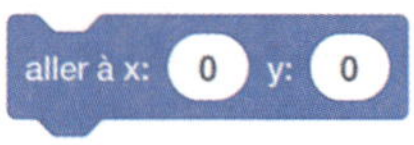

- Pour orienter le lutin horizontalement vers la droite :

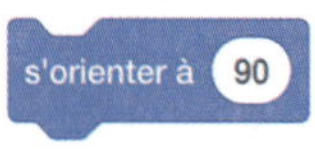

- Pour effacer sur la scène tous les tracés antérieurs :

- Pour que le lutin puisse tracer les segments :

- Pour éviter de répéter 6 fois les mêmes instructions, on utilise une boucle « Répéter 6 fois » :

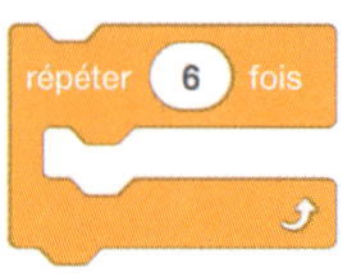

- Pour tracer des segments de 70 pas de long :

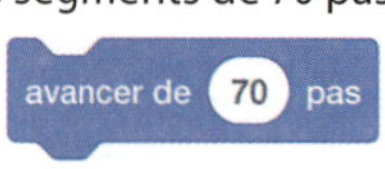

- Pour tourner de 60° aux extrémités de chaque segment (et ainsi former des angles de 120° à chaque sommet) :

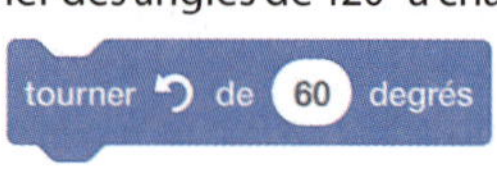

- Pour cacher le lutin afin qu'il ne masque pas la figure obtenue :

Script obtenu

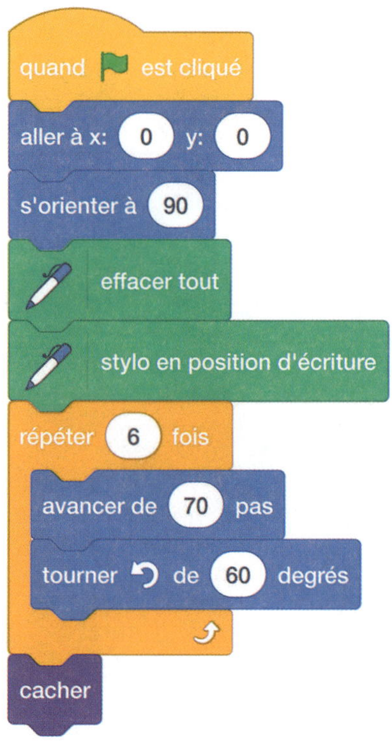

Figure obtenue

On clique sur  et on obtient la figure :

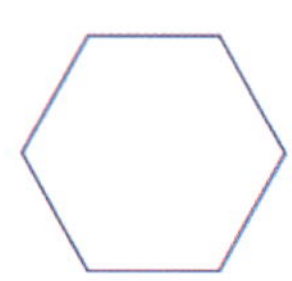

Tracer une spirale composée de segments perpendiculaires de plus en plus longs

On souhaite tracer une spirale composée de segments perpendiculaires qui s'allongent de 10 pas à chaque nouveau segment tracé, en partant d'un premier segment horizontal de 40 pas de long et en tournant dans le sens des aiguilles d'une montre.
On veut que ce soit l'utilisateur qui choisisse le nombre de segments composant la spirale (dans la limite de l'espace disponible sur la scène, sinon les grands segments de la spirale ne seront plus visibles).
On veut obtenir une spirale qui ressemble à ceci (si l'utilisateur choisit 8 segments) : 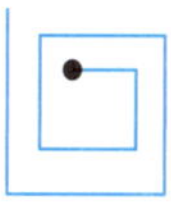
On crée au préalable une variable appelée « Longueur du segment ».

Commandes utilisées

- Pour indiquer le début du programme : 

- Pour effacer la scène de tous les tracés antérieurs : 

- Pour positionner le lutin au centre de la scène : 

- Pour orienter le lutin horizontalement vers la droite : 

- Pour que le lutin puisse tracer les segments : 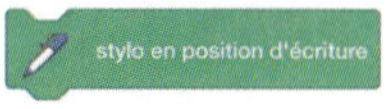

- Pour demander à l'utilisateur le nombre de segments qu'il souhaite :

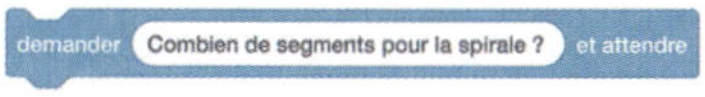

La réponse entrée au clavier sera stockée dans la variable « réponse » (tout ce qui est tapé au clavier par l'utilisateur est stocké dans l'ordinateur dans cette case mémoire (cette variable) intitulée « réponse »).

- Pour indiquer au programme la longueur du premier segment à tracer, on entre le nombre 40 (pas) dans la variable « Longueur du segment » :

- Pour tracer le nombre de segments souhaité par l'utilisateur (nombre qui est stocké dans la variable « réponse »), on utilise une boucle « Répéter réponse fois » : 

- Pour tracer un segment dont la longueur est égale au nombre stocké dans la variable « longueur du segment » : 

- Pour tourner de 90° (dans le sens des aiguilles d'une montre) aux extrémités de chaque segment : 

- Pour augmenter la longueur du segment de 10 pas à chaque nouveau segment tracé (on ajoute 10 (pas) au nombre stocké dans la variable « longueur du segment ») : 

- Pour cacher le lutin afin qu'il ne masque pas la figure obtenue : 

Script obtenu

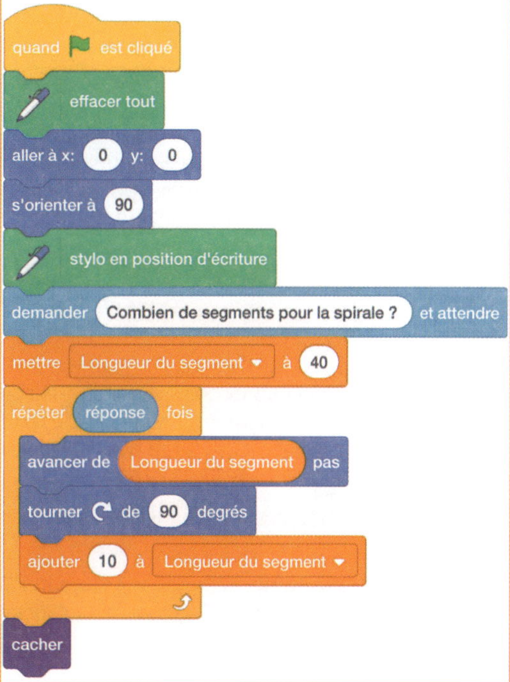

Figure obtenue pour une spirale de 12 segments

On clique sur . On choisit le nombre 12 et on obtient la spirale.

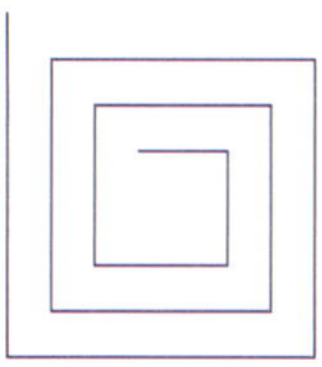

Exemples de programmes de calcul

Suivre un algorithme de calcul

On souhaite demander à l'utilisateur de choisir un nombre :
– si ce nombre est strictement supérieur à 5, on le multiplie par 4,
– si ce nombre est inférieur ou égal à 5, on le multiplie par 7 et on ajoute 3 au produit obtenu.
On affiche le résultat obtenu.

Commandes utilisées

- Pour indiquer le début du programme :

- Pour demander un nombre à l'utilisateur :

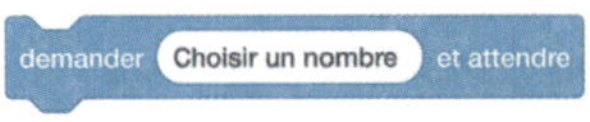

- Pour tester si le nombre choisi (qui est stocké dans la variable « réponse ») est strictement supérieur à 5 ou pas (c'est-à-dire inférieur ou égal à 5) :

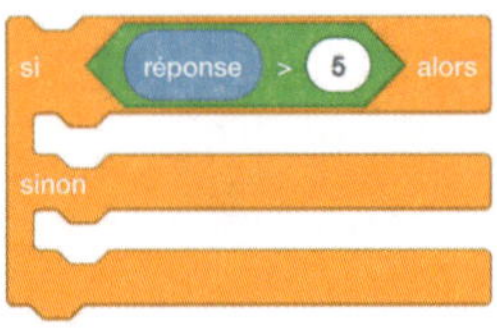

- Pour multiplier le nombre choisi par l'utilisateur par 4 (s'il est strictement supérieur à 5) et afficher le résultat en disant : « Le résultat est ... » (4 fois le nombre choisi) :

- Pour multiplier le nombre choisi par 7 et ajouter 3 au produit (dans le cas où le nombre choisi est inférieur ou égal à 5) et afficher le résultat en disant : « Le résultat est ... » (7 fois le nombre choisi, plus 3) :

Script obtenu

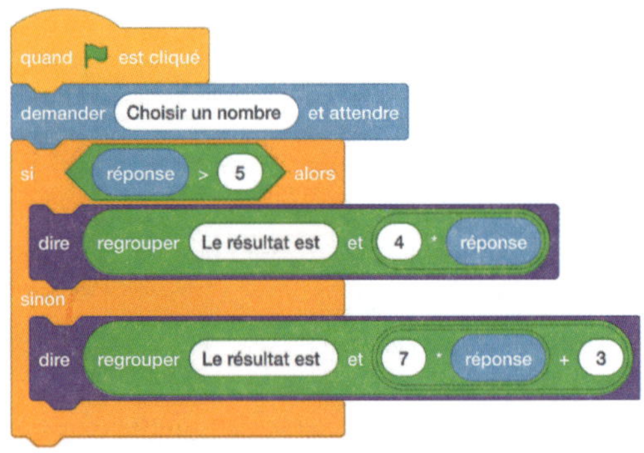

Exemples de résultats obtenus

- En lançant le programme, si on rentre le nombre 10, la réponse du lutin est :

En effet, comme $10 > 5$, le calcul effectué est $4 \times 10 = 40$.

- Si on choisit le nombre – 2,5 le lutin répond :

En effet, comme $-2{,}5 \leq 5$, le calcul effectué est $7 \times (-2{,}5) + 3 = -17{,}5 + 3 = -14{,}5$.

Attention : utiliser la « virgule » du pavé numérique (le « point ») pour écrire les nombres décimaux.

Deviner un nombre entier choisi de façon aléatoire entre 1 et 10

On souhaite retrouver un nombre entier caché compris entre 1 et 10 (1 et 10 sont autorisés). Ce nombre caché est généré de façon aléatoire et, quand l'utilisateur entre un nombre au clavier, le programme lui dit si sa proposition est trop grande ou trop petite (il lui demande dans ces cas de proposer un autre nombre) ou lui indique s'il a trouvé le nombre caché.

Commandes utilisées

- Pour indiquer le début du programme :

```
quand [drapeau] est cliqué
```

- Pour cacher la variable appelée « Entier aléatoire compris entre 1 et 10 » (il ne faut pas qu'elle apparaisse sur la scène sinon il n'y a rien à deviner !) :

```
cacher la variable [Entier aléatoire compris entre 1 et 10 ▾]
```

- Pour attribuer à la variable « Entier aléatoire compris entre 1 et 10 » un nombre aléatoire (compris entre 1 et 10 inclus) :

```
mettre [Entier aléatoire compris entre 1 et 10 ▾] à (nombre aléatoire entre (1) et (10))
```

- Pour expliquer pendant 3 secondes le principe du jeu à l'utilisateur :

```
dire [Retrouver l'entier secret entre 1 et 10] pendant (3) secondes
```

- Pour demander à l'utilisateur de choisir, à l'aide du clavier, un premier nombre entier (qui sera stocké dans la variable « réponse ») :

```
demander [Quel entier proposez-vous ?] et attendre
```

- Pour permettre de faire des tentatives jusqu'à trouver, c'est-à-dire jusqu'à ce que la réponse entrée par l'utilisateur (la variable « réponse ») soit égale au nombre aléatoire qui a été généré précédemment par le programme (la variable appelée « Entier aléatoire compris entre 1 et 10 ») :

```
répéter jusqu'à ce que <(réponse) = (Entier aléatoire compris entre 1 et 10)>
end
```

- Pour savoir si la réponse choisie par l'utilisateur est strictement supérieure à l'entier aléatoire qui a été généré précédemment par le programme, ou inférieure ou égale (elle ne peut être égale, sinon, on ne serait pas dans la boucle « répéter jusqu'à ce que réponse = Entier aléatoire compris entre 1 et 10 ») :

```
si <(réponse) > (Entier aléatoire compris entre 1 et 10)> alors
sinon
end
```

- Pour indiquer pendant 2 secondes à l'utilisateur que le nombre qu'il a choisi est trop grand :

```
dire [Votre nombre est trop grand ! Recommencez] pendant (2) secondes
```

- Pour indiquer pendant 2 secondes à l'utilisateur que le nombre qu'il a choisi est trop petit :

```
dire [Votre nombre est trop petit ! Recommencez] pendant (2) secondes
```

- Pour demander à l'utilisateur de choisir un autre entier qui sera stocké dans la variable « réponse » (et qui remplacera le nombre choisi précédemment) :

```
demander [Choisissez un autre nombre entier] et attendre
```

- Pour indiquer à l'utilisateur qu'il a trouvé le nombre caché :

```
dire [Bravo vous avez trouvé !]
```

Script obtenu

```
quand [drapeau] est cliqué
cacher la variable [Entier aléatoire compris entre 1 et 10 ▾]
mettre [Entier aléatoire compris entre 1 et 10 ▾] à (nombre aléatoire entre (1) et (10))
dire [Retrouver l'entier secret entre 1 et 10] pendant (3) secondes
demander [Quel entier proposez-vous ?] et attendre
répéter jusqu'à ce que <(réponse) = (Entier aléatoire compris entre 1 et 10)>
    si <(réponse) > (Entier aléatoire compris entre 1 et 10)> alors
        dire [Votre nombre est trop grand ! Recommencez] pendant (2) secondes
    sinon
        dire [Votre nombre est trop petit ! Recommencez] pendant (2) secondes
    end
    demander [Choisissez un autre nombre entier] et attendre
end
dire [Bravo vous avez trouvé !]
```

CLASSIFICATION PÉRIODIQUE

Légende

Numéro atomique → 4 ; Masse atomique en $g.mol^{-1}$ → 9,0 ; Symbole → Be ; Nom → Béryllium

noir = solide (sauf Br et Hg : liquide) ; bleu = gaz ; vert = préparé par synthèse

période																		
I	1 H 1,0 Hydrogène																	2 He 4,0 Hélium
II	3 Li 6,9 Lithium	4 Be 9,0 Béryllium											5 B 10,8 Bore	6 C 12,0 Carbone	7 N 14,0 Azote	8 O 16,0 Oxygène	9 F 19,0 Fluor	10 Ne 20,2 Néon
III	11 Na 23,0 Sodium	12 Mg 24,3 Magnésium											13 Al 27,0 Aluminium	14 Si 28,1 Silicium	15 P 31,0 Phosphore	16 S 32,1 Soufre	17 Cl 35,5 Chlore	18 Ar 39,9 Argon
IV	19 K 39,1 Potassium	20 Ca 40,1 Calcium	21 Sc 45,0 Scandium	22 Ti 47,9 Titane	23 V 50,9 Vanadium	24 Cr 52,0 Chrome	25 Mn 54,9 Manganèse	26 Fe 55,8 Fer	27 Co 58,9 Cobalt	28 Ni 58,7 Nickel	29 Cu 63,5 Cuivre	30 Zn 65,4 Zinc	31 Ga 69,7 Gallium	32 Ge 72,6 Germanium	33 As 74,9 Arsenic	34 Se 79,0 Sélénium	35 Br 79,9 Brome	36 Kr 83,8 Krypton
V	37 Rb 85,5 Rubidium	38 Sr 87,6 Strontium	39 Y 88,9 Yttrium	40 Zr 91,2 Zirconium	41 Nb 92,9 Niobium	42 Mo 95,9 Molybdène	43 Tc 99 Technétium	44 Ru 101,1 Ruthénium	45 Rh 102,9 Rhodium	46 Pd 106,4 Palladium	47 Ag 107,9 Argent	48 Cd 112,4 Cadmium	49 In 114,8 Indium	50 Sn 118,7 Étain	51 Sb 121,8 Antimoine	52 Te 127,6 Tellure	53 I 126,9 Iode	54 Xe 131,3 Xénon
VI	55 Cs 132,9 Césium	56 Ba 137,3 Baryum	57 La 138,9 Lanthane	72 Hf 178,5 Hafnium	73 Ta 180,9 Tantale	74 W 183,9 Tungstène	75 Re 186,2 Rhénium	76 Os 190,2 Osmium	77 Ir 192,2 Iridium	78 Pt 195,1 Platine	79 Au 197,0 Or	80 Hg 200,6 Mercure	81 Tl 204,4 Thallium	82 Pb 207,2 Plomb	83 Bi 209,0 Bismuth	84 Po 210 Polonium	85 At 210 Astate	86 Rn 222 Radon
VII	87 Fr 223 Francium	88 Ra 226 Radium	89 Ac 227 Actinium	104 Rf 267 Rutherfordium	105 Db 268 Dubrium	106 Sg 269 Seaborgium	107 Bh 270 Bohrium	108 Hs 277 Hassium	109 Mt 278 Meitnérium	110 Ds 281 Darmstadtium	111 Rg 282 Roentgenium	112 Cn 285 Copernicium	113 Nh 286 Nihorium	114 Fl 289 Flérovium	115 Mc 289 Moscovicum	116 Lv 293 Livernorium	117 Ts 294 Tennesse	118 Og 294 Oganesson

VI	58 Ce 140,1 Cérium	59 Pr 140,9 Praséodyme	60 Nd 144,2 Néodyme	61 Pm 145 Prométhium	62 Sm 150,4 Samarium	63 Eu 152,0 Europium	64 Gd 157,3 Gadolinium	65 Tb 158,9 Terbium	66 Dy 162,5 Dysprosium	67 Ho 164,9 Holmium	68 Er 167,3 Erbium	69 Tm 168,9 Thulium	70 Yb 173,0 Ytterbium	71 Lu 175,0 Lutétium
VII	90 Th 232,0 Thorium	91 Pa 231,0 Protactinium	92 U 238,0 Uranium	93 Np 237,0 Neptunium	94 Pu 242 Plutonium	95 Am 243 Américium	96 Cm 247 Curium	97 Bk 247 Berkélium	98 Cf 251 Californium	99 Es 254 Einsteinium	100 Fm 253 Fermium	101 Md 256 Mendélévium	102 No 254 Nobélium	103 Lr 257 Lawrencium

CONSEILS DE LECTURE ET SITOGRAPHIE

Éducation

Textes officiels

- Modalités du concours : https://www.legifrance.gouv.fr/jorf/id/JORFTEXT000043075701
- eduscol.education.fr/83/j-enseigne-au-cycle-1
- eduscol.education.fr/83/j-enseigne-au-cycle-2
- eduscol.education.fr/83/j-enseigne-au-cycle-3
- eduscol.education.fr/83/j-enseigne-au-cycle-4

Ressources institutionnelles

- devenirenseignant.gouv.fr
- eduscol.education.fr
- edutheque.fr
- lumni.fr

Site Internet

- cahiers-pedagogiques.com

Ouvrages didactiques

- J.-P. Astolfi, B. Peterfalvi, A. Vérin, *Comment les enfants apprennent les sciences ?*, Retz, 2006.
- G. Charpak, *La Main à la pâte, les sciences à l'école primaire*, Flammarion, 2011.
- M. Coquidé-Cantor et A. Giordan, *L'Enseignement scientifique à l'école maternelle*, Delagrave, 2002.
- S. Maury, M. Caillot, *Rapport au savoir et didactiques*, Fabert, 2003.
- G. de Vecchi, *Évaluer sans dévaluer*, Hachette Éducation, 2021.
- G. de Vecchi, *Enseigner l'expérimental en classe*, Hachette Éducation, 2006.

Savoirs disciplinaires

- J.-C. Allain, *Éducation au développement durable au quotidien, Initiation à l'approche systémique des problèmes d'environnement de la maternelle au cycle 3*, 2011.
- G. Lecointre et collectif, *Comprendre et enseigner, La classification du vivant*, Belin, 2008.
- É. Klein, *Les Secrets de la matière,* Plon, 2008.

Sciences cognitives

- O. Houdé, *Le Raisonnement*, Que sais-je ?, 2018.

Psychologie cognitive

- S. Dehaene, *L'École éclairée par la science*, Odile Jacob, 2021.